ESSENTIAL WORKER

エッセンシャルワーカー

社会に不可欠な仕事なのに、なぜ安く使われるのか

エッセンシャルワーカー

田中洋子＝編著

旬報社

［目次］

第IV部　運送、建設工事、アニメーション制作のリアル

仕事を請け負う個人事業主の条件悪化

第V部 働き方はなぜ悪化したのか

そのメカニズムと改革の展望

序章　知られていないエッセンシャルワーカーの働き方

田中　洋子

1. 社会に不可欠な仕事の処遇はなぜ悪いのか?

コロナ下で注目されたエッセンシャルワーカー

二〇二一年五月、ドイツの当時の首相アンゲラ・メルケルは人々に語った。

「コロナのパンデミックは、社会全体がいつも通り機能するためには、一人一人の仕事がいかに大切であるかをあらためて私たちの目の前に示しました。こうしたことがなければ注目されなかっただろうこれらの仕事こそ、国を動かし続けてくれました。もしもスーパーマーケットで働く人がいなければ、トラックのハンドルを握る人がいなければ、私たちはいつもの慣れた形で食べるものを手に入れることさえできなかったでしょう。みなさんの日々のご尽力に心から感謝します」

これまでもスーパーマーケットの従業員やトラックの運転手は、毎日当たり前のように社会を支えてきたが、その仕事の重要性が社会に明確に意識されることはほとんどなかった。二〇二〇年の世界的な新型コロナウィルスの感染拡大への緊急対策として社会経済活動に大きな制限が課される中、初めて、現場で働き続けるこうした人々がいるからこそ、私たちの生活が維持されているということの大切さが認識されたのである。

これらの人々は、世界各国で、エッセンシャルワーカー、フロントラインワーカー、社会システム関連労働者、必須労働者などと呼ばれ、「日常生活になくてはならない仕事をする人」として注目を集めていった。

日本でも、政府・厚生労働省は「新型コロナウィルス感染症対策の基本的対処方針」(二〇二〇年三月)の中で、緊急事態宣言下でも事業継続が求められる分野として、医療体制の維持、支援が必要な人々の保護、安定的生活の確保、社会の安定維持を担う事業をあげた。具体的には「社会機能維持者(エッセンシャルワーカー)」として、医療、高齢者・障がい者支援、飲食料品・生活必需物資の供給、小売、生活サービス、ごみ処理、メディア、金融、物流・運送、行政、育児関連で働く人々などがあげられた。

これらの人々は、現場で社会に必要不可欠な仕事をしているということ、これらの仕事が行われないと基礎的な社会機能の維持が難しくなることが公式に認定されたわけである。これらの仕事が日々滞りなく行われるおかげで、私たちの生活が無事にまわっているということが初めて意識されるきっかけとなったと言える。

社会に不可欠な仕事をすると処遇が悪い？

ところが、不可思議なことに、こうしたエッセンシャルワーカーの多くは、あとで詳しく見るように、働く条件が悪化しつづけてきた。コロナが猛威をふるう中であっても働き続けてほしいと政府が要請した、社会に不可欠な仕事をしている人々の多くは、低い処遇で苦労しつつ、日々の仕事を頑張って行ってきたのである。

これらの仕事の担い手がいなければ、私たちは生活を無事に順調に営めない、にもかかわらず、そうした人々の働く条件が悪い。このことについて、デヴィッド・グレーバーは『ブルシット・ジョブ—クソどうでもいい仕事の理論』の中で以下のように問いを投げかけている。

「ある職種の人間すべてがすっかり消えてしまったらいったいどういうことになるだろうか」と彼は問う。もしも朝起きて、看護師、バス運転手、ごみ収集人、保育士、小学校教師、料理人、整備工、大工、港湾労働者らが消えてしまったとしたら、世の中は「ただちにトラブルだらけ」の「壊滅的」状況になるだろう、と彼は書いている。また作家やミュージシャン、アーティストの消えた世の中も、「陰鬱で息苦しい」、「つまらない」場所になるだろうとする。

彼らは「本物の仕事（リアル・ジョブ）」をしており、「他者に便益をもたら」し、「世の中に意味のある影響を与える」存在である。ところが、それにもかかわらず彼らの「報酬や処遇はぞんざい」で、「冷遇されている」現状がある。

その反対の位置にいるのが、ファンドマネジャーや金融コンサルタント、企業ロビイスト、顧問弁護士、広告担当役員などである。これらの仕事は、たとえ消えたとしても社会生活に影響を与えないものだが、彼らは「最も高給取りで、きわめて優良な労働条件」のもとにある。しかし、グレーバーによると彼らは「本当は必要ないと内心考えている業務の遂行に、その就業時間のすべてを費やす」という、無意味な「ブルシット・ジョブ（クソどうでもいい仕事）」を行っている。彼ら自身も、自分が他者に便益をもたらす功績をはたしていないことにひそかに気づいているという。

つまり、労働が他者の助けとなり、人々に便益をもたらし、社会的価値があるほど、それに与えられる報酬はより少なくなる。その反対に、無意味で他者の便益にならない労働ほど報酬が高くなる。仕事の社会的価値と支払われる報酬との間には、「倒錯した関係」があるとグレーバーは指摘している。

一体何が起きているのだろうか。なぜそのようなことになっているのだろうか。仕事が不可欠で価値があればあるほど、仕事をする人が軽んじられるということの矛盾はどこから来ているのか。グレーバーのいう「倒錯した関係」はいかなる要因から形成されたのか。それを正常に戻すことができるとすれば、私たちは何をすべきなのか。

本書は、エッセンシャルワーカーが置かれている現実の状況とその変化を分析し、それが生み出された歴史的要因を考察していく中で、こうした根本的な疑問にこたえていくことを目指している。

知られていない働き方の実態

ところが、こうした疑問にこたえようとすると、すぐに大きな問題に突き当たる。それはエッセンシャルワーカーの働き方がほとんど研究されていないという現実である。

小売業をはじめ個別の業種についての研究はもちろん存在する。しかし、さまざまな業種で働くエッセンシャルワーカーの中には、全くといっていいほど調査・研究が行われていないものもある。エッセンシャルワーカーの働き方の特徴を包括的に検討して論じた研究も見当たらない。その結果、これらの人々の仕事や処遇、働き方の条件がどうなっているのか、そもそも解明されていない状況になっているのである。

なぜ研究が進んでいないのか。考えられる理由の一つは、エッセンシャルワーカーが国際競争力や大きな利益と関係していないことにあると思われる。

これらの仕事は、日本経済の貿易黒字を叩き出すような産業ではなく、また投資によって大きな利益が出るタイプの業種でもない。最先端技術の担い手ではなく、大規模な見本市もない。エッセンシャルワーカーは、私たちの日々の生活を着実に支える、社会の潤滑油のような存在であり、派手に人の目をひくことも、金もうけの手段として注目されることもほとんどない。そのために人々からあらためて目を向けられてこなかった。

もう一つの理由は、私たち自身がこれらの仕事や働く人々をすでに「知っている」と感じていることにあるかもしれない。日常的に直接サービスを受けることが多いため、私たちは確かに働き方をある程度知っているし、仕事内容やその質を評価できることも多い。

しかし、私たちが見ているのはあくまで表面に見える部分でしかない。それらの人々が実際にどのような条件で働いているのかについては、外側から見ただけではわからない。

例えば、自治体の窓口で相談にのってくれる職員の場合である。窓口を訪れる人は、何らかの事情で生活や人生が追いつめられており、この相談を頼りに事態が打開できることを期待していることが少なくない。

しかし、その訪問者には見えないことだが、窓口の相談員の多くが専ら非正規雇用であり、最低賃金程度の時給で働き、ほとんど昇給もなく、来年も仕事が続くか保障のないまま、自らの生活や仕事や人生に不安を抱えている。そういう人が相談相手となる状況は近年ますます増えている。こうした事実や変化は、外からだけ見ていてはわからないのである（第Ⅱ部第1章）。

日々お世話になるごみ収集車の場合も同様である。傍から見ていると、ごみ収集を行う人たちは仕事を分担して同じような条件で働いているかに見える。しかし、実際には、同じ一台の車に、現業職の正規公務員、清掃局と委託契約を結んだ民間業者の運転手、委託事業者の労働者、労働者供給事業からの日々雇用の派遣労働者がまざって働いている可能性がある。作業を共同で行うわずか数人の間でも、処遇は分断され、労働条件がそれぞれ大きく異なっているのである（第Ⅱ部第4章）。

私たちはごみが集められる様子を何年見ていても、働く人たちの雇用形態・労働条件の違いやその変化に気がつけない。

つまり、私たちが知っていると思い込んでいるのは、目に見える表面的な一部にすぎないのである。自分がそのサービスを経験している場合であっても、本当の働き方の実態やその変化をわかってはいない。だからこそ、エッセンシャルワーカーの実際の働き方、その条件は、それぞれの業種に即して、あらたに調査・研究されなければならないのである。

そのために、最初に求められるべきなのは、社会にとって必須の仕事をしている人々の仕事、働き方とその条件、それが働いている人にもたらしている状況を、それぞれの仕事、業種に即して具体的に解明していくことである。現場を担う人々の働き方を、できる限りそれぞれの業種の現場に即した形で明らかにすること、こうしたエッセンシャルワーカーの現状分析が本書の第一の目標である。

2. エッセンシャルワーカーの5つの類型

働き方を悪化させた要因の歴史分析

それと並んで、本書は第二に、いつから、どのようにしてエッセンシャルワーカーの働き方が悪化したのかを分析する。

エッセンシャルワーカーの現在状況がいつ、どのような歴史的背景や要因によって生まれたのかを、それぞれの産業・業種・職種に即して明らかにする歴史分析が、本書の第二の目標である。

バブル崩壊後の日本の「失われた三〇年」は、エッセンシャルワーカーの労働条件がじりじりと悪くなり続ける三〇年であった。待遇の悪化を通じて日本は過重労働や賃金水準の長期的低迷に苦しみ、社会や個人の時間的・経済的・精神的ゆとりが少しずつ削られる過程が進んできた。その中で、現場の担い手の働く条件はどのように悪化したのか、それをもたらした要因は何か、背景に何があったのかを考察する。戦後高度成長期以降の日本経済の産業構造・労働力構造の変化を視野にいれつつ、一九九〇年代から二〇二〇年代初頭までの三〇年間の変化をみていく。

ただし、そうした変化は決して一斉に一律の形で進んだわけではない。その産業や業界には、歴史に根ざした業界構造や商慣習・慣行がそれぞれ存在している。それを前提としながら、そこに加わる外的圧力や立法・政策上の変化、競争関係や新技術導入による変化、それに伴う業界再編や業務方法の変化などさまざまな要因を巻き込んで、変化は複合的に展開してきた。

本書ではこうした構造とその変化をもたらした歴史的背景・要因について、各々の産業・業種に即して分析を進めていく。

さまざまな産業・業種からなるエッセンシャルワーカーを、ここでは次の区分の組み合わせから捉える。〈民間／公共サービス／社会保険サービス〉、〈日本的雇用における正規／非正規〉〈男性中心／女性中心／それ以外〉、〈雇用／委託・請負事業主・フリーランス〉である。本書ではこれらの区分を組み合わせた見取り図として、エッセンシャルワーカーを大きく五つの類型に分けて分析していく。

はじめに、エッセンシャルワーカーの主要な五類型とそれがよくあてはまる産業・業種、その特徴の大枠を確認しておこう。

（1）小売業における主婦パート

その一つ目は、女性、特に既婚の主婦を中心とする低処遇のパートタイムである。これは民間の雇用における女性中心の非正規という類型である。

女性のパートタイムは、高度成長期以降完成をみた日本的雇用関係における「標準的家族」類型のもとで形成された。一九八〇年代までの日本では、男性が企業の正社員として、右肩上がりの収入や企業内福利・社会保険を通じて家族全員の暮らしを支えるという日本的雇用が社会の前提となった。この時代に、そのもとで、主婦が家事や子育てをしながら、教育費や住宅ローン返済など、家計補助のために単純労働で働く雇用形態としてパートが広まった。パートはあくまでも、日本的雇用の中で安定的に働く夫を周辺で補助する雇用形態であった。だからこそ、主婦パートが低賃金・低処遇とされたことは、夫による生活保障が前提とされていたために、社会的な問題とは見なされなかったのである。パートの低処遇は、前提であった男性の生活保障力が弱化したあとも、パートが基幹的・管理的な仕事に進出したあとも変わらなかった。

こうしたパートが最も顕著に見られるのが小売業である。七三〇万人以上が働くこの巨大な産業分野では、雇用者中女性が六割以上を占めるが、その七四パーセント、ほぼ四人に三人が非正規雇用で働いている。パートの人数は全産業中で最大規模であり、小売業だけでパート全体の約三割を占める（労働力調査基本集計二〇二三年、以下同）。

小売業で進んだ顕著な非正規化は、日本の経済政策の転換とも関係している。一九八〇年代までの小売業は、個人自営の小売店の割合が半数を占め、地域の商店街が政府により保護されていた。ところが一九九〇年代以降、アメリカをはじめとする市場開放圧力の下、政府は経済政策を自由化路線へと転換させる。大型店の自由化により個人自営業は激減し、大規模店における雇用労働の増加が進み、小売業の担い手構造は大きく変化していった。

スーパーマーケットは、安い時給で働く大量の主婦パートを積極的に現場の主力としながら、異動しつつ長時間働く少数の正社員のもとで管理する仕組みをつくって低価格競争を進めた。この構造は今日も継続している。本書では、こうしたスーパーマーケットの仕事の担い手を第1章でとりあげる。

（2）飲食業における学生アルバイト

二つ目は、低処遇が構造化した若者・学生のアルバイトである。

民間における非正規雇用であるが、男女とも入る若年層中心の類型である。これが典型的にみられるのは、小売業と並んで飲食業である。

飲食業の際立った特徴は、この産業で働くすべての人の非正規割合がほぼ八割に達している点にある。飲食業のアルバイトだけで一〇〇万人を越えており、小売業と合わせてすべてのアルバイトの六割以上を占める。男女比は男性四三パーセント、女性五七パーセントである。飲食業の現場を支えているのはパートとならんで男女の若者・学生のアルバイトなのである。

アルバイトの低賃金・低処遇も、主婦パートと同様に日本的雇用の周辺の補助的雇用として生まれた歴史的文脈で捉えられる。苦学生が多かった戦後期を除くと、ほとんどの学生は自分のために多少のお金を稼ぐことを望み、一九九〇年代までは働く時間や期間も今よりずっと短かった。日本的雇用で働く父親が家族の生活を支えることが前提とされたため、アルバイトが低賃金でも問題とは見なされなかった。その中で、「女・子どもを安く使う」ことは日本的雇用との良き補完関係として正当化され、拡大しながら定着していく。

飲食業でも小売業同様に担い手構造が大きく変化した。一九八〇年代まで多かった個人や家族で営む食堂や喫茶店は大きく減少し、アメリカ発のファミリーレストラン、ハンバーガーショップ、コーヒーショップなど大手外食チェーン店での雇用が拡大した。その中では、作業を単純化・マニュアル化して低賃金で働かせる新しい経営手法が導入され、普及していく。バブル崩壊後、低価格競争に生き残るために人件費をさらに削減したい飲食店は、少数の正社員の店長を長時間労働で心身の限界に追い込むと同時に、人事戦略としてアルバイト割合をさらに増やし、低賃金の彼らに実質的に店舗運営の責任を任せる方向を進めている。

こうした不況下での飲食店の経営戦略は、若者・学生の経済状況の悪化と新しい補完関係を形成した。バブル崩壊後に父親の雇用・収入の安定性が揺らぐ中、生活費や学費をアルバイトに頼らざるをえない若者・学生が増加したことは、安くて真面目に働く労働力を求める店側のニーズと合致した。二つの需給の不幸なマッチングは、現場の店舗運営・管理のほとんどが高責任・低処遇の非正規によって担われるという矛盾を拡大させている。

本書では第2章で、こうした飲食業での働き方について二つの外食チェーンを例に取り上げる。

（3）公共サービスの担い手の非正規化・民営化

三つめは、働く条件が大きく悪化した公共サービスの担い手である。

ここには雇用の非正規化だけでなく、公共サービスの民営化に伴う民間への移行、外部委託化、平行して進んだ正規公務員の過重労働化が含まれる。変化の多くは女性中心に起こったが、職種により違いがある。

歴史的にみると、税金を財源として公共サービスを提供する公務員は、日本的雇用の形成よりずっと以前から、別枠の安定した勤務関係の中にいた。しかしこの状況は近年大きく変化している。公共サービスの担い手の多くの働き方は、次のような形で年々悪化の一途をたどっている。

第一に、同じ内容の仕事を担当していても、公務員の処遇から身分が完全に区別された低処遇の非正規雇用で働く人が増加した。非正規公務員は公務員全体の約三割に達し、保育士では四割を越え、相談支援業務では八割を越える所もある。

第二に、公務員が担っていた仕事が民営化、外部委託化・アウトソーシング化され、それに伴って働く人々の処遇が全般的に低下した。公立の保育園は激減して私立に逆転されたが、株式会社が経営する民間保育園では正規の保育士であっても給与・処遇が大きく下がった。

第三に、長時間残業による過重労働が常態化した。必要とされる仕事の質・量の増大に対応する人員が慢性的に足りない状態に置かれ続けた結果、正規・非正規にかかわらず、現場の個人の頑張りだけに頼るような、長時間の無理な働かせ方が蔓延した。

こうした方向が進んだ理由ははっきりしている。政府・自治体によって公務員の数が減らされ、予算、特に人件費予算が削減され続けてきたためである。

「小さな政府」「官から民へ」「公務員定数削減」「定員合理化」といった政府の方針のもとで、保育、教育、窓口相談、ごみ収集など公共サービスのための予算は、一九九〇年代半ば以降現在までひたすら削減され続け、公務員の数も減り続けている。マスメディアや世論も、安定的な勤務を享受する公務員を「税金の無駄遣い」として攻撃し、この一連の動きをサポートする面があった。

公務の現場では、年々予算が切られ、もはや正規で人を補充することが難しい状況になってきた。にもかかわらず、公共サービスに求められる仕事の量や領域は、増えこそすれ減らなかった。そのため、増え続ける仕事を行うには、無理にでも長時間残業して働くか、低時給で雇える非正規、場合によっては無資格者を雇うか、業務を安く外部委託化するしか道がなくなった。公共サービスの質をなんとか維持している現場の頑張りに対する支援は行われず、更なる予算削減が状況を悪化させている。

人々に日常的に公共サービスを提供するという社会に不可欠な仕事の担い手が、非正規化、低処遇化、過重労働化することは、生活や社会の持続可能な長期的安定にとって、その土台を揺るがす由々しき状況を招きかねない。

本書では、この公共サービスの現場の担い手の働き方の悪化について、第Ⅱ部で、自治体での相談支援の窓口で働く人々、保育園で働く保育士、小学校・中学校の教員、ごみ収集の担い手を取り上げる。

(4) 女性中心の看護・介護職

四つめは、看護・介護というケアの仕事である。

これは社会保険サービスにおける女性中心の雇用類型であり、正規も非正規も含む。

これが属するのは医療・福祉という、女性が七五パーセントを占める九〇〇万人の大きな産業分野である。本書ではその中の二つの職に注目する。一つは、歴史的に近代化初期から女性の専門職となった看護の仕事である。もう一つは主に女性が家庭内で無償で行ってきた高齢者の世話が、人口高齢化に伴って近年新たな職となった高齢者介護、特に訪問介護の仕事である。

これらには共通する二つの特徴がある。まずどちらの場合も、社会的に「女性に適した仕事」というジェンダー化された性別役割規範の影響力が強い点である。女性ならではの気づかい、奉仕や献身性が歴史的に期待されてきた仕事であり、それが今日まで働き方に影響を与えている。これは保育とも共通する面をもつ。

次に、どちらも国民の医療・福祉を支える社会的インフラとして、健康保険・労災保険・介護保険という国の社会保険制度の制度枠組の中で働き方が規制されている点である。診療報酬や介護報酬という保険予算の枠組、その制度変更・見直しによって処遇条件が直接に影響を受ける仕事となっている。

一方で二つのケア職は歴史と担い手層が異なる。一九世紀に遡る歴史をもつ看護師は、若い独身女性中心の専門職である。患者のために昼夜を問わず長時間のハードワークを行うことが前提とされた働き方であり、病院側もそれを前提に病棟経営を行ってきた。相対的に安定した給与を得る一方、心身の負担が大きく、結婚・出産後に働き続けることは困難なきびしい働き方である。今日もなお多くの病院がこうした長時間のハードワークを当然のものと捉えている。

介護士の場合は、家庭内で行われてきた高齢者の介護が二〇〇〇年の介護保険制度によって社会化される中で生まれた新しい専門職である。専門職といっても特に訪問介護士の担い手の多くは主婦パートという非正規である。その処遇は、超高齢化に伴う介護保険財政の逼迫を受けた制度改変によって悪化が進行している。介護時間の短時間化・細切れ化・出来高化が進む中、働き方も収入もきびしくなり、介護する側・される側の双方に不満をもたらすものへと変わってきている。

本書では、こうした二つのケア職について、第Ⅲ部第1章で病院の看護師を、第2章で訪問介護士をとりあげる。社会保険制度の枠組の中で守られてきたはずの医療・福祉分野で、国民の健康を現場で守る人々の労働条件がどのように変わってきたかを見ていく。

（5）委託・請負・フリーランスの担い手

最後の五つめは、歴史的な働き方でありつつ、最近あらためて注目されている委託・請負の仕事である。これは民間・公的分野における業務委託・請負・アウトソーシング先で働くエッセンシャルワーカーの類型であり、職種により異なるが、男性中心の所が多い。仕事を請け負う中小・零細企業から、雇用によらない働き方であるフリーランス・個人事業主までを含む。歴史的にみれば高度成長期以降、大企業とその仕事を請け負う中小・零細企業・個人事業主は、日本経済の二重構造や重層下請構造として論じられてきた。元請大企業では日本的雇用のもとで安定雇用や高賃金が保障された一方、そこから仕事を受ける何層もの下請・委託階層の中で、実際に現場を担う小企業や個人事業主・フリーランスまで来ると、働く条件が悪くなり、下請の多層化に伴って中間マージンが抜かれて報酬も減っていく。それでも、取引先との関係を維持しないと次の仕事が入ってこないため、低報酬・短納期・自己負担増など条件が悪くても仕事を引き受けざるをえない状況が生まれた。

こうした構造は一九九〇年代以降の市場化でさらに悪化した。背景や経路は業界ごとに異なるが、自由化は金と力をもつ者が自分の利益の確保のために自由にふるまうことを可能とし、下の立場の者を都合よく使うことを容易にした。結果として現場を担う人々は、より安く、より悪い条件で使われる方向が進んだのである。

本書ではこれについて三つの産業・業種をとりあげる。

第一に、私たちの生活に不可欠な品物の配送を担っている運送業である。

約三五〇万人が働く運輸・郵便業では、労働時間が週六〇時間以上、過労死ラインを越えて働く人が全産業中で最も多く、突出している。規制緩和・撤廃のもとで大きな価格決定権を持つようになった荷主の下、その「言い値」で働かざるをえなくなった運転手の低収入、長時間労働、過積載等の処遇悪化はどのように進んだのか。これを道路貨物運送業で働く二〇〇万人を代表するトラックドライバーについて第Ⅳ部第１章で取り上げる。

第二に、家・建物の建築や修繕を担う建設業である。

ここでは約五〇〇万人が働く。個人で仕事を請けて働いて生計をたてるフリーランスのうち、その半数は建設業で働いている。しかし、その報酬は低く、さらに悪化してきた。

建設業では大企業が仕事を下請にすべて丸投げする構造が存在し、強い力をもつ元請は下請・孫請に単価引下げや短い工期を要求できる。交渉力を実質的にもたない一人親方は、次の仕事がもらえなくなる不安と収入確保のため、無理な仕事も請け負って長時間働かざるをえなくなる。こうした状況について建築業の一人親方を第Ⅳ部第2章で取り上げる。

第三に、日本を代表する文化産業・コンテンツ産業の一つであるアニメーション作品を現場で製作するアニメーターである。

本書でアニメーターをエッセンシャルワーカーに入れるのは、先のグレーバーの認識に加え、ドイツのグリュッタース元文化大臣による文化産業の位置づけに拠っている。ドイツ文化相はコロナの感染が拡大した二〇二〇年の春、「人間であることの実存的な問いに向き合うために、文化は必要不可欠なものである」と述べ、「芸術・文化・メディア・クリエイティブ産業におけるフリーランスおよび中小事業者」に対して、数十億ユーロの救済プログラムを実行した。本書はこの意味でアニメーターも社会に不可欠な文化の仕事の担い手だと捉える。

アニメーターの場合も、運送業・建設業と同じ下請構造があり、作画の単価の安さや、次の仕事をめぐる不安定さが歴史的な慣行の中で存続してきた。さらに、一九九〇年代半ばに深夜アニメの放送が始まって以降、より不安定な働き方へと状況が変化する。アニメの制作本数の増加と放映期間の短期化が起こり、アニメーターの業界定着やキャリア展望はより不安定な方向に変化をはじめる。ヒットするかどうかわからないコンテンツ制作に伴う出資側のリスク軽減策や制作側のコスト削減策が、アニメーターのキャリアや定着、アニメーション産業の将来にどう影響を与えているのか。こうした文化・コンテンツ産業の現場の担い手であるアニメーターを第Ⅳ部第3章で取り上げる。

以上、日本のエッセンシャルワーカーを五類型に分け、代表的な産業・業種をあげてきた。本書では日本のそれぞれの産業・業種における現状とその歴史的変化について、一二人の共同研究チームにより分析を行う。これにより、いかなる歴史的背景・要因がエッセンシャルワーカーの働き方を長期的に悪化させてきたのか、そしてそのことがいかに私たちの生活にはねかえろうとしているか、そのメカニズム、歴史的機序を明らかにしていく。

3. どうしたら状況を改善できるのか

さて、ここまで本書では、第一にエッセンシャルワーカーの現状分析、第二に働き方の悪化をもたらした要因の歴史分析を目標とするとしてきた。これを受けて本書では最後に、こうした状況をどうしたら改善できるかについて、ドイツを例にとった国際比較から論じることを第三の目標とする。

なぜ国際比較を行うのか。それは、日本が現在の低処遇状態をあまりにも当たり前の日常として捉えているために、それが社会経済にとって大きな問題であることをよく認識できなくなっているからである。日本しか見ていないと、自分たちがどれほど人の働きづらい社会をつくってきたのかが自覚されなくなる。問題があると感じている場合でも、日本の今のやり方しか知らないと、どこをどのように変えていけばいいのか、何に向かって進めばいいのかがよくわからないからである。

一歩日本を離れて、日本と異なる働き方、もっと人が働きやすい仕組みのもとであっても、仕事も経済も問題なく進んでいると知ることができれば、それは、日本の「常識」を疑うための重要な一歩になりうる。ここでは特に、日本と同じ業種の同じような店舗・組織をとりあげて、そこでの具体的な働き方を比べるという「現場比較」の方法を採用する。これを通じて、同じ店舗・組織が日本とは全く異なるやり方で運営されていることを見ていく。

同じ現場が日本と違って、一人一人に合わせた、無理のない働き方でも順調に運営されているという事実を見ることは、今の日本の働き方の仕組みの問題性の認識だけでなく、この現状を改善していくための新しい発想、コンセプトにもつながっていくはずである。

本書ではドイツの現場として、スーパーマーケット、外食チェーン、病院・介護施設をとりあげる。

日本の長期的低迷とエッセンシャルワーカーの低処遇

国際比較が求められる背景には、そもそもほとんどの日本人が、エッセンシャルワーカーの低処遇化を当然のことのように受け止めており、それが日本全体にどれほどマイナスをもたらしてきたかを十分意識していないように見える状況がある。

しかし、エッセンシャルワーカーの処遇悪化がこの三〇年間で進んだことは、日本の社会経済の基盤、ファンダメンタルズの長期的な弱化をもたらし、日本の世界的な地位低下をもたらす要因の一つとなっている。日常構造と化してしまったこの「常識」をいかに変革し、逆転させていけるかは、働き手の生活や人生にとって決定的であるだけでなく、日本社会の未来にとっての喫緊の重要課題となっている。国際比較はこのことに気づく契機となる。

例えば、先進国の中で唯一、日本だけが長期的に、低賃金社会に停滞し続けていることはこれを象徴する指標である。ＯＥＣＤによると一九九七年～二〇一七年の働き手一人の一時間あたり収入は、主要国の中で日本でだけ、九パーセント下落している。アメリカでは七六パーセント上昇し、ドイツでも五五パーセント上がり、韓国では二・五倍に増えていた時期に、である。

このことはエッセンシャルワーカーの低処遇が拡大・定着したことと無関係ではない。競争力を上げるために必要だとして、給与を低く抑え続け、低賃金の非正規を増やし、安く外部に請け負わせる仕組みを拡大したことで、日本は先進国の中でただ一国だけ、働く人の収入が低迷し続けた。非正規や委託を通じた低賃金・不安定収入の恒常化が、低賃金社会日本を構造的に作り出したのである。

しかし、では低賃金にしたおかげで競争力が本当にあがったのかと言えば、全くそうではなかった。国際経営開発研究所（ＩＭＤ）の「世界競争力ランキング」によれば、二〇二三年、世界六四カ国中、日本の世界競争力は三五位と過去最低を更新した。これはタイ、インドネシア、マレーシアよりも低い。一九八九年の第一回ランキングでは、日本は世界一位だった。しかしその後の三〇年余でここまで順位を落としたのである。とりわけ「ビジネスの効率性」の項目で、日本は四七位へと凋落した。この順位の低落は、安い労働力を安易に利用することでビジネスをする仕組みを広げ、自らの効率性を磨くことに真剣に向き合ってこなかった日本経済を象徴している。人を安く使えばいいという考え方は、日本経済の競争力を上げるのではなく、むしろ低下させてきたのである。

世界的にさらに低い評価を受けているのが男女格差である。これもエッセンシャルワーカーの低処遇と密接に結びついている。

世界経済フォーラムの「グローバル・ジェンダー・ギャップ・レポート（世界男女格差報告書）」（二〇二三年）によると、男女格差を表す日本のジェンダーギャップ指数は一四六カ国中一二五位となった。昨年の一一六位からさらに九ランク下落した。調査が始まった二〇〇六年以来、過去最低を記録している。ドイツは六位、アメリカは四三位で、日本はＧ７の中で最下位である。さらにＧ20でもＯＥＣＤ三八カ国中でも最低であり、韓国・中国を含むアジア諸国内でも日本が最下位となっている。

特に日本では、経済分野での男女格差がきわめて大きい。このことは、働く女性の半数以上が、万年低賃金の非正規で働き続けていることと密接に関係している。エッセンシャルワーカーの多くが女性で、その多くが非正規であることは、そもそも日本の正社員の男女の賃金格差が世界ワーストレベルであることとあいまって、男女格差を固定化・構造化してしまっている。男女の賃金・収入格差、管理職を含めたキャリア形成の困難さを変えていくためには、根本的な改革が求められているのである。

「働き方改革」は根本的な改革をもたらしていない

先進国の中で日本だけが、さまざまな面で年々取り残されつつあり、その背景に働き方をめぐる問題があることは、もちろん政府によっても認識されてきた。

二〇一八年に制定された働き方改革関連法は、現在も順次施行中である。二〇一四年に過労死等防止対策推進法、二〇一五年に女性活躍推進法ができ、二〇一六年には故安倍元首相が「わが国から『非正規』という言葉を一掃する」と演説し、「一億総活躍」に向けて「同一労働同一賃金」を実現し、「女性が輝く社会」をつくると表明した。

とはいえ、確かにスローガンはよく広報されたが、現実の変化はほとんど見られない。改革はあくまでも、従来の日本企業・組織内の雇用慣行を大きく変えないように、企業に寄り添う形で進められている。

過労死を防ぐために、と働き方改革法で定められた上限の労働時間は、「過労死ライン」に設定された。非正規に同一労働同一賃金が適用されるためには、正規と同じ慣行に従って働いている必要がある、という実現困難な条件が設けられた。有期雇用を無期雇用に変えるための法律改正は、無期転換の申込権が発生する直前に、女性中心である有期雇用者を辞めさせる、という新しい職場慣行を生み出した。

コロナ禍の影響も含めて時間短縮やテレワークが進むなど、以前より良い変化もみられるが、これまでに構造化した仕組み自体は名目を変えて温存され、法律の抜け道も考えられ、根本的改革には近づいていない。「女性活躍」や「同一労働同一賃金」のスローガンにもかかわらず、女性には相変わらず多くの無理が個人的に求められ、低賃金の非正規は大きく減っていない。

つまり、この一〇年間唱導され続けてきた「働き方改革」は、これまでに形成された働き方の構造を、根本的に改革するには至っていないのである。

現場比較からみる根本的改革のためのコンセプト

どうして「働き方改革」は日本の働き方を改革できていないのだろうか。

「昭和」の成功体験に自信をもつ世代が企業や組織をリーダーとして率い、彼らが一九九〇年頃までの古い価値観ややり方に固執しているためなのか。企業も政府も新自由主義に則って、安い労働こそ競争力の源泉だと今でも信じているからなのか。急速な改革は避けるべきだという官僚的思考ゆえなのか。経営者の力が政府や労働組合よりはるかに強いので、そもそも外から企業の働き方を変えることは難しいのか。

おそらくいずれも関係しているだろう。しかし日本が働き方を改革できない最大の理由の一つは、今後どういう方向に自分たちが変わっていったらいいのか、それがよく見えていない点にあるのではないか。

変わるべき方向がよくわからないからこそ、問題のある既存の仕組み・慣行もとりあえず維持しようとする。危機的な問題が表面化した時にだけ、過剰なほど対症療法的に対応する。はやりの新しい改革ワードを取り込み、独自に解釈や利用を試みる。しかし、明確な理念がないために根本的改革には踏み込めない。政府も企業も組合も政党もみな似たような状況にあるように見える。

つまり、日本の社会経済の長期的低迷をもたらした働き方を変革するために必要なのは、何をどのように、どのような方向に変えていけばいいのか、そのための改革の理念、コンセプトをめぐる議論なのである。

そこで本書では、こうした日本における思考の閉塞的状況に対して、働き方の現状をどうしたら改善できるかについて、日本とドイツの国際比較、特に同じ業種の現場の具体的な比較を通じて、ドイツで行われている働き方の仕組みと、そこでの改革の理念・コンセプトを明らかにしていく。

なぜドイツを取り上げるのか。それはドイツほど日本と産業構造・就業構造が似ている国はないからである。19世紀に少し遅れた工業化や国の統一を行った歴史にはじまり、日本同様に自動車をはじめとする製造業での国際競争力に強みをもってきた点も共通している。伝統的な家族形態も共通し、近年は深刻な少子高齢化問題に直面している点も同じである。アメリカのような大陸の移民国家や北欧のような小国よりもはるかに状況が日本に似ているのである。ところが、多くの共通点にもかかわらず、働き方が日本とは根本的に違っている。それも最近になって大きく異なるようになった。

もちろんこれまでも国レベルの法律や制度の研究は行われてきている。しかし、それぞれの産業・業種に即して日本と現場の働き方を比較した研究はこれまでほとんど存在しない。本書では、日本とドイツで同じような店・組織を運営しているにもかかわらず、ドイツでは日本と全く異なるコンセプトにもとづく働き方の仕組みがあり、それが順調に機能していることを明らかにする。それによって、日本のような働き方・働かせ方をしなくても、店も企業も、業界も産業も、一国経済も、問題なく発展できることを示す。

ドイツの現場の特徴

日本ではドイツの働き方の仕組みについてあまり知られていないので、先回りしてそれがもとづくコンセプトを三つ指摘しておこう。

同じ業種の同じ店舗であっても、ドイツでは次のような働き方をベースに運営されている。

一つめは、働く時間の長さによる給与や処遇の区別が存在しない点である。

このことは、日本のようなパートとフルタイムとの間の区分がない、つまり正規・非正規の格差がないことを意味している。

働く人は自分の希望に応じて働く時間の長さを自由に設定できる。自分や家族の都合・事情に合わせて働く時間を決めてよい。それによって給与や処遇の差別を受けることはない。

またドイツでは週四八時間という法定労働時間がそのまま現場に適用される。日本のように、四〇時間の法定労働時間に対して現場では過労死ラインの週六〇時間まで伸ばせる状況はドイツにない。

二つめは、働く場所による処遇の区別がない点である。

日本では少なからぬ正社員が正社員であるがゆえに異動・転勤を繰り返す。これに対しドイツでは、正社員は基本、同じ場所で働く。異動・転勤するのは一部の上部の管理職に限られる。自分が希望しない限り、異動・転勤をしないで同じ店舗・事業所で働くのが標準なのである。

日本では近年、「多様な正社員」の名の元に勤務地を限定する地域限定正社員などの新しい区分をつくり、転勤する正社員よりも給与・処遇を低くするという企業内制度がつくられてきたが、これはドイツでは違法である。

三つめは、給与が仕事にもとづいて支払われる点である。

このことは、最近日本で話題となっているジョブ型雇用とかかわっている。濱口桂一郎氏の『新しい労働社会』(二〇〇九年)以来、「ジョブ型雇用」は日本で徐々に話題となり、二〇二〇年前後から大企業の一部では人事制度を「ジョブ型雇用」に切り変える動きが進んでいる。ただ、ジョブ型の意味が日本でよく知られていないためか、多くは本来のジョブ型からかけ離れた、日本企業の独自解釈による日本独特の改革となっている。

マックス・ウェーバーの召命としての職業論で知られるように、ドイツは職を重視するジョブ型雇用の社会である。どんな知識・経験・能力が求められる職・仕事(ジョブ)なのか、それを基準にして給与が決められる。

働く時間の長さも関係なく、働く場所も関係なく、給与は仕事によって決まる、ということである。これがジョブ型である。

こうした理念にもとづき、ドイツでは現場で一人一人が自由に希望する形で、無理なく働いているが、それでも、店も働く人もみなうまく行っていることを示していく。

まず第Ⅰ部第2章で、日本のスーパーに対してドイツのスーパーの働き方を取り上げる。日本とほぼ同じに見える店舗で、いかに処遇のあり方が違うかを具体的に見ていく。第4章では、日本の外食チェーンに対して、ドイツのマクドナルドを取り上げ、グローバル展開して同じ商品・サービスを提供するチェーン店において、働き方の仕組みが全く異なっていることを見る。第Ⅲ部第3章では、日本同様に高齢化問題に直面するドイツの病院・介護施設のケア職における働く条件の違いを見ていく。

本書の構成

本書全体の構成は以下のとおりである。

まず第Ⅰ部では、女性のパート労働、学生のアルバイト労働という、日本的雇用の補助として生まれた非正規雇用のエッセンシャルワーカーに着目し、ドイツとの現場比較を行う。日本のスーパー（第1章）とドイツのスーパー（第2章）、日本の外食チェーン（第3章）とドイツのマクドナルド（第4章）をとりあげる。

続く第Ⅱ部では、公共サービスを担うエッセンシャルワーカーの非正規化・民営化・民間委託化に注目する。日本における自治体相談窓口の相談員（第1章）、保育園の保育士（第2章）、公立小・中学校の教員（第3章）、ごみ収集の作業員（第4章）をとりあげる。

第Ⅲ部では、社会保険にもとづくケアサービスで、女性が中心的に担う看護・介護に注目する。日本の看護師（第1章）、訪問介護士（第2章）、ドイツのケア職（看護師・介護士）（第3章）をとりあげる。

第Ⅳ部では、日本で委託や下請で仕事をするトラックドライバー（第1章）、建設業一人親方（第2章）、アニメーター（第3章）をとりあげる。

最後の第Ⅴ部では、第Ⅰ部から第Ⅳ部までをまとめつつ、なぜエッセンシャルワーカーの働き方が悪化したのかを総括的に考察する。また日独の現場比較でカバーしきれなかった委託・アウトソーシング労働について、運送業・建設業・アニメーターからさらに視野を広げつつ、日本で進みつつある新しい変革の動きをまとめてとりあげる。

本書はこれら各業種の分析を、編者を中心にドイツ人研究者二名を含む一四人の共同研究チームによって分担して行う。

本書を読む際には、自分の関心ある産業・業種からはじめてもよいし、ドイツや日本だけをまとめ読みしてもよい。結論や展望を早く知りたい場合は第Ⅴ部から先に読むこともできる。

では、まずは日本とドイツのスーパーマーケットの現場から見ていこう。

第I部

スーパーマーケット、外食チェーンの現場

フルタイムとパートタイムの処遇格差——ドイツとの比較

第1章　日本のスーパー

三山　雅子

はじめに

一九八九年のベルリンの壁崩壊に象徴される東欧社会主義経済圏の崩壊に伴い、世界市場が一気に拡大した。それに加え情報通信技術の進化により、二〇〇〇年代に入ってインターネットが地球上の諸地域を安価に結びつけ、先進国の企業が遠く離れた地域に工場を作り、管理・生産することが可能となった。それ以前は原材料の供給地として位置付けられていた新興国の工業化の開始である。拡大した世界市場をめぐって、新興国に立地する企業をも含めたグローバルな企業間競争が激化した。このような激化したグローバル競争に勝ち抜くために、日本社会はこの三〇年ほど、社会的規制のありようを大きく変化させてきた。いわゆる構造改革である。

本章では構造改革、とりわけ産業・雇用に関わる規制の変化が日本で働く人々にどのような影響を与えたのか、その変化の姿をスーパーマーケット（以下、スーパー）という、ダイレクトに国外の労働者と競争しない産業で働く労働者を事例に明らかにしていく。事例として取り上げるのは、スーパーのA社・B社とC生協で、二〇一五年～二〇一七年にかけて各労働組合にインタビューを行った。ここでスーパーを対象としたのは、一つにはグローバル競争とそれへの対応策である構造改革が、工場の海外移転などの産業空洞化とは異なる形で日本社会に与えた影響をみるためであり、二つめにわたしたちの日々の日常生活を支える仕事に従事する、しかも特別な職業資格を必要としないという意味で普通の仕事で働く人々の雇用・働き方が、構造改革によりどう変化したのかを見るためである。さらに三つめの理由として、この産業がどこの国にもある産業であり、雇用・働き方を国際比較するに適した産業――それゆえドイツとも比較が可能――だからである。

1. スーパーにかかわる産業・労働時間規制の変化と店舗営業時間

大店法から大店立地法へ

スーパーなどの大型店が朝から夜遅くまでほぼ年中無休で営業していることを現在、私たちは当然のことと思っている。しかし、このような長時間営業は**表1**にみられるように、一九九〇年代中葉以降のことである。一九八五年においては営業時間が一〇時間未満の店舗が多数派であった。

どうしてこのような変化が生じたのか。それは大型店を規制していた法が大店法（一九七三年成立、二〇〇〇年廃止）から大店立地法（二〇〇〇年成立）に変わり、産業規制の有り様が大きく変わったからである。大店法は中小小売業の事業活動機会の適正な確保（＝出店調整）を目的として、店舗面積・新店の開店日・閉店時刻・休業日数を規制しており、大型店に該当する場合店舗を自由に出店・増設することができなかった。また大型店の閉店時刻・休業日数は省令で定められており、営業時間と休業日数、換言するならば営業日数を自由に設定することができなかった。

このような同法の規制について、日本に貿易赤字を抱える米国は日本に対し、大型店に対する出店規制は外国

表1　百貨店・総合スーパーの営業時間別店舗比率

	1985年	1994年	2016年
10時間未満	95.5%	42.5%	6.9%
10時間以上～12時間未満	3.9%	56.5%	19.6%
12時間以上（終日営業含む）	0.5%	1.0%	73.5%
計[1)]	100.0%	100.0%	100.0%

1）不詳を含まない
出所：商業統計及び経済センサス活動調査

製品の輸入・販売を妨げている（＝非関税障壁）として、規制緩和を要求するようになった。また日本国内からも、経済的規制は原則なくすべきだとして大型店に対する規制緩和を求める動きが経済界から現れた。商店街・中小小売店の業界団体である全国商店街振興組合連合会・全国商工会連合会は反対したが、経団連や大型店の業界団体である日本チェーンストア協会・日本百貨店協会等は廃止を求めた。労働組合も、たとえばスーパーの労働組合が参加している産別組織のゼンセン同盟は、大店法が価格競争を妨げ内外価格差の要因にもなっているとし、一九九四年には通産省に同法廃止を要請し、当面の規制緩和策として開店日・閉店時刻・年間休業日数を調整項目から外すことを要望した。

こういった社会動向の結果、大店法に関わる規制は数度にわたって緩和され、二〇〇〇年に至って同法は廃止された。大店立地法は大型店の立地が周辺地域の生活環境を保持しつつ適正に行われることを確保するための手続を定める法である。大店法が有していた中小小売業の事業活動機会の適正な確保、換言するならば競争抑制的な側面は大店立地法には存在していない。閉店時刻・開店時刻については騒音等の環境配慮の面から考慮されるのみで、実質的に営業時間に関わる規制はなくなった。

深夜業と最長労働時間をめぐる規制の変化

営業時間の変化は当然にも労働者の働き方、とりわけ労働時間のありように影響をあたえる。だから、次に本章に関わりの深い深夜業（午後一〇時～午前五時に働くこと）を中心に、労働時間規制の状況をみていこう。

一九九九年に一九九七年改正均等法が施行されるまで、労基法は労働時間規制について男女労働者を異なる規制の下においていた。一九八六年の均等法施行以後においても、たとえば女性の深夜業は、深夜業が可能な業務は拡大されはしたが、原則禁止であった。一方、男性労働者に対する深夜業は今に至るも割増賃金規定があるのみで、長さに関する規制はない。また時間外労働も、三六協定を締結したならば時間外労働時間数に制限がなかった男性と異なり、女性は上限が引き上げられたとはいえ一九八六年の均等法施行以後も時間外労働ができる時間数には制限があった。

このように男女で異なっていた労働時間規制は、一九九九年に一九九七年改正均等法が施行されたことにより大きく変化した。妊産婦もしくは育児・介護をする女性労働者であって、深夜業・時間外労働の制限を請求した女性労働者を除き、女性労働者のみを対象とした時間外労働・休日労働・深夜業についての規制は無くなり、通常の男性労働者と同一の労働時間規制の下におかれることとなった。つまり、男性と同じく労働時間の延長に法的制限はなくなった。

このなかの時間外労働と休日労働の長さについて規制を加えたのが今回の働き方改革である。その結果、労基法三六条第五項により、臨時的な特別な事情があって労使が合意する場合は、時間外労働が年七二〇時間、年に六ヶ月まで休日労働と時間外労働を合計して単月一〇〇時間未満、二～六ヶ月平均八〇時間以内まで働かせることが可能となった。換言すれば、これ以上働かせることはできなくなった（＝最長労働時間）。この最長労働時間規制の水準は過労死ライン（一ヶ月の時間外・休日労働の合計が八〇時間を超える場合、脳・心臓疾患の発症と業務との関連性が強い）を超えるきわめて低レベルのものであること、また一日あたりの最長労働時間規制が存在していないことが特徴である。

以上の労働時間規制の変化が意味することをまとめると、二〇〇〇年に大店法が廃止され、深夜営業、長時間営業が可能となったまさにその時に、女性がたくさん働くスーパーにおいて、これまではできなかった女性労働者を深夜に働かせることが法的に可能になっていたということである。女性労働者の深夜労働解禁がなければ、二二時を超えてのスーパーの営業は困難をかかえたと考えられる。そして二〇〇八年になってケアをしながらの生活とワークが両立しない、一日あたりの最長労働時間規制を欠いた過労死ライン超えの低水準の最長労働時間規制が作られた。

表2　百貨店・総合スーパーの開店・閉店時刻の変化

開店時刻	午前7時59分まで	午前8時台	午前9時台	午前10時台
1985年	0.1%	0.3%	7.6%	91.6%
2016年	14.5%	11.4%	37.2%	31.0%

閉店時刻	正午～午後7時59分まで	午後8時台	午後9時台	午後10時～午前11時59分(終日営業含む)
1985年	96.2%	2.7%	0.8%	0.3%
2016年	6.8%	10.2%	22.9%	60.1%

注1）不詳を除いた値である。
出所：商業統計各年

店舗の営業時間の動向と従業員の労働時間

では大店法廃止により店舗の営業時間はどうなったのだろうか。それをみたのが、**表2**である。百貨店を含むものであるが、開店時刻が早くなり、閉店時刻が遅くなり、午前七時、八時といった朝から午後一〇時以降、深夜遅くまで営業するようになっていることがわかる。

営業時間のこのような変化は正社員募集時の労働時間の記載形式にはっきりと現れている。たとえばコロナ下の二〇二二年時点においても八割ちかい店舗が二四時間営業であるスーパーA社の正社員募集時の勤務時間の記載方法は、一九八五年には「一般的には、午前9時45分から夕方6時46分（ママ）までです（休憩1時間、実働8時間）。店舗によって違います」（同年入社案内）という具体的勤務時間帯の記載があるものであったが、二〇二二年には「1日実働8時間、1ヶ月単位の変形労働時間制（シフト・交代制）勤務」（A社HP採用情報画面）というように変形労働時間制を導入し、単に労働時間の長さを記載する形に変化している。また二〇二二年時点では八時から二二時を基本に、長い店舗の場合は二四時間営業の店舗もあるスーパーB社の正社員募集時の勤務時間の記載方法も、一九八五年にはたとえば営業時間が一〇時～一八時四五分の場合には拘束時間九時四五分～一八時四五分（ママ）、営業時間が一〇時～一九時の場合には早番九時四五分～一八時四五分、遅番一〇時一五分～一九時一五分（『入社前通信ＰＡＲＴ３』）と店舗の営業時間ごとに勤務時間帯の例示があった。しかし二〇二二年現在は「変形労働時間制、年間所定労働時間は１９２０時間です。業務の繁閑に応じて一日の勤務時間を4～10時間の間で設定します」（Ｂ社ＨＰ採用情報画面）と、やはり変形労働時間制を導入し労働時間数を記載するのみとなっている。

スーパーで働く人々の勤務時間は、大店法があった一九八五年には一九時前後に勤務が終了していたのに対し、閉店時間規制がなくなった二〇二二年は勤務終了時間が二二時以降になる場合が出現するとともに、長時間営業化によりシフト勤務が当たり前になりかつ一日の労働時間が変動するようになった。

2. スーパーで働く人々の雇用形態と社員区分・等級制度

スーパーで働く人々の雇用形態――雇用構造の変化

以上みてきたように、スーパーはこの三〇年で朝早くから夜遅くまで、しかも元旦からお店を開くようになった。このように営業体制が変わる中で、スーパーで働く人々の雇用のされ方はどのように変化したのであろうか。

図1はスーパーで働く労働者の雇用形態を男女別にみたものである。スーパーは一九八五年時点でも多くの非正社員が働く職場であったけれど、それでもかろうじて労働者の六一パーセントは正社員であった。しかし、この三〇年でより非正社員化が進み二〇二一年では正社員は従業員全体の二二パーセントしかおらず、パートの労働時間を八時間換算した数字であってもパート比率は八〇パーセント近くを占めるに至っている。つまり実人数

図1　スーパー労働者の雇用形態別構成の変化

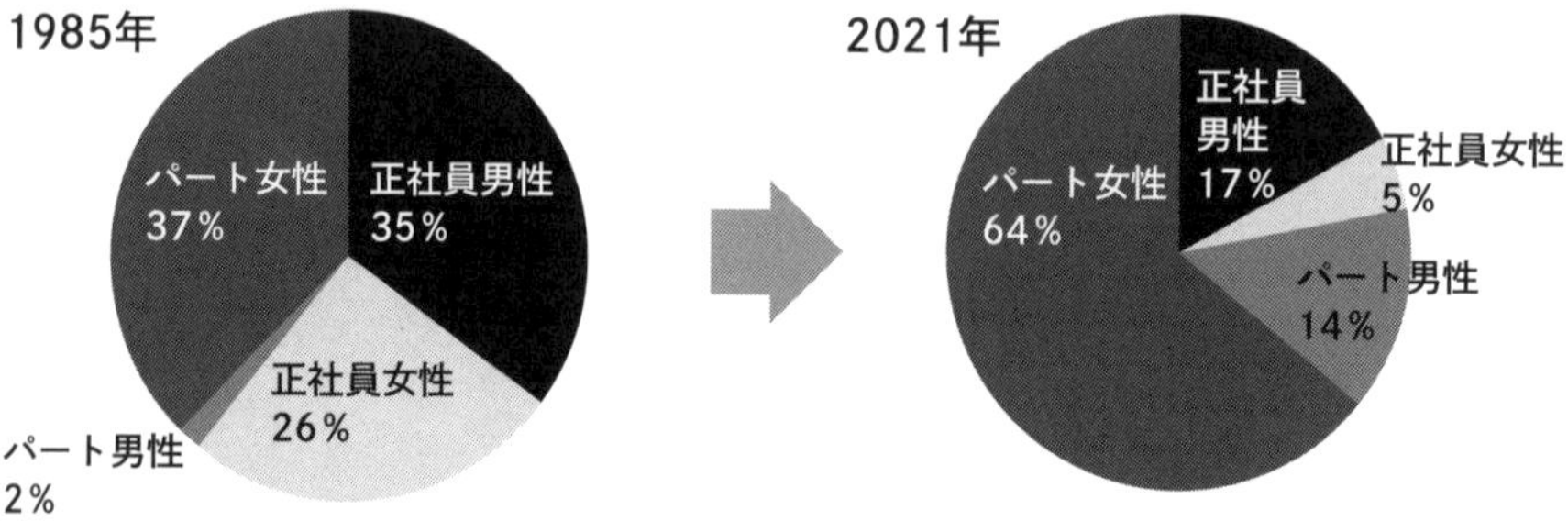

注：パートタイマーは、パート・アルバイトを8時間換算した人数
出所：日本チェーンストア協会

表3　スーパーの雇用構造の変化

	正社員比率	男性従業員に占める正社員比率	女性従業員に占める正社員比率	女性従業員に占めるパート比率	男性従業員に占めるパート比率	正社員に占める女性比率	パートに占める男性比率
1985	61.0%	95.4%	41.0%	59.0%	4.6%	42.6%	4.3%
2021	21.8%	54.4%	7.8%	92.2%	45.6%	24.5%	17.9%

注：パートタイマーは、パート・アルバイトを8時間換算した人数
出所：日本チェーンストア協会「チェーンストア販売統計」より作成

ではパート労働者の数はもっと多いのだから、まったく正社員がいないあるいは時間帯や曜日によっては正社員がいない売場・部署は少なくないと考えられる。

また、従業員の非正社員化は男女一様にすすんだのではなく、**表3**の男女従業員それぞれに占めるパート比率から明らかなように、女性で強く進んだ。しかしながら現在の特徴は、非正社員化の進行が女性のみに関わることではなく、男性においても進行している点にある。二〇二一年ではパートの一七・九パーセントは男性であり、男性従業員に占めるパート比率は五〇パーセントに迫ろうとしている。男性＝正社員、パート＝女性という図式はスーパーでは崩れつつある。それゆえA・B両社とも、パートで働く人々は若い男女や一人親、年配の男性など多様化した。つまりパートの収入で暮らしている人たちが存在しているのである。この点はスーパーに限らない。

たとえば二〇二二年の労働力調査によるならば、パートで働く人たちの四分の一は世帯主もしくは単身世帯となっている。

スーパーの人事制度——スーパーで働く人々の社員区分・等級制度と賃金

このようにスーパーはまさにパートの力無くして店舗運営はできない状態になっている。では、スーパーはパートをどのように処遇しているのだろうか。この点を正社員と比較しながらみていくが、そのためには社員区分・等級制度について理解する必要がある。というのは、同じ会社に直接雇用されている社員に種類があることが日本の雇用の特徴で、それは人事制度上においては社員区分として表現されている。さらにその社員区分の中に等級を設け、同一の社員区分の中に社員序列を作っている。そして会社の従業員に対する処遇はこの社員区分・等級と密接に結びついているからだ。

以下ではパートの処遇をA社・B社を中心にみていこう。ここで両社を事例としたのは、全国展開するB社は後述するように調査時点では、正社員に全国転勤があるという意味で典型的な日本企業だからである。一方A社は複数の都道府県にまたがって展開するスーパーの中では例外的に正社員の転勤を原則的に自宅から通える範囲（＝通勤時間九〇分以内）としている企業で、A社正社員には本人同意のない転居転勤はない。その意味でA社正社員は転勤負担が相対的に軽い正社員である。このように正社員の移動範囲が異なっている両社が、それぞれパートをどのように処遇しているのかを正社員とパートの人事処遇制度を通してみていこう。

スーパーの社員区分

図2がA社の、**図3**がB社の社員区分と等級制度である。両社とも転勤の有無と労働時間の長さによって、社員区分が正社員とそれ以外のパート等に区分されている。たとえば典型的日本企業であるB社では、正社員は月

図2　A社の社員区分・等級制度

正社員 店舗部門			パート 店舗部門
経営職1	店舗運営本部部長		
経営職2	店舗運営本部部長		
等級8	地区責任者		
等級7	店長		
等級6	店長		
等級5	店長		
等級4	副店長		
等級3	サブマネージャー	←	パートマネージャー（週35h以上、雇保・年金・健保加入）
等級2	担当者		パートリーダー（週30h以上、雇保・年金・健保加入）
等級1	担当者・新入社員		担当者のSパート（週20h未満・雇保・年金・健保未加入）・担当者のパート（週20-30h未満、雇保加入/週30h以上、雇保・年金・健保加入）

注：名称は一般的なものに変えてある
出所：A労組提供資料（2015年）を元に作成

図3　B社の社員等級制度

全国正社員	エリア正社員	地域正社員		パート社員		店舗における役割
経営職						店長
マネジメント職3	マネジメント職3	マネジメント職3				小規模店店長・副店長
マネジメント職2	マネジメント職2	マネジメント職2				大規模店課長
マネジメント職1	マネジメント職1	マネジメント職1				小規模店課長
等級3	等級3	等級3				売場責任者
等級2	等級2	等級2				責任者代行
等級1（大卒新入正社員）	等級1（大卒新入正社員）	等級1（短大・専門卒新入正社員）	←	パート2級		担当者、主任代行・新入正社員
				パート1級	アルバイト	担当者

注：名称は一般的なものに変えてある
出所：B労組提供資料を元に作成

間労働時間が一六〇時間で転勤有りの働き方をする労働者であり、パートは月間労働時間が一六〇時間未満で転勤無しの働き方をする労働者である（B社にはこの他に年末等の期間アルバイトや学生アルバイト等が存在しているが、今回は取り上げない）。B社正社員の転勤範囲は日本国内にとどまらず海外にもおよぶ。このように転勤範囲が広いので、転勤範囲によって正社員はさらに①全国・海外への転居転勤有りの全国正社員、②特定エリア内の転居転勤有りのエリア正社員と③自宅からの通勤時間が九〇分以内で転居無し転勤がある地域正社員の三つにわかれるが、経営幹部に昇進できるのはインタビュー時点では全国正社員のみであった。転勤範囲が海外にも及ぶB社と異なり、正社員の転勤範囲を通勤時間九〇分以内としているA社では正社員の社員区分は一つしかなく、正社員とは一日八時間勤務で自宅からの通勤時間が九〇分以内の転勤有りの労働者である。このようにフルタイム働き転勤ありの正社員に対し、A社のパートは最長一日七・五時間勤務で転勤なしの労働者である。

社員区分と雇用契約の期間

以上みてきたように転勤・労働時間と社員区分が結びついているのだが、社員区分は雇用契約の期間とも結びついている。両社とも正社員は無期契約だが、パートは有期契約で、A社パートは一年の、B社パートは六ヶ月の有期契約となっている。たとえばインタビュー時点ではB社の地域正社員には有期・無期契約の両方の労働者がいたが、一年の有期契約の地域正社員はパートから転換して地域正社員になった人たちである。一方、B社にはこの社員区分が導入される以前より、自宅から通える範囲の転勤しかしない正社員がおり、これらの人は無期である。つまり入社時から正社員である人たちは無期雇用であるのに対し、パートやパートから転換した地域正社員の雇用契約期間は有期契約である。A・B社ともパートは有期契約であるが、パートが担当している仕事は季節的なものではなく、常時ある恒常的な仕事である。しかし、転勤せず労働時間が短い従業員であるパートは有期雇用契約となっている。

パートが有期雇用であることはスーパーのパートに限らない。たとえば二〇二二年の労働力調査基本集計によるならば、パートのうち雇用契約期間が無期であるパートは三六・五パーセント（同正社員八七・八パーセント）に過ぎず、有期の契約四八・七パーセント（同正社員八・〇パーセント）、雇用契約期間の定めがあるかわからない一三・八パーセント（同正社員四・二パーセント）となっている。日本でパートであることは雇用が不安定であったり、雇用契約が不確かであることを意味している。

スーパーの等級制度

次に等級制度についてみていこう。A・B両社とも担当している仕事によって、正社員・パートともいくつかの等級に格付けされる。たとえば、B社では、正社員は経営職を除くと六つの等級に、パートは二つの等級に格付けされる。A社でも担当している仕事内容と責任の重さによって、正社員は一〇の等級に、パートは三つの等級区分に格付けされている。A社の特徴は日本の企業としては珍しく、この等級制度が正社員とパートという異なる社員区分間で共通になっていることである。入社時に格付けされる等級一からパートの最上位等級でもある等級三までは正社員とパート共通で、等級が同じならば仕事内容は正社員・パートで共通である。

雇用形態・等級と労働時間

A・B両社とも、パートの労働時間は担当している仕事によって原則決まる。というのはA・B両社とも社会保険の加入が法的に必要な長時間（インタビュー時点では、雇用保険は所定労時間が週二〇時間以上、健康保険・厚生年金は一日または一週の所定労働時間および一ヶ月の所定労働日数が常用労働者――正社員と考えられる――の四分の三以上が加入要件）の雇用は原則的に、売り場の管理や部下の育成・評価等を担当するリーダー格のパートとしか契約しないからである。つまり、品出し・値付け・売価変更・発注等の売り場実務のみを担当するパートの労働時間は、雇用保険の加入が不要な週二〇時間未満か雇用保険のみの加入が必要な週三〇時間未満の契約が中心となっている。会社からみて、貢献度の低いとみなされている業務のみを担当している下位等級のパートの労働時間の契約は短時間なのである。担当職務によって契約労働時間が異なったり、社会保険の適用状況が異なるということは正社員にはなく、パートに限ってみられる特徴である。

このようにパートの労働時間が短いことはA・B社に限ったことでない。直近のデータである二〇一四年商業統計（経済産業省）によるとパート・アルバイトの一日あたりの平均労働時間は五・二時間であり、A・B社のパートと同様、厚生年金・健康保険がつかない形で働いていると考えられる。つまり、スーパー・商業におけるパートは、自活することができない扶養されることが前提となった雇用になっている。にもかかわらず、先に見たようにパート収入で暮らしているパートたちが一定数存在しているのである。

パートから正社員への転換

図2では等級三のパートマネージャーから、**図3**ではパート二級のパートから、正社員に向けて矢印が出ている。これはA社では等級三のパートマネージャーになった段階でパート本人が希望すれば試験等はなしで正社員の等級三に転換できることを、B社ではパート二級になった後に、筆記試験と面接にパスしたならば地域正社員の等級一に転換ができることを意味している。

しかし正社員に転換するためにはフルタイム勤務ができるだけではだめで、転勤ができること、職場が必要とする時間帯にフレキシブルに勤務することができること、換言するならば時間的空間的制約なしに働くことが求められる。正社員にフレキシブルな勤務が求められる理由は、勤務シフト・勤務表の作成にあたってはまずパート労働者の勤務を決定し、その後、パートで埋めることのできない時間に正社員を入れていくからである。正社員とはパートと比較するならば、会社都合に合わせて働くことが求められる働き方なのである。

正社員に転換するにはこの勤務条件を満たすことに加え、さらに上を目指す意欲のある人（=課長・店長等マネジメントを目指す人）であることが求められる。つまり現在のスーパーの正社員とは、品出・レジといった売場実務はもちろんできなければいけないが、主たる業務はそこにはない。正社員は各レベルの店舗管理・経営業務の担い手として位置付けられているのである。一方パートは売場実務の中心的担い手として位置付けられている。このように正社員労働者の企業内位置付けが、店舗実務の担い手から店舗管理・経営業務の担い手に変化する中で、新卒で採用される正社員の学歴も高卒から大卒へと変化した。

社員区分・等級とジェンダー・ワークライフバランス

以上みてきたように、会社は雇用している労働者を種々の社員区分・等級に分けていたが、それはジェンダー視点からみた時にいかなる特徴を持つのであろうか。まず働く人の中でもっとも多い人たちであるパートについて、等級分布をみてみよう。売り場実務の中心的担い手はパートであるという位置付けから、また店舗に存在している業務は管理業務より実務の方が多いという店舗業務の、言い換えるとポストの分布構造の結果、A社パートの九割は等級一で、B社パートもその七割はパート一級となっている。それゆえパートから正社員への転換制度があったとしても、すべてのパートが正社員に転換できるわけではない。パートのキャリア展開には限界があるのである。

正社員はどうであろうか。正社員に複数の社員区分があるB社からみていこう。B社正社員には転勤範囲の広さによって、全国・エリア・地域の三区分があったが、男性は経営幹部に接続する全国がもっとも多く、転居転勤する人である。一方、女性は移動しても自宅から通える範囲の人が最も多い。正社員の等級分布をみると、男性の過半数は店舗・売場の管理業務を担うマネジメント職一〜三に分布しているのに対し、女性は売場実務と売場管理を担当する等級一〜三に分布している人が過半数と正反対の状況となっている。それゆえ等級ごとの女性比率をみると、上位等級になるほど女性比率は低くなっている。この点は転勤範囲が狭く転居転勤がないA社も同様である。A社では等級一・二・三の分布自体は、男女とも等級三が中心となっている。しかし、各等級に占める女性比率は、やはり等級が上位になるほど低下している。

このようにインタビュー当時、A・B両社とも女性正社員はなかなか管理職になることができないでいたが、それは出産年齢である三〇歳前後でドロップアウトする、つまり退職する女性や担当者で頑張る（＝上位等級に昇格しない）女性が多いからである。たとえばB社には短時間勤務制度や育児中の正社員の一九時以降勤務の免除など、育児に配慮した勤務制度があるが、にもかかわらずこうなってしまうのは①二年に一回など頻繁に転勤があること、②その結果として店長などの管理職に単身赴任者が多いこと、③管理職の象徴としての店長の、九時から夜の八時くらいまで店にいるのがあたりまえという長時間労働が影響していた。結局ワークライフバランスの欠如した働き方が、女性正社員のキャリア展開を阻害しているのである。そして正社員の私生活と両立しない仕事中心的働き方は、管理業務を担っていて正社員転換候補者であるパートが正社員に転換することも阻止していた。たとえばひとり親のあるパートは、パートだから勤務を抜けて（＝休みを取って）子どもの野球の試合の応援に行けるのであり、正社員だとこういうことはできないから、たとえ待遇がよくなっても正社員にはなりたくないと話していた。

このようなワークライフバランスを求める動きは、パートや女性正社員に限られたことではない。たとえばB社では、転居転勤が求められる全国・エリア正社員の一割が、育児・病気・介護で転居停止制度を利用しており、地域正社員と合わせるとB社正社員の三分の一近くは転居転勤できない人になっている。これはC生協も同様である。C生協では勤務地限定制度を作るにあたって従業員の希望をアンケートしたが、想定以上に勤務地限定制度の利用希望者がいることがわかり、インタビュー時点では制度の利用を私傷病の治療・介護・小学生までの子どもの養育の三つの場合のみに限定していた。空間的制約なしに働くことができないという問題は現在、男女社員の問題となっている。

スーパーの社員区分・等級制度と賃金

以上、スーパーは複数の社員区分の労働者を雇用していることをみてきたが、賃金はどうなっているのかをA社を中心にみていこう。

A社では賃金制度は雇用区分によって異なっている。等級一〜三の場合、先述したように等級が同一ならば正社員とパートで職務も査定時の評価項目も同一である。しかし、正社員は転勤がありかつシフト勤務である。つまり正社員は会社が必要とする場所（店舗）で、店舗が必要とする時間帯に働かなければならないのに対し、パートはそうではない。パートは転勤もなく、あらかじめ契約した勤務時間帯に勤務する人たちである。このように勤務場所の移動範囲と勤務時間帯の自由度が正社員とパートで異なっているのはA社に限らず、またスーパーに限らず、日本の多くの企業でみられることである。

A社の正社員とパートには等級が同一で仕事が同じであってもこのような違いがあるので、A社の正社員とパートでは適用される賃金制度が異なっている。たとえば正社員の賃金は月額表示され、全国一律に等級ごとに決まっている「職務給」——具体的な仕事ではなく等級に応じて決定されるという意味で、個別の具体的仕事と結びついている西欧的職務給とは異なるものである——にエリアにより異なる地域係数を乗じた額となる。これに対しパートは、全国に共通した賃金表はない。それは店舗のある地域の時給相場をパート賃金に反映させるためであり、賃金形態もパートは時間給である。正社員とパートでは賃金形態が異なっていることに加え、賃金額決定の基準となる要素も正社員とパートでは異なっている。パートの時間給が地域相場に規定される、つまり地域最低賃金に規定されているのに対し、正社員は高卒・大卒初任給相場に左右されている。このように正社員とパートで、適用される賃金制度が異なっていること、パートの賃金が地域相場・最低賃金に規定されているのは

Ｂ社も同様である。

先にみたようにＡ社の正社員とパートでは等級制度が共通で、同一等級ならば仕事内容、査定の評価基準も共通である。にもかかわらず、賃金制度を統一できない背後には、転勤と会社都合で勤務時間・勤務時間帯が決まるという正社員の働き方が存在している。それゆえ、正社員と同一等級・同一職務でかつ同一基準で査定されるパートが正社員と同一時間勤務したとしても、転勤や勤務時間・勤務時間帯についての拘束が正社員よりゆるいパートの賃金は正社員より安い。また、正社員にはある退職金制度がパートにはない。

時間と空間の制約なしに働くという正社員の働き方は、パートの処遇を劣位化させるだけではない。Ａ社の正社員の転勤は原則通勤時間九〇分以内の転勤であった。転勤範囲が限定されていても、時間と空間の制約なしに働くことは、ケア抱えた、抱えるであろう正社員労働者――多くは女性正社員――のキャリアの継続・発展を制約し、その結果は賃金にもはねかえっている。

これまでスーパーの社員区分・等級制度・賃金についてみてきた。もちろん人事処遇制度の細部は個々の企業によって異なっている。たとえばＡ社では正社員の社員区分は一つであったが、転居転勤がある企業では転居転勤の範囲によって、Ｂ社のように社員区分を複数設けている企業もある。正社員の処遇も、正社員の社員区分によって賃金表を別立てにしている、つまり転勤範囲が広い正社員区分の方が狭い正社員区分より基本給が高い企業もあれば、基本給水準は複数の正社員区分で共通にし、転勤範囲の広狭は地域手当で反映する会社もある。

このような違いはあるけれど、①転勤があるフルタイム勤務の正社員に対し、パートは原則転勤がなく、労働時間が正社員より短いこと、②正社員とパートでは企業による時間的・空間的拘束度が異なるため、正社員とパートでは社員区分が異なること、③企業による時間的・空間的拘束度が異なるため、同じ仕事を担当していてもパートと正社員では賃金制度が異なり、パート賃金は正社員賃金より低いこと、④パートから正社員への転換は可能だが、そのためには転勤とフルタイム勤務が可能であること、管理的業務を担当しかつ上を目指す人であることが不可欠であること、⑤正社員は無期契約だが、パートは有期契約で採用されること、⑥そして人事システムのこのような特徴が女性正社員のキャリア継続・展開・処遇に制約をかけているという特徴は、スーパーに限らず多くの日本企業にみられる特徴ではないだろうか。

おわりに

本節では日本のスーパーをめぐる規制、営業体制・雇用構造の変化、人事処遇制度についてみてきた。この三〇年ほどの変化が働く人々何をもたらしたのかをまとめることによって、本節を終わろう。閉店時間・休業日数の規制が無くなった結果、スーパーは朝から夜遅くまで長時間営業し、しかもほぼ年中無休で営業するようになった。閉店時間規制が無くなる前に、女性を対象とした労基法の深夜業規制は緩和され、請求した妊産婦を除き一八歳以上の女性を深夜に勤務させることが可能となっていた。働く人々は、男女・雇用形態に関係なく早朝・深夜にも働くことが求められるようになった。

長時間・ほぼ年中無休へと営業形態が変わる中、スーパーは正社員の雇用を抑え、大量のパートを雇用するようになった。その結果、企業内における正社員の位置付けが変化した。スーパーには、清掃・品出・レジといった店舗の仕事から何を売るのか全社レベルの品揃えを決定し仕入れる仕事、リアル店舗とネットスーパーを貫くスーパーの情報システムやアプリを作る仕事など、様々な仕事がある。スーパーを経営する上ではどの仕事も必要だから、その仕事をする人たちが職場にはいるのだろう。けれども売場実務は、正社員にとって入社数年間に担当する経過的仕事と考えられるようになり、正社員が担うべきは店舗管理・経営業務となり、売場実務はパートの仕事とされた。

その結果この三〇年ほどの間にスーパーという職場で起こったことは、「貢献度」が低いとみなされて社員等級序列の下位に位置付けられる社員の担当する売場実務が、つまりかつては高卒・大卒の新入社員が担当していた仕事がパート化し有期雇用となり、労働時間も短くなり、社会保険にフルカバーされない最低賃金水準近くの、自活することのできない扶養されることを前提とした仕事になった。ネットではなくリアルの店舗で、日常生活を維持するために私たちが行う買い物の場で、私たちという他者の生活を維持する労働をしている人々――その意味でかれらはまさしくエッセンシャルワーカーであろう――が、労働によって自らの生活を維持することができなくなったのだ。にもかかわらず、雇用の非正規化が進行した結果、自らの賃金で自活しなければならない人々も、扶養されることが前提のパート雇用で働いていている。

正社員と比較してのパートの低処遇は、時間的・空間的制約なしに働く正社員とは異なり、パートは転勤しないことと時間的制約が大きいことによって「正当化」されていた。しかし、正社員のこの時間的・空間的制約なしに働く働き方は同時に、女性正社員を企業のメインストリームからはじき出し、キャリアの継続・展開を制約し、下位社員等級に縛り付けていた。

けれどもパートや有期雇用に対する規制の国際的動向は、たとえばＩＬＯ同一価値労働同一報酬条約（百号条約）は同一労働のみならず、担当している仕事を「知識・技能」、「負担」、「責任」、「労働条件」の四側面から評価し、測定された職務価値が同じならば同一賃金を支払うことを求めている。仕事配置の異動や勤務地移動である転勤といった要素は無関係である。また、有期雇用についてもＥＵ有期労働指令は、同一の仕事を行う常用労働者との均等待遇原則と有期雇用労働の反復的継続利用による濫用を防止するための措置を求めている。今の日本には同一価値労働同一賃金規制も有期雇用の濫用防止規制もない。同一価値労働同一賃金規制の欠如は、労働時間・職務・勤務地を無限定とする日本の正社員を前提として、パートと正社員の待遇差の是正を行おうとしているからである。

しかし、時間的・空間的制約なしに働く働き方を忌避するのは、もはや女性労働者に限らなくなっている。男女正社員の人たち自身が、パートの低い処遇を「正当化」していた正社員のハードな働き方とは違った働き方を求めはじめている。正社員の働き方自体を生活費を稼ぐだけのものから、家族と過ごし暮らす時間をもてるものに変えていくことが求められている。このような労働者の変化を受けて労働組合も大店法の廃止時とは異なり、たとえば小売業の産業別労働組合であるUAゼンセン流通部門は営業時間について労使協議を加盟組合に求めるとともに、店休日（営業休日）と正月営業休日の法定化を求めるよう変化しつつある。このような動きが本格化し正社員の働き方が暮らすことを楽しむことと両立するものになった時、パートの低処遇を「正当化」することはもはやできなくなるであろう。

【付記】

本節を脱稿後、非正社員を日本で最も多く雇用する総合スーパーのイオンリテールが、店舗の売り場責任者を務めるパート社員について、基本給や手当から賞与、退職金にいたるまで、一時間あたりの支給額を正社員と同じ水準にそろえるとの報道（朝日新聞朝刊および日本経済新聞、二〇二三年三月一五日）があった。雇用形態間差別をなくす大きく重要な一歩であろう。同様の動きがどれだけ日本の職場に広まるか、またこの動きが売り場管理を担わない売り場実務のみを担当する多数派のパートに導入されるのかが、今後の焦点になるであろう。なぜならば本節で述べたように、店舗業務は管理業務より実務の方が多いのであり、全てのパートが売り場責任者になることはありえないからである。また、もし売り場実務のみを担当する多数派のパートにも同一賃金を導入するならば、会社主導で行う正社員の勤務地・職務移動および正社員に重い残業をどうするのかが必然的に問われることになるであろう。というのは正社員の勤務地・職務・労働時間（法的上限はあるが）の無限定性こそ、正社員と非正規の処遇格差を「正当化」してきたからであり、この三つの無限定性を放置したまま正社員と非正規の処遇格差をなくしたならば、職場秩序の動揺は避けられないからである。

第2章　ドイツのスーパー

田中　洋子

1. 似ているのに違う、ドイツのスーパーの働き方

コロナ下のドイツで、当時のメルケル首相が「エッセンシャルワーカー」として真っ先に言及したのがスーパーマーケットで働く人々だった。当たり前すぎて社会から注目されてこなかったが、社会にとって不可欠な人々だとメルケル首相が感謝したドイツのスーパーマーケットの労働者は、では、どのような働き方をしているのだろうか。日本のように、正社員とパートの間での処遇の分離は存在しているのだろうか。

一見したところ、スーパーマーケット（以下スーパーと略）はドイツも日本もさほど変わらない。店の大きさ、売り場づくり、自分で商品を手に取ってカートに入れてレジで精算する方法も同じだ。少し違う所は、レジ前でベルトコンベアーにカゴの商品を一個ずつ客が自分でのせる、量り売りやコイン式カートが多い、レジ従業員が椅子に座ってペットボトルの飲み物を飲みながら仕事をしていい点などだ。他方、野菜や果物、肉などの生鮮コーナーから加工食品・生活雑貨まで、人々が必要とする生活必需品に大きな違いはない。チラシに出た特売

品は山積みされ、プライベートブランド（ＰＢ）商品が展開し、レジに列ができると新しいレジが開き、現金払いが残りつつもキャッシュレスやポイントカードが広がる状況も共通している。

歴史的に見てもドイツが経験した変化は日本と似ている。一九九〇年までかなり短かった営業時間は、一九九〇年代後半から二〇〇〇年代の自由化・規制緩和を推進する法改正を通じて、どんどん長くなった。一九六〇年前後に登場した安売りスーパーがその後躍進し、低価格を売り物にした大規模店舗がドイツ全土に拡大した。フルタイムで働く従業員が減ってパートタイムが増えてきた点も同じだ。

見たところ、ドイツのスーパーは日本とよく似ている。ところが、こうした共通点にもかかわらず、ドイツのスーパーでの働き方は日本と根本的に異なっている。一体何が違っているのか。

フルタイムとパートタイムの処遇格差がないドイツ

結論を一言でいえば、ドイツのスーパーには日本のような正社員と非正規の差がない。フルタイムとパートタイムの処遇の分離がないのである。ドイツのフルタイムとパートタイムは、同じ無期雇用であり、処遇も等しく、同じ給与表にもとづいて給与が支払われる。その名称は、働く人の事情や希望に合わせて労働時間が違っている状況を表しているにすぎない。存在するのはさまざまな働く時間の長さのグラデーションだけである。

日本でも最近は多くのスーパーで雇用制度の独自の改革が試みられている。しかしそれでも、フルタイムとパートタイムの処遇・給与条件が全く同じである企業はほとんど見られない。

前章のA社のように、正社員もパートも仕事内容と責任の重さによって同じ等級区分表の中に位置づけられている企業もある。しかしそこでは、同じ仕事をする同じ等級であっても、フルタイムとパートタイムでは、給与の決め方も給与水準も異なっている。パートタイムが低い処遇になるように企業内制度がつくられているのである。

B社では、パートから社員まで資格制度を一本化する努力がなされてきた。しかし実際には、有期か無期か、月給か時給かで処遇は区分されている。給与・賞与の体系がそもそも異なっているのである。転勤範囲を基準に社員区分が設定されている場合は、同じ正社員の中であっても福利制度などの適用が異なる。日本では、職場で一緒に働いている人たちの中で、複雑に身分が区分され、異なる処遇が適用されているのである。

ドイツでも日本と同様に、仕事内容・責任の重さにもとづいた等級区分がある。しかし決定的に違うのは、ドイツでは給与が、その仕事内容の等級区分に応じて決められている点である。

同じ仕事・責任の重さであれば、フルタイムかパートタイムかは関係なく、一つの給与表で定められた給与額に基づいて支払われる、ということである。同じ仕事をしている人であれば、当然同じ給与が支払われる。むしろ、仕事や責任が同じであり、制度上も同じ等級に属するとされていながら、なおパートだけ給与・処遇条件を別の体系にして低くするという日本のやり方は不可解である。

ドイツのパートタイムの給与額は、給与表の給与金額に、働いた時間の割合を掛けて支払われる比例方式で計算される。所定労働時間が四〇時間で三〇時間働いたとすると、四〇分の三〇となり、七五パーセント分が支払われる。午前中だけ週二〇時間働けば五〇パーセントになる。

どれだけ長く働くかも個人の希望によって変えることができる。事情があれば働く時間を短くし、状況が変われば増やすこともできる。効率的に稼ぐために割増手当のつく夜や土曜だけ働くこともできる。

ドイツでは異動・転勤も個人の希望にもとづいている。日本のように企業内慣行として、正社員に対して数年ごとの異動・転勤などの縛りがかけられることはない。つまり、フルタイムとパートタイムの違いは、自分の希望で今は働く時間が長い、短い、というだけの違いにすぎない。

このようにドイツのスーパーでは、日本とは対照的に、フルタイムとパートタイムの間の身分的な処遇の格差がない。全従業員は仕事内容・責任に応じた職務給・仕事給を受け取り、働く時間が短い時は比例計算を行うという、シンプルな人事管理方法になっている。働く人の個人的希望や家族の都合に合わせて働く時間を選んでも、仕事に応じた同一の給与基準・処遇がごく普通に実現しているのである。

本章では、日本と同じようなスーパーの店舗運営が、いかに異なる働き方によって行われているか、行われうるのかを、ドイツの大手スーパーの事例から見てみたい。はじめにドイツのスーパーの日本との類似点を確認し、次にスーパーG社での調査にもとづき、どのように異なる働き方が実現しているかを具体的に見ていこう。

2. ドイツの小売業――市場の自由化という構造転換

スーパーをめぐる経営環境の変化はドイツと日本でよく似ている。一九九〇～二〇〇〇年代の規制緩和・撤廃による市場の自由化の進展である。その中で、第一に大規模スーパーによる市場の寡占化が進み、自営小売店が減少した。第二に、スーパーの営業時間が長く延長された。そして第三に、フルタイム雇用が減少しパートタイムが増加した。

もともとドイツでも日本同様、小売業では一九七〇～八〇年代まで八百屋や肉屋・パン屋など小さな自営業の個人店舗が中心だった。就業者も自営業者やその妻などの家族従業員が中心であった。しかし、客が自ら品物をとって最後に精算する「セルフサービス」方式により、低価格販売を実現した安売りスーパー（アルディ、リドル）が一九六〇年代に開業して大きな成長をはじめる。

その結果、一九九〇年には上位一〇社が売り上げの四五パーセントを占める状況だったが、二〇〇五年にその割合は八八パーセントまで上昇し、大企業による寡占化が進んだ。自営業の売上は二〇〇〇年代以降、小売業の一割にまで減少した。

二〇一四年以降は大手スーパー四社（アルディ、リドル、エデカ、レーベ）だけで小売業の売上の九割以上を占めるに到っている。スーパーはまさに、全ドイツ人の日々の食料品、生活の糧を支えるための不可欠な存在となった。そしてそれに伴い、小さな小売店の自営業者や家族従業員は激減した。代わりに増大したスーパーで働く従業員こそが、社会にとってエッセンシャルワーカーとなったのである。

営業時間の規制撤廃

大企業集中が進んだ一九九〇～二〇〇〇年代は、日本と同様に、規制緩和・自由化という新自由主義的政策が大きく進んだ時代であった。その中でドイツでも店舗の営業時間にかかわる規制が緩和され、時間が大きく延長された。

ドイツでこれは、店舗の営業時間を規制する閉店法の改正として現れた。一九五六年の閉店法は、月～金は朝七時から一八時半まで、土曜は午後二時まで、日曜は休み、と定めた。平日でも夕方六時半以降、土曜の午後二時以降は買い物ができなかった。つまり、土曜の午後と日曜にできたのはウィンドウショッピングだけである。営業時間内に買い物をしそびれると、生活に必要なものが手に入らない不便な仕組みであったが、これがドイツの日常生活として戦後三〇年以上続いた。

これが一九八九年に変化を始める。この年に、木曜だけ夜八時半まで営業できる「長い木曜日」が規定された。これをきっかけに、一九九〇年代以降に閉店法の改正が続く。一九九六年には平日朝六時から夜八時まで、土曜は午後四時まで、二〇〇三年には月曜から土曜まで朝六時～夜八時までに営業時間が拡大された（**図1**）。

二〇〇六年にはついに営業時間が原則自由化された。営業時間の規制権限は州に任せられ、従来の閉店法に従ったバイエルン州などを除いて、月曜から土曜まで二四時間営業が可能となった。条件により日曜営業も可能となった。ドイツでは二〇〇六年以降、営業時間がほぼ全面的に自由化されたのである。

図1　ドイツにおける店舗営業時間の規制の推移　1950年代～2020年

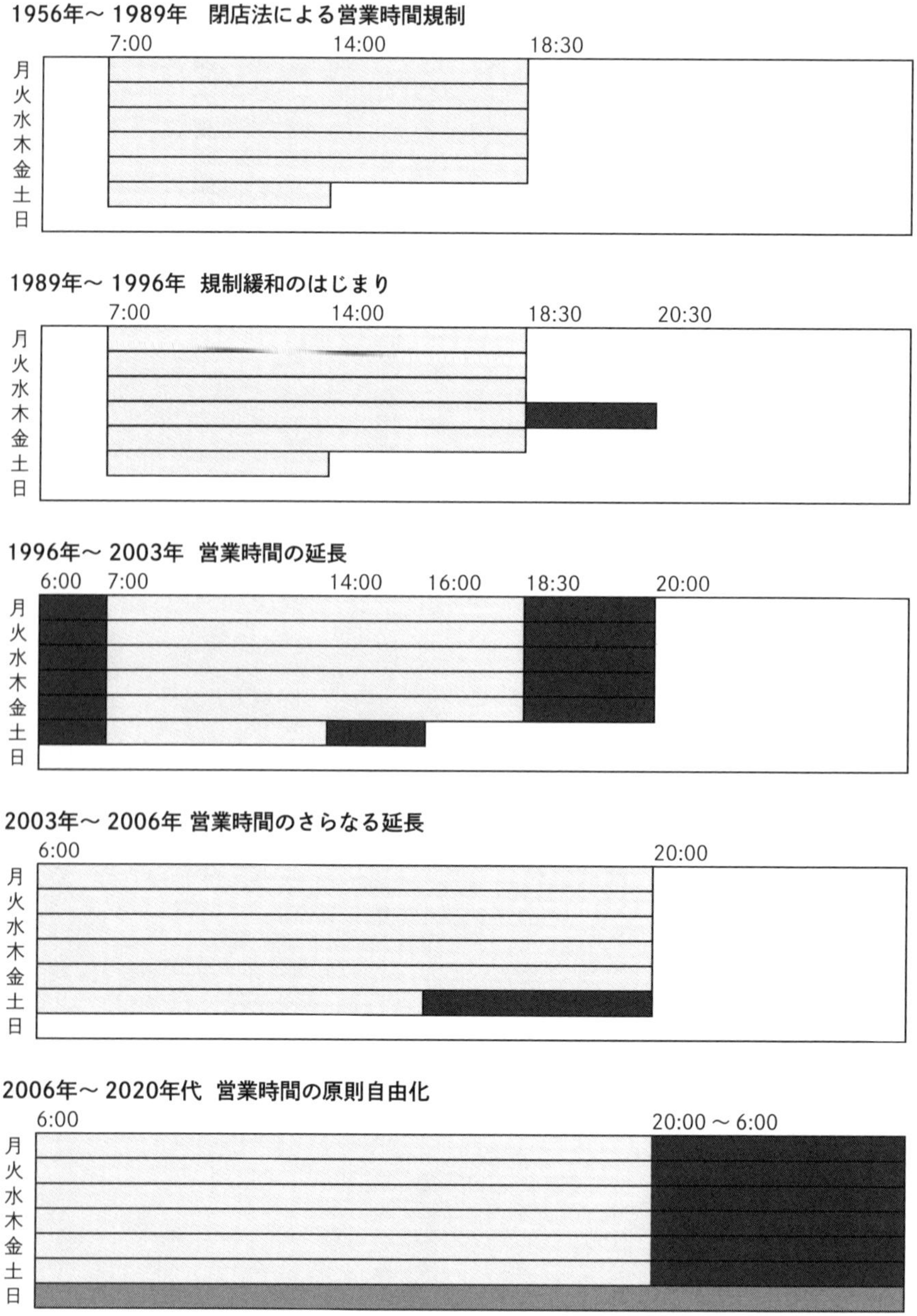

表１　ドイツの小売業における雇用形態の推移　2000～2020年

	2000 年	2007 年	2014 年	2020 年
フルタイム	52.2%	43.7%	37.9%	37%
パートタイム	22.8%	25.7%	33.4%	37%
ミニジョブ	25.1%	30.6%	28.7%	26%

フルタイムの減少が進む小売業

この時期には小売業の中の雇用構造も変化した。日本と同じく、フルタイムが減少し、パートタイムが増加したのである。

ドイツでは統計上、労働時間の長さに応じてフルタイム、パートタイム、そして月収約八万円（五二〇ユーロ）以下のミニジョブという三つの雇用形態に分けられている。この中のミニジョブは社会保険料が免除となる働き方で、日本の扶養範囲内のパートタイムに似た制度である。雇用形態の変化を二〇〇〇年から二〇二〇年までみたのが、**表1**である。

ここからは、二〇〇〇年からの二〇年の間に、フルタイム雇用は五二パーセントから三七パーセントへと減少し、パートタイムが二三パーセントから三七パーセントへと増加したことがわかる。フルタイムとパートタイムは四割弱で、ほぼ同じ割合となっている。ミニジョブは制度改革による定義の拡大により一時期増加したが、二五～二六パーセントと変化がない。これ以外に、実務経験と勉強を行いつつ資格を得ようとする訓練生がいる。企業によっては商品を棚に並べる陳列の仕事を担う派遣労働者がいるが、従業員の〇・七パーセントと例外的である。

このようにドイツのスーパーは、大規模店化と安売り競争、少数大企業による寡占化の進行、営業時間の長時間化、フルタイムの減少とパートタイムの増加など、一九九〇～二〇〇〇年代の自由化が進む経済環境の中で、日本のスーパーと非常によく似た変化をたどってきたのである。

3．ドイツのスーパーG社での働き方

ところが、こうした共通した経営環境の中に置かれているにもかかわらず、ドイツのスーパーの働き方は日本と大きく違っている。このことを大手スーパーG社の事例から見てみよう。

営業時間の延長から短縮へ

G社はモーゼル地方にあるグローバル企業である。「セルフサービス百貨店」に分類され、生鮮食料品だけでなく、衣料や生活雑貨も広く販売し、店内に飲食店や宝くじ売り場をもつ大型スーパーである。

G社も小売業のトレンドに沿い、規制緩和により営業時間を延ばしてきた。一九九六年までは閉店法に則って夕方六時半に閉店していた。しかし同年の規制緩和により、朝八時から夜八時までの営業となった。二〇〇六年の営業時間自由化の後は、同社のあるラインラント・プファルツ州の規定の範囲の最大である、朝六時から夜一〇時まで、一六時間の営業時間となった。

ところがG社は二〇一二年、この営業時間を再び短縮した。会社によると「早朝や夜遅い時間帯の売上はそれほど伸びなかった」、「車で帰宅した人はその後買い物に来ない」というのが理由である。この時から現在まで、営業時間は一九九六年水準に戻り、朝八時から夜八時までの一二時間営業となっている。日独とも二〇〇〇年代には「営業時間を際限なく伸ばす」趨勢が進んだ。日本でも近年見直されつつあるが、G社では二〇一二年に止まっている。

パート処遇の日独比較

G社の雇用構造をみると、最も多いのがパートタイムで五九パーセントとなっている。続いてフルタイムが三六パーセントであり、この二つで九五パーセントとなる。あとは学生中心で、年金生活者と副業者からなる短いアルバイトとしてのミニジョブと、高校生中心の職場訓練生となっている。男女比率は男性三割、女性七割である。フルタイムに占める男女比率は半々であるが、パートタイムでは女性割合が高い。チームリーダーなど管理職に占める女性の割合はほぼ半分となっている。

これだけ見ると、女性中心のパートタイムが多くて日本と似ているようにみえる。しかし注意すべきなのはパートタイムの処遇がドイツでは日本と大きく違っていることである。ドイツとの差異を見るため、ここであらためて日本のフルタイムとパートタイムの処遇格差を確認しておこう。

日本では同じスーパーで働いている人の中に、身分と言ってもよい雇用管理区分が長く存在してきた。その中身は少なくとも以下の一〇点におよぶ。

(一)労働時間の長さが違う、(二)等級表や給与表が異なる(転勤の有無・範囲を含む)、(三)給与の払われ方が異なる(月給・日給月給か時給か)、(四)時給の高さが異なる(初任給ベースか地域労働市場の最低賃金ベースか)、(五)賞与・手当の額が異なる(数カ月分か寸志程度か)、(六)雇用契約が異なる(無期か、有期か)、(七)社会保険の適用が異なる(適用か部分適用か適用なしか)、(八)採用・給与・処遇決定権者が異なる(本社人事か店舗担当者か)(給与・賞与の会計処理項目〈人事費か諸雑費か〉が異なる場合もある)、(九)社内施設・制度、企業内福利の利用・適用範囲が異なる、(一〇)異動や転勤の有無が異なる。つまり、フルタイムとパートタイムは経営管理上、体系的に異なる別枠身分の雇用として扱われてきた。

さらに同じフルタイムであっても、全国転勤か、広範なエリア内転勤か、引越しなくていい比較的狭いエリア内異動か、特定事業所勤務かなど、働く場所の異動可能性によって、フルタイム内部に雇用管理の区分が拡大され、引越が前提とされる全国転勤を基準とし、働く場所の範囲が限定されるにつれ、給与が一割、二割、三割と減額されていく管理方式が形成された。

この方式は、引越を伴う転勤によって自分や家族に負担をかけたくないと考える人がいた場合、そういう希望をもっていることを理由として給与を引き下げる、ということを意味している。ワークライフバランスが公式には唱えられているにもかかわらず、それを実際に希望すると、給与がそれによって引き下げられていくという、矛盾に満ちた給与決定制度が日本のスーパーには存在する。

その最たるものがパートタイムである。自分や家族の状況や希望にそって、短い時間だけ働きたい、働く場所を異動しないで働きたいと考えるパートタイムの処遇は、フルタイムとは異なる別枠の雇用身分として低い水準に下げられている。

こうしたフルタイムとパートタイムの間の断絶を克服する試みは、政府や小売企業により、二〇〇〇年代後半から二〇一〇年代に様々な形で模索されてきた。前章でみた、仕事内容に対応したフルタイムの等級表の中にパートタイムを組み込む動き、パートの中のリーダー・管理者をパート中の上位の雇用区分としてフルタイムの下部に接合する動き、パートタイムの管理層から正社員への移動を可能にする動きも見られた。

とはいえ、そもそもパートのリーダー・管理者の必要人数が限られているのに加え、前章で見たように正社員には異動・転勤や残業、昇進努力・意欲がきびしく求められるため、個人・家族の生活を重視したい人にとっては苦渋の選択となる。パートと正社員の一本化に見える制度も、その背後には本質的な働き方の違いが存在しており、そのハードルの高さゆえに先に進めない、進みたくない人が生まれている。

近年の日本は、「多様な正社員」という言葉のもとに、労働時間・残業、異動・転勤範囲を基準に次々と雇用区分を増やして差別化し、その間の処遇・給与格差をより複雑に設定する方向に向かっている。同じ職場で一緒に働いているにもかかわらず、各自が異なる雇用区分に属し、異なる処遇条件に分断されている。

これに対し、ドイツでは働いている人たちの間にこうした身分的区分がない。処遇はみな同じである。働く時間が短いか長いかの違いにより、給与は比例計算されるが、処遇の格差はない。全員が同じ等級表・給与表にもとづいて支払われ、全員が基本的に無期雇用である。日本のように雇用区分とか複数の給与計算方法などの複雑な差異の体系が存在しない。週に短時間だけ働くミニジョブの人だけ法的に社会保険が免除されている。有給休暇や社内施設・研修等の利用も等しく、異動・転勤は本人が希望した場合だけに限られる。

ドイツでは法律によって、誰でも希望すればフルタイムの勤務時間を短くすることができる。なぜ時間を短くしたいのか、その理由は一切問われない。個人の希望、家族の事情、体調の問題、自分の趣味など何でもよい。これは法的権利として保障されている。また数年間パートで働き、その後前と同じフルタイムの職に戻る権利も法律で定められている。その結果、ドイツのスーパーで働く人は、一つの給与表の基盤にたって、自分がどのくらいの長さ働いて、どのくらいのお金を得たいかを考え、自分や家族の事情や希望に合わせて労働時間を決めているわけである。

G社における働く時間の調整

では、実際にG社のパートタイムはどんな形で働いているのだろうか。

パートタイムで働く約六割の人は、週二四時間、三〇時間、一五時間、三三時間など、その時々の自分の家族の事情、環境の変化に応じて自由に時間を設定して働いている。企業内規則により、フルタイム・パートタイムに関わらず、子育てや家族の介護をしている人、公共交通で通勤する人については、遅くとも夕方六時半までに仕事を終えられることになっている。公共交通利用者がここに入っているのは、葡萄畑に囲まれた地方に店舗があるため、車での通勤が主流で、電車の便数が限られているためである。

親時間と呼ばれる育児休業が終わった時には、柔軟なパート勤務で仕事に復帰できる。はじめに戻ってきた時は、一日三時間で週四日の週一二時間勤務程度のパート勤務で復帰する。その後子供や家族の様子をみながら二時間、また二時間と勤務時間を少しずつ増やしてゆくのが通常である。最終的には、子どもが小さいうちは週三〇時間程度のパートタイムとして継続して働くか、本人の希望があれば再びフルタイムに戻るか、というのが、子どもをもった人の一般的な働き方となっている。

こうした柔軟な時間の調整は、二〇〇〇年代半ばにG社が独自に開発した労働時間管理ソフトによって行われている。個人の事情と店舗の事情の双方を前提に、最適にシフト調整を行う時間管理システムが各職場に適用されている。これは当時としては最先端のシステムであり、G社はこれによって二〇〇八年にドイツ政府から、「仕事と家族の両立」賞、二〇一三年に「最も良いスーパーマーケット」賞を受賞している。この時間管理システムの先駆的導入を通じて、フルタイム・パートタイムの働く時間の個人のバリエーションをオンライン上で最適に調整できるようになったという。

このようにドイツのスーパーでは、フルタイムもパートタイムも希望するシフトを自由に調整でき、働く時間の長さの割合に応じたシンプルな計算で給与が支払われる。では、給与の割合計算の元となっている給与額はどのように決まっているだろうか。

仕事（ジョブ）にもとづく給与

日本では、もともと給与表はフルタイムだけに存在しており、パートタイムにはそうした表が長く存在しなかった。フルタイムには何段階もの階梯で昇給・昇格する設定がなされている。これに対し時給のパートは、地域の最低賃金に、近隣の労働市場の状況を見ながら少しプラスした程度の時給として店舗担当者の権限で定められている場合が多かったからである。昇給があったとしても額は小さい。これが身分的区分による給与格差の象徴となっている。

これに対してG社では給与表がフルタイムかパートタイムかで分かれていない。労働時間の長短ではなく、給与の基準となるのは、その人が行っている仕事の内容による。その意味では、前章のA社の雇用区分が「仕事内容とその責任」となっていたのと同じである。

しかしA社ではこの等級が給与と切り離され、同じ仕事内容と責任であっても給与が大きく異なるという、不可解な状況となっていた。この反対にG社では、仕事内容・責任が同じであれば給与額が同じである。その給与額に働いた時間の割合を掛けて給与が計算される。

「仕事内容と責任」をジョブと呼ぶならば、日本のスーパーA社は、わざわざジョブを等級の形で設定しておきながら、その上でジョブと給与とを切り離し、同じジョブに全く異なる給与体系を適用するという、複雑な給与差別の仕組みをつくりだしている。それに対してドイツのスーパーG社は、ジョブに給与がくっついているので、仕事が決まれば自動的に給与が決まる。シンプルでわかりやすい仕組みとなっている。

G社の仕事・給与・昇給

具体的にG社での仕事と給与の設定がどうなっているのか、G社の給与表を見てみよう（**表2**）。

G社は二〇一三年に小売業の産業別協約から離脱し、企業内の労使協約を結んでいる。この意味でG社はドイツで一般的な産業別労使関係から離れており、むしろ日本の企業別労使関係と同じ形になっている（企業内協定による給与金額は非公開とされている）。とはいえ、G社の企業内協約はあくまでも産業別協約に準拠した内容となっており、企業内の独自な状況に対応するために企業内協定にしたとされる。

給与表は全体の構造として、社内のすべての仕事を対象とした、一つの、一元的な給与表となっている。社内の仕事は多くの部門ごとに分かれるが、ここではスーパーの中心業務である「販売」部門を取り上げてみよう。

初めてスーパーに入った人がつくのは「売り場でのパッキング（包装作業のみ、販売なし）」という仕事であ

表2　G社の仕事別給与表

分野別等級	店舗内職種	1年目	2年目	3-4年以降
	販売			
V1	売り場パッキング（販売なし）		／	／
V2	製造補助			
V3	製造補助・試食など			
V4	郵便、宝くじ店			
V5	非食品・生鮮食品売り場（チーズ・魚）			
V6	チームリーダー補佐			
V7	副チームリーダー			
V8	チームリーダー			
	レジ			
K1	チェックアウト・飲み物センター			
K2	顧客情報			
K3	レジサービス、レジ監視・主要レジ・金庫室			
K4	副チームリーダー			
K5	チームリーダー			
	パン屋			
K1	パッキング		／	／
K2	製造補助			
B3	パン販売			
B4	製造（パン・菓子）			
B5	チームリーダー副			
B6	チームリーダー			
	肉屋			
M1	パッキング		／	／
M2	肉料理販売			
M3	肉屋運転手			
M4	製造補助			
M5	製造・肉屋			
M6	ソーセージ販売			
M7	チームリーダー補佐			
M8	チームリーダー			
	店内飲食店			
G1	洗い場		／	／
G2	飲食店・製造			
G3	飲食店・キャッシャー			
G4	コック			
G5	副チームリーダー			
G6	チームリーダー			

分野別等級	店舗内職種	1年目	2年目	3-4年以降
	配送			
L1	補充		／	／
L2	空容器		／	／
L3	飲み物センター、商品受取・装填			
L4	倉庫スキャナー			
L5	商品納入口・受取・郵便業務			
L6	副チームリーダー			
L7	チームリーダー			
	車センター、洗車・給油			
A1	洗車			
A2	簡単な技術的課題の洗車			
A3	給油レジ			
A4	タイヤサービス			
A5	自動車サービス、メカトロニクス			
A6	管理と販売			
A7	副チームリーダー・マイスター			
A8	チームリーダー、マイスター			
	管理			
VW1	宣伝			
VW2	担当者宣伝			
VW3	価格比較・データ処理			
VW4	事務一般、電話センター、事務員			
VW5	SAP社ソフト			
VW6	秘書・アシスタント			
VW7	人事事務			
VW8	IT関係・担当者			
VW9	人事リーダー			
VW10	工程管理・システムマネジメント			
	建物			
H1	廃棄物処理		／	／
H2	建物、車・秩序・清潔		／	／
H3	建物技術			
H4	チームリーダー			
	領域リーダー			
BL	領域リーダー			
	臨時手伝い			
AH	臨時手伝い（最大6カ月）		／	／

る。これは何の前提知識も経験もいらない、誰でもすぐできる作業であり、働いて一年目の人のみを想定している。その次は「製造補助」、さらに「製造補助・試食」である。ここで販売する商品を整える作業に補助として入り、売り場に置く商品をつくり、試食にもたずさわる。勤続二年目、三・四年目には自動的に勤続年数による定期昇給がある。

その次が実際に客と向き合う接客販売の仕事である。郵便・宝くじ販売の部署や、魚やチーズを含む生鮮食料品、また食料品以外の販売の部署がある。これらの仕事が十分できるようになると、さらにその上には、「チームリーダー補佐」、「副チームリーダー」、「チームリーダー」という売り場の管理者への昇進階梯が続いている。ドイツでは、ソーセージ・ハムを含む肉部門とパン部門は、人々の食生活にとってとりわけ重要であるため、この二つは上記の販売部門と別系統の、肉屋・パン屋という独立した販売部門となっている。それ以外にも、レジ部門が別にあり、店内の飲食店管理、金銭管理、車・洗車部、配送、建物、管理部がある。それぞれの中に仕事の階梯がある。

仕事の内容からもわかるように、最初は何も経験がなくてもできる仕事からはじまり、少しずつ経験を積んで仕事の幅を広げ、そこで知識や経験を積んでベテランになったのちに職場リーダーへと昇進していくシステムになっている。日本でもよく見られるＯＪＴである。

昇給する方法は三つある。まず、同じ仕事をしている時には経験年数による定期昇給がある。これは経験年数三〜四年目まで続き、そこでストップする。その後は、より上位の仕事に移ることで昇給する。ここで仕事の幅・範囲を広げて知識・経験を増やすたびに昇給する。仕事の内容・責任がレベルアップし、リーダー・管理者などに就くとより大きく昇給する。

最後の方法は継続教育によるスキルアップである。従業員は自分の希望により、働きながら週一〜二回職業専門学校に通学して勉強することが可能である。スーパーでの仕事経験と学校での学習・試験を経ると、新しいスキル資格を取得でき、レベルアップする。これにより、一気に上位の給与の高い仕事につくことが可能となっている。

このようにドイツでは、仕事上の知識・経験の蓄積とそれに伴う熟練・能力、仕事の幅や範囲の拡大、仕事・組織に対する責任・権限が大きくなるにつれ、給与表の等級があがっていく。重要なのは、その人がフルタイムであるかパートタイムであるかには一切関係がない、ということである。これが日本のスーパーとの決定的な違いである。

働く場所に影響を受けない給与

日本がドイツのようにフルタイムとパートタイムを同処遇にせず、あくまでもパートタイムをフルタイムから切り離して下位に位置づけようとする背景には、正社員の異動・転勤、特に引越を伴う全国転勤という企業内慣行の存在がある。

最近の調査によると、その人の能力を伸ばすために全国転勤が不可欠だと考えている企業・管理職は、実はそう多くはないことがわかってきている。にもかかわらず、全国展開する日本企業にこの数十年で定着したこの企業内慣行があるために、引越を伴う全国転勤を定期的に受け入れるフルタイムこそが処遇の標準・基準とされた。

そうした「標準」の異動・転勤条件を満たせない人、希望しない人の給与・処遇をそこからどんどん落としていくことが近年制度化され、同じ仕事していても働く場所が限定されているというだけの理由で、新しく低い処遇体系がつくられてきたのである。

個人や家族の事情や希望を無視するこの企業内慣行が継続している結果、自分や家族の生活を大切にしたいと思う人の処遇は下げられ、逆に転勤を受け入れれば自分や家族の生活が損なわれるという、苦しいジレンマが生み出されてきた。

これに対してドイツでは日本のような会社の指示による転勤がそもそも存在しない。採用は事業所ごとになされ、最初からその事業所のある場所で勤務することが前提である。もしも転勤したい人がいたら、希望して転勤できる。もしも日本のように、会社が引越を伴う転勤を強制しようとすると、会社は従業員から裁判で訴えられる。転勤は働く人の希望にそった形でしか実行されないものとなっている。

唯一、会社の幹部管理職への昇進希望をもつ一〜二割の人々だけが、どこにでも異動・転勤・引越する条件を昇進時の契約で認めるシステムになっている。契約後も個人や家族の事情で異動や転勤を止めることもできる。つまりドイツでは、少数の幹部管理職だけが会社の指示を受けてどこにでも転勤するが、それ以外の人は転勤する必要がないのである。

「転勤すること」が前提で、そこからはずれると減給という制裁を受ける日本とは反対に、「その場所で勤務すること」がドイツでは前提である。この意味でフルタイムもパートタイムも同じ条件である。そのためドイツでは、日本のように転勤できるか、どの範囲まで転勤できるか、といった細かい区切りによって雇用管理・処遇内容をいちいち区分するといった面倒な手続きが、すべて不要となっている。

G社はモーゼルの葡萄畑の中にあり、ここで働く人たちはみな近隣から通勤している。グローバル展開する企業ではあるが、転勤希望者がほぼいない「地元企業」となっている。ここで働く条件は、働く時間とも、働く場所とも全く関係がない。これが同じスーパーでも、日本とドイツの大きな違いなのである。

G社で働く人の事例

最後にG社でのインタビューから二人の具体的な働き方を紹介しておこう。

Aさんは二〇代のシングルマザーである。無期雇用のパートタイムの正社員である。彼女が働くのは週に四日で、一日五〜六時間程度、合計週二二時間働いている。娘が四歳でまだ手がかかるため、基本的な勤務は朝八時から午後二時までであり、その時間だけ保育園に預けている。この勤務時間でだいたい生活はバランスよくできているという。

たまに遅いシフトに入る時には、保育園に夕方四時まで預け、その時には両親に迎えに行ってもらい、子どもを見てもらっている。ただし、遅いシフトは月一回に限定してもらっている。

生活の経済的基盤としては、自分のパートの収入に加えて、政府によるベーシック・セキュリティ（基礎保障）制度から、上乗せ支給と呼ばれる生活費を受け取っている。これは生活維持費としての現金、住宅の家賃・光熱費・社会保険費の足りない分を支払ってもらえる制度である。さらに市からはシングルマザーへの支援があり、子どもの給食費も無料になっている。これにより、経済的には特に支障がない状況だという。子どもが大きくなるまではパート勤務を続けながら子育てしていきたいと希望している。

もう一人Bさんは三七歳の女性である。現在フルタイムで働いている。自分の子どもは一五歳と一六歳の二人で、再婚した夫の子どもは一〇歳と一三歳である。若くして結婚・出産し、家庭の事情もあって十分な学校教育を受けることができなかった。そのため低学歴の人向けの仕事として、長い間清掃の仕事をしてきた。その頃は「自分のことをランクが低い人間のように感じていた」という。

その時G社が「若い母親募集」という求人広告をだしているのをみつけた。これは自分のことだと思い、応募して採用された。現在はフルタイムで働きながら、夕方に職業専門学校に通っている。日本でも最近「リスキリング」という言葉が急に使われるようになったが、ドイツでは二〇世紀前半からこうした継続教育・更新教育が制度として定着している。自分が若い時にできなかった、学習と現場経験を並行させる形の職業教育を受けている。この教育を修了して、より高い資格の仕事につけると思うととても楽しみで、毎日勉強を頑張っているという。

以上、ドイツのスーパーでの働き方を見てきた。ドイツも日本と同じように小売業の規制緩和・自由化が進み、大手スーパー数社による寡占化、営業時間の自由化と長時間営業化が進むという経営環境の変化を経験してきた。

にもかかわらず、ドイツのスーパーで働く人々の働き方には、日本のスーパーとは大きく異なる三つの点があったことがわかった。

第一に、ドイツでは働く時間を自由に選べ、労働時間の長さが正規・非正規の処遇差につながらないという仕組みがある。第二に、同じ仕事には一つの給与表にもとづいて同じ給与が支払われるという仕組みがあった。第三に、基本的に異動・転勤がなく、同じ職場で働き続けられる仕組み、である。

日本のスーパーで見られるような、フルタイムとパートタイムの間の雇用区分による処遇の分断がドイツに存在しないことは、まず働く人の働きやすさ、という点でも、次に給与額の高さ、という点でも、特に女性にとってのキャリア形成という点でも、大きなメリットをもっている。

まず一つめの働きやすさとしては、処遇が同じなので、悩むことなく、自分や家族の事情や希望に合わせて、働く時間の長さを決めることができる。事情が変われば変更もできる。仕事と自分や家族の状況・健康などとの調整がしやすく、働き方に無理がない。

二つめの統一的な給与のもとでは、働く時間を短くしたとしても、日本のスーパーのパートのように最低賃金＋αの低賃金の給与体系に移る必要がない。同じ給与表の等級にもとづき、勤務時間の割合を掛けて割合で支払われるため、シンプルで計算しやすい。もし経済的必要があれば働く時間を長くし、長く働けない事情が生じた時は、少しお金を我慢して働く時間を短くするという選択ができる。

このことが三つめのメリットとして、特に女性が職場でキャリアを無理なく長く形成できるという点につながる。育児負担などがかかりやすい女性でも、働く時間を状況に合わせて選びながら、勤め続けられる。ドイツのパートは無期雇用の正社員なので、長く働くうちに店舗内で異動して、仕事の内容や範囲・責任を広げたり、チームリーダーに昇進したりして給与等級をあげたり、企業内外の職業教育を通じてキャリア・アップするなど、長期的なキャリア形成と昇給が可能である。大きな責任を任されても給与がたいしてあがらない日本のパートとは大きく異なっている。

フルタイム正社員の場合も、ドイツのスーパーでは、日本のような頻繁な異動・転勤が前提とされていないことが大きなメリットである。

日本のスーパーのような、全国転勤、地域（エリア）内転勤、引越なし（通勤九〇分以内）異動、異動なし、など働く場所の異動の有無と範囲による給与水準・処遇の細かな複数の区分はドイツにはない。そもそも転勤は必須とも貢献とも見なされていない。日本のように転勤がフルタイム正社員とその家族にもたらす負担や忍従は存在しない。

日本での頻繁な転勤は法的なものではなく、専業主婦の妻が子どもと一緒に夫についていくのが当たり前とされていた時代に、企業内でつくられた職場慣行であった。しかしそうした時代はすでに過ぎ去っている。ドイツのように、転勤をする人の範囲を希望者や上級管理職層に限定し、同じ勤務地で勤めることを「標準」とする方法は、日本における正社員中の勤務範囲別格差や、望まない転勤という制約から正社員を解放するものとなろう。

スーパーで求められる仕事の中身は、実際には日本とドイツでさほど大きな差がない。同じような売り場で同じような仕事が行われて店舗が運営されている。だとすれば、日本のスーパーにおいても、今の企業内慣行を変えようとする意志さえあれば、店舗運営や企業業績を損なうことなく、働き方の格差を改善し、一人一人がより働きやすい職場へと変えていくことができるだろう。その改革の動きは、第V部第1章で見るようにすでに進んでいる。

日本のスーパーには、すでに、フルタイム・パートタイムのシフト調整・管理を行ってきた長い経験の蓄積があり、さまざまな勤務時間の人を組み合わせて店舗を運営するのは得意である。働き方改革以降、残業の短縮や業務の効率化も進んでいる。ドイツのスーパーでの当たり前である、働く時間や場所によって区別をしない仕組みの導入は、日本のスーパーにとっても、今後変革のための重要な選択肢になっていくに違いない。

第3章　日本の外食チェーン

田中　洋子

1. 飲食業はどうして非正規中心なのか

日本のすべての産業分野の中で、最も非正規雇用の割合が高いのが飲食業である。飲食店で働いている人のおよそ八割が非正規として雇用されている。四六パーセントがアルバイトで、三二パーセントがパートである（労働力調査基本集計二〇二〇年）。飲食業は日本の中でも圧倒的な非正規中心職場なのである。

特に、多くの雇用労働者を抱える外食産業では、労働力のほとんどが低賃金の非正規雇用からなる。働いている人の全員がアルバイト・パートである店も珍しくない。こうした飲食業のアルバイト・パートの時給は、二〇二〇年時点で、ほぼ地域の最低賃金（全国加重平均九〇二円）に準じた時給九〇〇円台から一〇〇〇円台前半であった。一日八時間、週五日、フルタイムで働いたとしても、年収二〇〇万円に届くか届かないかという低い水準である。何年働いても五円、一〇円単位の昇給しかなく、責任ある仕事を任されても生活の自立は難しい。

こうした状況は、日本では当たり前の日常として受け止められている。また、アルバイト・パートのやる気をいかに高めて、安い賃金のまま店に貢献してもらうかは、経営者の腕の見せ所として高く評価もされている。

しかし、世界的にみると日本のこの状況は普通ではない。

世界中のマクドナルドで同一メニューとして売られるビッグマックの販売価格を国際比較した、『エコノミスト』誌の「ビッグマック指数」(二〇二二年)をみると、日本のビッグマックの安さは世界的にみて異常な水準にある。アメリカやドイツより安いどころか、韓国、中国はもちろん、タイやパキスタン、ベトナムよりも安い。日本だけが、先進国とは思えないほど、突出して商品価格が「安すぎる」状態となっている。途上国レベルなのである。

なぜ、グローバルな調達網をもつマクドナルドにおいて、日本の価格だけがここまで異常に安いのか。その要因の一つは、日本の外食チェーンが、日常的にほとんどすべての労働力を、ほぼ最低賃金で恒常的に働く非正規雇用に依存していることにあると考えられる。私たちは数百万人のアルバイトやパートが低賃金で働き続けた「成果」として、パキスタンより安いビッグマックを得ているのである。

「安いニッポン」とも呼ばれてきたこの状況は、先進国の中で日本だけが三〇年にわたって賃金水準が停滞する低賃金社会を継続していることと密接に連関している。そしてその裾野を大きく広げる役割を担ってきた産業分野が、非正規率八割の飲食業なのである。

自営店から外食チェーンへ

とはいえ、こうした非正規中心の飲食業での働き方は、決して伝統的なものではない。むしろそれは比較的最近になって形成されたものである。

戦後から一九七〇~八〇年頃までの飲食業は、個人の自営による小さな飲食店が中心だった。食堂・定食屋、蕎麦屋・うどん屋、中華料理屋、寿司屋、小料理屋から喫茶店、居酒屋・スナック・バーまで、店主と家族従業員、それにせいぜい数名の従業員が働く程度の小規模な店が多かった。これらが、同じく自営の八百屋や米屋・酒屋・魚屋・肉屋などの小売店とともに身近な商店街を形成していたわけである。

しかし、一九八〇年に飲食業の半数以上を占めていた自営店の割合は、その後一気に二割へと急落する。その背景には、アメリカ発のグローバル・チェーンの進出を皮切りとした外食産業の急拡大があった。

一九七〇年代にはファミリーレストランが大きく拡大した。ロイヤルホスト、スカイラーク、デニーズなど、当時は新しかった「洋食」を、広く開放的な空間で手頃な価格で提供するファミリーレストランは、家族連れに大きな人気を博した。マクドナルド、ケンタッキーフライドチキン、ミスタードーナツなどのファストフード・チェーンも次々と日本に進出した。家では食べられない新しい外食スタイルとして、若者を中心に大衆的な支持を得て急成長した。一九九〇年代以降は、低価格路線のガストやサイゼリヤが大きく伸びた。その一方でシアトル系コーヒーショップと言われるスターバックスや、ドトールコーヒー、タリーズコーヒー、サンマルクカフェなどが新しい市場を拡大した。

こうした外食チェーンにおいては、マクドナルドを皮切りに、自営の個人店とは大きく異なる、工業的ビジネスモデルが展開された。集中調理工場（セントラルキッチン）を稼働し、そこで同じ食材・同じ製法で食品加工を行うことにより、店舗を増やしても常に一定の安定した商品を提供できる体制が作り出された。原材料の一括購入で費用も抑えられ、店舗内の厨房面積も減らせた。店舗は製品の最終製造ラインとして、マニュアルどおりにメニューを組み立てる場所に変わった。

この過程が進む中、飲食店の様相は大きく変化した。それまでは自営の店主が自らの腕や技能、経験・知識を利用して提供していた食事やコーヒーは、同じロゴ、同じレイアウトの店舗で、どこでも同じ味の同じメニュー、商品に取って代わられた。規格化され、マニュアル化されたメニューでは、長い修業や高い技能は求められなくなった。加工済の食材をマニュアルどおりに効率的に素早く提供する仕事は、初めて仕事をはじめるアルバイトでも出来るものに変わっていった。

アメリカ発の外食チェーンは、こうした食の工業化の上で、技能をもつ正社員をもっと安い労働力に置き換えて人件費を削減するという、新しい管理方法を採用した。人件費を抑えて商品価格を安く設定することで、売上・利益を伸ばすこの経営戦略は大成功をおさめる。工場での規格化された大量生産と、店舗でマニュアルどおりに働く安いアルバイトを組み合わせた仕組みにより、外食チェーンは安くて早くて品質が一定した商品提供を実現したのである。

こうした外食チェーンのビジネスモデルは、その後さらに吉野家・松屋・ゼンショー（すき屋）の牛丼チェーン、コロワイド、ワタミ、モンテローザなどの居酒屋チェーン店などへと大きく広がっていった。その中で、「初めからアルバイト」、「いつでもアルバイト」、「全員アルバイト」で店舗を運営するという、それ以前の日本には見られなかった新しい採用・雇用慣行が飲食業で拡大し、定着することになったのである。

アルバイト・パートの拡大

外食チェーンが拡大しはじめた一九七〇～八〇年代、あるいは昭和四〇～六〇年代は、学生アルバイトと主婦パートが増加しはじめた時期であった。

専業主婦の割合が日本で最も高くなったこの時期だからこそ、家族の大黒柱である男性のもと、子どものアルバイトや妻のパートは、お小遣い程度の賃金でも問題ないとして、その時期発展しはじめた外食産業に流入することになった。その結果、飲食業は、当時の主流であった日本的雇用の周辺で、それを補足する新しい雇用関係を発達させた。日本的雇用関係で働く男性正社員と彼が養う家族が補助的に安く働くことが相補的関係として構築されたのである。父親・夫が右肩あがりの給与を得ているのだから、学生や主婦が安く働いても特に何の問題もないという現在の「常識」は、この頃広く形成された。

ところが、一九九〇～二〇〇〇年代に状況は大きく構造的に変化する。バブル崩壊後に平成不況が始まり、景気低迷が長引き、中高年のリストラ・人減らしや人件費の削減が広く進んだ。他方で就職氷河期が始まり、正社員の新規採用は抑えられ、若者の非正規雇用が一気に増大した。多くの企業は不況の中で日本的雇用の適用範囲を縮小し、父親・夫の安泰な地位は傷みはじめ、若者は生活のために非正規で働かざるをえなくなった。企業は生き残るために、こうした非正規に基幹的な仕事をさせる方向を進めた。

彼らを低賃金のまま戦力化しようとする企業の戦略は、現在も飲食業で精力的に進行中である。いかに低賃金のアルバイト・パートを職場の中核に据えるか、そのために彼らのモチベーション・意欲・やりがいをいかに高めるかが論じられ、実行されてきた。『パート・アルバイト戦力化［完全］マニュアル』、『仕事の99％はアルバイトに任せよう！』、『アルバイトだけでもまわるチームをつくろう』などの書籍タイトルはその一部である。

やりがいがある仕事だからと低賃金のまま多くの仕事を任せる方法は、「やりがい搾取」と批判もされた。それでも、人件費を切り詰めることで競争に勝とうとする外食産業においては、非正規のモチベーションを高めて彼らだけで店を運営することが生き残りの鍵とされている。それはすでに多くの店でごく日常的な現実となっている。

ブラックバイト問題の顕在化

アルバイト・パートの基幹化・戦力化が進んだ二〇〇〇年代半ば以降、リーマンショック前後から学生アルバイトの働き方には異変が見られた。大学のゼミ中にアルバイト先から電話があり、人が足りないからすぐ来いと言われてゼミを抜ける、店舗の鍵を店の責任者として締めないといけないからと食事会を退席する、夜中過ぎまでのアルバイトで疲れて授業中もずっと寝ている、アルバイト先で暴言・叱責を経験して精神的に追い詰められるなど、それまで見られなかった過酷な状況が次々と起きるようになった。ちょうど「ブラック企業」という言葉が世の中に登場した時期である。

特に外食チェーンの居酒屋・和民（ワタミ）の例はよく知られている。渡邉美樹社長の「三六五日二四時間、死ぬまで働け」という言葉で有名な和民では、二〇〇八年に深夜勤務を含む長時間の残業（月一四一時間）を続けさせられた女性従業員が追い詰められて自殺するという過労自殺事件が起きた。和民はその責任を認めようとせず、全従業員に対する過重労働再発防止策を制定して和解に到ったのは、ようやく二〇一五年のことであった。

学生がアルバイト企業に長く拘束され、勉強や生活を犠牲にするよう強い圧力を受ける状況は、その後、大内裕和・今野晴貴『ブラックバイト』（二〇一五／二〇一七年）、今野晴貴『ブラックバイト――学生が危ない』（岩波新書、二〇一六年）などの一連の書籍で世に知られるようになった。二〇一二年に開始された「ブラック企業大賞」には、和民（二〇一二・一三年）以外にもゼンショー（すき家）（二〇一二・一四年）やＤＷＥ（しゃぶしゃぶ温野菜）（二〇一六年）などの外食チェーンが選出されている。

二〇一三年からは厚生労働省も、「若者の『使い捨て』が疑われる企業等への取組」を強化した。長時間労働、不払い残業、職場でのパワーハラスメントの予防・解決を目指した調査が行われた。重点監督が行われた企業の八割で法令違反が認められた。各地の労働基準監督署による現場の労働時間を含む労働条件の調査・監督業務は、それ以前より強化されて行われるようになった。

こうした動きが社会的影響力をもったことで、学生の中にも、労働条件・職場環境の劣悪なアルバイトがあるという認識や警戒感が広く生れるようになった。その後は「あそこの店はブラック」、「あの店長はパワハラ」といった噂が広がるようになり、ＳＮＳの普及でネット上での共有も進んでいる。企業側も自社のイメージダウンを避けるため、労働基準法等の法律の遵守（コンプライアンス）や労働条件・職場環境のイメージ改善、社会貢献を積極的に広報する所もでてきている。

アルバイトを確保できない飲食業

こうしたブラックバイト問題の顕在化と平行して、二〇一〇年代以降進行し続けているのが労働力不足である。企業は労働力の確保・維持に困難を感じ、アルバイトの時給も上昇しはじめた。この問題を一気に顕在化させたのがコロナ禍である。

二〇二〇年、コロナ感染拡大下の緊急事態宣言や、まん延防止等重点措置のもとでは、特に酒類の提供を伴う居酒屋・パブ・ディナーレストランなど、自営・小規模店を中心に業績が顕著に落ち込んだ。その一方、ファストフードなどの外食チェーンでは、一時的な営業時間短縮を除き、テイクアウト、モバイル注文・出前を通じて業績は堅調であり、飲食業の中でも明暗が分かれた。

その中で、飲食業全体を通して深刻化したのが労働力不足である。人手の余裕のなさはコロナ禍以前から存在していたが、それを精神論で乗り切ろうとする経営者も少なくなかった。しかし、コロナで一度縮小した雇用を元に戻そうとした時、飲食業には人がなかなか戻らなかった。若い人のアルバイトが以前のような労働条件では集まらなくなっている。

店によっては、タブレット、モバイルオーダー、配膳・下膳ロボット、無人支払機等の導入により、人員削減を大きく進めている。それでも二〇二二年後半以降人手不足は特に深刻化している。リクルートの調査によると、三大都市圏におけるフードスタッフ（パート・アルバイト）の二〇二二年七月の平均時給は一〇六二円と四カ月連続で過去最高を更新しているが、最低賃金も上昇しており、これは東京近辺の最低賃金でしかない。飲食業における処遇の悪さという問題は、コロナ後に、担い手不足として表面化している。

ただでさえ日本の若い労働力人口は長期的に明らかな減少傾向にある。その中で、飲食業はどこまでこれまでの非正規中心の低賃金処遇を続けていくのであろうか。経営者の中からも、外食産業はこのままのやり方で持続可能なのか、という危惧が表明されるようになっている。自立した生活に届かない最低賃金で働き、それでもやる気・意欲を求められて頑張って働く非正規が中心になる店舗運営が、根本的に見直される必要はないのか。

2. 二〇二〇年前後の飲食店での働き方——ファミリーレストランとコーヒーチェーン

こうした問題意識を念頭に、以下では実際に日本の飲食業の店舗の中を見ていく。飲食業の働き方や労働条件についての実証研究が従来行われておらず、働き方の実態が知られていないため、まずは外食チェーンの現場がどのような働き方になっているのか、働いている人はそれをどう思っているのかを具体的に見ていこう。

とりあげるのは、一九七〇年代から続くファミリーレストランと一九九〇年代以降展開したコーヒーショップのチェーン店である。二〇一八年から二〇二一年まで、大学時代の四年間を通じて働いたベテランの学生アルバイトへのインタビューを通じて、店舗での働き方の実態、働く人の仕事・生活・処遇を見ていく（仕事・職種の名称等は一般的なものに変更してある）。店舗ごとに環境条件は異なるが、ここでは大都市近郊の郊外店の事例を提供する。

まずは二人の語りを聞いてみよう。

(1) ファミリーレストランのお店で

大学一年生の時、家の近くで時給のいいアルバイトを探した時にファミリーレストラン（以下、ファミレスと略）を見つけた。それ以来四年近く働いている。コロナの時は一時営業時間短縮になったが働き続けた。

仕事内容

ファミレスの仕事はフロアとキッチンに分かれる。フロア担当は客の出迎え、席の案内、水とメニュー出し、端末によるオーダー、料理運び、レジ、片づけ、ドリンクバーの補充、外回り掃除、トイレ掃除、デザートづくりを行う。働きはじめにはタブレットの動画で仕事の内容を学ぶ。何も知らなくてもご案内と水だしはできるので、そこに付け足す形で少しずつ仕事を覚えていく。機器の操作も簡単で、特に技能は要らないが、頭の回転は必要である。

キッチンの仕事はマニュアル化している。すべてのメニューの手順は決まっている。シチューやハンバーグは冷凍かチルドで、あたためるか焼く。茹で野菜、スライスされたタマネギ、サラダ野菜は真空パックから出すだけである。飾りつけのトマトと水菜だけはその場で切る。仕事は簡単で、工場の作業のようであり、個人の腕や熟練は必要ない。ただメニューごとに作り方が違うので、全部覚えるのに一カ月はかかる。キッチンには客の多い休日には三人、平日は一～二人入る。

開店・閉店時に働く人は、現金と鍵の管理も行う。レジの締めは簡単で、ボタンを押すと銀行に入金できる。レシート、伝票、現金、クーポン、金券をまとめて金庫にいれる。金庫や店の鍵は店長と開店・閉店担当者が持って開け閉めをする。

スタッフは全員で二三～二四人である。正社員は店長一人で、パートが一五人、アルバイトが七～八人である（非正規割合九六パーセント）。キッチンとフロアのリーダーはどちらもパートである。

仕事の分担としては、キッチンはパート、フロアは学生アルバイトとなっている。学生アルバイトは入れ替わりが多く、入ってすぐ、数回から一カ月で辞める人が多い。アルバイトを転々とする人はいつも転々としているが、一年間続けた人は逆に辞めなくなる。

主婦パートの場合ほぼ入れ替わりがない。全員が「ベテラン」である。夫の介護のために辞めた人がいた以外、四年間メンバーが全く代わっていない。「この時間はこの人を頼ろう」というのが決まっている。店の運営は長期勤続のパートに依存していて、「この人がいなくなったらこの店はどうなるのだろう」と感じる。フロア・

キッチンのリーダーであるパートは指示だしやクレーム対応も行う。

働く時間

パートは男性一人を除いて一四人全員が主婦である。三〇代の数人の主婦の場合、子どもが保育園・学校に行っている午前一一時から一五時まで、平日のランチの時間を中心に担当する人が多い。平日週三、四日働いて土日は働かない。五〇代の主婦は朝七時の開店からランチまで担当して一四時に帰る。週四～五日この時間帯で働き、週二八～三五時間働いて社会保険に加入している。四〇代の主婦二人は夕方一八時から午前〇時の閉店までだけを時々担当する。夫が休日働いて平日休む仕事のため、平日の夜に子どもを家において働けるからである。

五〇代後半の主婦の一人は、常にフルタイムで働いている。午前一一時から夜一二時の閉店まで、週六日働くことが多い。一日一二時間、週七二時間労働である。そのように働いている理由は「お父さんが働いておらず、自分が働かないと老後の生活ができなくなる」からである。「お父さんが家にいるので帰りたくない」というのもあるらしい。自分の収入が家計を支えているため、できる限り長く働いている。

主婦パートの三分の二は夫の扶養範囲内で働き、三分の一は生活費のために社会保険に加入して働いている。高齢の人で年金が少ないと、目一杯働いても年収二〇〇万円程度で、体も疲れるので大変だと言っている。

唯一の男性パートは五〇代で、以前、このファミレスの正社員の店長だった。しかし仕事がきつくて心身の限界に達して退職したという。その後は職を転々とし、運送業で働いた時に重い荷物で腰を痛めた。その時に飲食業の方がまだましだと考え、勝手を知っている古巣のレストランにパートとして戻っている。元気で明るい人で、すでに一年以上勤めているが、周りの主婦パートからは仕事がもたついていると評判が悪い。

学生アルバイトは、主婦パートが入らない平日の夜や、土日休日に入ることが多い。時間は人不足に応じて臨機応変に変わる。土日は朝七時から一四時、あるいは九時から一六時、一二時から夜九時、夕方六時から閉店までに入る。入店時に一日三時間、週三日で合計九時間働くという労働時間の契約を結んでいた。しかし実際には、平日は週三日三〜六時間、土日は八時間前後、週三〇時間前後働いている。

特に忙しい時期は、主婦パートが家族のためにシフトを抜ける夏休み、年末年始、ゴールデンウィークである。年末年始は連日八〜一二時間働く三連勤は当たり前で、アルバイトを始めて以来、まともな年末年始を送ったことは一度もない。

高校・大学生のアルバイトには一八時〜二一時のディナータイムだけ働く人も多い。二一歳の男子のフリーターは一八時から閉店まで六時間入る。彼は高校卒業後に就職したが、職場の人間関係に苦しんで仕事を辞めた。性格がよくて仕事もでき、他のアルバイトとも仲がよい。親元で生活しており、昼間は働かずにゲームをして過ごしている。

店長

こうしたさまざまな個人的事情をもつパート・アルバイトのシフトを調整しているのが正社員の店長である。スタッフは前月一〇日までに翌月のシフトの希望を出し、それを店長が調整して四週間分を貼り出す。以前の店長のもとでは、書かれたシフトは絶対で、一切変更が許されなかった。みんなは「パワハラ店長」と呼んでいた。一番長勤続のパートが冠婚葬祭で休みを求めた時も休みをとらせなかったため、パート全員が「もう辞めたい」と言い出して大変な時もあった。その後、今の「やさしい店長」に代わり、シフトが変更可能になった。

四年の間に店長は三人代わった。今の店長は社会人の息子をもつ五〇代の男性である。店長は休日に九時から二〇時、平日は一一時から一八時まで働き、週二日休むことになっているが、実際はずっと長く働いている。

事務仕事が多い一方でシフトにも入っているため、裏で事務をしているとパートから「なんで座ってるの」と苦情がくる。そのためシフトの前後に残業して事務作業を行っている。帰り際に客が来るとさらに残る。以前二四時間営業だった時は、夜中の時間帯に店長がはいっていた。スタッフたちは「店長は本当に大変だよね」と言っている。

店長は店を転々としながら店長を続ける。希望や推薦があれば地域マネジャーになれるが、特に待遇がいいわけでも、仕事が楽しいわけでもないらしく、また店長に戻ってくる人もいる。店長の仕事が大変すぎてその前に辞めてしまう人も多い。

時給と処遇

初めて働いた時の時給は九〇〇円だった。二年後、「パワハラ店長」の時に、キャンペーンでお勧め商品をスタッフ自らが買わされ（自爆営業）、その結果店が好業績を上げて表彰された。その時、全員一律に時給が二五円アップした。その後も店長の気分次第でたまに五円ずつ上がり、四年目の今は九五〇円である。ボーナスはない。土日祝日には曜日別時間帯手当、夜一〇時以降は深夜勤務手当が少しつく。六時間以上働くと、三〇分の休み時間に店の食事を安く食べられるが、その分が給料から天引きされるので食べる人は少ない。三人座れる休憩室が裏にあって、原価の安いドリンクバーが無料で飲める。

有給休暇は一年に六日分ついているはずだが、「パワハラ店長」の時は一切とれなかった。働き方改革の影響があるのか、最近は地区マネジャーからも「ちゃんと有給とってね」「ある程度は残業代もつけて」と言われるようになった。

人と時給の話をしないので、九五〇円が安いのか高いのかわからない。でも、それくらいで当たり前だと思っている。パートのスタッフも「給与が少ない」とこぼしている。しかし転職するのも大変なので辞めない。コロナが長引いた結果、店の閉店が決まったが、主婦パートの人たちの多くは次の仕事が見つからず、掃除の仕事しかないと話している。

(2) コーヒーチェーンのお店で

高校時代からおしゃれなカフェで働くことにずっと憧れていた。大学に入ってすぐ、近くの大きな施設内の有名コーヒーチェーンでアルバイトをはじめた。営業時間は平日は朝七時半から夕方七時半、休日は一〇時から一八時だった。

仕事の内容と資格

このチェーン店では、店内の仕事をどのレベルでこなせるかにより資格が体系的に定められている。店に入るとまずトレーニーとして一カ月間研修を受け、トレーナーのもとで企業理念、環境に対する考え方、コーヒー豆の知識、ドリンク作成、レジの使い方、接客方法などの基本をたたきこまれる。この時の時給は一律八二〇円である。この店は採用時の時給が安いことで知られている。

その後は「仕事を通じた学習」という訓練理念のもと、ドリンク、レジ、サポート、裏方の四つの分野での自立が求められる。ドリンクが自分でつくれるか、レジをうてるか、レジが混んだ時や車椅子の客等に自分から動いて対応できるか、コーヒー豆について聞かれたら説明できるか、また皿・マグカップ・トング等の洗い物、布巾交換、ポンプ・ボトル等の漂白、ごみの回収、カップ補充が適切にできるかなど、自分で考えて仕事を行い、独立して客とつながれることが求められる。このスタッフレベルの時給が八五〇円である。

その上に新人のトレーニーに教えつつ仕事をするトレーナーになるための試験があるが、時給はアップしない。さらにその上に時間帯の店舗責任者であるマネジャーがくる。

働く人の構成と労働時間

この店にはスタッフとして学生八人、主婦パート五人が働いている。社員である店長・副店長を合わせて合計一五人で店を運営している（非正規割合八七パーセント）。

初めの契約で一回に入る労働時間が決まっており、四時間働く人は常に四時間だけ働く。契約時間は四〜七時間の人が多く、週二日だけ働く人から、平日三日・土日の週五日働く人までいる。大学院生が二人いるが、どちらも開店時の二時間だけ働いている。自分も週二日は朝五時半に起きて、六時半から開店作業の準備をする。学生は全員一年以上の勤続で、半数がマネジャーである。大学を中退してフリーターになった二二歳の男子は、週四〜五日、七〜八時間入って月一〇万以上稼いでおり、今後昇進して社員登用をめざしている。

主婦パート五人は全員が子育て中である。子どもの学校に合わせて朝九時半から一三時、一一時から一六時など、週に三日か四日、四〜六時間ほど働いている。一人はマネジャーで、勤続一〇年以上の店の「主」である。

シフトの調整はスタッフの希望をもとに店長が二週間後の一週間のシフトを決める。店長とスタッフは三カ月に一度、一対一の面談も行う。開店は常に鍵を持っているマネジャーか副店長とスタッフ一人が、閉店はマネジャーか副店長とスタッフ二人で行う。

正社員の店長は二人の子どもをもつ三〇代後半の女性である。総合職で入社し、結婚するまでは全国転勤や東京で働いていた。結婚後はエリア配属に変わり、地元に住んでエリア内で店長になっている。この店には既に四年いる。副店長は二二歳の女性で、短大卒業後に正社員として就職し、一年ごとに全国転勤で異動している。店長・副店長は気力・体力を使うので、四〇歳くらいまでの人しかいないと言われている。

マネジャーの仕事

大学三年生の時、上の学年が一気に卒業し、ずっと憧れていたマネジャーになれた。時間帯の店舗運営に責任をもつマネジャーは、店の開け閉め、現金管理、原料・商品の発注・期限管理などの仕事をする。

発注の場合、どれだけの豆が袋単位で必要かを判断し、カップ、フタ、砂糖、ポーション、ミルク、スポンジ、ゴミ袋など二〇〇品目を発注し、日々の売れ残りや天気・気温、最近の人気度を見ながら、牛乳、豆乳、抹茶パウダー、チョコチップ、サンドイッチ、クッキー、焼き菓子、ケーキを発注する。常に適正な発注量が求められ、備品・ドリンク用原料、カップを発注しすぎると「これ過重発注だよ」と注意される。挽いた豆は二四時間、豆は六日間、ケーキは翌日以降持ち越せないため、売り切るか捨てるかも判断する。

マネジャーには自分の担当がある。豆担当なら、季節ごとの新しい豆についての情報や感想をスタッフと共有しつつ、豆の棚のレイアウトを客に説明しやすい形で考え、前年比何パーセントとるという売り上げ目標に明確にフォーカスしたプロモーションを行う。日替わりコーヒーを何にするか、原価・売上・廃棄量の関係で決める。

販売担当なら、いつ見ても棚が新鮮に見えるように工夫し、在庫数が多いものはマグカップとお菓子を組み合わせて可愛くラッピングする。どのスタッフでもすぐに品物が出せるように裏室をわかりやすく整理する。季節のイベントにあわせて棚を一新する棚替えも行う。

ペストリー担当なら、売上動向を逐次チェックして売れない商品に対する適材量を判断し、未開封で翌日までもつ持ち越し数に合わせて発注する。ペストリーは売上高への貢献が大きいので、朝昼夜の目標個数達成を常に意識する。

閉店時にわかった売上・利益に対しては、前年比、前週比で「なぜこれだけしか売れなかったのか」と店長からきびしくダメだしがはいる。その理由をマネジャーが説明しなければならない。この施設に来た人数、その日の天気・曜日と催しの特徴、キャッチ率の悪さ、スタッフのスキルの低さなど具体的な理由をあげなければならない。

シフト管理でどのように人を組み合わせるかも重要である。ある時間帯に四人が入る場合、それぞれ得意不得意や人間関係がある。マネジャーは早めにきて、混み具合とメンバーをみながら誰はここ、誰はそちらとその場でふりわける。大学一・二年生のスキルをどう上げるか、忙しい時間の補充をどうするか、スタッフの個性・弱点に対してどのような課題を与えて成長させるか、トレーナーの新人へのコーチングを上から監督し、ドリンクに二人で入った時にトレーニー・トレーナー双方が成長するように配慮する。このメンバーでいかに売上をとってくるかを考えるのがマネジャーである。

納品、発注、管理、シフトをコントロールし、個数・杯数・豆の袋数という目標にいかにコミットできるか、全体の指揮ができるかが日々問われている。

マネジャーになって時給は一〇〇〇円になった。半年ごとに一〇円、二〇円あがり、四年目の今は一〇五〇円で働く。月収は一〇万円を少し越えるくらいで、服を買ったり東京やディズニーランドに行くのにも使ったが、貯めたお金は留学や引越費用で消えてしまった。

ここの時給は八〇〇~九〇〇円代からはじまるので、はじめから一〇〇〇円の居酒屋より安い。それでも魅力を感じてここに入ったので仕方ないと思っている。一回入ると三杯までドリンクを飲め、サンドイッチも三割引きで食べられる。休憩中は後ろのパソコンで現状データの表をずっと見ながら食事している。来店者数、単品別の売上個数をみて、時間帯売上げがこの一時間でピークだったとか、損しないためには何をどれだけ仕入れるのがいいかを考えながら食べている。

モチベーションとストレス

この店のいい所と悪い所は表裏一体だと思っている。この店は自分をちゃんと見てくれ、教育にお金をかけてくれる。一対一面談では三カ月後に自分がどんな姿になりたいか、自分の弱み、強みをシートに書くが、こんなに手厚く自分にフォーカスしてくれるのかと思った。三カ月後の数値目標が与えられ、目標に対していかにいいコミットができたか、達成できたかで昇進評価が決まっていく。周りのスタッフから感謝の言葉を送られる制度もあり、うれしくてそのカードをいつも持ち歩いている。働くのは大変だけど、辞められなくなった。

しかし一方で、アルバイトにここまで求めるか、とも感じる。時給が安い中で、ここまで強いモチベーションを持って働く必要があるのか、だんだんわからなくなってきた。業務内容、仕事量、求められている気持ち、情熱が重いな、大きいな、やりたくないな、と思いはじめた。

「私はほかのスタッフほど頑張れない」と店長に伝えたら、「ここに入った時の情熱を思い出して」と言われた。確かに、憧れてこの店に入り、マネジャーになる時にもすごくわくわくしていた。それでも実際にやったら大変だった。負の面が見えてしまった。

学生なのに任される責任が大きすぎる、ということだと思う。マネジャーになると、責任上シフト替えができなくなるため、プライベートにも多くの支障が出た。お客さんが好きで入ったが、イレギュラーなクレーム対応を一人で一手に担うのは大変だった。大学一・二年生を引き連れて自分の責任で閉店するのもこわい。サンドイッチが納品されない等の業者トラブルも全部マネジャーが責任を負う。このカップが足りなくなるとこのドリンクが出せなくなるなど、自分の発注ミス一つで、店とお客さんに大変な迷惑をかけてしまう。考えなければいけないことがたくさん増えていき、ふとしたときに、学生なのになんでこんなに頑張る必要があるのだろう、と感じるようになった。辞めたくなった。

3．二つの外食チェーン――「非正規・低時給で当たり前」でいいのか

以上、二〇一八年から二〇二一年までファミリーレストランとコーヒーチェーンで約四年間働いた学生アルバイト二人の話を聞いた。

同じ外食チェーンではあるが、二店のスタッフ管理の方法には対照的な違いがある。ファミリーレストランは主婦パート中心で、特に明確な教育・昇進システムはなく、メニューを覚えつつ仕事をこなしていく形である。「パワハラ店長」の時以外はシフトも融通がきき、売上・利益など数値目標の達成もあまり意識されていない。ベテランの主婦パートが実質的に切り盛りする店となっている。

これに対してコーヒーチェーンでは、企業理念の勉強からはじまり契約・教育・評価・昇進が制度化されている。店長との一対一面談をはじめ、高いモチベーションをもって課題に取り組み、自分の成長を自覚し、周囲にも評価される仕組みが整えられている。特に時間帯のマネジャーになると大きな責任・権限を与えられ、店長のもとで店舗の売上・利益を常に強く意識しながら店を運営することが求められる。

この二つのチェーン店の違いは、一九九〇年代後半に登場したコーヒーチェーンが特に企業理念・行動規範を前面に掲げて成長してきた企業であることに依る面が大きい。とはいえ、こうした異なるタイプの企業であるにもかかわらず、二つの事例からは日本の飲食業、外食チェーンに共通する特徴を指摘することができる。

最低賃金の非正規中心職場

第一に、店舗がほぼ非正規雇用で運営され、その時給がほぼ最低賃金である点である。

店舗労働力のうちの非正規割合は九六パーセントないし八七パーセントである。また採用時（二〇一八年）の

時給はファミレスで九〇〇円、コーヒーチェーンでは八二〇円だったが、これはその地域の最低賃金であった。勤続四年目になるとファミレスで九五〇円、コーヒーチェーンではマネジャーで一〇五〇円にあがった。しかし四年間で最低賃金も上昇したため、ファミレスの時給は地域の最低賃金のままであり、コーヒーチェーンの場合は東京の最低賃金レベルであった。

これはフルタイムで働いたとしても年収二〇〇万円に届くか届かないかという時給水準である。自立した生計を営むには少なすぎる。つまり、父親・夫に生活を守られる子どもの小遣い、妻の家計補助という低い給与水準は、昭和から平成不況をへた令和まで、なお継続している。外食チェーンは現在も、最低賃金を支払う非正規中心職場なのである。

過酷な正規か、低処遇の非正規か

第二に、働く時間の自由を選ぶと低賃金がセットになっている点である。自分や家族の事情に合わせて働きたいと思うと、低賃金の非正規しか選択できず、収入のために正規を選ぶと働き方の自由がなくなる、というどうしようもないジレンマが存在している。

実際、三〇・四〇代の子育て中の主婦パートの多くは午前から昼過ぎまでのシフトに週数日入っている。土日・休日や年末年始には家で家族とともに過ごす。学生アルバイトは逆に、学校がない平日の夕方から夜、土日・休日、年末年始に働くことが多い。個人の状況に合わせて、自分の都合で働く時間を事前に調整できるが、代わりに最低賃金の時給とわずかな昇給を受け入れなければならない。

その対極にあるのが正社員の店長の働き方である。一～二年で異動し、多くの仕事・業務量をこなし、大きな業績への責任を負いながら契約時間よりもはるかに長く働いている。その負担とストレスの大きさにより、いずれの外食チェーンでも「仕事が大変すぎて辞めてしまう」、「四〇歳くらいまでの人しかいない」という過酷な状況にある。心身の限界に達して辞めた五〇代の男性店長は、時給九〇〇円台のパートにしか戻ることができない。

正社員には過酷な業務量、長い労働時間と業績への責任を求め、それが満たせないと今度は非正規として低賃金を強いられる。この不幸な仕組みを今後も日本は続けていいのか。

仕事・責任と時給の乖離

第三に、仕事の内容・責任と、アルバイト・パートの時給が乖離している点である。

まず、店舗の実質的な運営責任者であるマネジャーが、アルバイトやパートであるという点を確認しておく必要がある。非正規は「基幹化」を通り越して、店舗運営の責任者・マネジャーになっているのである。にもかかわらず、大きな責任を負うマネジャーの時給は、せいぜい一〇〇〇~一〇五〇円（二〇二一年）、東京の最低賃金レベルである。

フロアリーダーになっても大きなストレスはないように見える店がある一方、その日の売上未達に対してきびしく説明を求められ、発注量に関してダメだしを受け、常に目標杯数・個数達成を意識して行動するよう求められる店がある。

コーヒーチェーンでは、大学三年生のマネジャーが昼休みに、来客・売上等のリアルタイムデータが並ぶパソコン画面を見ながら店で何かをつまみ、次の発注量、販売・廃棄戦略を練りつつ、ドリンクをつくるトレーナーとトレーニーの双方が成長できる声かけを考える、という日常があった。店の責任者として大きな責任とストレスが伴う仕事を行っていても、時給は一〇〇〇円~一〇五〇円である。そしてそれは当然、大学での授業やゼミと平行して行われているのであり、そこでの学業への集中は少なからず犠牲にされている。

コーヒーチェーンには大きな魅力がある。だからこそマネジャーにずっと憧れてきた、昇進できてうれしい、自分をちゃんと見て評価してもらえる、責任ある仕事にやりがいや自分の成長を感じる、とマネジャーを積極的に捉える人も多い。しかし、そうしたやりがいや意欲に対して支払われるのは最低賃金であるという事実に変化はない。

日本の飲食業ではこうしたやり方が長く当たり前の日常であり続けている。人件費を切り詰めることで競争に勝つことが、過当競争である外食産業の宿命であり、安い非正規にやる気をもたせて働いてもらうことこそ企業が生き残る道だとされてきた。

その一方で、外食チェーンの中からも、もっと働きやすい職場にしなければならない、もっと社会的に評価される産業にしなければならないという議論が出てきている。人手不足が深刻化する中、いかに外食産業を魅力的で持続可能な業界にしていけるのか、そのためにどのように飲食業の従来の仕組み・常識を変えていけるのかが問われるようになっている。

実際、飲食業の店舗を運営する方法は、日本のようなやり方しかないわけではない。世界に展開するグローバル・チェーンでは、日本と同じような店で、同じように利益をあげているが、日本のような非正規中心職場とは全く異なる形で店舗を運営している所もあるのである。

同じ外食チェーンであっても、仕組みを変えれば全く違う働き方が可能となる。飲食業は非正規中心でないとまわらない、という認識は、日本だけしか見ていない日本人の思い込みである。ここから一歩離れ、同じ外食チェーンがどれほど異なるやり方でもうまくまわっているかを、次章でドイツのマクドナルドに注目して見ていこう。

第4章　ドイツのマクドナルド

田中　洋子

日本の飲食店では、低い時給で働くアルバイト・パート中心に店を動かすことが常識になっているが、それは世界的にみると決して当たり前のことではない。

非正規を使って人件費を下げないと、店も企業も利益が出せない、と日本では考えられ、その中でいかに非正規のやる気を上げて働かせるかが経営課題として認識されている。しかし、日本では当然の前提となっていることの働かせ方・働き方は、世界で一般的なものではない。正社員と区別された低賃金の非正規雇用を使わなくても、問題なく店舗は運営される。店の業績も良好である。そういう状況が存在しているのである。

このことが最もはっきりするのは、グローバル展開している外食チェーン店の場合である。世界中で同じロゴのもと、外食チェーンは同じような店舗で、同じような商品・サービスを提供し、同じような利益を出している。しかし、それにもかかわらず、店舗の運営が日本と全く違う形で行われ、そこでの人の働き方も全く異なる状況があるからである。

非正規雇用を使わない店舗運営が当たり前であり、それでも特に問題なく経営ができている現実があることを認識することは、非正規雇用中心の店舗経営となっている日本のやり方を見直す意味をもつだろう。

この章では、このことをドイツのマクドナルドを取り上げて見ていく。グローバル・チェーン店として、ドイツのマクドナルドは日本の店と同じに見える。にもかかわらず、そこでは日本とは全く異なる店舗運営が行われている。そこでの働き方はいったいどういうものなのか。店をまわす仕組みはどのように日本と違うのか。働く人の給与はどう決まっているかを探っていく。

さらに、日本の非正規としての学生アルバイトとは異なり、ドイツでのマクドナルドは、学生・生徒に、きちんと規定された給与を保障しながら、飲食業界・企業に即した専門教育を与える職業教育の場を提供している。「若者の『使い捨て』が疑われる」企業を多く抱える日本の飲食業とは対照的に、若者にしっかり投資し、教育し、彼らとともに飲食・外食業界の持続性を確保しようとする動きがドイツで展開していることも見ていこう。

1. 正規・非正規の区別なく働く時間を選べる

ドイツのマクドナルドでは、六万五〇〇〇人が一四五〇の店舗で働いている。日本同様、町でよく見かける人気のファストフード店である。グローバル・チェーンなので、メニューもほとんど同じで味も変わらない。セット・メニューやドライブ・スルーがあり、最近は配達サービスやモバイルオーダー、タッチパネルオーダーも増えている。

違いがあるとすれば、日本よりも従業員が多国籍であること、販売促進など顧客への言葉かけが少ない所、ベジタリアン・ヴィーガン対応商品が多い所、環境への配慮に関するパンフレットが以前から多い所などであろう。とはいっても一見した限り、ドイツも日本も同じマクドナルドであり、スタッフが働いている様子もさして変わらない。ところが、スタッフが働く仕組みは、外見の印象とは異なり、日本と全く違っている。いったい何が違うのか。

正規・非正規の区別がない

ドイツのマクドナルドが日本と最も大きく異なるのは、正規・非正規の区別がない点である。スタッフの誰もが自分の働きたい時間を自分で選べるが、それによって処遇格差は生じない。フルタイムで働く人も、週二〇時間だけ働く人も、全員が同じ給与表にもとづいた給与が支払われる。

どういうことか、もう少し具体的に説明しよう。

ある店舗がスタッフを募集する時には、働く時間別に、「フルタイム」「パートタイム」「ミニジョブ」という三つの選択肢を用意する。ミニジョブというのは、月五二〇ユーロ（およそ八万円）以下の収入内で働く、社会保険料負担が免除される働き方である。日本の「扶養範囲内」で働く仕組みと似ており、日本の「アルバイト」のイメージに近い。

これだけ聞くと、日本と同じように、フルタイムの正社員がいる一方で、非正規のパートとミニジョブのアルバイトがいるではないか、という理解になりそうである。しかし、そうはならない。というのも、全員が同じ給与表にもとづいて支払われ、同じようにボーナスや諸手当を支給されるからである。法律で規定されたミニジョブの社会保険料免除をのぞくと、基本的に処遇が全員同じなのである。給与やボーナスの金額は、所定労働時間の中で何時間働くかという、労働時間の割合を掛けて簡単に計算される。

つまり日本的に言えば、全員が正社員の待遇で働いている。働く時間数が違っても、労働条件・待遇は同じということである。

自分の希望や家族や個人的事情によって、フルタイムで働きたいか、もう少し短い時間で働きたいか（パート）、週に一〇時間ほど働きたいか（ミニジョブ）を自分で決める。どのくらい働きたいか、働けないか、どのくらい稼ぎたいか、どのくらいこの仕事にかかわりたいかを自分で考える。そしてその分類で応募する。

フルタイムで働く人も、事情が変わってもっと短く働きたいと希望すれば、働く時間を短くすることができる。逆に、数年間だけ短く働いて、その後またフルタイムに戻るということもできる。これらはすべて法律で定められている。働き方、働く時間を働く人が自分の都合や希望で決められることが、マクドナルドで働く前提になっているわけである。

働く時間がどのくらい長いかによって、労働条件・処遇が差別されることはない。ドイツ・マクドナルド社は「チーム仕事」「多様性」という言葉の下で、さまざまな労働時間の長さで働く人々、さまざまな国籍・個性をもった人々を現場でうまく組み合わせていくことの意義を強調する。このコンセプトは日本のマクドナルドでも強調されていることであり、店舗におけるアルバイト・パートのシフト調整の仕組みはドイツと全く同じである。ただし唯一違うのは、日本ではアルバイト・パートの給与・処遇が正社員とは別枠で低く設定されていることである。

ドイツのマクドナルドの労働力構成

ドイツのマクドナルドでは、約一二〇〇店舗で八〇〇〇〇人以上のスタッフを募集している（二〇二二年九月初頭時点）。募集する店舗の規模やタイプ・立地ごとに、スタッフの人数・労働時間数、人の集まり方などが異なる。そのため、店は現在の人手・シフトの状況と今後の見通しに合わせて、フルタイム・パートタイム・ミニジョブのどの分類で人を募集するかを決めている。

例えばベルリン市のA通り店ではフルタイムを募集、B門店ではミニジョブ、C駅前店ではパートを募集中といった具合である。割合でみると、フルタイムを募集している店舗が約三割、パートタイムが四割強、ミニジョブが三割弱となっている。

募集するスタッフの種類も店の状況に合わせて異なる。「店内スタッフ（キッチン・カウンター・ドライブスルー）」が圧倒的に多いが、「デリバリー＋スタッフ」、「接客担当専門＋スタッフ」などの募集がある店もある。

ドイツのマクドナルドは店舗運営に必要な労働力を次のように確保する。まず店舗側は、店の事情に合わせて不足しているシフト人員を働く時間数の分類に応じて計算し、三つの時間形態のいずれかで募集をかける。働く側は、自分の個人的・家族的事情に合わせて働く時間を考え、自分に合った時間数の働き方、店の場所を選択する。これにより店舗にとっても働く側にとっても都合がいい労働力確保が実現されるわけである。

ここには正規・非正規の区別はない。全員が無期雇用の正社員である。フルタイムであろうと週三〇時間や週一〇時間であろうと、同じ給与が（時間割合で）支払われ、同じ処遇が提供される。働く時間の長さが違うだけで待遇は等しい。こうした条件のもとでシフト調整を行うことで店舗が運営されている。

店舗内部の労働力構成も日本とは全く異なる。ドイツ飲食業労働組合（ＮＧＧ）によると、店にもよるが、平均して店内スタッフの八割は、フルタイムで働く正社員である。日本の店内では、正社員が店長一人か、せいぜいもう一人くらいであることとは対照的である。

日本では学生アルバイトが主要なスタッフとなっているが、ドイツではその数が少なく、割合は一割程度にとどまっている。日本では主婦パートも多いが、これもドイツでは少数派であり、子どものいる女性は、保育園などに子どもを預けて、フルタイム正社員として働いている。

また正社員であるスタッフは長勤続である。勤続一〇年以上の人も多く、四〇～五〇代のスタッフでは勤続二〇年以上という人も少なくない。その間に店舗の中で、次節にみるようなキャリア・アップをしながら昇進・昇給していくのである。

日本の飲食店は、日本的雇用とは対極的な位置にある、非正規中心職場をつくってきた。それに対し、ドイツのマクドナルドは、むしろ日本的雇用のようである。自分の店舗に忠誠心をもち、長く勤続しながら、そこで昇進・昇給しつつキャリアを形成していくフルタイム正社員の世界となっているのである。

2. 仕事の内容・責任に応じた給与と昇給

マネジャーの採用と昇進

ドイツでも日本と同じように、スタッフからマネジャーに昇進することができる。グローバル・チェーンなので、マネジャーの定義は日本と同じで、その時間帯の店舗運営責任者である。

ドイツ・マクドナルド社によれば、マネジャーは「製造管理、シフト管理、安全管理、品質水準管理を、自分のチームを率いて行う仕事」を担当する。「円滑な店舗運営を行い、顧客やスタッフのパートナーとして相談に乗り、シフトを調整・計画し、チームを導き、店の水準を守る」仕事をする。同時に「定期的に研修に参加して勉強し、店内のプロセスを最適化するアイデアをだす」ことも期待されている。マネジャーは「マネジメント・キャリアの第一歩」であり「店長への道」とされている。

マネジャーはウェブ上での募集も行われているが、基本的には内部昇進を通じてなる。マネジャー自身、フルタイム・パートタイム・ミニジョブを選ぶことが可能である。パートやミニジョブのように短時間しか働かなくても、マネジャーになれることは、日本でも扶養範囲内で働く主婦パートや学生アルバイトがマネジャーとなっている点と共通している。

反対に、マネジャーから店長への連続性は大きく異なる。日本では、パートやアルバイトとは別のルートで正規採用された正社員でないと副店長・店長に就けない。しかも副店長・店長になると一～二年ごとに全国転勤しなければならない。ドイツではスタッフからマネジャーになり、職業教育の研修をへることで店長に昇進することが可能である。日本ではマネジャーと店長の身分の間に、非正規出身者と正規出身者の大きな越えがたい溝があり、労働条件・処遇が大きく分離・区別されているが、ドイツでは一つの連続したキャリア形成の道になっている。またドイツでは副店長・店長になっても定期的に異動・転勤する必要がない。それはもっと上位の本部の管理職にのみ適用されているからである。

ドイツのマクドナルドには、日本には存在しない職名のポジションもある。それは「ハウスマイスター」(店舗監理者)というものである。仕事は、店舗を常時きちんと機能させるために働くことである。材料・商品の搬入、倉庫の温度管理、電気・空調・設備の点検管理、備品・広告の設置、消毒・清掃・廃棄物処理まで、ハード面での店舗の責任者である。この仕事に求められるのは「さっと袖をめくりあげて仕事にとりかかれる」姿勢であるとされる。手が空いている時には店内スタッフとしても働く。手工業の面を独立させているのはドイツらしいかもしれない。

ドイツの外食チェーンの給与表の決まり方

日本の外食チェーンでは、初職の時給が八二五～九〇〇円(二〇一八年)と店によってばらつきがあった。その後の昇給についても、資格に応じて決まっている所がある一方で、何年も昇給がなかったり、理由がわからない昇給があったり、店長の気分で「頑張ったから五円アップ」と言われるなど、昇給制度には納得性に欠けた面がある。では、ドイツの場合、給与や昇給はどうなっているだろうか。

ドイツのマクドナルドでは、労働時間の長さとは関係なく、誰もが決められた一つの給与表にもとづいて給与を支払われる仕組みになっている。この給与表の中では、仕事の内容と責任、そこで求められる知識や技能に応じて時給が定められている。前提知識が全くない未経験の人がつく初職の時給からはじまり、勤続経験を積む中で知識や技能が増え、求められる企業内資格があがるにつれて、等級である協約グループが上昇して昇給していく。

フルタイムで働くか週二〇時間働くかには関係なく、この一つの給与表にもとづいて、仕事に応じた給与が支払われることにより、処遇の差別、正規・非正規の区別がなくなっているのである。

では、こうした給与表はどのようにつくられているのだろうか。

それは労使双方の団体が結ぶ協約によって定められている。ドイツではマクドナルド、バーガーキング、ケンタッキー・フライドチキン、スターバックス・コーヒー、ピザハットなどのグローバル・チェーンをはじめ、多くの外食チェーンの経営者が、「システム飲食業経営者連盟（ＢｄＳ）」という経営者団体を結成している。

システム飲食業とは、連盟の定義によると、「従来の飲食業や商業とは一線を画す、飲食を生産とサービスの間の特別な形で提供する独自の業界である。その本質的なメルクマールは、すべての工程を一つの場所から調整する中央集権化された管理・標準化、それによる乗数効果を求めるという明確なコンセプトにある。工程の標準化、内容の確固たる統一化、それによる相乗効果によって中央管理による目的が達成される」、そういう特殊な飲食業を指す。日本でいう外食産業に近い。

これに対して、ドイツでは飲食業で働く人は「食品・嗜好品・飲食業労働組合（ＮＧＧ）」（飲食業労働組合と略）に組織化されている場合がある。この組合は、一八六五年以来の歴史をもち、飲食店以外にもホテル・製パン業・精肉業・醸造所・食品加工・レストランなどの分野で約二〇万人を組織している。そしてこの組合と各地域の経営者団体との間で、給与などの労働条件について合意した労働協約が三〇〇〇以上結ばれている。給与表はこの協約によって定められる。

マクドナルドの場合も、システム飲食業経営者団体と食品・飲食業労働組合の間で地域ごとに協約が結ばれ、その業界のその地域の給与水準の最低ラインが定められている。この合意の仕組みからもわかるように、これはマクドナルド専用の規定ではなく、すべてのシステム飲食業で働く人を対象としたものとなっている。つまり、外食チェーンで働く人が受け取る給与は、この給与表の給与を上回ることはあっても、下回ることはない。

表1　ドイツの外食産業における協約グループ別・東西別の給与推移 2013〜2020年

協約グループ	2013		2015協約		2016		2017協約		2020協約	賃上げ率％（2013-2020）	
	西	東	西	東	西	東	西	東	東西	西	東
1a	**7.71**	**7.06**	8.51	8.51	8.6	8.6	9	9	9.84	27.6	39.4
1b	**7.86**	**7.16**								25.2	37.4
2	**8.1**	**7.35**	8.51	8.51	8.65	8.65	9.05	9.05	10	23.5	36.1
3	8.55	7.77	8.9	8.65	9.1	8.9	9.32	9.32	10.38	21.4	33.6
4	9.43	8.32	9.65	8.75	9.88	9.09	10.13	10.13	11.28	19.6	35.6
5	10.74	9.56	10.98	10	11.2	10.3	11.44	10.98	12.81	19.3	34.0
〜											
12	18.53	16.41	18.9	17.01	19.28	17.74	19.68	18.89	22.04	18.9	34.3

単位：ユーロ

仕事内容にもとづいた給与グループ

では、実際の給与の最低ラインはどのような形で決められているのだろうか。

表1にみられるように、給与は仕事の内容・責任、必要とされる知識・技能によってグループ分けされている。

まずグループ1には前提知識を必要としない仕事が入る。実際には新人から勤続一年未満のスタッフがはいる。そこには、皿洗い、ドリンクのつぎ足し、配達、倉庫運び、掃除、テーブル拭きの仕事が入る。また店舗内のキッチンとカウンターの中で、それぞれまたはローテーションで仕事に慣れていく人がグループ1に入る。二〇一三年までは、全くの新人とそれ以外で1aと1bに分かれていたが、それ以降は統一された。

グループ2は知識・技能を覚える過程の仕事が入る。実際にはローテーション二年目まで、顧客対応一四カ月までの経験がある人、簡単な管理業務（データ入力）、全体の清掃、レジ・スタッフ、基礎的なピザづくりができる人が入る。

グループ3は、グループ2より知識・技能が求められる仕事である。実際にはキッチンとカウンターの経験年数が三年目以上の人、顧客対応が一四カ月以上の人、やや難しい管理業務、高度なピザづくりがここに入る。さらに、企業内訓練に合格して、キッチン・カウンターの一部の領域の監督ができる人が入る。企業ごとに名称が異なるが、クルー・トレーナー、製造リーダー、チームパートナー、レジ・マネジャーなどがここに属する。

グループ4はグループ3より知識・技能が求められる仕事を対象とする。企業内訓練に合格した、時間帯店舗責任者がここに入る。名称としては、マネジャー、シフトマネジャー、シフトスーパーバイザー、クルー・チーフなどがある。顧客向け受付案内、特殊なピザづくりもここに入る。

グループ5は職業教育の研修をへた多様な知識・技能が要求される仕事を対象とする。実際には、時間帯の責任者・マネジャーで一年以上働き、より高度な管理業務を行う人、チームアシスタントが入る。レストラン助手と呼ばれる店長補佐になるための教育をトレーニーとして受ける人々も入る。

グループ6・7は店長補佐、8は副店長・本部助手、9・10は店長・本部グループ長、11・12は本部管理職となる。

このように、働き始めて一〜二年で新人から一般スタッフに移行し、グループ1から2に移る。その後企業内訓練をへてトレーナーになってグループ3に入り、経験を積んでから時間帯のマネジャーになってグループ4に昇進・昇給する。これは前章でみた日本の外食チェーンのキャリアとほぼ重なり合っていると言える。その後一年以上時間帯のマネジャーで働くと、職業教育の研修をはさんでグループ5以上へと上がっていく仕組みである。

仕事に対応した給与額の上昇

では、実際にこうした等級グループごとの給与（時給換算）はどのような金額に設定されていたのか。二〇一三〜二〇二〇年の協約による給与の推移と、賃上げ率を**表1**で見よう。

ここからは二〇一三年に七ユーロ台だった初職賃金が、二〇二〇年までに一〇ユーロ近くまであがったことがわかる。賃上げ率は一九〜三九パーセントに及んでいた。上昇率は特に低い1と2の等級グループと東地域で高かった。二〇一三年時にはまだ存在していた東西格差は二〇一七年以降ほぼなくなった。このことは、より低い賃金に甘んじていたグループの給与が積極的に引き上げられ、格差が緩和されたことを意味している。

この給与表がもし日本の外食チェーンにも適用されていたらどうなるだろうか。働き始めて三年めでトレーナーとして働くと、グループ3で一三〇〇円、時間帯のマネジャーになればグループ4で一四〇〇円以上になるだろう（二〇二〇年、一ユーロ＝一二五円）。知識と経験にもとづいた管理的な仕事と責任に対しては、もっと高い給与をもらってしかるべきであることがわかる。

こうした給与額の設定と昇給を日本と比較すると二つの特徴を指摘できる。

一つは給与額の透明性である。日本の外食チェーンでは昇給の基準が十分に明確ではなく、根拠のあいまいな昇給で、スタッフ側もよく理解できないことがある。これに対し、ドイツでは給与表が公開されているため、自分のやっている仕事の内容、経験年数や責任により、どれくらいの給与が支払われるべきかが、明確にわかる形になっている。

もう一つは昇給基準の明確性である。日本とドイツでの店舗でのキャリアは共通している。新人からはじまり、仕事を自立的にできるようになり、そこから新人に教える立場になり、さらにその時間帯の店舗責任者になり、経験を積んでさらに管理的な業務をこなすようになる。こうしたＯＪＴの方法は同じである中で、ドイツでだけ、仕事内容・責任の増加につれてどれだけ昇給するかが明確に給与表で規定されている。

日本の飲食店でも給与表を現場の仕事に則してつくり、そこでキャリア・アップに対する相応の昇給を明確に示すことは、気まぐれで恣意的にも見えかねない給与・昇給制度の改善につながるだろう。

3. 学生教育の場としてのマクドナルド

正規・非正規の区分がない、というだけではない。ドイツのマクドナルドが日本と大きく異なる点はもう一つある。学生アルバイトのあり方である。ドイツでは、若い人たちの多くが、教育・職業教育の一つとしてマクドナルドで働いている、という点である。

日本語の「アルバイト」はドイツ語で「仕事・労働」という意味をもつ「アルバイトArbeit」からきている。日本では歴史的にこの言葉を、学生が勉強の片手間で行う、家庭教師などの短時間仕事を意味する用語として使ってきたが、ドイツ語にはそれに相応する言葉はない。日本語のアルバイトと同じ意味で働く学生の数も限定的である。

代わりにドイツでは、仕事としてではなく、教育・職業教育というカテゴリーの中で、多くの学生や生徒が働いている。

ドイツ・マクドナルド社は、「いかに若い人にマクドナルドで職業経験をしてもらうか、そこで学んでもらうか、それによってマクドナルドを知ってもらうか」という教育的視点から、若者に働いてもらっている。その際に、一般スタッフ向けの給与表とは異なる形で給与が設定されている点も特徴的である。学生・生徒の労働力が企業によって搾取・濫用されることのないように、きちんと規定された報酬を得られるように制度がつくられている。これに関してもシステム飲食業経営者連盟と飲食業労組が条件を調整しており、両者の話し合いを通じて新しい教育制度が毎年のように誕生している。経営者も労働組合も、若い人に投資して業界を持続可能なものにしようとする姿勢が明確である。この点において、「若者の『使い捨て』が疑われる企業」を政府が調査せざるをえなくなった日本とは対照的な展開であると言える。

高校生のための正式な職業教育

ドイツでは、多くの若者が「正式な」教育の場としてマクドナルドで働いている。

ドイツにはデュアルシステムと呼ばれる職業教育の制度がある。これは、三年間、徒弟が現場で修業しながら学校に通い、職人の資格を得るといった手工業の歴史にもとづいている。理論と実践、知識と経験を平行して身につけながら実力を上げるというこの方法は、その後社会全体に広がった。現在ドイツのマクドナルドは、以下のような形で若者の職業教育プログラムの担い手となっている。

まず、一五〜一八歳の生徒、日本でいえば高校生が、職業教育の実習の場としてマクドナルドで働く場合である。これは国・地方自治体・学校が公式に認める教育となっている。

その一つは、職業専門学校に通う一五〜一八歳の生徒が訓練生として働く場合である。生徒たちは「システム飲食業専門教育」、「接客業専門教育」、「飲食業専門教育」などの職業教育コースから一つを選んで参加する。一定期間学校で知識を学び、その後一定期間マクドナルドの店舗で働くことで、生徒たちはこれら専門教育の修了資格を得ることができる。彼らは「見習い・徒弟」として、一般のスタッフより若干低めに設定された給与を得る。修了資格を得た後は、より高い労働条件で接客業・飲食業・システム飲食業に就職することができる。

二つめは、一五歳以上の生徒の現場研修、インターンシップである。

これは二〇一〇年以降はじまったもので、職業専門学校・実科学校・ギムナジウム（大学進学校）に通う生徒を対象に、職業の現場を体験させる制度である。一五歳以上を対象に通常二〜三週間行なわれる。これもフルタイム・パートタイム・ミニジョブの中から、生徒が希望する働く時間を選べる。一八歳以下の場合は保護者と学校の承諾が必要である。研修中の生徒にも規定された給与が支払われ、修了後には研修修了資格を得ることができる。

大学生――アルバイトから本格的長期インターンまで

大学生になると、働き方はより多様化する。日本の学生アルバイトのように、スタッフとして通常の給与をもらって働く形もあれば、マクドナルドの企業活動の中枢にはいって短期～半年の研修を行ったり、大学とマクドナルドをデュアルシステムで同時に並行させて卒業する方法もある。

まず一つめは、日本の学生アルバイトに最も近い「学校休暇中アルバイト・期間限定アルバイト」である。高校生・大学生・大学院生などが学校・大学の休暇中、あるいは三カ月以下の期間に限って働く形である。これはドイツでは数少ない有期雇用となっているが、その理由は、学生が学業を働くことより優先できるように、制度として労働時間を規制しているためである。これもフルタイム・パートタイム・ミニジョブから選ぶことができる。スタッフと同じ給与表によって給与が支払われ、諸手当が保障される。休暇中には多くの学生・生徒がこの期間限定アルバイトで働く。

二つめは「職場大学生制度」である。

もともと第一次大戦後の経済混乱期に苦学生向けにはじまった制度であるが、現在は多様に展開している。店舗だけでなくマクドナルドの本社・支店で仕事をする場合もある。いずれの場合も、職場大学生の採用にあたっては、「授業に合わせてシフトを組むので、一つの単位も落とさせない」とドイツ・マクドナルド社は約束している。

職場大学生の場合、スタッフの給与表とは別の給与が適用される。学部学生の場合は時給一四ユーロ（約一九〇〇円）、大学院生は一六ユーロ（約二二〇〇円、二〇二二年四月、一ユーロ＝一三六円）が支払われる。

例えば、ミュンヘン支店の人事管理部門が募集する職場大学生の場合、二月～四月の三カ月間に週二〇時間、人事管理のＩＴシステムの開発支援にたずさわる。応募者に対する条件は、「自分で設定した課題を小プロジェクトとして実行するのが好きな人」となっている。

マーケティング部門の場合は、六カ月の勤務の間に、ローカル店舗ごとのマーケティングや顧客経験の分析を行い、新商品のコスト計算にも参加する。マクドナルド本社のマーケティング・チームに入り、オンライン・オフラインで働く時間を調整しながら働く。

いずれの場合も、働く時間・場所は自分の事情・希望で決めてよい。マクドナルド社の飲料・食堂を無料で使える。応募者は大学での専攻が経済・情報・経営系である人が望ましく、人事やＩＴに関心をもつ、英語のできる人が求められている。

三つめは、大学生向けの現場研修、インターンシップである。

期間は主に半年間で、様々な部門から好きな所を選べ、より本格的な内容となっている。これに対しては、月給が一八二九ユーロ、約二五万円支払われる。

「ブランディング部門」で半年間インターンシップを行う場合は、新しいユニフォームの導入、ダイバーシティー導入支援の方法、外部ウェブサイトの評価チェック作業とその分析などを行う。「品質・サプライチェーン部門」に入ると、食品品質管理部に半年間勤務し、各店舗間の連携作業、行政報告書の分析、独自調査の図表化などを行う。これらはオンラインでもオフラインでもよく、職場に行く時間帯は自分で決められる。

最後の四つめは、大学生・大学院生向けのデュアルシステムで、「デュアル研究制度」と呼ばれる。

これは最近スタートした制度で、この制度をマクドナルド社は、「研究と職業のいい所どり、給与を得ながらの大学生活スタイル」と位置づけている。大学の授業と企業での研修を並行して行うもので、「商業取引」、「フードシステム」、「フランチャイズ・マネジメント」など多くのコースがある。

「フードシステム」コースの場合は、「ファームからフォークへ」というサプライ・チェーンの供給過程、食材・商品分類、栄養素の健康的・心理的・社会的局面の分析などをテーマとする。マクドナルドが進める実験農業での栽培の試みや食品の市場調査にも直接関わり、知識と現場とを結びつける。

大学生は大学とマクドナルドの研修施設の双方で、経営学・数学・情報学・法律・言語等を学び、マクドナルド社の生産、サービス、マーケティング、人事とアイデアを交換する。マクドナルドに就職する必要はないが、卒業後に入社した場合、高レベルの知識・経験が前提とされたハイ・キャリアをたどることができる。

給与保障の上にたつ業界のための職業教育

以上のように、マクドナルドでは、一五～一八歳の生徒から二〇歳代の大学生・大学院生まで、職業教育プログラムの一環として、生活できる給与を保障しながら学ぶ場を提供している。

ここにあるのは、日本で見られるような、低賃金の学生アルバイトの利用、あるいは無賃か低報酬での学生インターン（むしろ金を徴収する場合もある）の利用という、コスト削減のための働かせ方では全くない。学生の興味や向上意欲を刺激して低賃金のまま働かせようとする、「やりがい搾取」の経営でもない。

同じグローバル企業であるが、ドイツでは、いかに若い人たちに店舗で学んでもらい、社会に認められる資格や経験を得てもらうかに重点を置いている。授業・学業の優先を前提としながら、学生・大学院生と長期に働き、月二五万円という給与を支払いつつ、彼らと共に開発を進めていく研修制度がつくられている。

マクドナルド社を会長とするシステム飲食業経営者連盟は、これについて、「職業教育の内容を現実的な要求にうまく適応させて、若い人にわくわくするようなキャリアをシステム飲食業で始めてもらいたい」と話す。飲食業労組も「職業教育の質を向上させるために、企業内の教育計画をしっかり一緒に作っていく」としている。

ドイツでは、外食産業が持続可能な業界であり続けるために、給与保障の上にたった、実践的な職業教育の充実に向かって進んでいる。労使間の話し合いを通じて、毎年のように新しい教育制度が生まれている。

日本もドイツも少子高齢化が急速に進んでおり、若い人の数は減少傾向にある。こうした限られた若い人材をどのように産業が生かしていくのか、それが両国に同じように問われている。

日本では目の前のコスト・人件費の削減のために、若い学生・生徒を非正規として最低賃金ぎりぎりで使うことだけに経営の力点が置かれている。若い人を育てるどころか、学生を使い潰すこともいとわない姿勢をもつ企業も存在してきた。

しかしそれは長期的に見て社会や産業の未来に資することなのか。最近になって日本でも「人への投資」というスローガンが言われるようになっているが、もっと若い人に投資し、育て、若い人に次世代の業界・企業の担い手になってもらうことを、業界としても考えるべきではないのか。生活・勉強の時間と経済的な保障を提供した上で、業界の未来の担い手として若い学生を育てていこうとするドイツのマクドナルドは、日本の外食産業にとって多くの示唆を提供している。

4. 賃上げと最低賃金引上げがもたらす給与の下支え——最低時給一七〇〇円

最後に、二〇二〇年以降の数年の間に、マクドナルドの時給が大きく上昇してきたことを確認しておこう。マクドナルドに入ったばかりの人がもらう初職賃金は、最低賃金と協約賃金との相乗効果によって、近年目を見張るほど急上昇している。

二〇二二年一〇月、マクドナルドやケンタッキー・フライドチキン、スターバックス・コーヒーなど大手外食チェーン店の初職時給は、最低賃金の引上げにより、一二ユーロ、日本円でおよそ時給一七四〇円に引き上げられることになった（二〇二二年一〇月、一ユーロ＝一四五円）。日本ではようやく都市圏で一〇〇〇円台への引き上げがあった。しかし、他県ではまだ八〇〇～九〇〇円台にとどまっていることを考えると、全国一律で一七四〇円になったドイツは一気に日本の二倍近い時給となった。

二〇一五年の最低賃金導入と賃上げ交渉

ドイツでは二〇一五年に初めて最低賃金制度が導入された。二年ごとに見直される法定最低賃金の上昇と、労働組合による協約交渉による賃金引上げがこうした賃金上昇を実現してきた。

二〇一五年、法定最低賃金が初めて導入された時は時給八・五ユーロ（約一一五〇円、一ユーロ＝一三五円）であった。当時、マクドナルドでは一二の協約グループのうち下のグループ1・2・3では七ユーロ（約九五〇円）台が多く、これを下回っていた。新人や一般スタッフだけでなく、トレーナーも最低賃金以下の低賃金で働いていた。

この状況に対して飲食業組合は、二〇一四年、賃上げを求めてマクドナルドやスターバックスなどで警告ストライキを展開した。長い交渉は決裂し、労働裁判所の調停をへて賃金協約が結ばれた。これにより二〇一五年から、最も低い初職の協約グループ1の賃金が最低賃金を若干上回る八・五一ユーロとなった。西地域にとっては一〇パーセントの賃上げ、東地域にとっては二〇パーセントの賃上げを意味した。それ以上のグループはより高く設定された。

二〇一七年に法定最低賃金が八・八四ユーロとなったことを機に、組合は再び賃金交渉を行った。四回の交渉決裂と各地の警告ストライキをへて、労働裁判所の調停で新しい協約を締結し、二〇一七年八月から初職時給が九ユーロ、二〇一九年には九・三五ユーロに引き上げられた。飲食業労組は「最も低賃金のグループを最低賃金水準から抜け出させることができた」とこれを評価した。同時に、システム飲食業経営者連盟も「将来のための価値ある計画を提供した」と評している。

最低賃金法では協約賃金の動向に沿うことが規定されていたため、二〇一九年に法定最低賃金は九・一九ユーロ、二〇二〇年に九・三五ユーロと協約賃金を追いかける形で設定された。つまり、最低賃金の引上げを契機に、

図1　ドイツの外食産業における協約最低賃金と法定最低賃金の推移　2015〜2023年

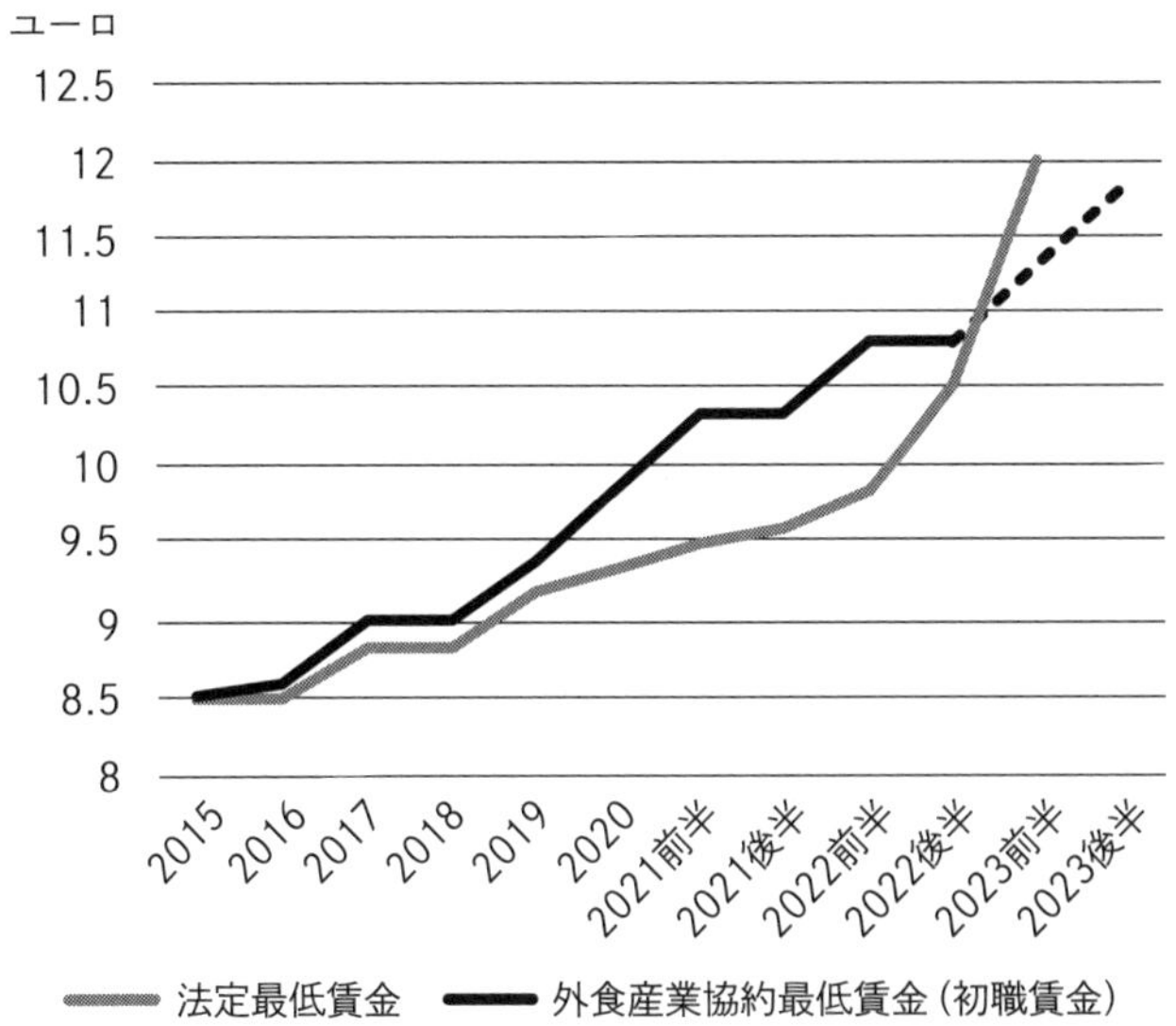

組合が最低賃金を上回る協約賃金を勝ち取り、それを前提に次の最低賃金の引上げが起こる、という相乗効果が見られたのである。

歴史的な二〇二〇年協約と二〇二二年最低賃金引上げ

こうした中でシステム飲食業では、二〇二〇年に歴史的な賃上げ協約を締結した。それは初職の最低時給を一一・八ユーロとするという、従来の飲食業の最低時給の常識を大きくくつがえす内容となった。

今回も数回の交渉決裂と各地の警告スト、労働裁判所による調停をへて協約賃金が決められた。それは二〇二〇年に初職賃金を九・八四ユーロ、二〇二一年に一〇・三三、二〇二二年に一〇・八二、二〇二三年前半に一一・三、二〇二三年後半に一一・八ユーロに引き上げる内容であった。

これに呼応するように二〇二二年、新連立政権は社会民主党ショルツ首相のイニシアティブのもと、二〇二二年一〇月以降の最低賃金を一二ユーロに引き上げた。働く人すべてが時給一二ユーロ、日本円で一七四〇円（二〇二二年一〇月、一ユーロ＝一四五円）を受け取ることになった。その結果、初職の賃金は一〇年の間に、二〇一三年と比べて、五六パーセント（西）〜七〇パーセント（東）上昇したのである。ただ、折しも二〇二二年二月にはロシアのウクライナ侵攻が始まり、エネルギー価格や物価の上昇が進んだため、この引き上げでは不十分だともされている。

システム飲食業での労使協約による初職最低時給と法定最低賃金の変化をみたのが**図1**である。二〇一五年以前には時給七ユーロ台だった飲食業の最低時給がその後引き上げられ、二〇二二年一〇月には全国一律一二ユーロ（約一七四〇円）まで上昇したことがわかる。

このようにドイツでは、飲食業での賃上げ交渉と法定最低賃金の引上げが相乗的に進んだ結果、最も低い時給で働く人々の賃金水準は大きく向上した。これによりドイツは人々の生活を下支えする方向に向かって進んでいる。

ドイツの外食産業の姿勢

マクドナルドの社長を会長とするシステム飲食業経営者連盟は、二〇二〇年九月、「システム飲食業憲章」を発表した。そこでは以下のように述べられている。

「私たちは強いブランド力をもつサービス提供者として、顧客・従業員・営業パートナーに対する責任を自覚している。各企業がどう行動するかは、システム飲食業の業界としてのイメージをつくりだしている。私たちはこのイメージをポジティブなものに保ち、システム飲食業のイメージをより強化していきたい」

「責任ある経営者として、私たちは協約で定められた透明性のある労働条件を守っていく」

このように、マクドナルドをはじめとするドイツの外食産業のグローバル・チェーンは、企業・経営者の責任として自分たちの業界・企業イメージをいかにいいものに保つかにつとめている。そのために、初職の時給をはじめとする協約賃金を大きく引上げ、給与・昇給の透明性を高め、労働組合とともに新しい若者向けの職業教育プログラムを立ち上げている。これにより、企業のイメージを改善し、若い人たちを引きつけ、外食産業の持続可能性を高め、結果として売り上げ増を実現するという方向を目指している。

このようなドイツのマクドナルドや外食産業は、低賃金の非正規を雇って安く働かせれば店舗・企業の経営はうまくいく、という日本の飲食業の「常識」が、決して「当たり前」のものではないことを示している。

学生アルバイトや主婦パートに低時給で責任をもって店舗運営を行わせるのを「当然」とする慣行が、どれほど多くの人々の経済的・自立的立場を弱め、心身の負担を増やし、学生を学業から遠ざけて疲れさせてきたか。この「常識」は、日本の低賃金社会化を継続させ、日本経済の土台を弱めただけでなく、外食業界の次世代の担い手希望者を減らし、人手不足を招き、業界自らが自分の首をしめるような状況をつくりだしてきたのである。若い人に投資し、次世代の担い手としてていねいに育てる代わりに、ただ低賃金で人を使い続ければ利益がでると考えるこれまでの「当たり前」は、外食チェーンの持続可能な未来にとって、根本的に見直されるべき時がきている。

ドイツのマクドナルドでは、みんなが無期雇用の正社員で、働く時間も自由に選びながら長期のキャリアを形成しているが、特に店舗運営に支障は生じていない。日本の飲食店では、低賃金の有期の非正規雇用を使わないと店がつぶれると考えているかもしれないが、そんなことはないのである。

日本の飲食業で日常化している低賃金の非正規中心職場は、決して「常識」でも「当たり前」でもなく、店舗運営の唯一の解でもない。正規・非正規で処遇格差をつけなくても、異動・転勤がなくても、学生アルバイトや主婦パートが少なくても、店は、全く異なる働き方のもとで、社会にとってより健全な形でしっかり運営されうる。「昭和」時代につくられた「常識」を疑い、若い人々の力を将来に向けて生かしていくために何をするべきなのか、日本の外食産業は今こそ再考すべき時が来ている。

第II部

自治体相談支援、保育園、学校、ごみ収集の今

予算削減で進む公共サービスの非正規化

第１章　自治体相談支援員

上林　陽治

1．地方自治体に義務づけられる相談支援業

地方自治体に、何らかの困難を抱える人々の相談支援を義務づける法令が続出している。

二〇〇一年一〇月施行の「配偶者からの暴力の防止及び被害者の保護等に関する法律（以下、「ＤＶ防止法」という）」は、婦人相談所（都道府県は義務設置、指定都市は努力義務）ならびに婦人相談員に対して、ＤＶ防止法に規定する相談事務を実施することを求め、二〇一三年一〇月施行の「改正ストーカー行為等の規制等に関する法律」は、国及び地方自治体に対し、婦人相談所その他適切な施設において、ストーカー被害者に対する支援に努めることを明記した。

改正児童福祉法（二〇〇五年四月施行）は、すべての市町村に児童虐待に関する相談受け付けの実施を義務づけ、高齢者虐待の防止、高齢者の養護者に対する支援等に関する法律（二〇〇六年四月施行）は、虐待発見者から通報を受ける窓口として市町村ならびに都道府県を位置づけた。

障害者自立支援法（二〇〇六年一〇月施行）は、初めて「相談支援」という言葉を規定し、相談支援事業を市町村の必須事業と位置づけた。同法を改正して制定された障害者の日常生活及び社会生活を総合的に支援するための法律（以下、「障害者総合支援法」という。二〇一三年四月施行）も、市町村は、地域生活支援事業として、障害者等、障害児の保護者又は障害者等の介護を行う者からの相談に応じ、必要な情報の提供及び助言その他の厚生労働省令で定める便宜を供与すると定めた。さらに、障害者虐待の防止、障害者の養護者に対する支援等に関する法律（二〇一二年一〇月施行）は、市町村・都道府県の部局又は施設に、障害者虐待対応の窓口等となる「市町村障害者虐待防止センター」・「都道府県障害者権利擁護センター」としての機能を果たさせることとした。

二〇一五年四月に施行した子ども・子育て支援法は、市町村に対し、子どもまたは保護者からの相談に応じ、必要な情報の提供及び助言を行うなどの事業を義務づけた。二〇一五年四月に全面施行した生活困窮者自立支援法は、福祉事務所設置自治体に対し、生活困窮者からの相談に早期かつ包括的に応ずる相談窓口の設置を義務づけ、任意事業として就労相談支援事業や家計相談支援事業を位置づけ、二〇一八年一〇月施行の改正同法は、生活困窮者の自立支援の強化を目指し、就労準備支援事業・家計改善支援事業の実施を努力義務とした。

ホームレスの自立の支援等に関する特別措置法（二〇〇二年八月施行）は、都道府県ならびに市区町村に対し、ホームレスの自立にむけた相談をはじめとする施策を展開しなければならないと定め、犯罪被害者等基本法（二〇〇四年一二月施行）は、犯罪被害者等が直面している各般の問題について相談に応じることを規定する。自殺対策基本法（二〇〇六年一〇月施行）は、「地方公共団体は、自殺をする危険性が高い者を早期に発見し、相談その他の自殺の発生を回避するための適切な対処を行う体制の整備及び充実に必要な施策を講ずる」ことを、子ども・若者育成支援推進法（二〇一〇年四月施行）は、ニートや引きこもりに関する相談窓口として、子ども・若者総合相談センター等の体制整備を確保することを、そして、過労死等防止対策推進法（二〇一四年一一月施行）は、過労死等のおそれがある者及びその親族等からの過労死等に関する相談体制の整備を、地方自治体に求める。

また相談窓口の役割の拡大を打ち出す法令もある。先に指摘した婦人相談所・婦人相談員の相談対象者は売春経歴者からはじまり、家庭環境の破綻や生活の困窮等から保護・援助を必要とする者へと拡大し、二〇〇〇年以降は、ＤＶ被害者、ストーカー被害者、人身取引被害者からの相談対応を行うというように、その役割を拡大してきた。二〇二二年には、困難な問題を抱える女性への支援に関する法律が制定（二〇二四年四月施行）し、何らかの困難を有する女性を更生の対象とみなしてきたものを改め、人権の回復と保護支援の対象とするものへと転換し、都道府県・指定都市に女性相談支援センターを設置し、女性相談支援員を配置（市町村も配置）することとなった。消費生活相談員も、二〇一〇年六月施行の改正貸金業法においては、債務整理（借金問題）の相談先となり、さらに二〇一四年一一月施行の改正消費者安全法で、消費生活相談員の資格は国家資格とされ、さらなる役割拡大が期待される存在となった。

予算措置を通じて、地方自治体の相談窓口機能の強化を求める例もある。二〇一四年度には、ひとり親家庭への総合的支援に資するよう、地方自治体の相談窓口に新たに就業支援に専念する「就業支援専門員」を配置することとされ、国の母子家庭等対策支援事業の予算が増額した。

このように市町村は相談支援の実施を（努力）義務づけられてきたわけだが、二〇二一年四月施行の地域共生社会の実現のための社会福祉法等の一部を改正する法律（以下、「地域共生社会法」という）は、そのハイライトをなす。なぜなら、高齢者や障害者、子ども、生活困窮、ひきこもりといった、これまで対象分野ごとに地方自治体に義務づけてきた相談支援を、福祉の領域の縦割りをなくし、市町村において、地域生活課題を抱える地域住民及びその家族その他の関係者からの相談に包括的に応じ、各法の事業を一体的に進めることを義務づけたからである。

2. 社会の危機と相談支援

「相談」は、税務相談や年金相談、福祉事務所における生活保護受給相談など、従前は、正規の課業に付随して実施されてきたものである。それが社会の病理の進行という環境変化と、行政組織の官僚化に伴う住民との接点の後退により、独立した課業と位置づけられ、とりわけバブルが崩壊した一九九〇年代以降に、爆発的に地方自治体の業務として拡大してきた。いうなれば、相談支援という業務は、社会が変動期に入り、人々がそれに対応できず危機を迎えた時に生じる。つまり社会変動と相談支援業務は連動する。

図1　「相談」を含む法律制定数推移

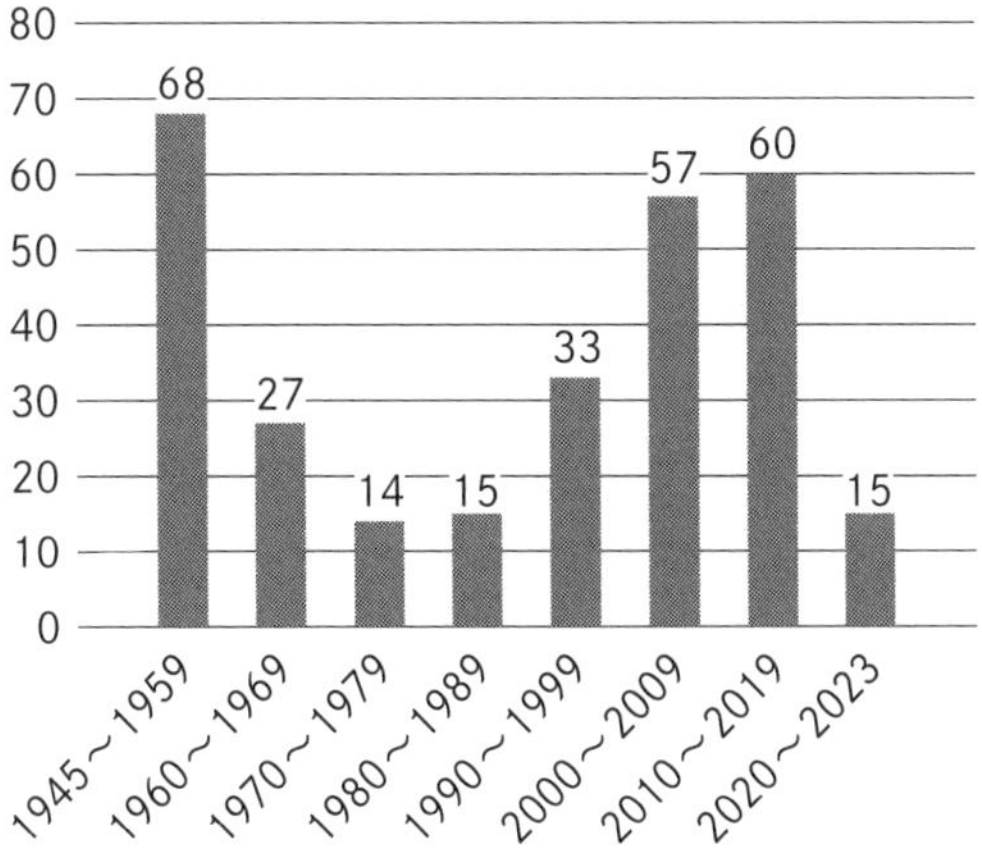

図1は、現行法規において、条文中に相談という用語を使用している法律の制定数を、ほぼ一〇年ごとにまとめたものである。敗戦後の混乱・復興期を含む一九四五〜一九五九年には、相談を条文中に記載する法律は六八本を数える。その後、高度成長期の六〇年代、低成長期といわれる七〇年代、そしてバブル期を含む八〇年代は、それぞれ二七本、一四本、一五本と、他の時期に比べて少ない。ところがバブルが崩壊し、アジア通貨危機が起こり（一九九七年）、自殺者がはじめて三万人を超え（一九九八年）、就職氷河期を迎えた九〇年代には三三本に一気に倍増し、その後も、失われた二〇年という時代のなかで、貧困と格差が同時進行する分断の時代を迎えると、相談という用語を条文中に規定する法律制定数はさらに増加し、二〇〇〇年代に五七本、一〇年代に六〇本となる。

戦後七八年間に制定公布され、現在も効力ある相談を規定する法律本数は、二〇二三年八月現在合計二八八本。このうち五割弱の一三二本は二〇〇〇年以降の約二三年間に制定されている。

また二八八本のうち市区町村に相談の役割を義務づける法律は一九三本で約七割、二〇〇〇年以降に制定された法律では半数に上る。すなわち市区町村は、社会の危機の時代において、相談支援の前線機能を果たす法的義務を負ってきたのである。

法律は、立法的判断の基礎となる「立法事実」があって制定され、制定後においては、「立法事実」がその法律の改廃の基礎となる。「立法事実」は、「法律を制定する場合の基礎を形成し、かつその合理性を支える一般的事実、すなわち社会的、経済的、政治的もしくは科学的事実」である（芦部信喜「憲法訴訟と立法事実」『判例時報』（九三二）一九七九年九月五日）。

二〇〇〇年代に入り、ＤＶ相談、高齢者・障害者・児童虐待、自殺対策、ホームレス支援、生活困窮者支援、地域共生等々、地方自治体に対し相談支援窓口の設置を義務づける法律が多数制定されてきたのは、バブル崩壊後の日本社会が貧困化・困窮化する一方、新自由主義思想とともに広まった自己責任感覚のなかで、何らかの支援を必要とする者の孤立が深まったという「立法事実」があったからである。

だが「小さな政府」が尊ばれ、公務員数の削減が優先される中にあって、法律で義務づけられたとしても、正規公務員を配置する余裕はない。しかも、相談支援は自治体行政において、周辺に位置づけられている。ゆえに、相談支援業務は非正規化とアウトソーシング化を伴って進展してきた。

3. 非正規化する相談支援員

相談支援は、携わる職員の非正規化を伴って進展してきた。

表1　市区町村虐待担当窓口職員の正規・非正規別、業務経験年数別人数（2018）

	配置人数	正規・非正規別		%	業務経験3年未満		業務経験3年以上	
					計	割合	計	割合
指定都市・児童相談所設置市	1,470	正規	1,118	76.1	705	80.0	413	70.1
		非正規	352	23.9	176	20.0	176	29.9
市・区人口30万人以上	1,021	正規	622	60.9	404	63.3	218	56.9
		非正規	399	39.1	234	36.7	165	43.1
市・区人口10万以上30万人未満	1,670	正規	987	59.1	681	63.3	306	51.5
		非正規	683	40.9	395	36.7	288	48.5
市・区人口10万人未満	2,458	正規	1,325	53.9	972	62.7	353	38.9
		非正規	1,133	46.1	579	37.3	554	61.1
合計	9,309	正規	6,438	69.2	4,292	73.1	2,146	62.4
		非正規	2,871	30.8	1,579	26.9	1,292	37.6

出所：厚生労働省「平成30年度市町村の虐待対応担当窓口等の状況調査結果」から筆者作成。

たとえば生活困窮者自立支援の相談窓口に関しては、その約六割は役所・役場内に設置され、社会福祉士・社会福祉主事の資格を有する相談支援員ならびに就労支援員が配置され、その数は全国で四一六二人に上るのだが、その多くが非正規職員か業務委託先からの派遣職員である（厚生労働省「生活困窮者自立支援制度の事業実施状況について」（調査期間：二〇一五年四月一七日～三〇日、全国九〇一自治体））。

市町村における児童虐待対応窓口では、ベテランの相談支援員ほど非正規化している。

あまりよく知られていないことだが、児童虐待を含めた児童相談の第一義の窓口は、児童相談所ではなく市区町村である。先にも指摘した二〇〇四年の改正児童福祉法で、児童相談は市区町村の業務と位置づけられた。

市区町村は子育てに関する全般的な相談に対応するとともに、虐待の未然防止や早期発見につとめる。虐待され、または虐待のおそれがある要保護児童の状況を調査し、要保護児童ならびに保護者に対する援助を実施する。一時保護所等を退所した児童について関係機関と連絡を取りながらアフターケアを進めるなど、児童相談全般への対応も進めなければならない第一線現場と位置づけられた。

ところが市区町村では、公務員削減が進むなかで専門職の確保も難しく、児童虐待などの困難な事例への対応を、非行等の家庭における適正な児童養育の相談指導業務に従事するとされてきた非正規職の「家庭相談員」に担わせることになった。「家庭相談員」を「家庭児童相談員」に転換させ、その依存のもとに進められてきたのである。

表1に示したように、市区町村の虐待対応窓口の職員九三〇九人中五八七一人（六三パーセント）、ほぼ三人中二人は業務経験三年未満で、正規職員に限ってみると、六四三八人中四二九二人（六七パーセント）は業務経験三年未満の職員である。これは、正規公務員が三年程度で異動することと無縁ではない。

その一方で、業務経験は、任期一年で雇い止めの危機に常に晒されている非正規職員である家庭児童相談員に蓄積されている。児童相談所がある指定都市と中核市を除くすべての市区で、一〇年以上の業務経験を有する職員は、非正規が正規を人数の上で上回る。人口一〇万人未満の市区では、経験年数三年以上の職員の過半が、任期一年で雇われるベテランの非正規公務員なのである。

二〇〇四年の児童福祉法改正の折の議員修正で、同法一〇条四項として「市町村は、この法律による事務を適切に行うために必要な体制の整備に努めるとともに、当該事務に従事する職員の人材の確保及び資質の向上のために必要な措置を講じなければならない」という条文が付加されていた。だが、専門的技術を要する職員は、職務限定で採用された専門職の非正規公務員の配置で済まされてきた。

さらに婦人相談員である。厚生労働省のワーキングチームが策定した「婦人相談員相談・支援指針（二〇一五年三月）」では、婦人相談員とは「対人援助を担う専門職」と位置づける。この婦人相談員は、二〇二二年に制定した困難な問題を抱える女性への支援に関する法律では、女性相談支援員と改称し、女性支援・援助の役割が強化された存在である。だがその採用実態は、現状では任期一年で不安定雇用の非正規職が大半を占める。

二〇二二年における婦人相談員の委嘱状況をみると八五パーセントの婦人相談員は非常勤職員である（**表2**参照）。二〇一二年四月一日現在と比較すると、この一〇年間で婦人相談員は五六〇人増えているが、ほとんどが非常勤職員である（五三七人増）。とりわけ二〇二〇年の会計年度任用職員制度施行後は、急速なパート化圧力がかかり、フルタイムだったものがパート化するという現象が生じていた（拙著『非正規公務員のリアル』日本評論社、二〇二〇年）。また、残り一五パーセントの常勤職員の内実も、そのほとんどが、母子及び父子並びに寡婦福祉法に規定する自立支援員で、婦人相談員との兼務である。DV被害相談が拡大するなかにあって、これら兼務職が本来の母子自立支援の職をまっとうできないという問題も発生している。

表2　婦人相談員の委嘱状況　(2022年4月1日現在)

	常勤	%	非常勤	%	合計
都道府県	75 (82)	17 (18)	371 (381)	83 (82)	446 (463)
市区	198 (168)	17 (22)	935 (586)	83 (78)	1,133 (754)
合計	273 (250)	15 (21)	1,504 (967)	85 (79)	1,777 (1,217)

出所：「婦人保護事業の現況について」（2018年7月30日「第1回困難な問題を抱える女性への支援のあり方に関する検討会」資料6・1）から筆者作成
注）カッコ内は、2012年4月1日現在の状況

4. 非正規化　その理由

地方自治体には何らかの困難を抱えた相談者のための「相談窓口」が押し寄せている。そして、それに対応する相談員は非正規化を伴い進展している。

なぜそうなるのか。

図2　地方公務員の非正規化はなぜ生じたのか
非正規化の３パターン　代替型・補充型・新規需要型

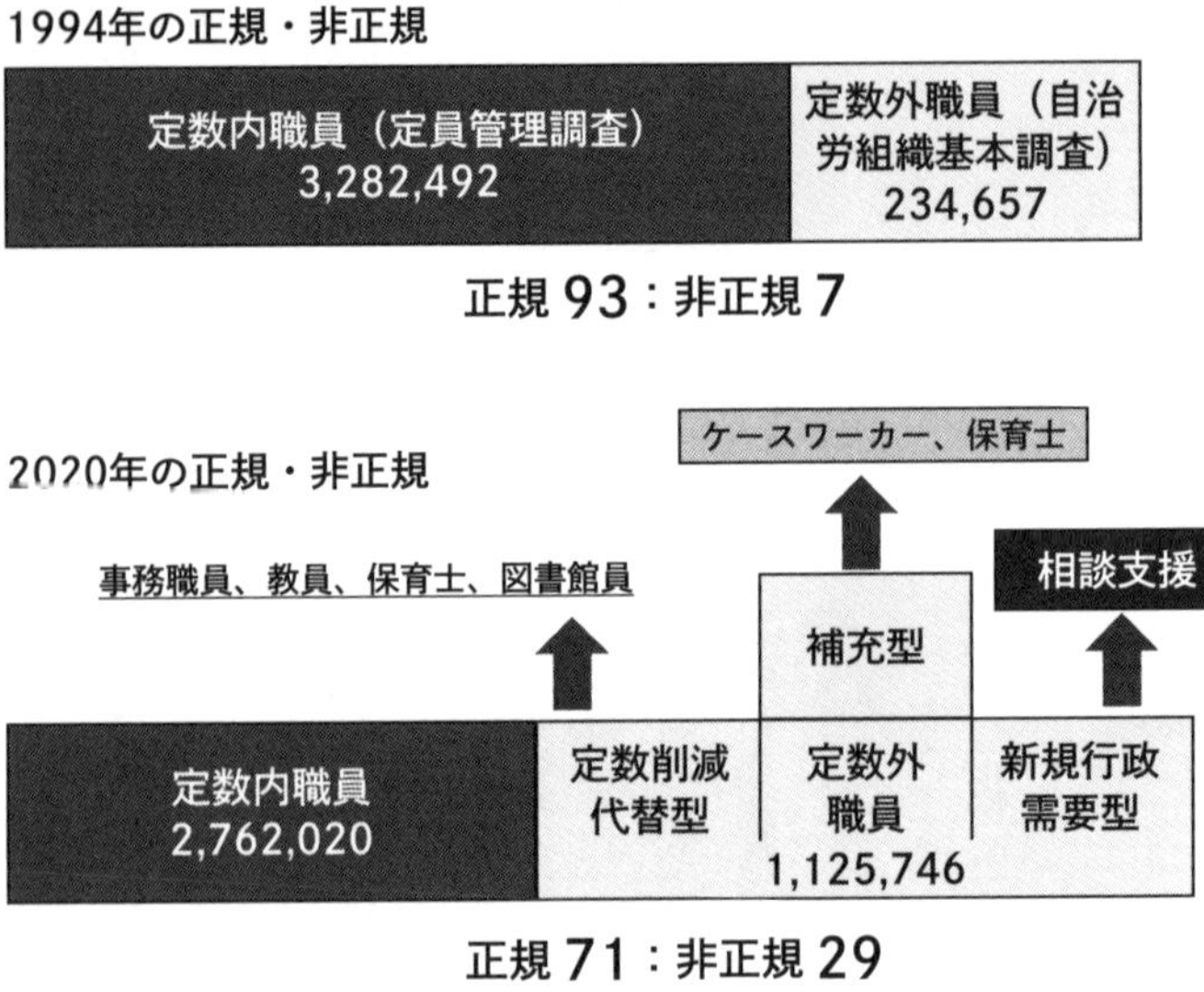

（1）職員定数の削減〈定員削減代替型〉

なぜ相談員は非正規化するのか。

第一の理由は、正規公務員が減少したからである。

先にも指摘したように、地方自治体が法律で実施を義務づけられた相談支援業は、一九九〇年代以降に急速に拡大する。ところが、同時期に、地方自治体は職員定数を削減していく。

正規の地方公務員数のピークの年は一九九四年で、全自治体で三二八万二四九二人を数えた。一方、非正規公務員数に関わる国の調査はこの時期は行われておらず、唯一、全日本自治団体労働組合（自治労）の組織基本調査があり、一九九四年の同調査では、全国の臨時・非常勤職員数について二三万四五六七人と報告している。両報告を対比させると、一九九四年の正規：非正規の割合は、およそ九三対七である（**図2**参照）。

その時点からほぼ四半世紀後の二〇二〇年の状況を見ると、正規の地方公務員数は二七六万二〇二〇人で、約五二万人減少しているのに対し、非正規公務員は一一二万五七四六人で、八九万一一七九人増加している。正規：非正規の割合は七一：二九である。異なる統計資料から比較しているので正確性に難はあるが傾向はつかめている。

定数削減はどの職種でも満遍なく公平に実施されたのではなく、警察部門・消防部門はむしろ増え、削減は一般行政部門と教育部門が中心だった。二〇〇五年から二〇二〇年のこの傾向をみると、正規公務員では一般行政部門一二万人、教育部門一一万人、合わせて二三万人が減少している。一方、非正規公務員は、同期間に四五万五八四〇人から六九万四四七三人へと二三万八六三三人・五二・四パーセント増えている。つまり非正規公務員は削減される一般行政部門ならびに教育部門の正規公務員を代替して増えてきたのである。

仕事が増えるのに職員は減らされる。これに対処するためには、正規公務員の担う仕事の領域を拡大しなければならない。これを実現するために、正規公務員を何でもできるジェネラリストとしていくための人事ローテーションが強化され、その一方で、長い業務経験を要し、資格さえも要求される専門職は異動を前提とする人事制度と相容れないものとなり、畢竟、異動することのない非正規職となっていく。むしろ労働市場からスポット的に調達するほうが、即戦力としての期待にも適うということになる。市区町村の児童虐待相談窓口に配置される正規職員が三年程度で異動するのは、児童虐待の現場さえも人事ローテーションの枠内に包含されたからであり、一方、長い業務年数を有する者ほど非正規公務員なのも、長期の業務経験を要するという業務の性質上の故なのである。すなわち異動を繰り返してジェネラリストとして養成される公務員のキャリアパスに対して、一つの専門性をもち異動しない専門職エキスパートが、排除され非正規化する構造になっているからである。

（2）事実行為事務の非正規化〈補充型〉

職員数が減少するなかにあって、地方自治体は、どの職に正規公務員を配置するか、逆の見方をすると、どの職を正規から非正規に代替するかの選択を迫られる。

この選択基準に一役買ったのが伝統的な行政法学の考え方だった。

行政法学の一般的な理解に基づけば、国や地方自治体等が特定人を対象として実施する行政の行為形式は、行政行為と事実行為の二つに区分される。このうち行政行為とは、「行政庁が、行政目的を実現するために法律によって認められた権能に基づいて、一方的に国民の権利義務その他の法的地位を具体的に決定する行為」であり、一方、事実行為とは「たとえば国や地方公共団体の実施する道路の修築や清掃は、特定人の法的地位に変動を及ぼさない、単なる事実上の活動」とされている。

行政行為を主要な対象としてきた行政法学において、相談・助言・情報提供活動等の相談支援は、事実行為の一種、あるいは行政指導の一種（助成的行政指導）とされ、ほとんど関心を集めてこなかった。その理由は、相談支援それ自体が権利義務に何らかの変動をもたらす場面が想定できず、法的な問題を惹起しないと考えられてきたからである（原田大樹「行政法学からみた相談支援」『法律時報』二〇二二年一月）。

この典型例が生活保護担当面接相談員である。

生活保護ケースワーカー（以下、CWと表記）の業務は大きく二つに区分され、第一は地区担当CWと呼ばれるもので、生活保護制度利用者の生活実態を把握し、それに基づき生活全般の支援を行うとともに、適切な経済給付を行う業務に携わる。保護の決定・廃止処分という公権力行使にも携わる。そして第二が生活保護担当面接相談員と呼ばれるもので、生活に困窮し相談に訪れる要保護利用者に対し、生活保護制度の趣旨を説明するほか、生活保護法以外の法律の施策の活用を助言し、生活保護の申請書を交付・受理することを担務する。

生活保護行政の非正規化は、とりわけ生活保護担当面接相談員に顕著に表れている。専務的に生活保護担当面接相談に携わる専任の正規職員と非常勤職員の構成割合は、二〇一六年現在、全国で非正規率五七パーセントとなっており半数以上が非正規公務員である。とりわけ中核市と一般市の非正規割合は、それぞれ六四・六パーセント、六二・一パーセントで三人に二人が非正規公務員なのである（厚生労働省「二〇一六年度福祉事務所人員体制調査」）。

生活保護担当面接相談員の非正規割合が高いのは、その業務が公権力の行使たる保護の決定処分ではない要保護利用者の相談支援や申請書の交付・受理という事実行為の一種と考えられてきたからである。

このように相談支援業務は、公務の中心軸で行政の本来業務と解される行政行為ではなく、中心軸から外れ周辺的業務である事実行為に位置づけられてきた。そのことが公務員定数の削減のなかで、正規職員の職として何を残すのかという選択に迫られた時、中心軸たる行政行為関連業務が残され、それに従事する職員が正規公務員であるとされる一方、事実行為に該当する相談支援という業務は非正規化されてきたのである。

5　周辺化された相談業務、非正規化する相談員

第三の理由が、先にも記したように、相談支援という業が、長い業務経験を有する専門職で、かつ、多くの場合、資格職だからである。たとえば児童相談所や福祉事務所で相談支援にあたる社会福祉士は、社会福祉士及び介護福祉士法において、専門的知識及び技術をもって、「相談援助」を業とする者をいうとされている。したがって、異動にそぐわない専務職・専門職として採用される。

これまで広く流布してきた正規と非正規の区分要素とは、正規とは「常勤」＋「無期雇用」＋「直接雇用」の三要件を満たすものという理解だった。これに対し、濱口桂一郎氏は、これらに「職務無限定」を加えるべきと指摘する。なぜなら、日本型雇用システムでは、ジョブ（職務）ではなく、その会社や組織に所属するというメンバーシップが重視され、それゆえ「正社員」とは、雇用主との間で「職務の限定のない雇用契約」を締結し、職務に関わりなく、本人の同意も必要なく、職務無限定に、配転・異動を命じられる者をいうからである。すな

わち正規とは、「常勤」＋「無期雇用」＋「直接雇用」＋「職務無限定」という要件をすべて満たす者であり、一方、これらの正規の諸要件の一つでも欠ければ、その者は非正規ということになる。つまり非正規とは、「非常勤」or「有期雇用」or「間接雇用」（派遣、請負、委託）or「職務限定」のいずれかに該当する場合なのである（濱口桂一郎『日本の雇用と中高年』ちくま新書、二〇一四年）。

日本の公務員の人事制度も、メンバーシップ型の日本型雇用システムのもとにある。そして職務無限定のメンバーシップ型人事制度の下では、相談員のように専門化し、そのことにより職務が限定される者は非正規化する。そしてメンバーシップを許されていないことから、重要な仕事には従事させられない周辺的な存在であるという意味合いが付加される。

また、今日の非正規雇用の姿も、メンバーシップ型の日本型雇用システムを合わせ鏡として発達してきたものである。

一九六〇年代の高度成長期に形成された日本型雇用システムのもとでは、新卒男性労働者が正社員として採用され、終身雇用・年功賃金制度の下、彼らが世帯の家計を支え、女性は結婚や出産とともに退職して専業主婦となり、貧弱な福祉制度の中、彼女たち専業主婦がシャドーワークとして子育て・介護を担ってきた。日本型福祉国家とは、専業主婦が家庭で福祉国家を担うというものだった。このような社会システムの中で既婚女性向きの働き方として生み出されたのが日本型パート労働で、その労働は、家計の補助となればよい水準の程度のものとされてきた。

全国の非正規公務員の四分の三は女性で、二〇二〇年四月から始まった新たな非正規公務員制度である会計年度任用職員では、その九割が女性である。自治体の公共サービスのうち、女性の非正規公務員への代替が進められている分野は、相談業務、看護師、保育士、給食調理員といったケア労働、家事的労働の分野で、このようなケア的・家事的公務は、所詮、女性向きの家事労働の合間のパート労働という認識が公務職場の「常識」となっている。だから非正規化が進む。

さらに相談支援員に関しては、「感情労働」という要素が加わる。「感情労働」とは、顧客や住民の感情的な言動や、理不尽な要求にもかかわらず、労働者が自分の感情をコントロールしながら、顧客や住民に礼儀正しく適切に対応するという労働のことである。客室乗務員や看護士とともに窓口業務や相談業務も「感情労働」の典型であるが、これら「感情労働」における負荷は軽視されてきた。それは「感情労働」の従事者の多くが女性であることと無関係ではない。

何らかの困難を抱えた住民に、自らの感情を抑制し寄り添うという相談員の労働を、正当に評価する必要がある。

6　迫られるメンバーシップ型人事制度の変更

二〇〇五年、東京都消費生活総合センターの相談課に勤務する三人の非常勤の消費生活相談員らが中心となって「悪質リフォームの詐欺的商法」に対する集中相談を提案した。切掛けは同年に埼玉県富士見市で起こった事件で、認知症の高齢の姉妹が自宅のリフォーム「契約」に基づく工事の代金の支払いができず、自宅が競売にかけられたというもので、高齢者の消費者被害がクローズアップされ、社会問題化したことだった。七月の二日間、東京、神奈川、埼玉、千葉の八都県市が、日本建築家協会と共催で「住宅リフォーム一一〇番」を実施、東京都消費生活総合センターには二日間で一三四件の相談があり、三人の相談員で可能な限りの斡旋処理を行った。複数の自治体にまたがって相談が寄せられた三業者に対しては、都が八都県市の相談を集約して統一処理を行い、その結果、三三名七四件の総契約額約八九〇〇万円のうち、三八〇〇万円を解約返金させるという合意解約が成立した。

野洲市市民相談課では、国民健康保険税（料）の滞納事例の背景に多重債務問題があることを突き止め、保険年金課に短期健康保険証交付に訪れた相談者を促し弁護士につないだところ、借金は利息制限法の引き直し計算をすることで消滅し、取り戻した過払い金で滞納した税金を完納させた。相談者は「何度も自殺を思い立ったが相談して良かった」と感謝したという。この相談事例にあたっていたのも、元々は非常勤職員として採用されていた消費生活相談員だった。

このように相談業務は、政策の窓を開き、人の命まで救う。自治体行政の周辺に位置づけられるものではない。さらに、専門性と継続性が問われる相談業務が質量ともに増大し、重視されるなかにあって、相談員を不安定雇用の非正規職として放置しつづけることは、当該業務の劣化につながる。

では、どうしたらよいのか。

現行公務員人事制度は、正規は異動前提のメンバーシップ型雇用、非正規は職務限定のジョブ型雇用である。行政需要は拡大するのに人員削減が進展するなか、正規は一つの職に留まることは許されずに異動を繰り返し、一方、本来は長期の業務経験を要する職種が、異動に不適との理由で、ジョブ型雇用であるがゆえに不安定雇用の非正規へとなっていった。公共サービスは経験の浅い素人の正規の管理職が、経験豊富だが不安定雇用の非正規を使って提供される姿となっている。

この立て直しには、非正規を正規化するにとどまらず、一つの職務のエキスパートをも重視した職務限定・異動限定の専門職型公務員（ジョブ型正規雇用）と、メンバーシップ型正規雇用が併存するデュアル人事システムに転換し、ジョブ型正規雇用の処遇を、職務評価結果に基づく仕事の価値に応じたものにしなくてはならない。

冒頭で記したように、二〇二一年施行の地域共生社会法は、相談支援のあり方の画期となるもので、相談支援に携わる職員の雇用のあり方、ひいては地方自治体のメンバーシップ型人事制度の変更を迫ることになるだろう。なぜなら、生活困窮・生活困難の背景は複雑で、相談に訪れる住民は、借金、失業、虐待、ＤＶ、家庭の問題、こころの問題など、複合的かつ多種多様な困難を抱えており、したがって生活困窮・生活困難者の相談窓口は包括化せざるをえず、相談支援員も、いかなる課題にも対応できるようジェネラルな専門性を身につけなくてはならなくなる。生活困窮・生活困難者の自立には、専門的かつ継続的にこの問題に関わる、職務限定・異動限定の専門職型公務員という新たな類型の正規公務員を必要とすることになる、というか、しなくてはならない。

第2章　保育士

小尾　晴美

はじめに

新型コロナウイルス感染症のパンデミックのもとで、看護、介護、保育などケア労働の領域が必要不可欠＝「エッセンシャル」な領域として認識されることとなった。とりわけ、保育所等の施設は様々な業種が営業自粛やリモートワークを求められるなか、原則開所が求められ、乳幼児を持つ親の就労をバックアップする重要な役割を果たしてきた。

他方で、保育をめぐっては、待機児童や保育士不足などが深刻な社会問題となっている。全国的に保育士の確保がままならないために、保育所の増設や既存の保育所の運営に重大な影響が生じている。保育士の全国の有効求人倍率は年々上昇を続け、二〇一九年十二月には三・八六倍になった。保育士求人数は二〇一五年四月には三万件を少し超える程度であったが、二〇一九年には年間を通じて四万件を超える水準であり、十二月には六万件と急増した。コロナウイルス感染症の流行が本格化した二〇二〇年の前半には求人数が四万件を割り込んだが、二〇二三年一月時点で五万件、有効求人倍率は三・一二倍であり、依然として高い水準で推移している。他方、求職者数は減少傾向であり、求人数と求職者数の差は縮小していない。保育の担い手不足の解消には向かっていない状況である。

このように保育従事者が増加しない背景には、特に二〇〇〇年代以降、保育士の処遇の悪化が深刻化したことがある。東京都福祉保健局が二〇一三年から五年ごとに実施している「東京都保育士実態調査」において、現在就業中の保育士で退職の意向がある者の理由の第一位は、いずれの年も「給料が安い」、次いで「仕事量が多い」、「労働時間が長い」となっており、労働条件をめぐる問題が保育士の就業継続にとって大きな障壁となっていると考えられる。

本章では、子どもを抱える親たちの就労を支えるため、社会に不可欠なサービスである保育について、保育士の労働環境や労働条件の悪化の背景にどのような問題があったのかを論じる。とりわけ、九〇年代以降に進められた保育政策の展開との関係で、その影響について検討する。

1．保育をめぐる社会状況と保育士の労働

（1）女性の働き方の変化と保育ニーズの拡大

近年、待機児童問題がただちに解決すべき社会問題として広く認識されるようになった。家族のあり方の変化に伴う家庭外での保育ニーズの高まりが、待機児童問題として顕在化したのである。

待機児童発生の背景として、これまでは労働力率が低かった子育て世代、とりわけ低年齢児を持つ女性の就業が拡大したことがある。「就業構造基本調査」によれば、夫婦子からなる世帯で妻が有業である世帯について、

特に末子年齢が三歳未満、三～五歳の世帯の有業率が一九九〇年代後半以降から急激に上昇している。一九九七年には末子年齢三歳未満の子を持つ夫婦子からなる世帯では、妻有業が約五八万世帯、二五・三パーセントだったのに対して、二〇一二年には約一〇一・二万世帯、四一・五パーセント、二〇一七年には約一一五万世帯、五二・七パーセントになり、この二〇年間で妻有業世帯が約五七万世帯、二七・四ポイントの増加となっている。また、末子三～五歳の妻有業世帯は、一九九七年に六一万世帯、四一・六パーセントだったのが、二〇一七年には約九五・八万世帯、六三・九パーセントとなり、二〇年間で三四・八万世帯、二二・三ポイントの増加となっている。

このように母親の就業が進む中で、ケアの場が家庭から家庭外へと移動し、家庭外での保育のニーズが増大した。保育所利用者は年を経るごとに増加し、一九七〇年には約一一三万人だった保育所の入所児童数は、二〇〇〇年には約一九〇万人、二〇二〇年には約二五九万人（認定こども園等を含む）となっており、一九七〇年と比較すると一四六万人の増加、二・三倍となっている（「社会福祉施設等調査」）。また、年齢が低く、相対的に手のかかる三歳未満児の在園児の割合は二〇〇〇年には二四パーセントであったのが、二〇二〇年では約四割を占めるに至っている。

さらに、一九九〇年代の保育政策において、女性の就業継続を保障するために、多様で柔軟な保育サービスの拡充が進められた。この時期から、保育所の開所時間が長時間化する傾向が顕著に現れている。社会福祉施設等調査によると、一九九六年には認可保育所の八一・六パーセントが一一時間までの開所であったが、一〇年後の二〇〇六年には一一時間以上開所する保育所が六五・三パーセントとなっている。子ども子育て支援新制度が施行された二〇一五年には、幼保連携型認定こども園などの多様な施設も統計に加わり、いったん傾向が変わるものの、徐々に開所時間が長い施設の割合が増え、二〇二〇年には一一時間以上開所する保育所八一・〇パーセントになっている。竹沢純子（二〇一八）は、一三カ国（二〇一四年）における〇－二歳児の週平均在園時間について検討し、ほかの国はおおむね三〇－三五時間に位置しているのに対して、日本の週平均在園時間は四六・八時間で、その長さが突出していることを明らかにしている。日本では、保育の供給が不足しているなか、保育所入所では両親ともに「正規」社員・職員が優先して選別される傾向が強い。日本におけるフルタイム勤務の親の労働時間の長さが、長時間保育の背景にはあるといえる。

このように、女性の働き方が変化したことによって、保育所利用児童数から見ても、保育所開所時間で見ても、家庭外での保育の利用は拡大している。

（2）保育士の仕事とはどのようなものか

以上のように、家族の就業のあり方の変化を背景にして、家庭外の子どもの「預かり先」、「受け皿」として保育への社会的要請が高まってきた。しかし、供給の圧倒的不足のもとで、保護者は「預かってくれればどこでもよい」という心理的状況に追い込まれ、政府も預け先の量的確保の問題を優先させ、保育の「質」を確保する対応は充分になされずにきた。ここではそもそも、保育という仕事はどのようなもので、保育の「質」とは何なのかについて考えてみたい。そして、保育士の処遇が悪化するとどのような問題につながるのだろうか。

保育士は、就労をはじめとした何らかの事情で保育を必要とする子どもを預かって、お世話をし、保護者に預かっている際の様子を伝える、という以上に、どのような仕事内容なのかイメージを持ちづらい。保育園では子どもを遊ばせているだけで、教育は受けられないというイメージも根強く存在する。しかし、保育士は、社会的要請の高まりを受けて二〇〇一年の児童福祉法改正から名称独占の国家資格となっており、「専門的知識及び技術をもって児童の保育及び児童の保護者に対する保育に関する指導を行うことを業とする」専門職である。保育園では幼稚園での「学校教育」と実質的には同等の内容を定めた「保育所保育指針」が厚生労働省から告示されており、三歳以上の保育内容については統一されている。そのうえ、保育園は児童福祉をミッションとするため、障害や慢性病などを持つ子どもの受け入れを広く行い、〇歳児からの子どもの発達に対応する必要があり、保育時間も長いため、より対応する子どもの範囲が広いということがいえる。「保育所保育指針」によれば、保育園は「養護と教育を一体的に行うこと」とされており、養護とは、「生命の保持」と「情緒の安定」だと説明されている。子どもが長時間生活する保育園では、養護が重要な役割となるのである。さらに、保育園にはただ身の回りのケアをするだけでなく、〇歳児でも教育という役割を求められるということなのである。

養護と教育が一体的に行われるとは、いったいどういうことなのか。具体的な例を挙げて説明しよう。たとえば、〇歳から一歳までは、離乳食をスプーンで口に運び食べさせる、オムツを替える、などの一つひとつの行為において、「モグモグね、カミカミね」などと声をかけて咀嚼力の発達を促したり、「お尻がキレイになって気持ちいいね」などと言葉をかけて快・不快の感覚を言語化することが重要である。言語を獲得していく期間であると同時に、身近な人との関わりなかで信頼感や愛着を育んでいく大切な時期であることから、保育士の一つ一つの行為にも教育的意図とともに信頼関係が形成されるような関わりが求められる。加えて、保育の対象は、むろん人間であり、一人ひとりが違う。もちろん、八カ月児ではおすわりが安定する、三歳児になれば昼間のオムツはとれるなど発達の速度にある程度の共通性はあるだろうが、そのペースにも、順序にも個体差がある。保育とは、多様な個性と発達段階の子どもを対象とする仕事なのであり、子どもが主体的に育とうとする意欲や能力の発達段階を見極め、援助していくプロセスである。そのため、保育という仕事は、全ての作業を厳格にマニュアル化することも、その達成目標を数値化して捉えることもできない。なぜなら、その時々の子どもの動き、変化がなにを意味しているのかを判断し、子どもの意欲や発達段階を見極めなければならないからである。ボタンの掛け外しがうまく出来ないある二歳児のボタンを保育士が掛けてあげることは簡単である。しかし、その二歳児の、指先の筋力と技能の発達の度合い、自分でボタンを掛けたいという意欲を見極め、「手伝うべきか、見守るべきか」を判断すること自体が保育士に必要な技能である。そのためには子どもの動きを常に観察し、おびただしい量の情報を受け取らなくてはならない。また、保育士が子どもに促す活動には、発達段階に対応した「場面」設定が行われる必要があるし、その時々で発達段階に応じた適切な対処がなされなければならない。

保育士の仕事というと、子どもと直接的に関わる職務内容のみと考えられがちだが、それだけはない。「直接子どもと接する場面」において、保育士が子どもの発達をより適切に援助するために、様々な準備作業が必要である。「保育所保育指針」によれば、各保育所の保育の方針や目標に基づき、子どもの発達過程を踏まえて、保育の内容が組織的・計画的に構成され、保育所の生活の全体を通して、総合的に展開されるよう、全体的な計画を作成しなければならない。保育士たちは、子どもの発達を見越した長期的な計画(年、期など)を立てた後、それをさらに具体的に落とし込んだ短期の計画(週、日など)を立てる必要がある。

他方で、近年の保育所を取り巻く環境は、保育士が十分な余裕をもって子どもたちに向き合い、安定した労働条件で働き続けることを困難にしつつある。二〇〇〇年代に、保育士の労働条件が大きく悪化したことを背景に、保育士不足や保育の質の低下が懸念されている。以下では、保育士の労働条件とその政策的な背景について、具体的に見ていく。

2. 保育士の労働をめぐる環境変化

(1) 民間保育士の賃金の低下

まず、保育士の賃金の実態はどのようになっているのだろうか。賃金構造基本統計調査を用いて民間保育士の所定内給与(月額)の傾向を見ると、二〇〇〇年までは女性労働者の平均とほぼ同水準で推移してきたが、二〇〇〇年を境に減少し始め、女性労働者全体の水準を下回るようになった。二〇一三年には女性労働者平均が二三万三〇〇〇円のところ、保育士（女性）は二〇万六〇〇〇〇円にまで下がった。処遇改善政策が実行された二〇一三年以降、保育士の賃金は上向きに変化したが、二〇〇〇年代にも一貫して上昇してきた女性労働者の水準にはしばらく及ばないまま推移した。ついに、二〇二二年に二六〇万二〇〇〇円（年収）となり、女性労働者平均の二五八万九〇〇〇円を超えたところである。

しかし、年齢別に賃金水準を検討すると、二〇〇〇年代までの保育士の賃金のあり方が大きく変わってきたことがわかる。**図表1**は、一九九五年から二〇二〇年の保育士（女性）の年収の推計額を年齢別に示したもので、各年齢の平均年収がどのように変化してきたのかを表している。

まず、保育士（女性）賃金は、二〇〇〇年から二〇一五年にかけてはすべての年齢で賃金低下が生じている。その後、二〇二〇年には五〇代後半を除くすべての年齢階層で二〇一〇年の水準を上回り、とりわけ二〇歳代では過去二五年間で最高水準となっている。

他方で、年収カーブという視点でみると、二〇〇〇年が最も高い年齢別の年収カーブを描いており、最も若い二〇代前半と五〇代後半の平均賃金の差額が、二〇〇〇年には三二八万一八〇〇円であった。しかし、二〇〇〇年以降年収カーブがなだらかになり、二〇代前半と五〇代後半の平均年収の差額が二〇一五年には一四三万五〇〇円、二〇二〇年には一二九万四〇〇〇円となった。年齢別の賃金差が縮小してきたということである。特に二〇二〇年では、四〇歳代までのカーブが最もなだらかになっており、年齢が上昇しても賃金が上昇しなくなっていることがわかる。

このように、二〇一三年以降実施された処遇改善策は、若い世代の賃金水準を高めることに寄与したと考えられる。他方で、年齢と賃金の連動性が徐々に緩やかとなり、年齢が上昇してもかつてほど賃金が上昇しない状況が広がりつつある。中・高年齢層の賃金が低下した理由については、年齢や勤続年数の動向など、様々な要素を考慮すべきであるが、少なくとも中・高年齢層の賃金が低下した理由は、個別保育所・法人レベルでベテラン層

図表1　保育士（女性）の年齢別年収の変化

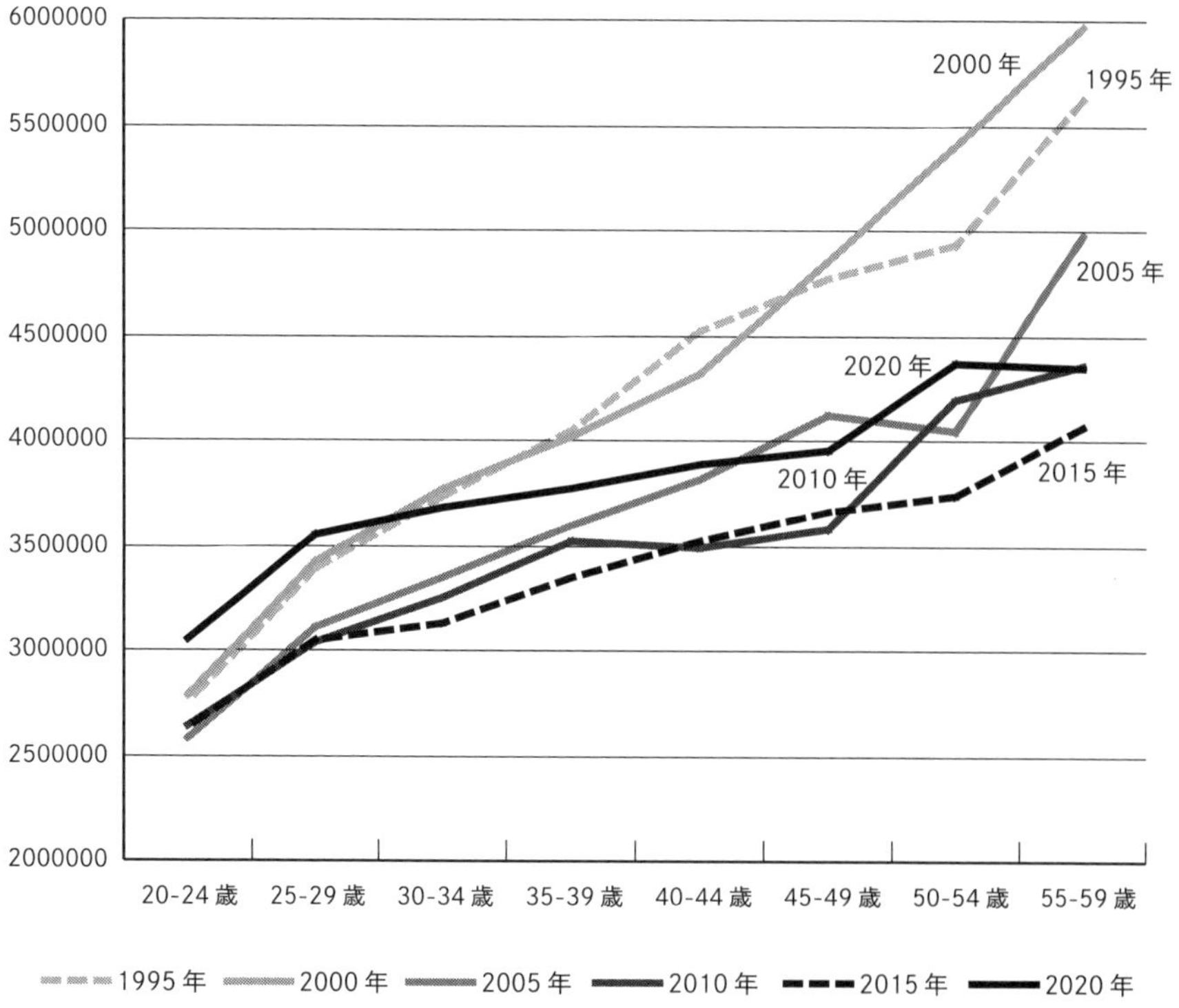

	20-24歳	25-29歳	30-34歳	35-39歳	40-44歳	45-49歳	50-54歳	55-59歳
1995年	2752300	3386300	3733600	4048000	4520200	4772100	4932500	5623700
2000年	2785600	3420700	3769000	4017900	4316200	4856300	5403600	5967400
2005年	2581100	3108700	3346900	3596100	3815800	4121200	4045600	4977500
2010年	2641900	3037300	3251100	3519700	3488900	3579300	4193700	4357100
2015年	2634700	3046800	3129500	3346200	3521200	3661300	3738600	4065200
2020年	3052600	3550200	3679800	3772100	3886900	3954000	4367400	4346600

注1）「決まって支払われる給与額」の12か月分に「賞与・期末手当特別給与額」を加えたものを各年齢階級の「年収額」として試算したもの。

注2）期間の定めのなく雇われている労働者、1ヵ月を超えて雇われている労働者、日々又は1ヵ月以内の期間を定めて雇われている労働者で4・5月にそれぞれ18日以上雇われている「常用労働者」のうち、短時間労働者以外の常用労働者である「一般労働者」（保育士・女性）の平均賃金額のデータを採用している。

（出所）賃金構造基本統計調査各年版より作成

の賃金が据え置かれたことが考えられる。要因の一つとして、二〇〇〇年代に大規模自治体が採用していた公私間格差是正のための処遇改善策が相次いで廃止されたことが、年功型処遇に変化をもたらした可能性がある。保育労働は、多様な個性を持つ様々な発達段階の子どもに対して指導や発達支援を行わなければならず、その遂行には、様々な指導法や言葉かけの実践経験が必要である。のちに述べるように、保育の質を保障するためには職場集団の年齢構成がベテランから若手までバランスよく配置されていることが重要であるが、中・高年齢層の賃金の低下は、保育士の職場への定着と長期にわたるキャリア形成を困難にし、保育の質に影響を及ぼしかねない。

(2) 保育士の長時間労働

次に、労働時間の問題である。前述の賃金構造基本統計調査によれば、二〇二二年の保育士の対象一カ月の所定内労働時間は一六七時間で、コロナ前の二〇一九年度の一六九時間より短くなってはいるものの、女性労働者の一六三時間、一般労働者の一六五時間よりも長くなっている。全国保育協議会の会員園に実施した調査(二〇二一年)によると、正規保育士の週当たりの平均実働時間は「週四〇時間～五〇時間未満」が最も多く、実働時間が四〇時間を超える保育施設は全体の約六一・三パーセントである。さらに、「OECD国際幼児教育・保育従事者調査二〇一八」によれば、チリ、デンマーク、ドイツ、イスラエル、アイスランド、日本、韓国、ノルウェー、トルコのOECD九カ国のうち、日本の常勤の保育者の一週間当たりの仕事時間は参加国中で最も長い五〇・四時間であり、特に、通算勤務年数三年以下の日本の常勤の保育者の一週間当たりの仕事時間が長くなっている。

(3) 非正規雇用の増加

保育士の処遇悪化の要因の一つとして、保育士の非正規雇用化が挙げられる。二〇二〇年の国勢調査によれば、「国勢調査」において自らの職業を「保育士」と回答したもののうち、正規雇用者は三七万四九〇人（五九パーセント）、非正規雇用者は二五万五五〇〇人（四一パーセント）となっている。保育所に関わる主要統計である「社会福祉施設等調査」では、保育士を正規／非正規という雇用形態で区分するのではなく、常勤（フルタイム）／非常勤（パートタイム）で把握している。これによると、二〇〇二年の時点では公営（公立）保育所における非常勤保育士は三万六六一八人で、二二・五パーセントであるのに対して、二〇二〇年には三万七二三四人でその割合が二八・四パーセントと五・九ポイントの増加である。また、私営（私立）保育所では、二〇〇二年で二万五一一九人、一六・四パーセントであるが、二〇二〇年には七万一一七七人でその割合は二三・九パーセントである。公営保育所の方が非常勤保育士の割合は大きいが、私営保育所はこの一八年で四万六〇五八人、七・五ポイントの増加で、増加幅は私営保育所のほうが大きい。

非正規保育士増加の背景として、度重なる保育士配置に関する規制緩和が行われたことが大きい。一九九七年に、まず定数の二割を上限として短時間保育士の配置が容認された。その後、二〇〇二年には短時間保育士の配置制限を撤廃、常勤保育士はクラスごとに一人とされた。さらに、保育士不足への対応策として、政府は、足りない分を無資格の人員でまかなうという方針を打ち出し続けている。二〇一五年度から「子育て支援員」という認定資格制度が新たに設けられ、都道府県が実施する最長三〇時間の研修を受講すれば、小規模保育所等で勤務できることになった。二〇一六年には、保育職場に保育士資格を持たない者の導入を拡大する省令改正を公表し、①朝夕の保育士配置基準の弾力化、②幼稚園教諭及び小学校教諭等の活用、③加配人員における保育士以外の配置を弾力化、などの方法で、保育士不足を補うことが認められた。さらに、二〇二〇年には待機児童が存在する自治体については、各組・グループに常勤保育士一名以上の配置が必須とする規制を、二名の短時間勤務（パート）保育士に代えることができるとした。喫緊の待機児童対策のために、保育士資格を持たない職員を配置させる政策は、保育士を国家資格化し、専門的知識・技能を保証してきた流れから見れば明らかに後退である。

（4）施設の多様化と公務員保育士の減少

さらに、保育所の運営主体の規制緩和による運営主体の多様化と、公営保育所の民営化も、保育士の処遇悪化の大きな要因である。

一九九〇年代後半以降、待機児童数の増加に伴って、保育施設は増加してきた。一九九六年の保育所数は二万三八一一施設であるのに対して、二〇二〇年には二万九四七四施設（認定こども園等も含む）となっている。他方でこの時期進行したのは、自治体の財政難を理由に進められた公営保育所の民営化（民営委託および指定管理者制度の導入）である。この時期から、公設公営の保育所数は一貫して減り続け、民営保育所数が増加している。公営保育所は一九九六年に一万四三九一ヵ所だったものが、二〇二〇年には八一〇一ヵ所に減少している。一方、民営保育所はその数を増やし、一九九六年には九四二〇ヵ所だったものが、二〇〇七年には一万一五九八ヵ所となって公営保育所数を上回り、二〇二〇年には二万一三七三ヵ所となって全認可保育所の七二パーセントを占めるまでに至っている。公営保育所が減少するということは、そこで働く公務員保育士も減少するということになる。一九九六年には保育所で勤務する常勤保育士が二一万一四五四人だったのが、二〇二〇年には三三万九四五九人へと、二四年間で約一三万人増加したが、保育士数の増加に寄与したのは主に民間の保育所であった。公営保育所の常勤保育士（フルタイム勤務の非正規雇用含む）は、一九九六年に一一万三〇六八人だったものが、二〇二〇年には九万八〇九二人まで減っている。

公営保育所の民営化も、国の政策として誘導されてきたといえる。二〇〇四年度を初年度とする国と地方の税財政の三位一体改革で、公立保育所運営費に対する国庫補助負担金（一六六一億円）が廃止され、さらに公立保育所運営費は一般財源化したことにより、それまで自治体が直接運営する公立保育所に紐づけられていた予算を、ほかの事業に振り向けることが可能になった。その後も公立保育所を対象とする延長保育事業等の基礎部分、施設整備費等が一般財源化し、自治体にとって公立保育所を直接運営するための条件が狭められた。加えて、二〇〇五年の「新地方行革指針」、二〇〇六年の行革推進法等により、政府が地方公務員の定数削減を推進してきたことも、民営化を後押しした。

また、民営保育所の運営主体も多様化している。民営保育所の経営主体は社会福祉法人の割合が最も高く、二〇一〇年ごろまで九〇パーセント前後を占めてきたが、二〇一〇年ころから社会福祉法人の割合が七五パーセント以下に低下し、その他の法人の割合が二五パーセントを占めるまでに増加している。その他の法人の増加には、この中に含まれる営利企業やＮＰＯ法人等、多様な運営主体の増加も大きな要因である。特に、二〇一五年に子ども子育て支援新制度が施行されて以降、営利法人は急激に増加しており、二〇一五年の一五一一施設から二〇二〇年には二八五〇施設となっている。

小林（二〇一八）は、東京二三区内の民営の認可保育所の財務諸表を分析し、人件費比率について明らかにしている。これによると、人件費比率が四〇パーセント未満の施設は、社会福祉法人が四七七施設中三九施設だったのに対し、株式会社では二六五施設中一〇七施設と全体の半数近くに上ったという。国や自治体は、「公定価格」の積算などに際し人件費比率を七割と想定しているが、それを大きく下回る施設が特に株式会社には多いことが浮き彫りになった。政府の待機児童対策は、保育所運営主体をこれまでの自治体と社会福祉法人以外の様々な形態に認める形で保育の供給を増やした。これは結果として、運営費における人件費比率を低い施設と、公的保育制度にのらない運営主体による保育施設の増加をもたらした。保育士の賃金は、公営正規（平均年収約五六〇万円）が最も多く、続いて民営正規（約三五〇万円）、公私営フルタイム非正規（約二〇〇万円）、公私営パートタイム非正規（有資格・平均時給一〇〇〇円強）、無資格の保育従事者（最低賃金に貼り付く水準）、といった形で、施設の経営形態と雇用形態による序列が形成されている。保育所の開所時間が延びる一方で進行したことは、最も労働条件が良い公営保育所の正規保育士が、民営化と非正規雇用化によって減少し、民営保育所の正規保育士の賃金は低下、さらに低賃金の非正規保育士や無資格の保育従事者が増加するといった形で、保育士の賃金が全般的に低下させられたということである。

3. 変質する保育士集団

以上のような保育士の労働条件の悪化によって、保育所の職場環境にどのような変化が生じたのだろうか。以下では、保育士不足や長時間開所、非正規保育士の職場集団内での増加が、保育労働をどのように変えたのかについてみていく。保育士たちが専門性を獲得し、発揮するために、保育士の職場集団がどのようにあるべきか、という視点から考えてみたい。

(1) 保育士にとって職場集団のあり方がなぜ重要なのか

子どもを集団で保育する施設型保育では、常に複数の保育士が協力するという体制で日々の保育は遂行されている。特に、〇、一、二歳児を対象とする乳児保育は、同時間帯に同じ空間で、複数の保育士が複数の子どもとともに過ごす必要がある。子どもは予測できない動きをするものであり、瞬時に対応しなければ怪我などにつながりやすい。保育士たちは自分のペースで作業手順をこなせるわけではなく、臨機応変に子どもの動きに合わせながら、同僚と協力し合って、かつ調和的な動きをする必要がある。

ここで、私が調査を行った東京の私立保育所の二歳児クラスの事例を紹介しよう（**図表2**）。

ここでは、散歩から食事の時間までを抜粋しているが、一一時三〇分から一二時〇〇分までの時間帯で、三人の正規保育士が職務を分担し、連携しながら子どもに関わっていることを示している。ここで登場する三人の保育士の連携のあり方を見てみると、たとえば、一一時三〇分時点では、I・Aが給食を食べ終えた子どもの清潔

図表2　子どもの活動と保育士の業務分担（2010年6月22日の観察記録の抜粋）

時間	子どもの動き	I.Aのうごき	Y.Mのうごき	T.Tのうごき
		（正規保育士、40歳代、経験年数15年）8：30出勤　午前中のリーダー	（正規保育士、40歳代、経験年数14年）9：00出勤	（正規保育士、20歳代、経験年数1年）10：00出勤
11:30	食事（3テーブル）	食事を終えた子どもにおしぼりをくばり、口をふき、エプロンをはずすよう促す。皿、残飯の片づけ。	子どもの食事に付き添いながら、おかわりの希望に対応。	子どもの食事に付き添いながら、おかわりの希望に対応。子どもに食事させながら検温。
11:35	午睡前の自由遊び（トイレ、オムツにはきかえる。）	食事を終えた子どもの遊び設定（ベランダにプラスチック桶を出す）。午睡前にオムツにはきかえる子どもに対応。	食事が終わらない子に付き添う。食事を終えた子どもにおしぼりをくばり、口をふき、エプロンをはずすよう促す。	食事を終えた子どもの椅子の片づけ、テーブル拭き、床拭き。
11:45		ベランダで遊ぶ子どもに付き添う。早く眠くなった子ども（1名）のために布団を敷き、寝かせる。	食事を終えた子どもにおしぼりをくばり、口をふき、エプロンをはずすよう促す。皿、残飯の片づけ。	食事が終わらない子に付き添う。食事を終えた子どもにおしぼりをくばり、口をふき、エプロンをはずすよう促す。
11:50		ベランダで遊ぶ子どもに付き添う。紙芝居の支度	着替える子どもに付き添う。子どもたちをトイレに促す。	食事の片づけ
11:55	紙芝居、絵本を見る	子どもを集めベランダで紙芝居を読む	ふとんを敷き、バスタオルを敷く。	カーテンを閉め、ぞうきんを濡らし、子どもがはずしたエプロンを各々の洗濯物入れに入れる。
12:00	入眠	寝かしつけ	寝かしつけ	寝かしつけ

注）東京都23区内にある児童定員89名の保育園における2歳児クラスの参与観察記録の抜粋である。

注）当日の子どもの人数は14名である。

出所：筆者作成。

ケアや食器の片付けを行っている間に、Y・MとT・Tは食事を続けている子どもに付き添っている。一時五〇分の時点では、I・Aが食事を終えた子どもたちの遊びに付き添い、Y・Mは遊びに付き添いながら午睡前の子どもたちをトイレに促している間に、T・Tは食事の後片付けを行っている。I・Aは、「午前中のリーダー」を担っており、常に活動の先頭に立ち、子どもの活動をリードしている。他方でY・Mは、I・Aの後に続いて子どもの活動に関わり、子どもが次の活動にスムーズに移行できるようにI・Aの補助をし、T・Tは、さらに活動のペースの遅い子どものフォローをし、クラス全体の活動が次の活動に流れるようにしているのである。長時間開所している保育所では、保育士は時間帯を少しずつずらして勤務しており、出勤時間が異なる。そのため、同僚とその日に把握されるべき様々な情報やその時々の方針をその都度伝え、共有しなければならない。以上のように、保育士の職務は、同時間帯における職員間の調和的な作業と、子どもに関する情報や作業方法などの頻繁なやりとりによってはじめて遂行されるのである。そのため、職場集団のあり方が、保育士の職務遂行にとって非常に重要な意味を持っている。

(2) 子どもだけでなく、保育士も集団の中で育つ

一般的な保育現場での知識・技能習得機会は、他産業や他職種と同様、大きく分けて現場教育（以下OJT）と実際の仕事から離れた集合研修（Off the Job Training: 以下 Off-JT）に分けて理解することができるが、とりわけ、子どもの生活の文脈に即して様々な情報を適切に判断し、子どもを理解するための分析力は、個別の関係性に即した形でしか習得されないものである。そのため、多くの保育所では、通常経験の少ない保育士たちは、まず複数担任のクラスに配置され、OJTを通して基礎的な保育技能を獲得していく。担任保育士集団のなかで先輩から学び、やがて自分なりに考えた保育実践を提案できるようになるころから、単独で幼児クラスを担当するようになる。そうして、〇歳児から五歳児までを一とおり経験し、やがて後輩たちを指導できるような役割を担って

いく。経験の少ない保育士は、先輩保育士とチームになって実際に子どもと接しながら職務遂行するうちに、先輩保育士のアドバイスを受け、ノウハウ的な知識を得、様々な経験的知識を獲得していくのである。

また、保育士たちにとって、種々の打ち合わせや会議は、保育目標や作業の段取り、情報の共有の場として不可欠であるだけではなく、知識・技能習得機会としても非常に重要な機能を果たしている。複数の保育士が連携して子ども集団の保育を行っている以上、先に述べたような保育の目標や保育計画を設定する際には、具体的な子どもの姿を想定してそれを言語化し、その成果を評価する際には、子どもたちの姿がどのように変化したのかをエピソードとしてとらえ、職場集団のなかで共有するという方法を取らざるを得ない。保育士たちにとって会議の場は、話し合いを通じて他の保育士が、子どもと接しながらどのような情報を獲得しているのか、情報をどのように分析し子どもの理解に生かしているのか、などといった具体例に触れることができる機会である。また、会議は、子どもの行為や保育士自身の行為などの経験に意義や意味を見出すための省察をおこなう機会でもあり、また自分の認識を言語化する機会にもなる。そのため、分析力や判断力、コミュニケーション技能を養う機会として位置づけられるのである。

(3) 保育環境の変化が保育の質にどのような影響を及ぼすか

ところが、これまで確認してきたような近年の保育所を取り巻く環境は、十分な連携や技能形成といった、保育士の職場集団の機能を実現することを困難にしつつある。まず問題として挙げられるのは、長時間開所による勤務シフトの複雑化である。延長保育のニーズの高まりから、一日八時間を超えて保育所を開所するようになると、複数の保育士が交代で勤務する必要が生じる。すると、他の保育士との情報共有やシフトの調整、連携も複雑化してくるという問題が発生する。交代制勤務になると、実際の子ども一人当たりのかかわりよりも、ケアの継続性を担保するための会議、記録といった時間が多くなるという研究結果もあるように、情報共有と連携がより困難になってしまう。

また、非正規雇用の割合の増加によって、保育士間の情報共有に困難が生じる。多くの非正規雇用の保育従事者は、会議への参加が勤務時間帯との関係で限定されていることが多い。しかし、保育園で保護者とやりとりされる情報には、子どもの心理に影響する家庭のプライバシーにかかわるものもあるため、これらの情報が正しく共有されなければ、子どもの心身の安全に直結し、重大な問題に発展しかねない。また、子どもの体調に関する対応の誤りが生じてしまうリスクもある。筆者がこれまで取り組んだインタビュー調査から、エピソードを紹介しよう。

「病気、感染症の情報を知らなかったり、結局、家庭のこと、ひとり親家庭の子に、お父さん、お母さんのことを話をしてしまったときに、気まずい思いをしてしまった。という非正規保育士の声はよく聞きますね。園便りなど、紙ベースでの情報はよくもらっているとは思うんだけど、やっぱり保育していくなかで、子どもの今日の体調とか、わかってないと保育できないことがあるから、昨日今日発熱で帰っていったとか、予防接種を受けてきているとか、情報があると対応はしやすいですよね。」（二三区区立保育園に勤務する非正規保育士、四〇代、女性）

このように、長い開所時間をギリギリの人員でつなぎ合わせるような勤務体制は、保育の質の保障にとって大きな障壁となる。さらに、正規雇用の保育士の負担が相対的に増加し、十分に同僚と語り合える時間が取れなくなるケースや、非正規保育士として働く者が、上司や先輩、同僚から学習し意見交換する場が十分与えられていないというケースがあることが明らかになっている。これは、保育士個人の知識・技能の習得や蓄積にマイナスの影響を及ぼすばかりでなく、保育士が子どもとの独自の試行錯誤による閉じた関係での保育実践を行わざるを得ず、閉塞感をもたらしかねない。そうなれば、保育士の意欲が低下し、雇用期間の打ち切りや退職による入れ替わりが激しくなり、保育士個人と子ども・保護者との閉じた関係の保育実践になるなど、職場集団に経験的知識や技能が蓄積されることが難しくなる。

このような状況が、保育事故の増加につながっている。猪熊（二〇一一）は、二〇〇五年に埼玉県上尾市の公立保育所内で起きた子どもの死亡事故の分析を行い、保育士同士の信頼関係の欠如や情報共有、連携の不足が、事故を招いた大きな要因であったことを指摘している。また、栃木市はこのもり保育園で白玉団子をのどに詰まらせた事故や、福岡市内認可保育施設で園庭の雨水枡（排水溝）で溺水した事故などの検証報告書よると、職員会議に出席する職員は、原則的に正規職員のみであり、職員間の意思疎通に問題があったことが指摘されている。厚生労働省によると、重大事故の報告件数は、現在の集計方法にした二〇一五以降毎年最大値を更新している。二〇二一年に全国の保育所や幼稚園、放課後児童クラブなどで子どもが死亡または重傷を負った事故は、前年比三三二件増の二三四七件となり、一五年以降で最多だった。

職場集団のモラールが結果にセンシティブに作用するのが保育労働の特徴である。なぜならば、直接の労働対象が変化しつつある子どもだからである。だからこそ、職場集団で保育目標を共有することが重要であり、また、刻々と変化する対象をつぶさに観察し情報を共有すること、連携することが重要なのである。保育士同士が学習し意見交換する条件が失われ、職場集団内での分断が生み出されれば、職場集団の有機的な関係性が保持できなくなり、機能が十分に発揮できなくなる。そして、それはただちに保育の質の低下につながるのである。

4．保育士の処遇改善の方向

（1）保育士の低処遇の本質的課題

二〇〇〇年代の保育士の賃金水準低下や長時間労働の問題の根本的な背景には、保育所保育士の配置基準の問題がある。保育所には、子どもの実際の人数に対する職員の配置基準が児童福祉最低基準という厚生労働省令を踏まえて都道府県により決められており、子どもの人数が決まれば、配置基準に基づいて保育士の数が決まるという仕組みになっている。現状では〇歳児はおおむね三人に対して保育士一人、一・二歳児の子どもは六人に対して保育士一人、三歳児二〇人に対して保育士一人、四・五歳児三〇人に対して保育士一人と定められている。この一・二歳の子どもの基準は五〇年以上、四・五歳児の基準については七〇年以上改善されていない。ＯＥＣＤ平均では、三歳児から就学前までの配置基準は子ども一九人に対して一人となっており、日本の四・五歳児の配置基準は先進諸国の中で最も教員一人当たりの受け持ち子ども数が多いことが指摘されている。

この配置基準の問題は、保育士の賃金水準の決定にも大きく関わる。保育所の運営費は、年齢別の子どもの人数に応じて定められており、保育士の人数も配置基準に基づいて決められるからである。私立保育所を運営するにあたって、国が決定した費用の算定基準となる公定価格では、週四〇時間制を前提とした八時間保育体制の保育士数が基本とされている。先にもみたように、多くの保育所では一一時間以上開所しているため、国の基準で保育士数（常勤換算）以上の保育士が勤務しなければ開所時間をカバーできない。そのため、実情は多くの保育所が国の基準以上の保育士を雇い入れている。「令和元年度幼稚園・保育所・認定こども園等の経営実態調査」によれば、調査対象園の「公定価格基準のみの配置」は平均一一・四人なのに対して、実際は常勤が一三・四人、非常勤が二・三人配置されている。しかし、公定価格をもとに算定された保育所の運営費では、八時間分の費用しか支払われないため、各保育所の経営努力によって賃金を増大させることには限界がある。この結果、多くの保育所では、正規保育士を配置基準以上に雇い入れることは財政的に困難であるため、非常勤保育士を雇い入れて対応したり、正規保育士が経験年数を積み重ねても賃金が上がることを抑制し、その分賃金が低い若手の保育士を多く採用したりして凌がざるを得ないのである。

また、保育士の長時間労働の背景にも、保育所の開所時間や開所日数に見合う保育士配置がなされていないという問題がある。先に見たように実際は一一時間保育や土曜保育が実施されている保育園がほとんどで、限られた運営費で保育士を雇っている以上、時間外やシフト勤務で対応せざるを得ないシステムとなっているのである。先に述べたように保育士の所定内実労働時間は全労働者平均より長くなっている。保育士の配置基準は八時間を前提として定められているため、多くの保育所では八時間めいっぱいシフトをつめこむ職場が多いことが統計にも反映されている。ここに書類作成等が不可欠の業務として加わるため、長時間労働となってしまう構造となっている。

（2）保育の質を高めることが可能な職場環境を

新型コロナウイルス感染症の拡大防止対策の中で、地域の女性の就労継続をバックアップする保育所の存在意義が浮き彫りになった一方で、新型コロナウイルスの影響による保育士の心理的負担や業務負担が増大したことも明らかになっている。コロナ禍における保育現場の業務負担増に対しては、二〇二〇年一二月の第三次補正予算において、一定の予算が組まれた。職員が勤務時間外に消毒・清掃等を行った場合の超過勤務手当や休日勤務手当等の割増賃金や、通常想定していない感染症対策に関する業務の実施に伴う手当など、法人（施設）の給与規程等に基づき職員に支払われる手当等のほか、非常勤職員を雇上した場合の賃金として、施設の規模により最大五〇万円が計上された。こういった予算措置については、業務負担が増大した保育所において一定程度有効に活用されたであろう。しかし、本来は常勤職員の時間外勤務や、非正規雇用の雇入れによって人員不足をカバーするのではなく、保育所の開所時間や開所日数を保障するのに見合う保育士配置を実施すべきである。既述の通り、この間取り組まれてきた処遇改善策では、一貫して保育補助者の雇い入れに対する貸付以外には、人員増の対応はほとんどとられてこなかった。保育補助者の雇い入れも、保育人材として足りない分を無資格の非正規雇用の人員でまかなう方法がとられてきたのである。

しかし、二〇二二年一一月に静岡県裾野市の私立保育所における「不適切保育」の事件が大きく取りざたされて以降、全国の保育所等での事故や虐待行為が様々なメディアで取り上げられたことにより、潮目が変わってきている。二〇二三年六月一日に開催された内閣府設置のこども未来戦略会議の方針案五）において、保育所等の職員配置基準を「一歳児は六対一から五対一へ、四・五歳児は三〇対一から二五対一へと改善する」との内容が盛り込まれた。長い間改善が求められてきた配置基準の問題が方針案に具体的に盛り込まれたことの影響は大きい。他方で、四月四日の国会審議において、最低基準・法令を改定するのではなく、公定価格の加算での対応になるとの答弁もあり、現段階では「七五年ぶりの配置基準改善」がどのような形で実施されるのか、今後の動向を注視する必要がある。また、同時に就労要件を問わず時間単位等で柔軟に利用できる新たな通園給付（「こども誰でも通園制度（仮称）」）の創設も盛り込まれており、保育施設の運営体制や保育士の新たな業務負担につながるものとならないか、十分に検討することが求められる。

以上のように、二〇一三年以降、様々な保育士の処遇改善策が実施されており、賃金の上昇がみられる。しかし、二〇〇〇年代から続いてきた保育士の職場環境の変化や保育士の業務負担の増加に対して十分であるとはいえず、このままでは担い手不足はますます深刻化していくであろう。現状は、長時間化した保育所の開所時間をギリギリの人員でつなぎながら保育が行われている園も多い。国に求められているのは、子どもの発達と親の就労を支える人材を増やし、安定的に育成することが可能な職員配置や労働条件を保障することである。

第3章　教員

上林　陽治

はじめに

いま、日本の教員は危機的状況にある。年間約五〇〇〇人が精神疾患休職となる「死と隣り合わせの現場」で働き、その過酷な労働環境が、教員離れを引き起こし、新学期が始まっても担任がいないという「教員不足」という状況に陥っている。

文部科学省の「公立学校教職員の人事行政状況調査」（二〇二二年一二月公表）によると、公立小中高等学校等の教育職員の精神疾患による病気休職者数は、一九九七〜九九年度は毎年一六〇〇〜一九〇〇人程度、二〇〇〇〜〇二年度は毎年二三〇〇〜二七〇〇人程度だったものが、これ以降急速に増加し、二〇〇七年度からは毎年五〇〇〇人前後で推移し、二〇二〇年度は五一八〇人（全教育職員数の〇・五六パーセント）である。

また、同省「学校教育統計（中間報告）」（二〇二三年七月公表）によると、二〇二一年度に精神疾患を理由に離職した公立学校の教員は九五三人で過去最高だった。前回調査の一八年度より一七一人増えていた。

精神疾患となる理由はさまざま考えられるが、ベースとなるのが、過労死レベルの業務過多であろう。文部科学省「教員勤務実態調査（二〇一六年度）」によれば、週六〇時間以上勤務、つまり週二〇時間（一日八時間勤務で週五日、四〇時間勤務に対し、週二〇時間以上の時間外勤務）以上、月では八〇時間以上の時間外勤務の、いわゆる過労死ラインを超えた勤務状況にある者が、小学校教諭の三三・四パーセント、中学校教諭の五七・七パーセントにあるとしている。副校長・教頭に至っては、小学校では六二・八パーセントで三人に二人、中学校では五七・八パーセントで五人に三人が、過労死レベルの勤務を強いられている。脳・心臓疾患、精神疾患による公務災害認定も、地方公務員の他の職種に比べて突出して多い（地方公務員災害補償基金「地方公務員の公務災害の確定状況」）。

公教育の学校現場はいまや劣悪な職場環境にあり、これが世間の耳目を集め始めると、教員採用試験の応募者も少なくなり、二〇二二年度の教員採用試験の倍率は小学校教員で二・五倍となり、二〇〇〇年度の一二・五倍の五分の一の水準に落ち込んでいる。最も倍率の低い秋田県と福岡県では一・三倍で、「受ければ受かる」という危機的状況だ。

競争率の低下の背景には、団塊の世代の大量退職に伴う採用者増に受験者数が追いついていないことが全国的な課題として指摘されているが、上記のような過酷な教員の働き方についての認識が広まったことにも原因が求められよう。

なぜこうなってしまったのか。公教育に従事する教員が直面してきた歴史を振り返ってみよう。

1．教職調整額「定額働かせ放題」という現実

第一に指摘しなければならないのは、「定額働かせ放題」と揶揄される教職調整額という制度である。公立学

校の教員には、いくら働いても時間外手当や休日勤務手当は支給されず、かわって基本給の四パーセント分が教職調整額として支給される。

上記の「教員勤務実態調査（二〇一六年度）」で示された時間外勤務時間に時間外手当が支払われたと計算してみると、小中学校の教員の平均時間単価二五一七円（総務省「平成二八年地方公務員給与実態調査結果」から筆者算出）×一・二五（勤務日の割増率）×残業時間数なので、月に小学校教諭に支払われるべき時間外手当は五万九六八四円、中学校教諭は七万八〇二七円となるが、これに対し教職調整額は基本給の四パーセントなので、二〇一六年の小中学校教諭の平均基本給である三六万二八〇六円×〇・〇四＝一万四五一二円に過ぎない。したがって、中学校教諭で月六万三三五一五円、年間で七六万二一八〇円、小学校教諭で月四万五一七二円、年間五四万二〇六四円が不払い労働となっている。

教員の過労死レベルの長時間労働が放置されているのは、教職調整額が直接影響しているのではなく、教職調整額が時間外勤務手当を代替するとの「誤解」が流布され、労働時間規制が適用されなくなったためである。では、教職調整額とは何なのであろうか。

（1）教職調整額成立過程

戦後の公務員の給与制度改革（一九四八年）により、教員の勤務時間は測定困難であることを理由として、教員に対しては時間外勤務手当を支給しないこととする一方、教員給与は一般の公務員より一割程度有利に切り替えられていた。

しかしながら、毎年の給与改定の結果、教員給与の優位性が失われた上に、当時の文部省からの超過勤務を命じないとの指示にもかかわらず時間外勤務が行われている実態が多くなり、一九六〇年代後半には多くの都道府県で時間外勤務手当の支給を求める訴訟が提起され、最高裁も公立学校の教員には同手当請求権があることを認容する判決を出したこと（時間外勤務手当請求上告事件・最三小判昭四七・一二・二六）から、いわゆる「超勤問題」が社会・政治問題化した。

このような状況を踏まえ、文部省（当時）は、教員の勤務状況を把握するため、一九六六年度に一年間をかけて全国的な「勤務状況調査」を実施した。同調査では、超過勤務時間（一週間平均）は小学校で一時間二〇分、中学校で二時間三〇分、平均一時間四八分と算出し、一週間平均の超過勤務時間が年間四四週（年間五二週から、夏休み四週、年末年始二週、学年末始二週の計八週を除外）にわたって行われた場合の超過勤務手当に要する金額が、超過勤務手当算定の基礎となる給与に対し約四パーセント相当であるとした。これが後の教職調整額四パーセントの根拠となる。

この教員の勤務状況調査の結果を踏まえ、一九六八年四月、俸給の月額の四パーセントに相当する教職特別手当を支給することなどを内容とする「教育公務員特例法の一部を改正する法律案」が国会に提出されたが、この時は廃案となった。

一九七一年二月、人事院は教員の職務と勤務態様の特殊性に基づき、新たに教職調整額を支給する制度を設け、超過勤務手当を支給しないこととすることを提言する。これを踏まえ、政府は、公立の義務教育諸学校等の教育職員の給与等に関する特別措置法（以下、「給特法」という）案を国会に提出し、同法は同年五月に可決・成立し、一九七二年一月より施行した。

給特法は、教員が修学旅行や遠足などの学校外の教育活動、家庭訪問や学校外の自己研修など教員個人での活動、夏休み等の長期の学校休業期間などのような、教員固有の勤務態様により、一般行政職と同じような勤務時間管理はなじまないとしたうえで、このような教員の勤務態様の特殊性を踏まえ、教員については、勤務時間の内外を問わず包括的に評価した処遇として給料月額の四パーセントに相当する教職調整額を支給するとした。また教職調整額の性格を基本給の一部と見なして、基本給を基礎とする諸手当（期末・勤勉手当、地域手当、特地勤務手当、退職手当等）および公務災害補償の算定の基礎とした。

そのうえで、教員については原則として時間外勤務を命じないこととし、命ずる場合も、①生徒の実習に関する業務、②学校行事に関する業務、③教職員会議に関する業務、④非常災害等のやむを得ない場合の業務の四項目に限定（いわゆる超勤四項目）した。この超勤四項目も今日まで引き継がれ、部活動の指導などは、教員の意思によるボランティア活動と同等に扱われている。

（2）義務教育諸学校の教育職員の人材確保に関する特別措置法の成立過程

高度成長期を通じて、給与水準の官民格差が拡大し、とりわけ教員に関しては志望者が減少するという事態が生じた。

一九七一年六月一一日の中央教育審議会答申「今後における学校教育の総合的な拡充整備のための基本的施策について（答申）」では、「教職への人材誘致の見地から、一般公務員に対して三〇～四〇パーセント程度高いものとする必要がある」と提言し、一九七四年二月二二日に「学校教育の水準の維持向上のための義務教育諸学校の教育職員の人材確保に関する特別措置法（以下、「人確法」という）」が可決・成立した。

人確法は第三条で「義務教育諸学校の教育職員の給与については、一般の公務員の給与水準に比較して必要な優遇措置が講じられなければならない」とした。また、附則第二項で、「国は、第三条に定める教育職員の給与の優遇措置について、財政上、計画的にその実現に努めるものとする」とし、三次にわたる計画的改善（一九七三～七八年度）が実施され、教員の給与が基本給で一二パーセント、諸手当を含めれば一気に約二五パーセント引き上げられた。

給与制度上においては、人確法の趣旨を実現するため、一九七五年三月一七日、人事院が義務教育等教員特別手当の新設を勧告、一般職の職員の給与に関する法律において、同手当を新設した。また各都道府県の給与条例でも義務教育等教員特別手当の支給を定めた。

（3）目減りする一般行政職との給与水準差の経過

教職調整額は、時間外手当や休日手当不払いの代替措置という意味合いよりも、勤務時間の内外を問わないという教員の働き方の特殊性から、「一般の公務員の給与水準に比較して必要な優遇措置」（中央教育審議会「新しい時代の教育に向けた持続可能な学校指導・運営体制の構築のための学校における働き方改革に関する総合的な方策について（答申）」（二〇一九年一月二五日））、いわば水準調整としての性格が強調されてきた。この優遇措置という観点は、一九七四年の人確法制定時にも強調されたことである。

だが、現在はこの水準調整・優遇措置は維持されておらず、その中で時間外労働・休日労働の対価が不払いになっていることが、問題になっているのである。

たしかに人事院から教員給与の第三次改善勧告が行われた一九七六年には顕著な改善効果がみられ、都道府県の一般行政職の月例給与（A）が一七万九八四六円であるのに対し、都道府県費負担の小中学校教育職の月例給与（B）は二一万二二四一円で、一般行政職の月例給（A）を一〇〇とすると、都道府県費負担の義務教育教諭の月例給与は一一八となる。

この水準差は、教職調整額制度が始まった一九七二年は、（C）＝一〇八だったので、五年間で一割の教員月例給与の優遇調整が行われたことになる。

教職調整額は期末勤勉手当にも反映するので、その点の影響を確認するために年収の水準差（F）＝都道府県費負担の義務教育教諭の年収（E）／都道府県の一般行政職の年収（D）を求めると、一九七二年が（F）＝一一〇だったのに対し一九七六年が（F）＝一一九で、一九七六年時点で、小中学校教員は一般行政職員よりも約二割程度の年収の優遇措置が取られていたことになる。この水準差は、三次にわたる計画的改善が終了する一九七八年段階では、月例給、年収とも一一五に落ち着く。

しかしながら、都道府県の一般行政職と義務教育教員の給与の水準差は、その後、一貫して縮小する。一九九〇年には、給与月額の水準差（C）が一〇二、年収の水準差（F）が一〇三となり、月例給、年収ともに教職調整額の四パーセント水準を下回る。

二〇〇五年までは小中学校教員の平均年齢が急ピッチで上昇してきた影響を受け、二〇〇五年には、給与月額の水準差は（C）＝一〇四、年収の水準差が（F）＝一〇五に拡大するものの、その後は一転して縮小し、二〇一八年には、一般行政職と平均年齢がほぼ一致しているにもかかわらず、月例給の水準差（C）が一〇一、年収の水準差（F）が一〇三と、やはり教職調整額による四パーセント優遇さえも下回ってしまった。

なぜ、このように水準差は縮小してきたのか。

それは二〇〇〇年代に入ってから、教員給与の引き下げ圧力が強まったからである。

簡素で効率的な政府を実現するための行政改革の推進に関する法律（行革推進法）（二〇〇六年五月成立）では、「政府は、学校教育の水準の維持向上のための義務教育諸学校の教育職員の人材確保に関する特別措置法（昭和四十九年法律第二号）の廃止を含めた見直しその他公立学校の教職員の給与の在り方に関する検討を行い、平成二〇〇六年度中に結論を得て、二〇〇八年四月を目途に必要な措置を講ずるものとする」（第五六条三項）とし、同年七月七日に閣議決定された「経済財政運営と構造改革に関する基本方針二〇〇六」でも、「人材確保法に基づく優遇措置を縮減するとともに、メリハリを付けた教員給与体系を検討する。その結果を退職手当等にも反映させる」とした。これに先立ち、文部科学省・財務省は、二〇〇六年六月、自民党歳出改革PTに対して、義務教育費国庫負担金のうち、人確法優遇分約四三〇億円を減額する旨の資料を提出した（当時、教員給与が一般行政職を上回る割合を二・七六パーセントと計算していた）。

教員給与の見直しは、二〇〇八年度から開始し、二〇一三年度までに月例給については調整が終了（義務教育費国庫負担金は約二二〇億円縮減）した。この中で教員の給料月額そのものも抑制されたほか、義務教育等教員特別手当も支給水準が引き下げられてきたのである。このような引き下げ策により、教員給与の優遇性は解消していった。

（4）一般行政職の時間外手当よりも見劣りする教職調整額

さらに教職調整額そのものも見劣りするものとなっていった。

教職調整額制度が施行したのは一九七一年である。当時の教職調整額は二九七四円と推定（給料月額×四パーセントで計算）される。これに対し、一般行政職の時間外手当額は五〇七九円で、教職調整額は一般行政職の時間外手当の五八・五パーセントの水準にしか過ぎず、この時点ですでに見劣りしていた。一九七六年には八五・五パーセント水準まで接近するものの、その後一貫して今日まで、教職調整額と一般行政職の時間外手当額との差は拡大し、二〇一八年には、四三・九パーセントまで落ち込んでいる。

総務省の「地方公務員の時間外勤務に関する実態調査結果」によると、二〇一五年の都道府県、政令指定都市、県庁所在市（政令指定都市を除く。東京都にあっては新宿区）の知事部局・市区長部局の一般職に属する常勤正規職員の月平均の時間外勤務時間数は、全体で一三・二時間（都道府県一二・五時間、政令指定都市一四・五時間、県庁所在市一三・三時間）で、教員における過労死レベルの時間外労働に比べれば、圧倒的に少ない。

また、不払い労働の有無を措くとしても、一般行政職への時間外手当の支給額は給料月額の最低でも六パーセント、最高で一〇パーセントの金額に該当する。

すなわち教職調整額の算出を四パーセントで固定してきたことが、一般行政職との間で、むしろ「低遇」するという結果を招いてきたのである。

2. 非正規依存

学校が劣悪な職場になったのには、もう一つ理由がある。非正規依存である。

(1) 正規教員を代替する定数内臨時教員

文部科学省の調査では、実数ベースで、二〇〇五年五月一日現在、臨時教員(常勤講師)が四万八三三九人、非常勤講師(時間講師)が三万五九六六人、合計の非正規教員が八万四三〇五人、全教員に占める非正規率は一二・八パーセントであったが、二〇〇八年には非正規教員は一〇万人を突破し、そして二〇一三年度には、正規教員五八万四八〇一人に対し、臨時教員が六万三六九五人、非常勤講師が五万二〇五〇人、非正規教員合計一一万五七四五人で非正規率は一六・五パーセントとなった。つまり公立小中学校に勤務する教員の六人に一人は非正規教員なのである(**図1参照**)。

学校ごとの教員の定数は児童・生徒数で決まる。公立義務教育諸学校の学級編制及び教職員定数の標準に関する法律(以下、「標準法」)第三条は、学級編制の標準として、ひとつの学年の児童・生徒で編制する学級は四〇人、ただし小学校一~四年生の学級は三五人と定める(二〇一三年度)。問題は、標準法に規定する、本来的には正規教員で賄われるべき定数上の教員を臨時教員によって代替する例が常態化していることなのである。

上記の実数ベースの非正規教員を標準法に定める「定数ベース」に置き換えるには、臨時教員の実数から産休・育休代替等の臨時教員を除外しなければならない。こうして求められる定数内臨時教員数は、二〇〇一年度は二万四二九六人だったものが、五年後の二〇〇六年度には三万二四二四人となり、一〇年後の二〇一〇年度には四万三二人にまで増加、そして入手できる直近データの二〇一二年度は四万一七四二人となっている。

図1　公立小・中学校の正規教員と非正規教員の推移（2005～2013）

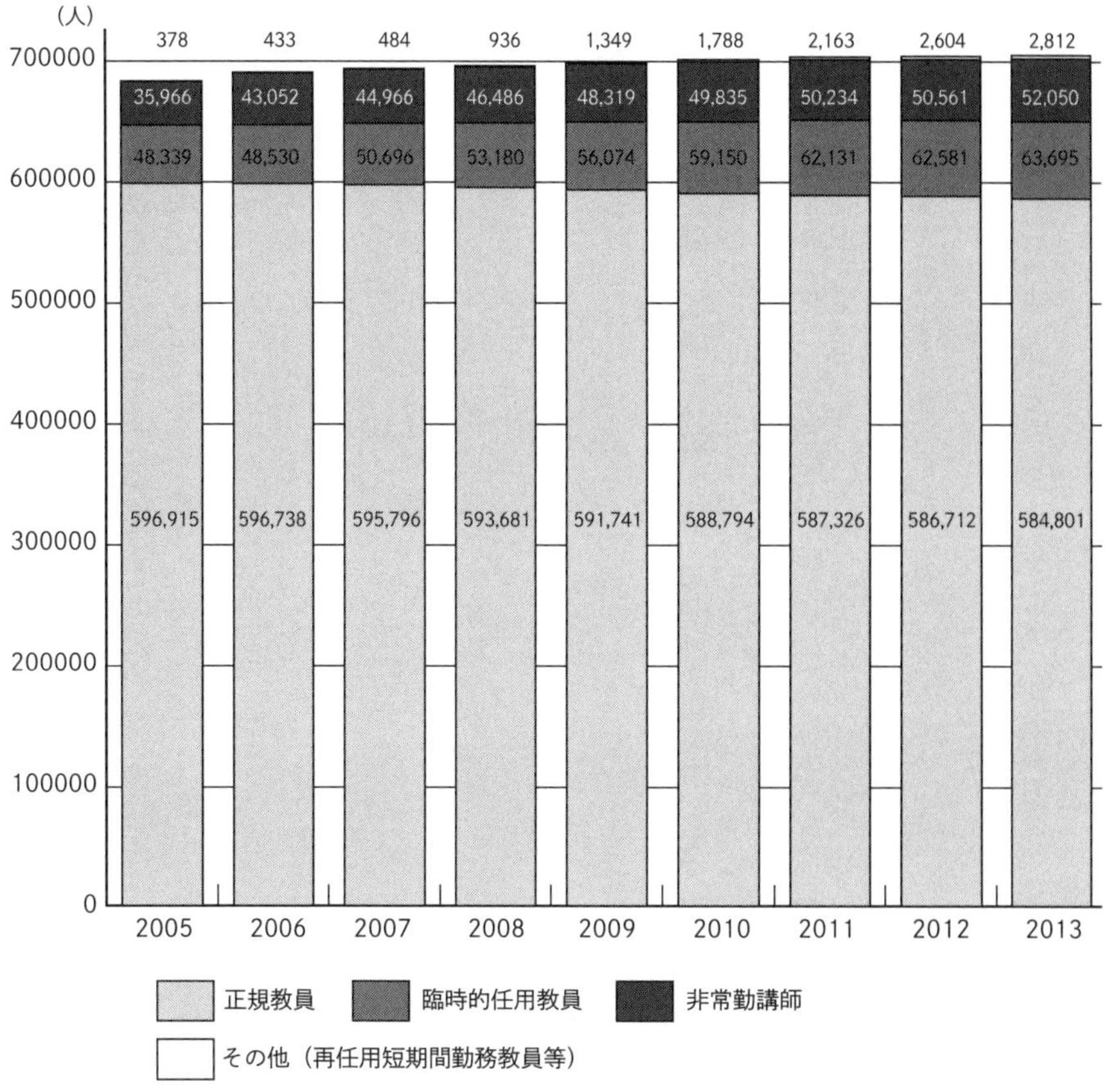

注1）各年度5月1日現在の校長、副校長、教頭、主幹教諭、指導教諭、教諭、助教諭、講師、養護教諭、養護助教諭及び栄養教諭の数。

注2）県費負担教職員に加え、市町村費で任用されている教員（教諭、非常勤講師等）を含む。

注3）「非常勤講師（実数）」の数は、勤務時間による常勤換算はせず、5月1日の任用者をそれぞれ1人としてカウントした実人数。

注4）「臨時的任用教員」には、標準法定数の対象外として任用されている産休代替者及び育児休業代替者が含まれている。

出所）文部科学省初等中等教育局財務課調べ

二〇〇一年度比で一・七倍となり、標準法上の定数に占める割合も七・一パーセントまで拡大した。

文部科学省は、二〇一四年度以降の臨時・非常勤教員のデータを公表していない。そこで、自治労学校事務協議会政策部の独自の調査に基づき、文部科学省の公表データに示された手法で数値を求めてみると、二〇一五年度が正規教員五八万六六八人、臨時教員六万六一七二人、非常勤講師五万三九六二人、再任用短時間勤務教員三二九二人、合計七〇万四〇九四人で、合計に占める臨時・非常勤教員は一七・一パーセント、二〇一六年度が正規教員五七万八一三九人、臨時教員六万六八〇六人、非常勤講師五万三四四八人、再任用短時間勤務教員三六二〇人、合計七〇万二〇一三人で合計に占める臨時・非常勤教員は一七・一パーセントである。すなわち六人に一人は非正規教員というあり様は常態化している。

一方、定数内臨時教員数は、自治労学校事務協議会政策部の独自の調査に基づくと、二〇一五年度が四万四〇六〇人、二〇一六年度が四万三四〇二人で低下傾向に転換した（この理由は後述）。

（2）定数崩し

このような非正規教員の増加の背景には、文部科学省が第七次定数改善計画（二〇〇一年〜〇五年）で少人数による授業等の加配措置を取ったことがある。それまで一クラス四〇人を標準としていた学級編成を二〇〇一年から都道府県レベルで弾力化し、常勤職員に限られていた少人数による授業等について非正規教員を配置することにより加配することを可能とし、あわせて非常勤講師を教員定数に換算できるように法改正した。二〇〇六年には市町村でも、自費で教員を採用すれば加配できることとした。

さらに二〇〇四年からは、義務教育費国庫負担法の改正により公立小中学校の教職員給与の国庫負担率を従前の二分の一から三分の一へと変更したことにあわせ、国が計算した義務教育費国庫負担金の総額の範囲内で、給与額や教職員配置に関する地方の裁量を大幅に拡大する仕組み（総額裁量制）を導入した結果、地方自治体は人件費抑制の観点から、国庫負担分の給与と定数の範囲内で、定数内臨時教員を採用する動きを加速させていった。

二〇一八年五月一日現在の定数内教員の雇用形態別配置率は、全国平均で正規教員が九二・九パーセント、臨時教員が七・六パーセントとなっている。ただし、配置率は都道府県ごとに様相を相当程度異にし、財政に余裕のある東京都は全国で唯一、正規教員だけで定数を満たすものの、都道府県で最も正規教員割合が低い沖縄県は、臨時教員配置率が一五・二パーセントで、公立小中学校のクラス担任を受け持つ教員のうち、六〜七人に一人は臨時教員なのである。また政令市では、さいたま市の定数内臨時教員配置率が最も高く一五・〇パーセントで、やはりクラス担任六〜七人中一人は臨時教員となっている。

このほかに産休・育休代替の臨時教員や非常勤講師がおり、全体としての非正規率はかなり高いものとなっている。すなわち日本の公教育は、非正規教員を構造化して提供しているのである。

（3）教師不足の実像は臨時教員不足

正規教員の採用を抑制し、定数内臨時教員で代替させてきたのには、もうひとつ重大な要因がある。それは現役教員の年齢構成を平準化するために利用されてきたのである。

小中学校の正規教員で最も人数の多い教員の年齢層は五〇歳代であり、二〇一四年三月三一日を基点にした一〇年間で、小学校では一二万六七五五人、中学校では七万八七七人、合計一九万七六三二人の正規教員が退職する。この人数は、二〇一三年時点の全正規教員五八万四八〇一人の約三四パーセントに当たる。このように公立学校に勤務する教員の年齢構成は高齢層に偏るという歪な状況下にあるため、退職者数にあわせて新規採用をすると、年齢構成のアンバランスを繰り返すことになることから、各県で教員の年齢構成平準化のための採用抑制が行われてきた。この結果、正規の教員が不足し、その「空白」を任期一年以内の定数内臨時教員で埋めるという調整が行われてきた。つまり定数内臨時教員は、年齢構成是正の調整弁として使われてきたのである。

図2　教員不足の原因（イメージ）

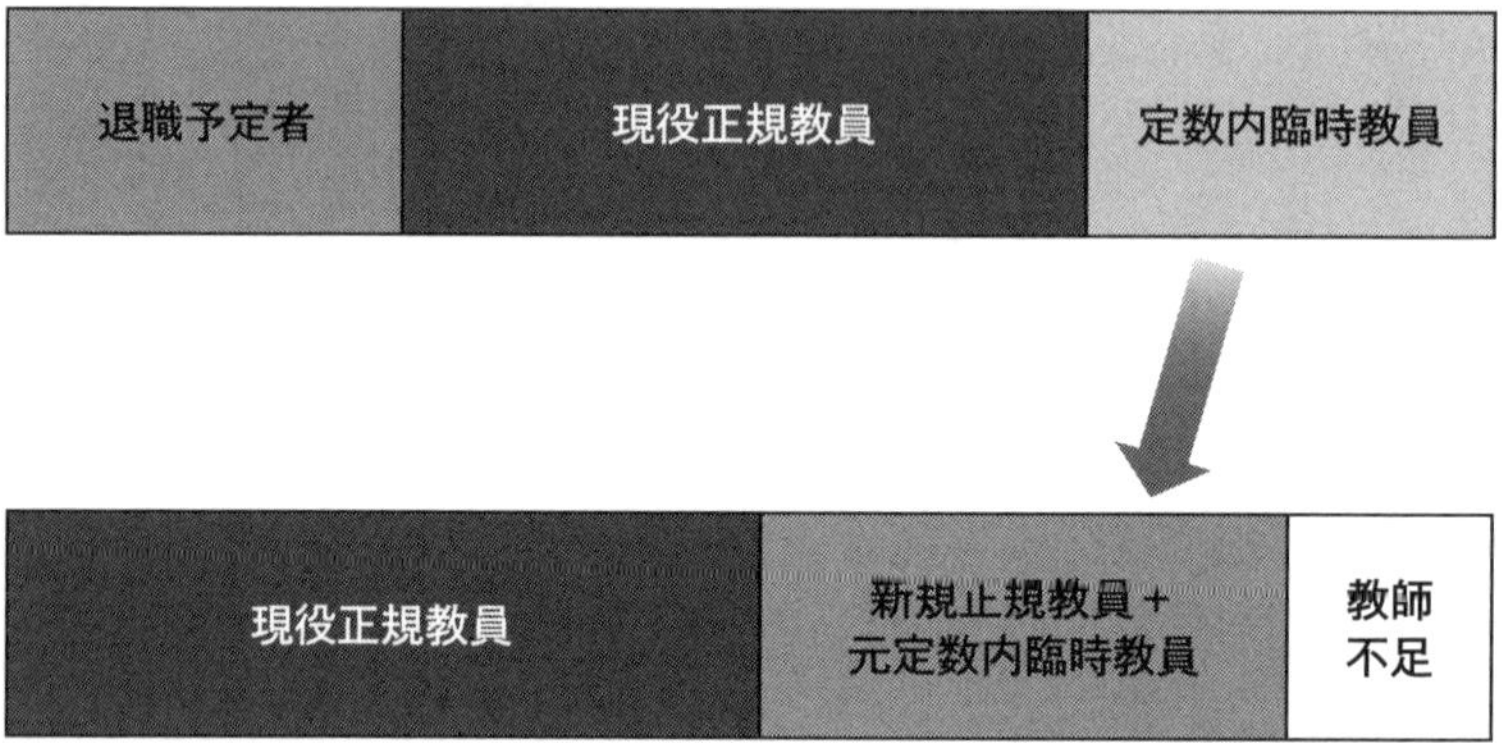

出所：著者作成

ところが二〇二〇年代前後になるとこのような採用抑制策の限界が生じはじめる。第一に、先に指摘した五〇歳代教員の大量退職が本格化したことから新規採用者数を拡大したのだが、学校はブラック職場との評価が定着し、採用試験受験者が激減し、試験には合格したが採用には至らなかった者を供給源としていた臨時教員人材が減少したのである。これに加え、採用抑制時代に採用された中堅年齢層教員を補うことで教育力の低下を防ごうとの観点から、多くの自治体でベテランの臨時教員の積極的採用が進められ、採用試験の年齢制限を撤廃する自治体も現れてきている。二〇一九年度末時点で、三三道県・政令市（四七都道府県・二〇政令市の約半分）は、採用試験受験の年齢制限を撤廃しており、その他の教員採用試験実施県・市でも、受験年齢の制限を緩和する方向にあり、いまや三九歳以下であればどの都道府県・政令市でも、教員採用試験に応募できる。また、臨時教員や非常勤講師の経験者のみ年齢制限を緩和し、一部の試験を免除する措置を設ける自治体も現れてきている。

この結果、非正規教員として滞留していた臨時教員や非常勤講師の正規教員化がある程度進み、また先に指摘したように新規の臨時教員も供給されない中で、非正規教員という人材プールは枯渇してしまったのである。ところが、非正規教員を組み込んで公教育を提供するという組織構造は変わっていないので、定数内臨時教員が足りず学期初めにクラス担任が決まっていない、非常勤講師が足りないので単科が開講できないという事態が生じてきたのである（**図2**のイメージ図を参照）。

たとえば福岡市教育委員会がハローワークに非正規の小中学校教員の求人を初めて出したのが二〇一七年七月。クラス担任も務める臨時教員らを約五〇人募集したが、九月になっても約二〇人足りなかった。名古屋市教育委員会は二〇一六年一二月に、市内のコンビニエンスストア約三五〇店に市立学校の講師を募集するポスターを貼りだした。ところが九月一五日現在、小学校三校で欠員の補充ができなかった。福岡県内では、小中学校の保護者らに「教員免許状をお持ちの方は連絡を」とメールやチラシで呼びかけたケースもあった。

こうした状況から文部科学省は、六七都道府県・指定都市教育委員会および大阪府豊能地区教職員人事協議会（計六八）を対象に、二〇二一年度始業日時点および五月一日時点の二時点における「臨時的任用教員等の確保ができず学校へ配置する教師の数に欠員が生じる『教師不足』（定義）に関して、年度当初における全国的な実態を把握するため実態調査」を実施、二〇二二年一月三一日に『『教師不足』に関する実態調査』と銘打って公表した。

同調査によると、欠員数の学校別内訳は、小学校一二一八人、中学校八六八人、高等学校二一七人、特別支援学校二五五人で、地域別にみると、不足数が最も多かったのは、小学校では千葉県の九一人、中学校では福岡県の五九人だった。

小・中学校の学級担任の雇用形態別内訳（五月一日時点）を見ると、小学校の学級担任の一一・四九パーセントにあたる三万八二六人、中学校の学級担任の九・二七パーセントにあたる一万四〇二人が臨時教員であった。

そして五月一日時点で、学級担任が決まっていない「学級担任不足」は、小学校で四七四クラスと報告していた。だがこの数字は実態からかけ離れている。たとえば東京都教育委員会が四月一一日時点で集計したところ、都内公立小学校で計五〇人が不足、島根県教育委員会は、四月一日時点で小学校を中心に過去最多の三二人が不足していることを県議会に説明している。千葉県では、二〇二一年三月時点で、千葉市を除く公立学校で三四八人不足とし、統計を取り始めてから最多になったと公表した（朝日新聞二〇二二年五月七日付朝刊）。

「『教師不足』に関する実態調査」では「教師不足」の要因についても聞いているが、①産休・育休取得者の増加、②特別支援学級数の増加、③病休者数の増加により必要となる臨時教員が見込みより増加したことを要因として挙げ、一方、臨時的任用教員のなり手不足の観点からは、①（採用試験受験者数の減少等により）講師名簿登録者数が減少したとの回答が最も多く、また②臨時的任用教員として勤務していた者の正規採用が進んだこと、③臨時的任用教員のなり手がすでに他の学校や民間企業等に就職済であることによる、としていた。

いまや公教育は新学期が始まっても、学級担任さえ定められない状況に陥っている。

教師不足調査は二〇二三年度も実施されたが、四割の教育委員会が一年前より教員不足状況は悪化したと回答している。

過酷な労働環境を放置し、安上がりで不安定雇用の非正規教員に依存してきたツケが回り、いま公教育は破綻の際に立っている。

第4章　ごみ収集作業員

小尾　晴美

はじめに

みなさんは、自分が家庭から出したごみが、誰によって回収され、どのように運ばれていくのか、ご存じだろうか。お正月もお盆休み中も祝日も、雨の日も台風の日も、私たちの出したごみはいつの間にか回収されている。

ごみ収集が滞ると、私たちの生活にはどのような影響があるだろうか。例えば、災害時に家屋や家財の被害が多く出た場合、住民はとにかく家から災害ごみを出し道路に山積みしていくということになる。これが速やかに撤去・回収されなければ、緊急車両などが入れないなどの問題を引き起こし、二次災害につながりかねない。ごみを迅速に片付けることが人命救助にも大きく影響するのである。世界のニュースに目を配ると、二〇二〇年二月にはパリで、二〇二一年九月にはマルセイユで、二〇二二年八月にはイギリスのエディンバラで、ごみ収集の労働者がストライキを起こしたことにより、街にごみがあふれて臭いが充満し、鳥やネズミ、虫などの発生で衛生環境が悪化するなど市民生活に多大な支障をきたしたことが報道されている。毎日当たり前のように行われているごみ収集が、いかに私たちの快適で安全な生活を支えているかがわかるだろう。

1．清掃職員の仕事内容

清掃事業とは、廃棄物を収集・運搬・処分する業務を言うが、区市町村が担当するのは、主に家庭から排出されるごみである。東京都の特別区では、ごみの種類は、可燃ごみ・不燃ごみ・粗大ごみという分類で収集している。また、分別の方法は区によって異なるが、古紙、びん、缶、ペットボトルなどを資源として回収している。特別区の清掃事業は、二〇〇〇年に東京都から事務が移管された。清掃事業は、①収集・運搬を各区で行い、②ごみを焼却処理する清掃工場の管理・運営は二三区で共同で組織する二三区清掃一部事務組合が実施、そして③焼却後の灰を処理する最終処分場の管理・運営は引き続き東京都が受け持つ、という形態で実施されている。

各区内で発生した可燃ごみと不燃ごみは、住民と各区の清掃事務所の協議の上設置された集積所に集められ、清掃事業所の職員が清掃車に乗って各集積所を巡回し、収集する。特に人口の多い特別区において、ゴミを取り残すことは許されないため、日曜祭日以外は毎日、収集・運搬作業が行われる。収集作業は、清掃車一台に運転手一人と、各組の作業員二人で行われる。職務分担上、運転者と作業者は区別されるが、ごみの収集作業を運転者が手伝うこともある。収集範囲は、あらかじめ前年度に、どの曜日に、どの組が、一周目にはどの地域を周り、集積所がどこにあり、戸別訪問場所はどこで、ルートはどの順序で回るのか、などということが計画され、地図に書き込まれる。収集作業員は、繁華街で車の通りが多いか、一方通行の道があるか、集積所のマナーの良し悪しはどうかなど、自分の受け持ち場所の特性を熟知している必要がある。

筆者が調査した練馬区の清掃事務所の例から、収集作業員の労働についてさらに詳しくみていこう。可燃ごみ、不燃ごみの収集作業の職員の勤務時間は、早い時間から業務を始めるA勤の職員が、おおよそ午前七時から午後四時の間、通常の時間帯では午前七時半から午後四時半の間である。収集作業はA勤の職員が七時半から、通常の時間帯の職員は八時から開始する。最初の収集場所に移動して、逐次ごみ収集をしていき、プレス車のタンクがいっぱいになり次第、作業員は次の清掃車との中継場所で下車し、運転手はタンク内のごみを廃棄するため、清掃工場（不燃ごみであれば不燃ごみ中継所）へ移動する。この過程が作業のおおよその一サイクルで、作業員は午前中に四台、午後に二台の清掃車で受け持ち範囲を回り、運転手は午前中二ヵ所、午後一ヵ所の収集場所と清掃工場を往復する。

また、収集車の運転手の労働内容の特徴として考慮する点は、ごみの収集作業を「応援」している点にある。回数には差があるが、単に運転するだけでなく、運転席から降りてかなりの頻度でごみの収集作業にも参加している。収集作業時間中の運転は、走ったり止まったりの断続運転が特徴である。また、清掃車のタンクをごみの収集場所に少しでも近づけるために、バック運転が目立って多い。バックの際には、収集作業員が誘導しているが、両サイドミラーしか後方を確認する事ができない車両構造のため、神経を使う点である。当然のことであるが、区の清掃事業を担っている運転手の運転は、速度を要求される職業と異なるものであり、交通法規を厳格に守り、とりわけ事故のないように神経を使う必要がある。この点で、注意力と高度の運転技術が必要であり、道路状況や収集地域の特徴を熟知しておくことも求められる労働である。さらに、この収集作業の負荷の強さを考えたとき、運転と収集作業によって、労働負担が増すと考えられる。

以上が可燃ゴミ・不燃ゴミ収集の作業員、及び運転手の労働内容である。

2．委託事業者・日雇い労働者に支えられるごみ収集作業

二三区のごみ収集・運搬にたずさわる作業は、どのような労働者によって担われているのだろうか。清掃事業は区市町村の事業であるため、現業職と呼ばれる公務員が収集作業を主に担ってきた。二〇二二年八月現在、二三区の清掃事業では、六〇歳から六五歳までの再任用職員も含めて三二三三人の正規公務員が収集作業にあたっている。しかし、清掃業務が東京都から移管される前の二〇〇〇年には八〇〇〇人以上の正規公務員がいた状況と比較すると、約五〇〇〇人減少している。背景に、二〇〇五年の「新地方行革指針」や二〇〇六年の行革推進法等により、政府が地方公務員の定数削減を推進し、民間委託を進めてきたことが挙げられる。全国の清掃職員数も、一九九九年には四万九二九七人だったのが、二〇二一年には一万三〇五五人となり、七四パーセントの減少である。二三区の多くの清掃事務所では、退職者が出ても新規に新たな職員を採用しない（退職不補充）という形で、正規公務員数を削減してきた。その結果、各区の清掃事務所に欠員が生じたが、その欠員を埋めるために委託業者の社員や派遣労働者が収集作業に配置されていくことになる。

他方で、二三区のごみ収集車の運転手の多くは、昔から民間業者の労働者によって担われてきた。各区の収集については各区の清掃事務所の職員が行っているが、運搬については特別区に移管された時点でも約七割が関連業者と廃棄物運搬請負契約を結び、清掃車の「雇上」(1)を行っていた。東京都の特別区の清掃事業は、民間業者が営利事業としてごみ・し尿収集を行っていたものを、行政サイドが公衆衛生の観点から直営化し、一部は業者に業務を請け負わせていくという形で成立してきたという経緯がある。東京環境保全協会に加盟する五〇社の「雇上会社」は、都の清掃事業に使用する規格の車両を揃え、車庫を完備し、都の清掃事業にふさわしい業務と労働の質を維持してきた。東京都の清掃局と清掃事業を請け負う「雇上会社」は、相互に利益を保証しあう関係であ

り、このような関係のもとで発展してきたのである。今日も、「雇上会社」が自社の車庫において特別区の清掃事業で使用される清掃車を保有し、特別区の清掃事業の運搬を請け負っている。運搬業務とは、つまりごみ収集車の運転手の仕事であり、民間の下請け事業者の労働者が大きな役割を担っているのである。[2]

特別区の廃棄物運搬を請け負っている「雇上会社」は、さらに、派遣労働者や労働者供給事業[3]の労働者といった、日給制の日々雇用の非正規労働者を採用している。とりわけ「雇上会社」で働く社員の九割が、「新産別運転者労働組合」（新運転）ならびに「日本自動車運転士労働組合」（自運労）による労働者供給事業によって派遣された労働者である。つまり、雇上車の運転手は、単に下請けの運搬請負業者の社員というだけではなく、下請けの運搬業者に供給もしくは派遣されている運転手が、特別区の清掃事業の運搬作業に従事しているということになる。

さらに、近年運搬請負業者に、車と運転手だけでなく、それに加えて作業員を一人付けた（「車付雇上」という）契約をする区が増加している。作業員が足りないことから、欠員を補完する方法として採用されはじめているのである。東京清掃労働組合に提供していただいた資料によると、二〇二二年度では二三区全体で「車付雇上」車の台数は五一・一パーセントとなっており、八五・七パーセントの収集車に委託業者の運転手に加えて作業員付きで契約を結んでいる区もある。

私たちが二三区で普段目にするごみ収集車に乗っている作業員は、傍から見ているだけではわからないが、いろいろな身分の人、雇用形態の人たちがさまざまにまざりあっているのである。運転手は委託事業者の労働者であり、場合によっては日給制の「日雇い」労働者であるのに対して、他方で隣の助手席に乗ってごみを収集する作業員は、公務員であることもあれば、委託事業者の社員であるかもしれないし、「日雇い」労働者であるかもしれない。

3. 清掃事業作業員の労働条件の全般的低下

特別区の清掃事業における雇用形態の多様化は、地方自治体における一種の「下請け重層構造」とも言える事態となっている。

二三区のごみ収集・運搬にたずさわる職員は、従来は正規公務員が主に担っていたが、近年委託先の労働者や、派遣労働者が増加してきている。清掃事業で行われる作業では、公務員の運転手と運搬請負業者の運転手の間でも、公務員の収集作業員と労働者派遣もしくは臨時職員の収集作業員の間でも、道順の指示をする側とされる側であるという点以外に、労働時間や労働の内容にほとんど相違点はみられない。しかし、かたや正規公務員とかたや日雇い労働者である。その労働条件には格差が存在する。

労働者供給事業の日雇い運転手の労働条件は以下のとおりである。供給先企業と結んだ労働協約をもとに決められる。「新運転」の労働協約第四条には、基本賃金および諸手当が定められているが、その賃金はトラックの重量ごとに定められており、最も軽い三トン未満のトラックで、日給一万五一〇〇円である。[4] また、社会保険については、本来資格が満たされているにもかかわらず、事業者が加入していないケースが多く、二〇一六年に厚生労働省が調査、その後朝日新聞社の調査により、ごみ収集作業員についても違法に加入手続きが行われていないことが発覚した。筆者が二〇〇七年に「新運転」の日雇い運転手に対して実施したインタビューでも、「社会保険に関して、供給先企業によって法律が遵守されていない。新運転には現在一二〇〇人位のトラック運転手の組合員がおり、そのうち半数以上が継続して同一企業に十数年以上働いているが、多くの運転手が健康保険・雇用保険が一般被保険者の適用が行われておらず、年金未加入の状態で放置されている（組合幹部もそれを容認している）」と言われていた。

他方、各区の清掃職員は正規公務員であるため、雇用の安定や福利厚生については相対的に安定している。しかし、清掃事業の区移管後、賃金は大きく下げられている。二〇〇七年に、東京都からの「定員管理調査等に係る総務省指摘事項について」において、給与に関する事項の中で、「技能労務系の給料表については国、都に比べて高い水準であり、是正すること」と指摘された。これを契機に特別区区長会が業務職給料表の平均九パーセント引下げを提案し、実施されることになった。その結果、全年齢層の給料表の水準が下がり、ベテラン職員や、役職が上位に位置付けられていた職員の中には長期にわたる実質的な昇給の停止または「一生昇給しない」職員が生み出された。

以上のように、特別区において清掃事業に従事する職員の労働条件は、二〇〇〇年以降低下してきているといえる。また、「雇上会社」から派遣される運転手や作業員は、正規公務員と同じ仕事を行う公共サービスの担い手であるにもかかわらず、雇用期間や社会保険加入などについて、違法すれすれの状況があちこちにみられる。清掃事業を低賃金で、有期雇用の職員が担うようになることで、地図を書き、道路状況を判断し、事故のないように日々のごみを収集・運搬しきるという、清掃労働者の専門性が維持できるのかという点については疑問が残るところである。

確かに、清掃労働者の労働は、作業終了時間が早いという点では、楽であるといえるかもしれない。しかし、清掃労働の負担は、長期的な視野で見る必要がある。なぜならば、決して肉体的に楽ではなく、仕事内容の面でも単純反復作業としての性格が強い労働であるにもかかわらず、常にいざというときのために神経を使うことが必要とされる。また、ごみの取り残しは許されないだけに、日曜祝日を除く年間三一一日継続して実施しなければならない責任のある業務である。また、廃棄物の問題は、環境問題を解決するために重要であり、廃棄物に関する住民への注意喚起や啓発など、公共サービスとして大きな役割が期待される。また、水害などの災害が増えていくことが予想される中で、大量の廃棄物が出た際の廃棄物処理などの際に、使命感を持ち対応できるモチベーションを持った労働者を育成する必要もある。
　このような点を考慮すれば、現場の安全面や衛生面、福利厚生、さらには賃金や手当てのあり方からいっても、適正な水準を維持するためには、相応の保障が求められると言えよう。

【注】

（1）「雇上」という呼び方は、運転手と車をセットで一台いくらという形で買い上げてくるという契約を表すもので、歴史的に昔荷車とその車夫をセットで買い上げていたものが機械化したのちも同じような形態で残っている。
（2）なお、清掃事業の特別区移管時に定められた車付人員、車両の積載率、直雇比率（直営車両と雇上車両の比率）などは二三区一律に適用されており、各区が独自の裁量を発揮する余地は少なくなっている。また、清掃車両の雇上についても、清掃協議会によって、二三区が共同で一括契約する体制がとられており、各区が地元の収集業者等を活用し、自由に契約を結ぶことは制限されている。
（3）労働者供給事業は、労働者の供給元と供給を受ける者との間で、第三者である労働者の労働力の提供を内容とする契約が締結され、この契約に基づいて、労働者の供給元の支配下にある労働者を供給先に供給し、供給先において労働者が使用されるということである。つまり、労働組合が他人（企業）の求めに応じて自己の支配下にある労働者を提供してその使用に供させる事業のことであり、その供給元が私企業であるか、労働組合であるかを別にすれば、労働者供給事業は労働者派遣と極めて類似している。
（4）新産別運転者労働組合東京地方本部「'93乗用車・トラック等労働協約書」。

第III部

病院、介護の現場はどうなっているのか

女性が中心に担うケアサービスの過酷さ

第1章　日本の看護師

田中　洋子
袴田　恵未

1．働き続けるのがきびしい職場

コロナ感染拡大の中の看護師

二〇二〇年以降、新型コロナウイルスの感染が大きく拡大するたびに医療体制の逼迫が起こった。病院では医師や看護師に大きな負担のかかる勤務が求められる状況が、繰り返し生じてきた。医療用マスク・防護服の不足にはじまり、レイアウト変更を含む多くの感染対策に追われ、院内感染リスクにもさらされ、ＩＣＵ・ＥＣＭＯなど重症者の集中治療が増加し、病床の逼迫が起こった。人手不足・資金不足のストレスの中、多くの医師・看護師が患者の命を救うために、昼夜を問わず使命感から懸命に働く日々が続いた。

エッセンシャルワーカーとしての医療従事者の重要性は、世界中で注目された。「医療従事者への拍手（Clap for Carers）」が世界各地で起きていた頃、日本では「クラスター感染が起きた病院の職員の子供が学校でいじめられる」「子どもの保育園・幼稚園から出入り禁止を求められる」など勤務の外でもつらい状況が起きた

（二〇二〇年日本赤十字職員サポートガイド）。身体的・精神的負担に加え、コロナ下で赤字に陥った医療機関では、三割以上の病院でボーナスが削減され、看護師からは「私たちが必死でやってきたことに感謝すら感じてくれないんだな、と涙が出る。私の職場の看護師はモチベーションが保てず、離職希望者が多い」という声もあがった。

感染者数の減少とともに状況は落ち着いてきたが、医療現場で働く人への二〇二二年の自治労調査によると、七二パーセントが仕事を辞めたいと思っている。その最大の理由は業務の多忙、そして賃金への不満、責任の重さ、人員不足であった。医療の担い手の働く状況は抜本的な改善のないまま現在にいたっている。

改善しない看護師不足

コロナ下で問題は先鋭化して現れたが、実は、医療現場での医師・看護師不足という問題はずっと以前から存在している。長時間勤務や残業、当直・夜勤という昼夜を問わない負担の多い勤務条件も今日にはじまった話ではない。そうした条件のもとで離職していく人、長期的に勤め続けることが難しいと感じる人は以前から少なくない。

看護師の場合、厚生労働省の調査によると、看護師資格を持っているにも関わらず看護師として働いていない、いわゆる潜在看護師の数は二〇二〇年に全国で七一万人に達している。希望して看護師になったものの、働き方が大変すぎて辞めてしまう、特に結婚・出産後に働き続けるのは難しいと離職し、その後も看護師に戻らない、戻りたくない、という人が多いのである。

看護師は資格職であり、誰でも簡単になれるものではない。看護師になるには文部科学大臣指定の学校、または厚生労働大臣指定の看護師養成所を卒業し、看護師国家試験に合格しなければならない。時間と努力が必要な国家資格をもつ専門職であり、簡単に増やすことのできない人材である。看護師が辞めてしまうことは、長期間の個人的、かつ社会的な教育投資を、無に帰してしまうことを意味している。

また看護師は、苦しんでいる人を助けたい、患者の力になりたいという高い志を持って医療現場を支えている。こうした看護師の志や意欲を、現場での働き方が悪いという理由で挫き、看護師という職から離れさせてしまうことは、社会的損失そのものであると言える。

今後、後期高齢者の増加に伴って、より多くの看護師を確保する必要性が急増している。二〇一九年に日本には一六八万人の看護師がいるが、厚生労働省によると、団塊の世代が後期高齢者となる二〇二五年には二〇〇万人が必要となる。政府も看護師の人材確保の緊急性を認識しており、二〇一五年の「看護師等の人材確保の促進に関する法律」改正を通じて、看護師の離職防止・定着促進と、潜在看護師の登録・職場復帰を促している。

しかし、ただ登録や職場復帰を呼びかけるだけでは、本質的な問題の解決にはつながらない。根本的な問題は、病院での働き方の制度や慣行が、働く人にとって持続可能でないという点にある。看護師として働き続けたくても、働き方がきつくて生活と仕事との適切なバランスがとれず、退職せざるを得ない状況に追い込まれる人が後をたたないからである。それを知っているから潜在看護師は復帰しないし、したくてもできないのである。

であれば、問題の所在は、病院内での働き方の制度・慣行をいかに変えることができるかにある。制度のどこを改革し、慣行の何を変えることができれば、看護師になった人がみな余裕を持って働き続けられるのか。看護師の働き方を持続可能にするための方法を考えていくことが、日本社会にとって急務の課題となる。

どんな働き方をしているのか——残業と夜勤に注目して

そこで本章では、どのような病院内での働き方の制度・慣行が、看護師を離職へと追い込んでいるのかを検証する。看護師として働き続けたくても仕事を辞めざるを得ず、その後も復帰を希望しない背景には何があるのか。特に、個人や家族の生活との調和を最も妨げる要因となっている長時間勤務・残業と夜勤に注目していく。

はじめに看護労働の歴史をたどり、いかに長時間労働と夜勤が常態になったかを見る。それに対する反発や対策が、今日までに何を変えてきたか、現在はどうなっているかを確認する。次に、勤続二年前後の若手看護師八名へのインタビュー（二〇二〇年）を通じて、病院での残業や夜勤の具体的な制度・慣行がどのようなもので、それに対して彼女らがどう感じているかを確認する。

最後にX大学附属病院で二〇〇九年と二〇二二年に行ったベテラン看護師三名、看護師長、看護部長、育児支援担当者へのインタビューにもとづき、二時点での経年比較を分析する中で、看護師が結婚して子どもをもっても仕事を辞めないで長く働き続けていけるために何が必要かを具体的に論じる。

2. 看護労働のきびしさの歴史的継続

看護婦・看護師は歴史的に、長時間勤務や夜勤を前提として患者に献身的な奉仕を行う、若い未婚女性の短期的な職業であった。このことをはじめに確認しておこう。

戦前から戦後　看護婦資格と長時間勤務の法制化

看護婦の養成所は一八八〇年代からはじまり、一九〇〇年には東京府で、一九一五年には全国で、看護婦の資格を規定する看護婦規則が制定され、それ以来、「看護婦」は資格職となった。

戦前は家庭や病院に出向く派出看護婦や巡回看護婦、資格のない見習い看護婦もいた。一九〇三年の『女子職業案内』では、女性ならではの「温順親切な」性質を利用できる、女性に最も相応しい仕事とされた。

一九四八年の保健婦助産婦看護婦法では専門職としての地位が法的に認められた。とはいえ、当時の看護婦の平均年齢は二三歳で、未婚女性が九割、平均勤続年数は二年九カ月であった。若い女性が結婚前に短く勤めて辞めていく職であった。戦後の急速な病院増設によって看護婦需要が高まり、一九五一年には中学卒業を要件として、看護婦補助者として低く位置づけられた准看護婦制度がつくられた。

看護婦の労働条件のきびしさを象徴するのが労働時間である。看護婦の労働時間は一貫して長かった。戦後の労働基準法は週四八時間制を定めたが、看護婦については特例（四〇条一項、施行規則二七条）で週五四時間、労使協定により週六〇時間まで可能となった。これは現在の過労死水準である。しかし、看護婦には戦前から忍従、奉仕、天職などの考え方が存在し、待遇を改善しようという意識は低かった。

しかしその後、数回にわたる深刻な看護師不足が起きたことに伴い、待遇改善を求める社会的動きが起きた。医療制度改革に伴う看護師需要の急拡大の中で、労働条件を改善するための運動や政策が現れたのである。

一九六〇年代の医療保険改革と二・八（ニッパチ）判定

一つは一九五八年から一九六〇年代にかけて、国民皆保険制度施行にむけた医療保険制度の改革の中で、基準看護の承認を受けるために看護婦需要が急増した時期である。この時は看護婦の長時間労働と低賃金の常態化に対抗してストライキが起こった。

一九六〇年の東京地方医療労働組合連合会による病院ストをはじめ、看護婦の待遇改善の要求が全国に波及した。全日本国立医療労働組合は「国立病院および国立療養所に勤務する看護婦・准看護婦、助産婦の夜間勤務規則等に関する行政措置要求書」の中で、夜勤日数を月六日以内にすることや産後一年間夜勤を禁止することなどを要求した。

これに対し人事院は一九六五年に、「看護職の夜勤は、八時間三交代制勤務において、二名、月八回を基本とする」といういわゆる二・八（ニッパチ）判定（「行政措置要求に対する判定」）を出す。一九六八年には二八闘争が全国に拡大したが、それから五〇年以上たった現在も、八時間三交代制は一部の病院にしか実現されていない。

一九九〇年代の駆け込み増床と看護婦人材確保法

二つめは一九八五年から一九九〇年代初めである。第一次医療改正法により、医療計画策定により病床数をその後変更できなくなったため、「駆け込み増床」が一気に行われた。急激な病床数増加のために看護婦不足が深刻化した。各地で引き抜きが生じ、日本医療労働組合連合会は労働条件を調査しつつ看護婦闘争を開始した。

これに対応して厚生省は、一九九〇年に「保健医療・福祉マンパワー対策本部」を設置し、一九九二年には「看護婦等の人材確保の促進に関する法律」を制定した。ここでは看護婦の離職防止にむけた夜勤負担の軽減、業務改革、資質の向上にむけた研修促進などの対策が示された。

文部省・厚生省・労働省大臣告示「看護婦等の確保を促進するための基本的な指針」でも、看護婦の養成、処遇の改善、資質の向上、就業の促進が規定され、厚生省は補助金によるナースセンター設置や離職防止事業などを行った。しかし現在まで看護師不足は解消されていない。

二〇〇六年「七対一看護」と七二時間ルール

三つめは、二〇〇六年の診療報酬改定による「七対一看護」の新設に伴う看護師不足である。ここでは、急性期で重症度が高い患者の入院比率が高い病院で、患者七人に対して看護師一名を配置した場合に、診療報酬（入院基本料）が高く設定された。従来の「十対一」看護に比べて高額な報酬が得られることから「七対一看護」を目指す動きが国の想定を超えて大きく広がった。多くの看護師を確保するために争奪戦が行われ、全国的な看護師不足が起こった。

なお、二〇〇一年の保健婦助産婦看護婦法改正により、「看護婦」「看護士」の呼び方は「看護師」に統一されている。

「七対一」の看護体制の新設に伴い「七二時間ルール」が定められた。「看護職員の月平均夜勤時間を七二時間以内」にすること、すなわち、二交代勤務の場合は夜勤が月平均四回、三交代なら九回までが入院基本料の要件とされた。

これをめぐってはその後も、日本病院会や全日本病院協会などが「地方病院の看護師確保が厳しい」と見直しを求める一方、日本看護協会が「七二時間ルールは看護師にとっての生命線」「ルールを撤廃すると、夜勤が増えて離職者が増え、負のスパイラルに陥る」と攻防を繰り返している。

二〇〇八年には二人の看護師の「過労死」が認定された。これを受け日本看護協会では時間外労働、夜勤・交代勤務等緊急実態調査を実施した。また、「看護者は、より質の高い看護を行うために、看護者自身の心身の健康の保持増進に努める」とした「看護者の倫理綱領」第一二条にもとづく、「看護職の夜勤・交替制勤務に関するガイドライン」を出した。ただし、そこで定められた「勤務の拘束時間は一三時間以内とする」という原則の実施率は、現在でも二割台にとどまっている。

3. 日本看護協会調査からみる看護師の残業と夜勤

無給残業の常態化

では、こうした動きや政策をへて、最近の看護師の残業や夜勤はどうなっているだろうか。日本看護協会の二〇〇八年の時間外労働、夜勤・交代勤務等緊急実態調査（以下、残業・夜勤調査）、および二〇一九年病院実態調査（以下実態調査）から見てみよう。

残業・夜勤調査によると、二〇〇八年一〇月の時間外労働（以下、残業）を行った二五七二名の看護師の平均は月二三・四時間であった。一方、申告した残業時間の平均時間数は八・三時間であり、残業手当が支払われた平均時間数は七・九時間であった。実際の残業と申告した残業、手当てが支払われた残業時間数に大きな乖離があることがわかる。

勤務時間前に行う「前残業」は、回答者の八割以上が行っていたが、その九八パーセントは残業として申請されていなかった。勤務時間外の院内研修についても、回答者の七六パーセントが参加していたが、九三パーセントが残業と申告しなかった。ここからは、残業手当が支払われないことが当たり前の業務がいくつも存在していたことがわかる。

病院実態調査においても、前残業を時間外勤務として扱っていない病院が六八パーセント、勤務時間外の院内研修を残業扱いしていない病院が六一パーセントだった。二〇一九年調査でも大きな変化は起きていない。

拘束時間一六・二時間の夜勤勤務

次に夜勤の働き方を二〇一九年実態調査から見てみよう。

注目すべきなのは、二交代制勤務の病院が六割と半数以上を占めている点である。「二・八裁定」で前提とされていた三交代制勤務は二九・五パーセントにとどまる。そして二交代制勤務の場合、拘束労働時間の平均は、一六・二時間であった。一六〜一七時間が四割、一七〜一八時間が一四・九パーセントと非常に長い。「勤務の拘束時間を一三時間とする」という「看護職の夜勤・交代制勤務に関するガイドライン」を実施していると回答した病院は二九・三パーセントにとどまる。さらに「実施に取り組む予定はない」とする病院が三九・六パーセントを占めた。つまり四割の病院は、一日の勤務時間を一三時間以内におさえる意志を持っていない。

先に見た二・八判定に従って、「夜勤回数を三交代勤務で月八回以内」とした病院は、三交替制の病院の中でも五七パーセントにとどまっている。つまり五〇年前の待遇改善は、現在もなお道半ばで、十分に実現されていないことがわかる。夜勤時間を短くする取り組みについても「実施の予定なし」と答えた病院が七三パーセントに達しており、一六〜一八時間の勤務を短縮する予定を持たない。

長時間の夜勤、二交替制勤務が看護師に大きな負荷を与えることはすでに研究から明らかである。昼間の八時間より夜間の八時間の方が事故（医療事故だけでなく自分の怪我も含む）を起こす確率が高く、同じ夜勤でも八時間勤務より一二時間勤務の方が事故の確率が高くなることがわかっている。

ただし、こうした研究が行われているヨーロッパでは、法的に一二時間を超える勤務が認められていないため、日本で一般的な一六〜一七時間勤務における心身の負荷や事故リスクについては、検証するための研究さえ行われていない。

戦後のさまざまな運動や対策にもかかわらず、現在でも勤務時間・残業、夜勤をめぐる働く条件は大きく改善されてはいないのである。

4. 若手看護師の仕事と認識

では、実際の職場において、労働時間・残業や夜勤はどのようになっており、看護師自身はそれをどう捉えているのだろうか。

これを知るために、次に若手の看護師八名の声を聞いてみよう（二〇二〇年末実施）。勤続年数の内訳は二年が六名、八年が一名、八カ月が一名である。勤務先の内訳は大学病院勤務三名、一般病院勤務一名、医療福祉施設四名（ただし全員が大学病院・私立病院勤務をへている）である。

勤務時間の長さと無給残業

まず勤務時間の長さや残業の状況はどうだろうか。若手看護師は次のように考えている。「二〇時に退勤して朝七時に出勤する。一日の半分以上を病院で過ごしている」、「こんなにずっと仕事をしているとは思っていなかった。自分の時間がない」、「連休が基本ないので、疲れがとれないまま仕事になってしまう。休みの日は一日寝て終わってしまう」、「プライベートに割く時間が全然ない」、「自分の理想の看護師像を目指す前に心身ともに疲れてしまう。全然余裕がない」など、全員、勤務時間が長すぎるという認識をもっていた。

仕事が長すぎて、自分の時間がとれず、疲れも十分には回復できず、前向きに何か取り組む姿勢も奪われており、それに不満を感じていることがわかる。

残業については、勤務時間前の「前残業」を全員が四〇分から一時間半やっていた。また誰もそれを残業として申請していなかった。前残業というのは、始業時のミーティングの前に行う情報収集である。患者の状況やドクターの指示確認などを行う。

「情報収集しないと不安。受け持ちが日々変わるので、これをしないとその日の自分の仕事が把握できない」、「情報収集の時間をつくってほしい。いつもミーティングからはじまる」、「(情報収集で)残業申請すると怒られる」、「お給料が出なくても、とにかく情報収集しないと不安」、「前残業は当たり前になっているので、無給でも訴えようとも思わない。普段の業務でいっぱいいっぱいなので訴える余裕もない」という状況が存在している。

就業開始と同時にミーティングがはじまるため、それまでに患者の状況・スケジュール、ドクターの指示について、始業前に個人で情報収集しておく必要がある。この把握が不十分だと適切に患者に対応できないため、絶対に欠くことのできない仕事であるが、これは給与の支払われない「前残業」となっている。

また全員の職場で「後残業」が行われていた。内容としては、記録、インシデントレポート(ミス防止報告書)、食事介助、引き継ぎ、時間内に終わらなかった業務などで、三〇分から二時間行われていた。これも無給残業となっている。

「インシデントレポートは自分のミスだから、残業代つけたらいけない雰囲気がある」、「長く残業してても残業がなかったことにされる」、「リーダーの匙加減で残業代が出たり出なかったりする」、「働き方改革のおかげで、逆に残業ができなくなり、残業をしても無料残業にさせられてしまう」、「残業数が多くなると怒られる」、「管理職の人たちは現場を知らずにただ残業を減らそうとする。もっと現場を理解してほしい」という声があった。

ほかにも自宅での勉強・資料づくりがあった。「家に持って帰ってやるレポートがある。おかげで休みの日は休めない」、「勉強やレポートを家でやらなければ給料はでない」、「カンファレンスの資料作りを家でやらなければならない。これで休日が終わってしまう」などである。これも無給の仕事となっている。

仕事量の多さと余裕のなさ

では、自分の仕事についてはどのように思っているだろうか。

「白衣の天使と言われるが、そんなにいいものじゃない。周りの認識とのギャップを感じる」、「とにかく割に合わない」、「イメージより全然きれいな仕事じゃない。においとかも強烈」、「コロナの感染リスクもあって怖い」、「自分の手柄や実力がわかりにくい仕事」、「周りの人はきれいな世界をイメージしているけど、全然違う」、「憧れだけで続けていける職業じゃない。現実は過酷」など、世間一般の美化された看護師イメージとは異なる現実を訴える人が多かった。

では、実際に看護師はどのような仕事を行っているのだろうか。大きく言うと患者の日々のケア、手術対応、入院対応、記録記入、ナースコール対応、各種機器アラーム対応、移動介助、点滴づくり、インフォームドコンセント立ち合い、関係書類処理、荷物受け渡し、患者の部屋移動などがある。

例えば夜から朝にかけて病棟で行う仕事をあげてみよう。

手術前後や重症の患者に対する投薬、点滴交換、人工呼吸器など精密機器管理、痰の吸引、心電図チェック、血圧脈体温測定、体位交換、おむつ交換、車いすでのトイレ・洗面所への移送、認知症の高齢者などの徘徊対応、場合により排泄物・吐瀉物対応、合間をぬって事務処理、記録・書類作成、翌日の薬・点滴・胃瘻注入の準備、検査・手術の準備を行い、その間にナースコール、急変、臨終への対応がある。人手不足で救急外来に呼ばれ、休憩が全くとれない場合もある。

夜が明けると、夜間に準備した投薬・胃婁からの注入、バイタルサイン測定や体調変化の有無を確かめつつ巡回、採血・採痰・採尿等の検査、朝一の大きな検査や手術に患者さんを出す準備がある。さらに朝食の配膳、患者に応じた食事介助、母子室の親への対応、同意書などの書類説明、ナースコール、医師へのクレームも受けつつ、コロナ感染に応じた特有の隔離対応も行う。仕事が同時多発的に発生することが多いため、瞬間的に優先順位をつけなければならない。

特に、重症度が高い患者の場合、看護師が着替え、体位変換をしなくてはならず、移動の対応や作る点滴も多い。手術前後のケアは大変で、手術出しだけでなく、家族への説明や痛み止めなど動きが激しい。緊急性が高いためぴりぴりした雰囲気になる。コロナの影響で、家族からの荷物の受け渡しや、直接面会に来られなくなった患者家族との電話対応も看護師の仕事に加わった。患者の容体を家族に聞かれて話が長引くと業務が終わらなくなる。そんな中で手書きの書類にも時間をとられる。

こうした仕事量について、看護師自身はどう思っているだろうか。

「看護師がやることがそもそも多すぎる」、「とにかくやることが多いから、優先順位つけないと終わらない」、「病棟は夜勤があって本当に大変」、「万年人手不足で、患者さんを見きれない」、「人を増やしてほしい」、「人を増やそうという努力が見られない。新人が入ってくるからいいやという雰囲気」、「いる人数で頑張ってしまう」、「責任者である看護師長自身が、仕事が忙しすぎてアップアップしている。問題解決に取り組む余裕がないように感じる」、「新技術の勉強をする時間とか余裕がない。どんどん変わるのに知らないまま年がたっている」など、仕事量がそもそも多すぎるという認識で共通していた。また、「給料は変わらないのにリーダーをやらされて、仕事量が多くなってキャパオーバーになってしまった」という人もいた。

仕事量が多く、限られた人数では患者を見きれない、新しい技術を勉強する余裕もないと共通して認識されている。にもかかわらず、人を増やそうとする努力が行われておらず、疲れていて状況を変える余裕も現場にないと認識されている。そのために人は増えず、いる人数で無理して頑張ってさらに疲れるという悪循環が生まれている。

待遇（給与と休み・シフト）と職場改善の方法

こうした仕事に対する待遇についてはどう思っているだろうか。

「日勤だけだと月二〇万円くらい」、「業務に対して、もっともらえないと割に合わないと感じる」、「周りがイメージしているよりもらっていない」、「休日手当も住宅手当も残業手当もない」、「給料がよくない。財源を他のことに使ってしまっているのではないか」、「四年勤め続けても給与が上がらなかった」、「ラダー（昇給階梯）があまりないので、頑張っても給料があがらないから早く辞めた方がいい」、「日勤だけの給料だと少なすぎて、夜勤手当がないとやってられない」という声が聞かれた。

仕事に対して給与が少ないと不満を感じている人が多く、手当や残業代がつかない、あまり昇給しないことにも不満が多かった。

休みやシフトについてはどうだろうか。これは「特別な用事がないと休めない」という職場と「師長に言いやすいから、比較的思い通りに休める」という意見に分かれた。

「月三回希望で休みをとれる」、「主婦の方は子どもの行事で休んだりできる」、「夏休み・冬休み・有給がとれる」という人がいる一方で、「結婚休暇を削られた」、「急なシフト変更が本人の許可なく行われる」という職場もあった。これは職場、特に師長との人間関係に依存する部分が多い。「師長に話しかけにくいので、シフトも希望どおりにいかない」、「先輩看護師との休日取得競争があって遠慮してしまう」、「新人だから師長に直接言いにくくて、彼氏と会えない」、「出産予定一カ月前の妊婦さんの看護師にシャワー介助をやらせるなど、師長はよくわからないシフトをつくる」など、師長の個人的資質によって休日やシフトが左右されていることがわかる。

こうした状況を改善するきっかけはどこにあると思っているだろうか。

「不満を相談できる場所がどこにもない」、「施設全体の考え方が古く、改善しようという雰囲気がない」、「メンタルをサポートする体制ができていない。相談しても改善しない。むしろ、相談したことが悪い噂となって流れる」、「どうしても辛くて、主任に伝えたら、そのまま周りに言いふらされて傷ついた」、「退職したい理由を話しても、古株が多くて考えが古いから何も変わらない」、「新人フォローナースがいたが、話を聞いてくれるだけで何も改善しない」など、職場の問題を改善する糸口を誰も見つけられていない。

若手看護師の問題状況

以上、八人の若手看護師の話からは、勤務時間の長さ、仕事量の多さ、残業・夜勤の前提化、疲労の蓄積、仕事と見合わない給与・昇給、改善の契機が見えない職場に不満を持つ人が多いことがわかった。

その一方で全員が看護師であることに誇りとやりがいを感じている。「人のために仕事しているというやりがいはある」、「人の生活をじかに支えることのできる仕事はめったにない」、「患者さんにありがとうと言われるとやりがいを感じる」、「人の人間じみた所にふれられる」、「患者さんから尊敬されていると思う」など、看護師であることを積極的に捉えている。にもかかわらず、そうした気持ちと裏腹に、看護師の働く職場の大変さに追い詰められている現実がある。

「もっと患者さんとゆっくり関わりたかったのに、そんな余裕がない。自分のやりたかった仕事と違うと感じている」という言葉に現れているように、看護師の意欲や力の発揮を妨げるような働き方の制度・慣行が多くの病院の中に存在している。このことが若い看護師を取り巻く根本的な問題として、現在も継続していると考えられる。

5. 結婚・出産後も働き続けられる働き方の模索

では、看護師がその専門性や意欲を生かして働き続けるためには、どうすればよいのだろうか。独身女性を無理に長く働かせるのではなく、子どもがいても無理なく働ける環境はどのようにしたらつくれるだろうか。

この問いに対して、X大学附属病院（以下X病院）において二〇〇九年と二〇一二年に行った看護師インタビュー調査（看護師三名、看護師長一名、看護部長一名、育児支援担当者）から考えてみよう。X病院は文部科学省の二〇〇七～二〇〇九年の看護師キャリアアップ支援、二〇〇九～二〇一三年に育児支援プログラムを実施するなど、大学病院のモデル事業に選ばれている。

一九九〇～二〇〇〇年代の看護師と家族形成

はじめに、三〇年間現場をみてきたベテランの看護部長（二〇〇九年当時）から、一九八〇～二〇〇〇年代の看護師の状況を聞こう。

「日本は昔から、いつも看護師不足で悩まされてきた。一九八〇年頃に就職したが、『遅くまで働くことは美徳』だった。当時結婚していなかったし、現在も独身だが、三〇年前の病院では、結婚している看護師はほとんどいなかった。結婚したら女性は家におさまるものと思われていた。看護師は重労働で時間外勤務も多いので、子どもを産んだら仕事を続けるのは無理だった。地域の保育所に預け、保育ママを私費で雇って働いた人もいたが、給料の大半が保育代に飛んでいったという。『独身女性がいるからこそ、ここの病院は成り立っている』と当時は言われていた」

「二〇〇〇年代後半から男性の仕事が不安定になってきて、子どもができても女性が働き続けなければならない状況が出てきた。ちょうど同じ頃（二〇〇六年）、大学内に保育所ができて状況が変わった。今は結婚している女性が三割を超えている。とはいえ、新人看護師が仕事に慣れるまでの間は、超過勤務が多かったりで、一年たたずに一割近く辞める。仕事しながらの結婚は難しいと感じている人は今も多い」

このように二〇〇〇年代に状況は変わりはじめた。では二〇〇九年時点で子どもがいて仕事を続けていた看護師はどのように働いていたのだろうか。残業、夜勤と家族生活の関係を中心に話を聞いてみよう。

二〇〇九年——残業・保育園・夜勤

子どもをもつ四人の看護師（うち一人は看護師長）は、全員が約一年の育児休業を取得したのち、フルタイムの日勤で復帰した。育児中、残業や夜勤、子どもの病気に四人はどう対応したのか。

「一年の育休のあと日勤（八時〜夕方四時四五分）で復帰した。師長の配慮により、一年目は夕方六時頃に帰れたのでうれしかった。学内保育園で四歳の子どもを夜九時まで見てくれる。〇〜一歳の時は延長料金込みで七万円前後を払っていたが、今は四万円くらい。夜勤（午後三時四五分から翌朝九時）が月八〜九回あるが、今は月三回にしてもらっている。夜勤の時は近くの親の家に子どもを泊まらせている。結構大変だが、ここで自分が踏ん張らないとみんなが離職すると思って頑張っている」

「子どもが二歳の時、夜勤を月一〜二回やりはじめた。今は週一〜二回している。小学一年生の子どもが月曜に学校に行くのを嫌がるので、夜勤は週末の金・土にいれてもらい、日・月を休みにしている。夜勤や、子供の体調が良くない時には、近くにいる実家の母にきてもらっている。母がいなかったらとても働き続けることはできなかった」

「育休を一年二ヵ月とり、院内託児所に子どもを預けて、日勤フルタイムで復帰した。定時では仕事が終わらず、託児所を延長してもらって一九時から一九時半にお迎えにいく。親が遠くに住んでいるため、夜勤の代わりに月四回遅出（一一時半から二〇時一五分）の勤務に入っている。月に一回行われる勉強会である委員会も、患者の受け持ち同様免除してもらっている。ただ免除やその期間は師長の判断によるので、いつまで続くかわからない」

「長男の時は七ヵ月、次男の時は一年育休をとって復帰した。上の子は学校が終わると一八時半までの放課後児童館に預け、二歳の子は学内保育所に一八時、遅い時は二〇時まで預ける。夜勤は今四週間で三〜四回、委員会は月二回行っている。夫も医療従事者で自分より帰りが遅いため、夜勤は夫が休みになる土日にいれてもらっている。困った時は東京にいる祖父母に子どもの面倒をみてもらうか、県の緊急サポートセンターを利用している。一時間単位で個人宅で子どもの面倒を見てもらえる」

以上のように、全員が日勤の仕事をしつつ、一時間一五分から三時間以上の残業をしている。子どもは夜九時まで預かる学内保育園をはじめ、院内託児所、放課後児童館に預けていた。また子どもが二歳前後から夜勤をいれ、その後夜勤回数を増やしているが、その時は主に親や夫の協力があったことがわかる。

二〇〇九年——仕事と家族生活

では、日勤と残業、夜勤がはじまる中で、仕事と家族のバランスを四人はどのようにとっていたのだろうか。

「夫の帰宅は夜七〜九時で、毎晩一緒に食べながら話をする。私の頭の中は六割が仕事で、仕事が問題なく済むと家でも落ち着く。仕事でミスすると家でもだめになる。業務量が多くてキャパシティ・オーバーになる時が一番大変。自分がイライラしていると夫は子どもと外出してくれ、それなりに協力的だ。平日は夜一〇時に疲れてバタンキューと寝る」

「今は週一〜二回夜勤をしているが、一〜二歳まではなんでも『ママじゃなきゃダメ』と言われて本当に大変だった。周りからはお母さんが夜いないのは良くない、と言われる。周りに独身や子どもがいない人が多くて、自分も手さぐり状態だ。逆に、独身の人たちは夜勤が多すぎで疲労困憊している。友達と会う時間もなく、睡眠時間も崩れていて、早く結婚して辞めることを夢見ている。難しいかもしれないが、もっと人を増やしてほしい」。

「夫が夜働く仕事なので、帰りが遅いと何日も全く顔を合わせない。夫から『もっと早く帰れないの？』とよく言われる。帰りが遅くて子どもにも負担がかかり、寝付きや寝起きが悪くなり、深夜に夜泣きで起きたり、朝起きられないことも多い。朝ゆっくり出勤で、一七時くらいの決まった時間に帰ることができればいいのにと思う」

「師長の役割上、夜間・休日でも何か起きると病棟に行く。人員の調整管理のため休日にも連絡が入り、スタッフの病気時には勤務に入る時もある。子どもを六時半に起こして七時過ぎに出て、夜帰ったら食事とお風呂で終わりという生活を送っている。出勤を一時間でも『公然と』遅らせられればと思う。また夜勤は夜に子どもが預けられないと難しい、ということをもっと職場にわかってほしい」

以上のような話からは次の二点が浮かび上がる。

一つは、日勤にプラスされる残業の長さが、生活の余裕を奪っている点である。一〜三時間の残業をへて子どもを迎えに行くため、家族とゆっくり過ごす時間が足りないと感じている。保育園に長く預けることで対処はできているが、フル回転でぎりぎり生活をまわしており、夫と何日も顔を合わせられないという人もいる。

もう一つは、夜勤時に家族の協力が前提とされている点である。子どもがいて夜勤を行うために、近くの親の家に子どもを泊まらせる、実家の母親に来てもらう、夫が休みの土日に夜勤に入るなど、多くの場合両親と夫の協力が前提とされている。夜勤は公式な勤務形態ではあるが、これを行うためにはきわめて個人的な環境・対応が求められているのである。「夜勤をするには子どもを見てくれる人が必要」ということが、独身看護師を前提としてきた職場では十分認識されていない。これは子どもが病気の時も同様である。

ただし、近所に住む親や協力的な夫という良い条件があってもなお、生活は時間的にぱんぱんであり、仕事との両立はぎりぎりで行われていた。

二〇二二年の変化——時短勤務と残業

こうした二〇〇九年の状況は、二〇二二年までの十余年で大きく変化した。

二〇二二年に子どものいる四名の看護師（一名は看護師長）は、育児休業後に、通常の日勤ではなく、ゆとりのある時短勤務で復帰していた。多くの人が夜勤を減らし、大学内にできた病児保育施設も利用されていた。つまり、二〇〇九年の時点で表明されていた要望の多くは、この一〇年余りの間に病院内で実現されていたのである。

この一〇年間にX病院では二種類の時短勤務が普及した。一つは育児部分休業制度（以下、部分休業）である。子どもが小学校就学前まで、始業・終業時に二時間まで休める制度である。夜勤は行う。監督者の承認で認められる。もう一つは育児短時間勤務制度（以下、短時間勤務）である。これは子どもが小学校三年生まで一日四・五・六時間、または週二日半・三日働く制度である。夜勤がなく、学長により認められる。いずれも基本的には所定労働時間の中の勤務時間の割合を掛ける形で給与計算される。ボーナスは八掛けになるが、部分休業制度の勤勉手当は満額支給される。

この制度を四人の看護師中、三人が利用している。

「育休を一年二カ月とって、部分休業で復帰した。出勤は朝九時で一六時までの週五日勤務で、三歳の子どもは学内保育園に預けている。保育園は八時半から一六時半で、遅くとも一七時には迎えにいく。きりのいい所まで残業することはあるが、帰ろうと思えば帰れる。『引き継ぎますよー』と周囲に言われるので仕事を頼みやすい。勤務時間には何の不満もない」

「一年三カ月の育休後、九時から一六時勤務で、夜勤のない、短時間勤務で復帰した。仕事は一七〜一八時になることもあるが、保育園は一八時半まで預かってくれる。子どもが病気の時は病院内の病児保育制度をつかっている。一緒に出勤して、預けて、一緒に帰れるので助かる」

「一年四カ月育休をとったあと、九時〜一六時までの短時間勤務でＩＣＵに戻った。近くの保育園に八時から一七時まで預けている。ＩＣＵにはママが六人勤務していて、五人は九〜一六時で働く。ママ以外の人はママが一六時に帰れるように協力してくれる。ＩＣＵは病棟と違って一対一でみているため時短勤務に合っている。患者のボリュームゾーンが日中であることも都合がいい」

「二人目の育休からの復帰時に、勤務時間を三〇分ずらして八時半から一七時一五分の勤務にした。八時に二人を送って、一七時までダッシュで仕事をして、一七時半には仕事を終わらせられるようお願いをして、一八時台にはお迎えに行けた。ただ、小児科の時は業務量に対してマンパワーが不足しすぎていて二〇〜二一時まで残業していた。夫が一九時過ぎに帰宅し、上の子が高校生になっていたのでなんとかなった」

二〇二二年の変化――夜勤と家族関係

では、夜勤についてはどうだろうか。家族との関係はどうなっただろうか。

「夫が東京オリンピック関係の仕事で休みがとれなかったため、夜勤を行うはずの部分休業だったが、師長さんがかけあってくれて一年間夜勤を免除された。出産するまでは、自分の希望で夜勤専従として働いていた。体力があったので、夜勤後に朝帰宅してもそのまま寝ないで活動できた。自分の時間がたくさん持てる夜勤が好きだった。二時間の仮眠でも自分はぐっすり寝れた。今は月一回、夫が土日で休みの時、子どもを夫の実家にお泊まりさせて夜勤をしている。夜勤前後に子どもがいないと仮眠しやすく、祖父母も月一回息子と孫に会えるので喜んでいる。子どもも『今度また電車乗れるね』と嬉しそうだ」

「師長との面談で、『短時間勤務』から『部分休業』に変わって夜勤をはじめないか、と言われた。月二回、夫が休みの金・土に入るようになった。近くに実家があるが、姉がシングルマザーで実家にいるため、祖父母に子どもを預けづらく、夫婦二人でやっていくと決めている。夫は料理も掃除も育児もなんでもやってくれる」。

「双方の両親が遠方に住んでいるため夜勤ができない。そのため部分休業ではなく、夜勤のない短時間勤務にした」

「二人目の育休後、しばらくして夜勤を月一回ではじめて徐々に増やし、週末に月四回してきた。子どもには大きな負担をかけたと思う。小さい頃に人形遊びで、『お母さんは寝ています』と話しているのを聞いた時は、衝撃を受けた」

二〇二二年の変化と新たな課題

こうした二つの時短勤務の制度は、利用している看護師からどのように評価されているだろうか。

「普通八時から業務の申し送りがあるが、遅れた九時からの勤務でも九時半まで申し送りができる。これを『情報収集時間三〇分』と職場の規定に明記してもらったので助かった」

「部分休業になってからも手取りは大きく減っていないし、ボーナスも満額でるので満足している。二カ月前に師長からの推薦で副師長に昇進した。今心配なのは『小学校の壁』だ。小学校に入ると部分休業は認められなくなる。学校が早く終わっても学童保育にうまく入れるか、夜勤の時どうなるかも不安だ」

「今二人目を妊娠している。育休をとって夜勤のない短時間勤務に戻りたい。今は九〜一六時の勤務で余裕があるが、子どもが小学生になってフルタイムに戻る時が問題だ」

「東京で長く教育を受けて認定看護師（救急看護など熟練した看護技術・知識で高水準の看護実践ができる資格）となった。しかし短時間勤務だと一スタッフ扱いされ、資格を生かせなくて辛い。二人目もほしいが、病院の『謎ルール』で二回育休をとると元の職場に戻れなくなるらしくて悩んでいる。小児ＩＣＵの看護師は二人目を産んだ後、採血室にまわされた。夫は大企業勤務でいつ転勤になるかわからないので、転勤を機に辞めようかとも思う」

「数年前、『ここそろそろ長いわよね』と部長から管理職の打診を受けた。『あと行っていないところは小児科ね』と言われ、本意ではなかったが小児科にいき、『教育的ローテーション』を『コンプリート』して看護師長になった。師長になってからは、時短ママに対し、『もう本当にいいから帰んな』『熱でたら仕方ないよ』『ＰＴＡのお知らせくるの遅いからしょうがないよ』と自分から声をかける立場になった。昔の自分は希望を言うのにすごくためらっていたが、師長になってみるとシフト調整はそう難しくなかった。夜勤変更も可能で、そう大きな穴ではなく、その日はみんなで頑張ろう、みんながいるからやりくりできる、とみんなに感謝している」

以上のように、二〇一二年の調査では、二〇〇九年に表明されていた希望の多くは新しい制度によって実現されていた。

最大の改善は、時短勤務の拡大である。「出勤を一時間でも『公然と』遅らせられればと思う」、「朝ゆっくり出勤で、一七時くらいの決まった時間に帰ることができればいいのにと思う」という希望は、「育児部分休業」および「育児短時間勤務」という二つの病院内制度の普及によって「公然と」実現された。二〇一二年には、九九四名の全看護師中、育児短時間勤務を五八名、部分休業を四七名が取得している。

ほかにも夜勤が免除・軽減されたり、病児保育の場所もつくられるなど、二〇〇九年に見られた「ぱんぱんの状況」は大きく緩和された。「勤務時間で特に不満な点はない」とまで言われる状況がもたらされている。育児期も働き続けられる環境は、制度改革と職場慣行の変化により、かなり整備されてきていると言うことができるだろう。

看護部長によると、X病院でこうした時短勤務や夜勤への配慮を進められた背景には、「七対一」看護により診療報酬を増やし、予算と人手に余裕ができたことがあるという。病院予算の増額を通じて毎年看護師の数を増やすことができている。前は夜勤専従者をおかないと夜勤に対応しきれなかったが、最近はその必要もほぼなくなった。人手を十分に確保することが、看護師の働き方を持続可能なものに改善させてきたのである。

とはいえ、なお課題は残る。時短勤務は小学校就学ないし小学校三年生までに限定されている。いわゆる「小学校の壁」である。フルタイム勤務・フル夜勤になるこの段階で離職する人も少なくないという。子どもの年齢制限をはずすことですぐに解決する問題であるが、まだそうはなってはいない。

また高資格である認定看護師が、短時間勤務であるというだけの理由で一スタッフ扱いされることへの不満も表明された。専門資格や意欲が、働く時間の長さに関係なく、勤務体制全体の調整の中で生かされるような改善も待たれる。

このようにX病院では、この一〇年の間に時短勤務の導入・拡大を通じて、看護師が結婚・出産後も働き続けられる仕組みづくりを進めてきた。若手看護師のインタビューで表明されていた始業前の情報収集も勤務時間内の仕事として規定されるようになり、終業後の残業も上司・周囲の理解があって比較的短い。九時から一六時までの勤務は、子育て中の看護師には仕事と生活のバランスをとるのにちょうどよい勤務時間として受け止められている。

今後こうした時短勤務をより長期間、より柔軟に、より広い対象者に拡大していけば、看護師の仕事は、無理をしなくてもずっと働き続けられる働き方に変わっていく可能性が大いにある。

6. 結語　看護師の働き方をめぐる問題と解決への道

看護師は、日々人々の命と向き合う仕事である。精神的ストレスや責任は他の仕事より大きい。特に病棟や救急の患者をみるためには、心身に負荷のかかる夜勤が不可欠になる仕事でもある。これは仕事本来の大変さである。

しかし現在の看護師の働き方の状況は、こうした仕事自体の大変さに加えて、慢性的な人手不足による仕事量の多さ、長時間労働・残業（無給残業を含む）、頻繁な夜勤という、働き方の大変さがプラスされている状況にある。これらが現場で合わさることによって、看護師が余裕をもって働き続けることに困難がもたらされている。

その結果、このきつい条件の職場に耐えかねて、少なからぬ看護師が辞めざるをえなくなっている。そして努力の結果である国家資格があっても潜在看護師となり、現場に戻らない。それによって人材不足はさらに深刻化し、現場の仕事量は増え、そのためさらに看護師への負荷が高まり、限界に達してまた離職者が出るという悪循環に陥っている。今後、後期高齢者の増加に伴ってより多くの看護師の確保が求められているにもかかわらず、人手不足はさらに深刻化している。

しかし本章での検討からみると、その問題を解決する方法はすでに見えている。看護師が余裕をもって働き続けられるような形に、病院内の働き方の制度・慣行を変えればよいのである。仕事自体の大変さを変えることはできないが、働き方の大変さは変えられる。

そのためにはX病院の事例が示すように、勤務時間の長さを自分で選べる時短勤務制度を、より柔軟に、多くの人に広げることが重要である。勤務を九時から一六時にするだけで、子どもをもつ看護師の多くが、問題を感じないで勤務を続けられていることはその一つの証左である。

ただし、短い時間で働く際に、パートタイムの看護師として低賃金の非正規雇用とするのではなく、X病院のように正看護師の給与に時間比例の割合をかける（ドイツと同じ）方法を使う必要がある。看護師を低処遇の非正規にして、生活や心身を追い込んだ時、そのマイナスの影響を受けるのはまさに私たち自身である。

今後、看護師の働き方の自由度をあげていけば、働きやすくなって辞める看護師が減少し、定着が進む。そうすると十分な看護師を確保できるので、ますます柔軟な体制を組みやすくなる、という好循環が生まれる。看護師が仕事と生活のいいバランスを保てることは、医療事故を減らし、看護の質を向上させ、人々を救うのである。

これからさらに看護師の需要が高まる日本社会において、看護師が働きやすい職場をつくることは喫緊の社会課題である。はじまってはいるものの、まだ全国に普及しているとは言いがたいこうした変化を、今後より早く実現していくことが求められる。

第2章　日本の訪問介護職

小谷　幸

はじめに

日本の介護保険制度は、高齢化・家族による介護の限界を背景に設立され、二〇〇〇年に施行された。以来二〇年以上が経過し、超高齢社会を迎えケアニーズが一層高まる日本において、その担い手である介護労働者の確保をいかに行うかが大きな政策課題となっている。その際、コロナ禍において鮮明になった、介護は「エッセンシャルワーク」だという視点が重要である。単に人数を確保するための方策ではなく、人の生命・生活に欠くことのできない仕事に従事する介護労働者に対して、働きがいのある労働条件を整えることが望まれる。

本稿では、介護労働者の中でも特に深刻な人手不足が起きている訪問介護労働者を取り上げる。訪問介護とは、厚生労働省の定義によれば「訪問介護員等が、利用者の居宅を訪問し、入浴・排せつ・食事等の介護、調理、洗濯、掃除等の家事を提供するもの」をいう。また、訪問介護員とは、介護福祉士[1]のほか、実務者研修（四五〇時間）、初任者研修（一三〇時間）等、各都道府県または各都道府県が指定した介護員養成研修者が実施する研修の修了者を指す。本稿では訪問介護職と呼称する。

介護職の求人倍率（二〇二二年度）は全産業平均の一・三一倍に対し三・六五倍、都市部では特に高い。特に訪問介護職の求人倍率は、二〇一三年度の三・二九倍から上昇を続け、二〇二二年度は一五・五三倍であった（厚生労働省「職業安定業務統計」）。これは、仕事を探している人一人に対し、約一五件の求人があるという意味である。同年の施設介護職は三・七九倍であることからも、訪問介護の問題の大きさが浮き彫りになるといえよう。

別のデータでも訪問介護職の不足感は鮮明である。介護サービス事業所に対して介護職の過不足状況を尋ねたところ、全体では「適当」が三八・六パーセントで最も高く、「大いに不足」＋「不足」＋「やや不足」は六〇・八パーセントとなっている。一方、訪問介護職では「適当」が一九・五パーセントと二〇ポイント近く下がり、「大いに不足」＋「不足」＋「やや不足」の合計が八二・七パーセントとなっている（令和二年度「介護労働実態調査」公益財団法人介護労働安定センター）。

なぜ、訪問介護職は人手不足なのか。本稿ではその大きな要因が「エッセンシャルワーク」の視点からは程遠い労働環境の低さにあると考える。例えば、先述の調査では、採用が困難な理由として「他産業に比べて、労働条件等が良くない」が五三・七パーセントで最も高くなっている（同右）。

本稿の主題は、介護保険制度の中に訪問介護職の人手不足をもたらす低賃金や低い評価の仕組みが内在しており、現在制度の改変やコロナ禍によりその傾向がさらに悪化していることを明らかにした上で、働きがいのある労働条件の整備に向けた提案をすることである。

そのため、まず1で日本の介護保険制度の特徴および、施行から二〇年が経過した制度の変遷を訪問介護を中心に説明する。2では、その中で起きている事態を、訪問介護職の実例をもとに検討する。訪問介護職は、出来高払いのため不安定な上、拘束時間に比して低賃金であり、制度改変によりサービス時間の細分化が行われた結果、さらに労働条件の悪化が生じていることが明らかにされる。さらにコロナ禍の訪問介護への影響についてもふれる。3では、介護労働者の確保が困難を極めており、現在の処遇改善策では依然として解決への道筋が示されていないことを説明した上で、処遇改善に向けた方策を提案する。

1. 日本の訪問介護職の特徴と二〇年の変遷

(1) 日本の介護保険制度の特徴

まず、訪問介護職を取り巻く制度を確認する。日本の介護保険制度の特徴は大きく五点ある。一つ目には保険料である。社会保険方式を導入し、財源は国・都道府県・市町村の負担が五〇パーセント、若年(四〇～六四歳、第二号保険者)の保険料が二八パーセント、高齢者(六五歳以上、第一号保険者)保険料が二二パーセントという仕組みを取っている。

二つ目には介護保険は要介護度が認定された者のみに対応し、「要支援一～二」「要介護一～五」「自立(非該当)」の八段階に分かれた区分ごとにサービスの枠と限度額が決まっている点である。また、利用者も一割(本人に所得がある場合は所得額に応じて二～三割)を負担する。

三つ目には介護サービスの公的価格が決まっている点である。サービスは個人宅に居住している場合の「居宅サービス」(訪問介護等を行う「訪問型」、デイサービスなどの「通所型」、ショートステイなどの「短期滞在型サービス」)、あるいは施設に入居するサービスである「施設型」のほか、福祉用具や住宅改修といったものがある。

その中で、本稿で取り上げる訪問介護職によるサービスは「訪問型」であり、大きく「身体介護中心サービス」(以下「身体介護」)「生活援助中心サービス」(「生活援助」)に分かれている。前者は、排泄介助、食事介助、清拭・入浴介助、体位交換、服薬介助等利用者の身体に直接接触して行われるサービス、後者は、掃除、洗濯、調理等身体介護以外で、利用者が日常生活を営むことを支援するサービスを指す。

これらのサービスはすべて国により報酬（価格）が決められており、一単位＝一〇円を基本とするが、地域区分で決められた金額を掛けて計算する。これらすべての価格が介護報酬と呼ばれ、三年に一回改定される。一方で、民間事業者を含む多様な提供主体が参入可能なため、「準市場」とも呼ばれている。

四つ目には、利用者がサービスやそれを提供する事業所を選択できる点である。介護保険制度施行前の「措置」から、「契約」の理念を重視していることの反映である。同時に、事業者も利用者を選択できる点も重要である。例えば事業者は保険外の自費でのサービスも希望する利用者との契約を増やすことによって事業収入を高めることができる一方、それが利用者の「選別」につながることも指摘できる。

最後に五つ目として、サービスの相談を利用者から受け、連絡調整・給付管理を行う介護支援専門員（ケアマネジャー）を設置している点である。ケアマネジャーが限度額を踏まえてケアプランを作成し、費用の計算を行う[2]。

（2）介護保険制度二〇年の変遷——訪問介護サービスの細分化・短期化

介護保険制度は施行されてから二〇年以上が経過し、この間の超高齢社会の進行を受けて、対象者・利用者が増加の一途をたどっている。

まず、六五歳以上被保険者の増加についてみると、二〇〇〇年四月末の二一六五万人から二〇二一年一二月末の三五八八万人へと一・六五倍に増加している。また、介護保険受給者の増加は、二〇〇〇年四月末の二一八万人から二〇二一年一二月末の六九〇・六万人へと三・一六倍に増加している。これを受けて当然ながらサービス利用者も増加し、二〇〇〇年四月末の一四九万人から二〇二一年一二月末には五九四・七万人と三・九九倍になっている。特に本稿が着目する在宅サービス利用者数は九七万人から四〇八・五万人と四・二倍に達し、施設サービスの一・八四倍に比べても伸びが著しい（「第八期介護保険事業計画に基づく介護職員の必要数について」（厚生労働省））。

こうした傾向を背景に、二〇二五年には介護労働者は三二万人不足すると指摘されている（同右）。中でも訪問介護従事者の不足は著しく、先に見た求人倍率の高さに加え、コロナ禍の影響もあってか二〇一八年の五二・一万人（実数）を最高に、二〇一九年には約一・三万人、二〇二〇年には七〇〇〇人減少し、二〇二一年にようやく増加に転じたことも指摘できる。常勤換算であっても同様に減少傾向である（**図表1**）。つまり、サービス利用者数が増加し続けている一方で、訪問介護職の数は停滞傾向であることがわかる。

また、このようにサービス利用者の増加が進むと、介護保険財政が圧迫される。そのため、三年に一度の介護報酬改定の度に、制度の枠外への移管やサービス利用抑制策が進められてきた。具体的には、収入のある利用者の自己負担割合を増加させたり、介護度の低い利用者のサービス利用を抑制し、介護度の高い利用者への集中を行うことである。

例えば二〇〇六年施行の改定では、施設から在宅への流れと予防重視の施策が実施されたが、これは居住コストのかかる施設の費用を入所者に負担させることや、軽度者のサービス利用抑制が企図されている。具体的には「要支援一」「要支援二」を新設し、そのサービスを市町村に移管した。また、訪問介護の「生活援助」の最高単位を「一時間以上」へと制限した。これはつまり、一時間を超えて生活援助を行ってもよいが、その分は算定対象とはならない、という意味である。

二〇一二年施行の改定では、さらに短時間化を押し進めた。具体的には、「生活援助」の区分を、これまでの「所要時間三〇分以上六〇分未満」「六〇分以上」から、「二〇分以上四五分未満」「四五分以上」に変更し、短期化へのインセンティブを高める政策誘導を行った。具体的には、六〇分の生活援助を行った場合、改定前は二九一単位（換算方式は都道府県によるが、一単位＝一〇・一〇円として二九一〇円）であったが、改定後は二二五単位、二二五〇円へと六六〇円減額となった。その上、改定のたびに単価が引き下げられた。

図表1　訪問介護従事者数（厚生労働省介護サービス施設・事業所調査）

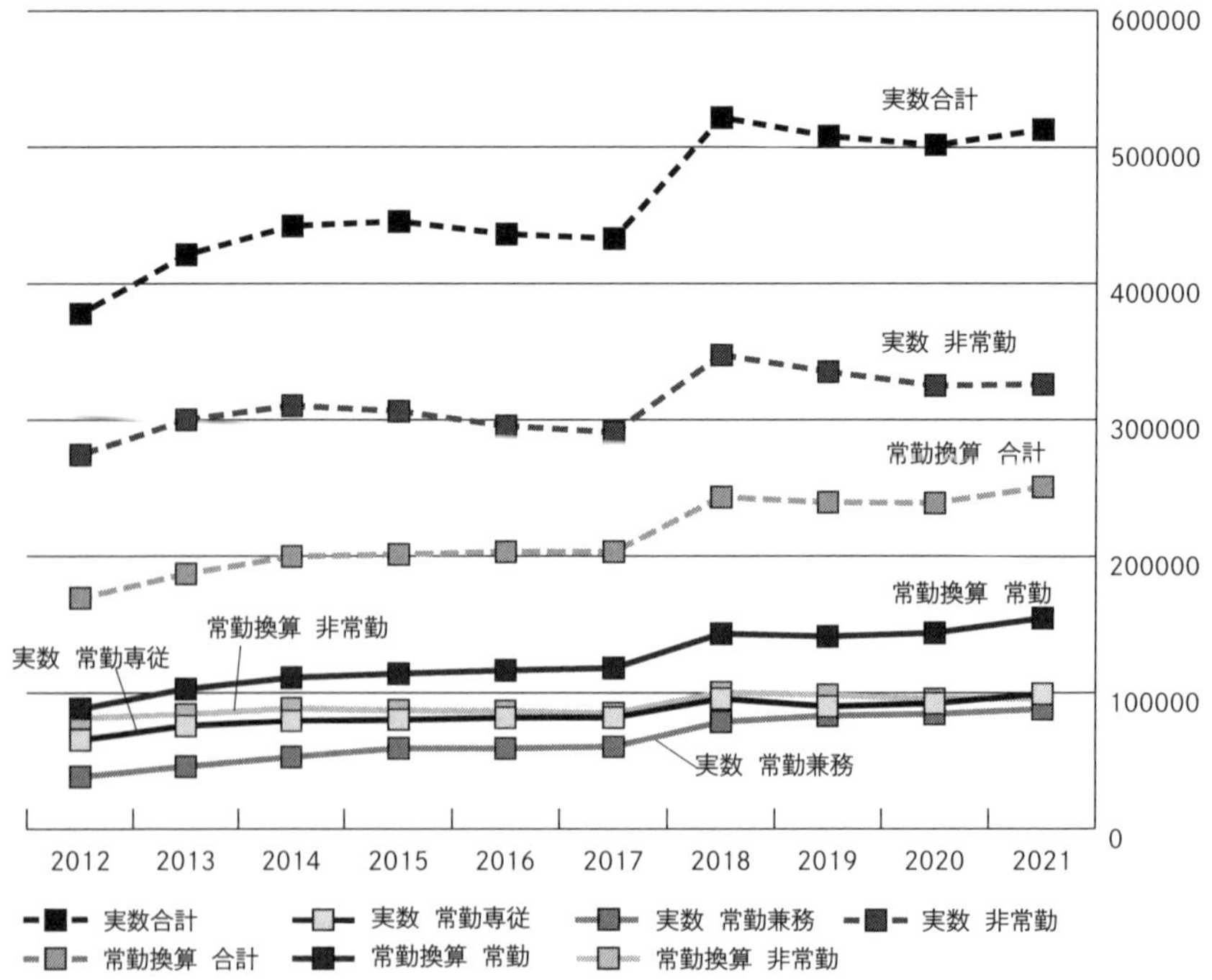

注）2018年からは調査方法が変更され、回収率に基づき全数推計。

	実数				常勤換算		
	合計	常勤専従	常勤兼務	非常勤	合計	常勤	非常勤
2012年	377886	65142	38267	274477	169336	88320	81016
2013年	421209	75480	45693	300036	187027	102783	84244
2014年	442231	79274	52620	310337	199660	111078	88582
2015年	445517	80234	59036	306247	201206	114039	87168
2016年	436223	81783	58916	295524	203087	116416	86670
2017年	432976	81917	60239	290820	203194	118114	85079
2018年	521855	95681	78794	347380	243440	143126	100314
2019年	508256	89968	83193	335095	239590	141122	98468
2020年	501666	92278	84443	324945	239036	143680	95356
2021年	512890	99168	87969	325753	250728	154438	96291

図表2　訪問介護内容類型別利用件数（厚生労働省介護給付費等実態統計）

訪問介護内容類型別利用割合

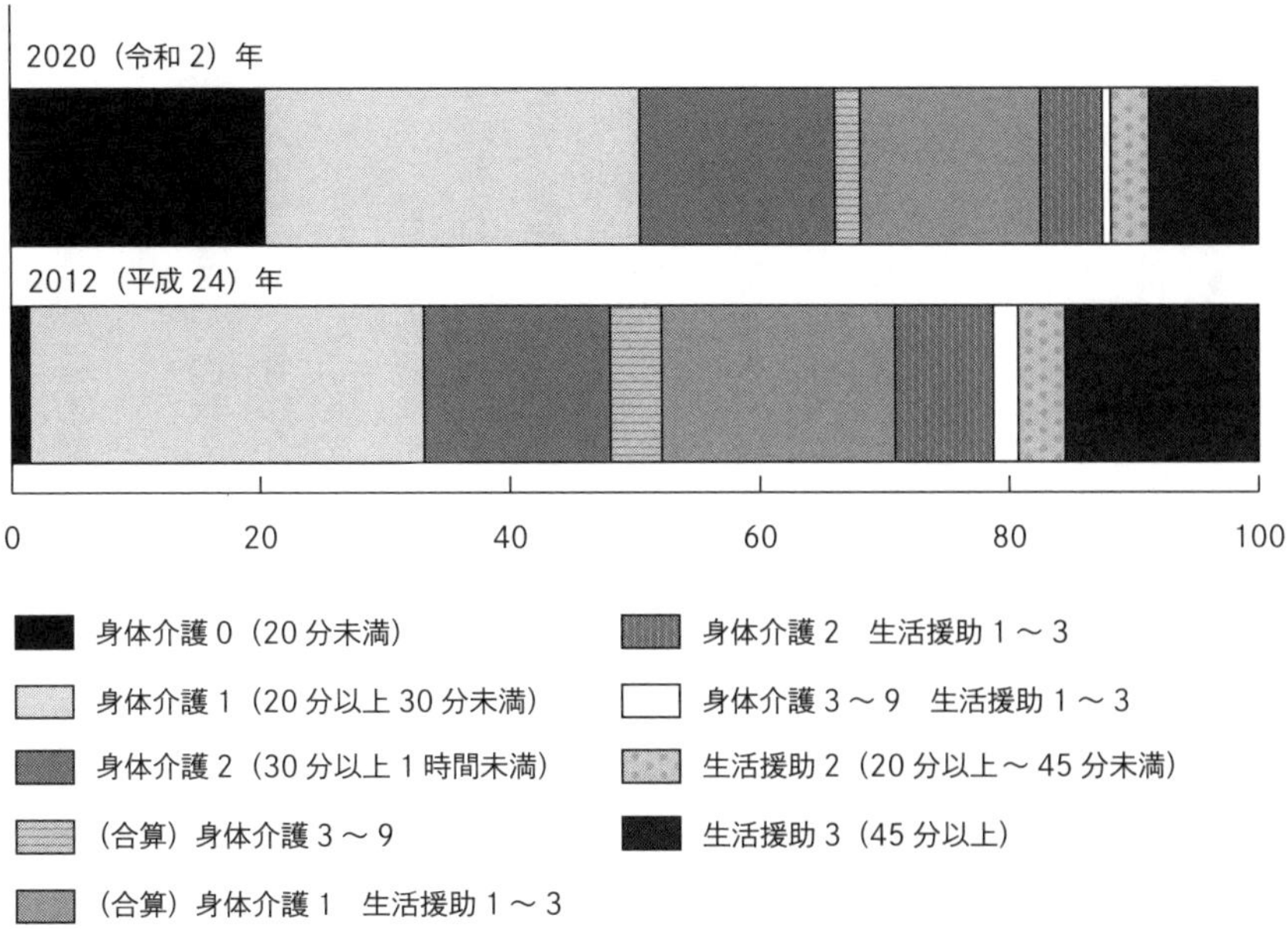

訪問介護内容類型別利用件数

	2012（平成24）	2020（令和2）
身体介護0（20分未満）	991084	17532773
身体介護1（20分以上30分未満）	21589482	25754472
身体介護2（30分以上1時間未満）	10132330	13461916
（合算）身体介護3～9	2813776	1760124
（合算）身体介護1生活援助1～3	12773450	12323247
（合算）身体介護2生活援助1～3	5358067	4219504
（合算）身体介護3～9生活援助1～3	1364972	601540
生活援助2（20分以上～45分未満）	2526256	2711969
生活援助3（45分以上）	10613351	7469011

出所：介護給付費等実態統計（厚生労働省）

さらに「身体介護」について、これまでの最も短い単位であった身体介護1「二〇分以上三〇分未満」よりも短い、身体介護0「身体介護二〇分未満」を新設した。導入当初は厳しい算定要件を設けていたが、改定のたびに徐々に要件を緩和している。

この政策誘導の影響は大きく、**図表2**に見る通り、訪問介護の内容類型別利用割合を制度導入直後の二〇一二年と二〇二〇年とで比較すると、身体介護0が一・五パーセントから二〇・四パーセントへと急増し、身体介護1と合わせて五〇パーセントを超えている。つまり、利用者宅に三〇分未満しか滞在しないサービスが半数以上であることを意味し、まさに訪問介護サービスの細分化・短期化が進行したと言える。

そのほか、介護度の高い利用者へのサービス集中策として、二〇一五年施行の改正介護保険法では、介護老人福祉施設（特養）を要介護度3以上の入所に制限した。

（3）訪問介護職の労働条件の低さに関する議論

このように訪問介護職の労働条件、就業の質の低さの理由については、すでに多くの先行研究において議論されており、大きくは三点が指摘されている。

まず一点目に、介護労働が従来家族の中で既婚女性によって行われていたアンペイドワークであり、ホームヘルプ労働として賃労働（ペイドワーク）化した際も既婚女性のパートタイム労働を主としていたため、介護保険制度の導入にあたりその低い経済評価が踏襲されてしまったこと、である。訪問介護職は八七・二パーセントが女性であり、かつ七九・四パーセントが非正規と、他の介護保険の指定サービス事業に従事する職種に比べて突出して多い。ちなみに非正規の訪問介護職に占める女性の割合は九五・四パーセントである。（「令和二年度介護労働実態調査」介護労働安定センター）

例えば笹谷（二〇〇四）は、北海道の社会福祉協議会と民間の事業所の事例研究を行い、介護労働の主な仕事内容である「介護」「家事」「人間関係調整・相談」のうち、身体介護の専門職化が資格の創設等により進められた一方、「家事」は「女性であれば誰でもできる」仕事と低位に位置付けられ、実際の「生活援助」が「人間関係調整・相談」に基づくものであり、マニュアル化困難な個別性・包括性を有していることとの乖離が広がったと指摘する。また、森川（二〇一五）は介護保険制度成立前からの議論を跡付けることにより、同制度が家庭の主婦をサービスの主な担い手として位置付け、その雇用形態と賃金水準の基準として「主婦パート」モデルが適用されたことを示した。さらに日本では「男性稼ぎ手モデル」のもと「主婦パート」が収入を一定額より低く抑えて被扶養者の地位を維持することが、税・社会保障制度の面で有利なため、賃金上昇へのインセンティブが働きにくい。一方で、訪問介護員の三六・六パーセントが「主たる生計維持者」、一三・九パーセントが「生計費は折半等」と約五割が生計に大きな役割を果たしている（「令和三年度介護労働実態調査　介護労働者の就業実態と就業実態調査結果報告書」介護労働安定センター）。

次に二点目として、すでに見た通り、介護保険制度自体が、超高齢化により増え続ける介護ニーズを背景とした給付と負担の調整に制約され、報酬の切り下げ、効率化が進む中、訪問介護のさらなる細分化、周辺化、階層化が進み、労働条件に影響を及ぼしていること、である。

先に示された「主婦化した経済評価」（森川、二〇一五）は超高齢社会における介護保険サービスの需要量増大、それに効率的に対応しようとする介護報酬改定によってさらなる影響を受けた。

山下（二〇一二）は、複数のＮＰＯ法人へのインタビュー調査に基づき、介護保険法の施行によって、労働市場においては設置主体およびジェンダーによる階層化が生じていることを明らかにしている。すなわち、介護報酬において「身体介護」より「生活援助」の点数が低いことから、多くの営利企業は両サービスを行う労働者への支払いに差をつけ、利潤を高めるために「身体介護」に集中する。一方「生活援助」を積極的に評価し、それに従事する労働者にも「身体介護」と同額を支払う多くのＮＰＯでは収益を上げにくい。さらには研修において

「身体介護」が中心であり「生活援助」の訓練機会がほとんどないことから、「生活援助」は主婦役割、女性役割の延長として位置付けられていることも示されている。

山根（二〇一四）は、東京都下のNPO法人の事例研究により、介護保険制度下のホームヘルプ労働の特徴と変化を、ホームヘルパーと利用者との相互行為に焦点を当てて考察している。先に見た通り、介護保険制度では報酬改定の度に訪問介護において「生活援助」の細分化が進み、二〇一二年の改定では一時間から四五分に短時間化するといった政策誘導が行われた。その結果、現場では限られた時間の中で職務を実施することによる労働強化に加え、短時間で一方的なケアを行うことにより「人間関係調整・相談」の部分も抑制されてしまい、労働者が利用者ニーズを満足させることができないストレスを感じていることが示されている。

また、森川（二〇一五：二〇二）は地域のなかで日常生活を組織化するための「地域に埋め込まれた資源」として流通し、提供者と利用者の関係性とは切り離しえないものとして存在する介護の価値が、この制度変更、報酬改定により切り捨てられてきた、と主張する。

最後に三点目として、ひとりで利用者宅に向かう訪問介護の場合にとりわけ感情労働によるストレスが大きいこと、関係的・情緒的なかかわりが重要にもかかわらず、評価されていないこと、である。笹谷（二〇〇四）、山根（二〇一四）、森川（二〇一五）の指摘にある通り、「人間関係調整・相談」の切り捨てが行われ、感情労働の側面が周辺化されたことが指摘できる。

以上から、訪問介護職はもとよりの低評価に加え、この間のサービス時間の短期化・細分化という制度改変によってさらに厳しい状況に陥っていることがうかがえる。それを受けて、実際に現場で何が起きているかを見ていく。

2．制度改変の現場への影響――訪問介護現場のリアル

（1）訪問介護のリアル

図表3は東京都の市部で訪問介護を行っている介護福祉士Aさん（六〇代）の二〇二〇年五月二日の勤務のようすである。

まず、自宅から利用者宅に自転車で直行する。ちなみに、自宅から利用者宅、利用者宅から自宅は交通費の支払い必要なしとされ、利用者宅や事業所の間の移動のみの場合に支払われる。八時二五分～五五分が「身体1」（身体介護1、三〇分）で、三〇分のため賃金が一時間一六〇〇円の半額、八〇〇円である。

「三〇分間でオムツ交換、食事介助をした後に、デイサービスのお迎えを外に出て待ちます。オムツ交換はその日の利用者さんの身体の調子によって全く違ってきます。デイサービスのお迎えに間に合わせなければならないので大変ですし、夏になかなか送迎車が来ず炎天下でしばらく待っていたこともあります。食事は同居の家族（仕事で不在）が用意したコンビニのお総菜をお皿に盛って出しますが、時間に間に合わせるためにスプーンにおかずをのせると「焦らせないで」と言われます。本来は何を食べましょうか、から始まるのが介護なのに、理念にほど遠い実態です。」（Aさん。以下の語りも同じ。）

次の利用者宅への移動時間（一分一七円）は四分で六八円が支給される。厚生労働省は移動時間も勘案されての介護報酬との見解であり、事業所によっては支給していない。「ホームヘルパー実態調査アンケート」（ホーム

図表3

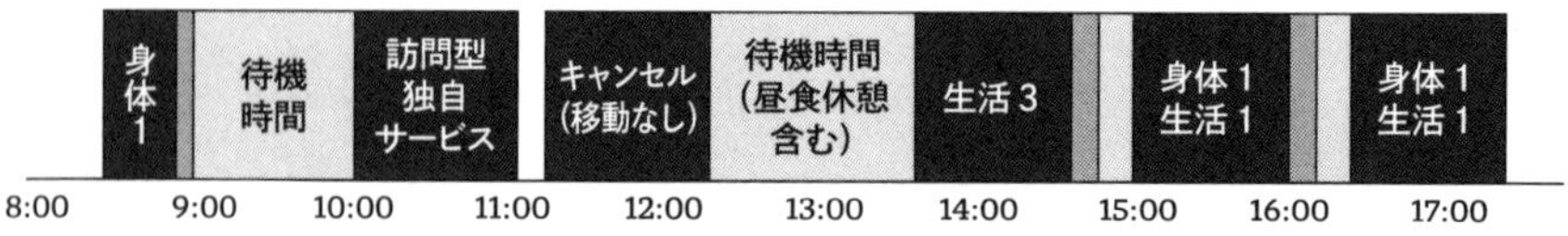

日付	サービス名称	就労時間	内訳	賃金（円）	合計（円）
2020/5/2	身体1	08:25-08:55	0:30	800	6,742
	移動時間	08:55-08:59	0:04	68	
	訪問型独自サービス	10:00-11:00	1:00	1,100	
	キャンセル（移動なし）	11:20-12:20	1:00	600	
	生活3	13:40-14:40	1:00	1,100	
	移動時間	14:40-14:51	0:11	187	
	身1生1	15:00-16:00	1:00	1,350	
	移動時間	16:00-16:11	0:11	187	
	身1生1	16:20-17:20	1:00	1,350	

注）身体1とは身体介護1、生活3とは生活援助3、身1生1とは身体介護1、生活援助1を指す。

ヘルパー国家賠償訴訟団）によれば、「何らかの形で支払っている」が七〇パーセントであった。Aさんの事業所ではグーグルマップで移動分数を測り、最低賃金の六〇分の一が一七円であることを根拠にしている。到着後は無給の待機時間となっている。

「待機時間が二時間など長い場合は家に帰ります。ただ、遅刻しないようにと緊張していて、絶対に寝ないようにしています。訪問先のことを考えたり、サービス時間が短縮されて時間中に介護記録をかけないので、それを書いたりしています。天気のいい日は公園にいたり、市役所の休憩室、ジュース一本くらい買ってスーパーの休憩コーナー、コンビニのイートインコーナーで過ごすこともあります。利用者宅ではトイレに入らないのが普通なので、頭の中にどこにトイレがあるかチェックし、トイレがあるところで休憩して必ずトイレを済ませます。利用者宅には五分前なら入っていいのですが、一五分くらい空いている時は外で待ちます。夏は本当に大変です。」

次が一〇時〜一一時の訪問型独自サービスで

一一〇〇円。これは、要介護度が高くない「要支援1」「要支援2」利用者の介護主体が国から市町村に移管されたことによる、市町村予算でのサービスである。国庫の割合を徐々に減らして市町村の割合を一〇〇パーセントにしたため、Aさんが働く市は財政的に安定しており従前のサービス料金の支払いを維持できているが、市町村によっては、以前よりも低い報酬しか支払われなくなり介護職への賃金に影響が出ている。

その次の訪問はキャンセル。補償が六〇〇円、移動する前に知らされることも、移動してからキャンセルと分かり、徒労に終わることもある。キャンセル料金の積算根拠は、休業補償と同じ考え方で最低賃金の六割である。ただしケアの継続性を意識して、入院してキャンセルになった場合もすぐに枠を入れ替えたりはしない。結果、その間が待機時間になってしまう。

昼食休憩を含む待機時間を経て生活援助3（六〇分）一一〇〇円、次の利用者宅への移動一一分一八七円と無給の待機時間を経て身体介護1生活援助1（六〇分）を一三五〇円、さらに別の利用者宅に移動（一一分一八七円）し、同様に身体介護1生活援助1を一三五〇円で行ったのち、自宅に直帰する。

（2）訪問介護の問題①――拘束時間に比しての低賃金

以上の働き方にはらまれている問題が大きく四つある。一つ目がサービス提供時間ならびに移動時間のみが賃金の対象となり、拘束時間の長さに比して低賃金になりやすい点である。

図表3で示した通り、サービスと移動時間ならびにキャンセル補償を、待機時間等の無給時間を除いて合計した額は六七四二円である。合計サービス時間と移動時間の合計は五時間五六分のため、時給に換算すると一一三六円、もしキャンセルがなければ合計額が七三七八円、時給換算で一二四四円になる。実際はこの額に介護福祉士資格手当（月二〇〇〇円）や記録手当などの諸手当が付く。

しかしながら、訪問介護では算定されないものの、例えば営業職であれば客先を回る合間の時間も労働時間として算定されるため拘束時間を含めて時給を出してみると、この日の朝から夕方までの拘束時間は八時間五五分になる。労働基準法で八時間を超える労働の場合は休憩時間が一時間必要であり、この休憩時間は無給なので、一時間をマイナスして給与に関係する拘束時間を七時間五五分と仮定すると、時給は八五二円になる。キャンセルがない場合でさえ九三二円である。ちなみに東京都の最低賃金は二〇二二年一〇月現在で一〇七二円であり、それと比べると二二〇円も安くなっている。生命や生活に直結する不可欠な労働を行っている介護職が、拘束時間に対して低すぎる時給で働いていることがわかる。

（3）訪問介護の問題②――待機時間・キャンセル時間

待機時間は休憩のように見えるかもしれないが、Aさんの語りにあった通り、実際は緊張を強いられ、仮に自宅に戻ったとしても、介護記録をつけたり次の訪問に向けた準備を行っている間に時間は過ぎてしまう。また、サービス開始時間までは外で待機しなければならない。特に都市部は駐車の問題があるため車での移動ができず、よって車内での待機もできない。自転車で夏は炎天下、近年の異常気象の中を移動しなければならない。繰り返すが、営業職などは待機やキャンセル時間も当然ながら賃金に含まれる。しかしながら先述の「ホームヘルパー実態調査アンケート」によれば、まず待機時間については非正規パート・登録ヘルパーの七八・五パーセントが「支払われていない」。

また、キャンセルについては「当日のキャンセルのみ支払われる」が四四パーセントで「必ず支払われる」は二割に過ぎない。近年英国などで、所定労働時間を決めずに、雇用主の都合で呼び出されて働く働き方が出現している。呼び出されて働く時間以外は「非労働時間」とされ、保証された労働時間が存在しないため、「ゼロ時間契約」と呼ばれている。現在問題性が徐々に明らかにされているが、訪問介護職の働き方は限りなくこの働き方に近いと言える。

（4）訪問介護の問題③――サービス時間の細分化

同時に、この間のサービス時間の短期化が現場に大きな影響を及ぼしていることもうかがえる。訪問が短期化し細分化されればされるほど、地域に点在している利用者宅を訪問するための移動や待機の時間が増えて非効率になるからである。その結果、拘束時間が長いにも関わらず、一日当たりの賃金額が減少する事態に陥る。**図表3**のスケジュールの場合、仮に八時二五分～八時五五分の身体1（三〇分）が身体2（六〇分）であれば、八〇〇円がプラスされて一六〇〇円となり、一日の合計額は七五四二円となり、時給も九五〇円台と一〇〇円上がる。二〇分や三〇分といった細分化された訪問時間の新設が、訪問介護の労力への見合わなさを倍加させている。時間が短い中での利用者とのかかわりの難しさについて、Aさんは次のように語っている。

「介護ではその人の弱いところに入り込んでいくわけだし、人との関係性をつくらないといけない。初対面の利用者さんに「気が利かない」と怒られても、徐々に「あなたが来てくれると嬉しいわ」となっていく。単なる言葉がけのレベルではなく、知識で高齢者全体を理解した上で関わっていく仕事。

そのため、本当はお話しすることが大事なのに、対話は労働ではないとされてしまう。例えば、一分程度の短期記憶しかない認知症の利用者が、暖かいタオルで手をふくのを済ませたにもかかわらず、「やっていないからやって」と言ってきたことがあった。最初は「さっきやりましたけど」と言ってしまっていたが、本人の中ではふいていないことになっているんだなと理解し、訴えに応じて三回くらい同じことをしたら「ありがとう」と言われた。この時に、ケアする人がサービス時間が短いこともあって本人の訴えていることを否定すると、暴力暴言につながることもある。訪問介護では、認知症を理解して人間の可能性を認めれば人は変わることができる。暴力や暴言につながらないようにできる。そういう奇跡を体験できる仕事。自分の部屋のトイレが分からない利用者が、孫が生まれて遊びに来たら「洗濯物を干さなきゃ」と。守る存在ができて認知症が良くなる。こうしたことは介護をやっている中でしか味わえない醍醐味で、それが面白い。でも、時間が短いとこうしたかかわりも難しい。細分化が認知症の悪化につながったと実感する」

(5) 訪問介護の問題④――コロナ禍の人手不足による、さらなる細分化

さらに、コロナ禍において、介護労働者自身もコロナ罹患もしくは濃厚接触者として自宅待機になる場合が生じる。既存調査でも、労働者にコロナ禍で不安に思っていることを尋ねたところ、自身もしくは利用者の方が感染症にかかる不安や職場にウイルスを持ち込んでしまう不安が上位を占めた(「令和2年度介護労働実態調査(特別調査)」介護労働安定センター)。それにより介護職がさらに不足し、少ない人員で回すこととなる。そうすると、兎にも角にも利用者を巡回することが最優先され、これまで以上に短期間サービスの掛け持ちで利用者宅を回ることが必要となる。その結果なおのこと拘束時間に比しての割の合わなさが浮き彫りになる。

図表4は二〇二二年七月七日のAさんの勤務である。二年前の**図表3**と比べて短時間のサービスが増えていることがわかる。Aさんによれば、その日の最初の訪問に自転車で三〇分かけて行き、三〇分の「身体1」を行ったあと、三〇分かけて自宅に戻るという。サービス時間の倍の移動時間がかかっている。

また、Aさんの二〇一八年から二〇二二年七月の訪問介護サービスの内訳を**図表5**にまとめた。二〇二二年の「身体1」が五〇パーセントを超え、細分化が一層進行していることが見て取れる。これに伴い、前年までは三~四〇パーセントであった待機時間の割合が五〇パーセントを超え、それに伴い、一日当たりの支給額も五〇六二円と五年間の中で最も低くなっていた。

そのほか、既存調査によるコロナ禍の介護への影響を確認すると、「事業収入が悪化した」との回答が、「通所系」「訪問系」「施設系」いずれの事業所でも三割を超えた。さらに二〇二〇年三月から二〇二一年一月までの間

図表4

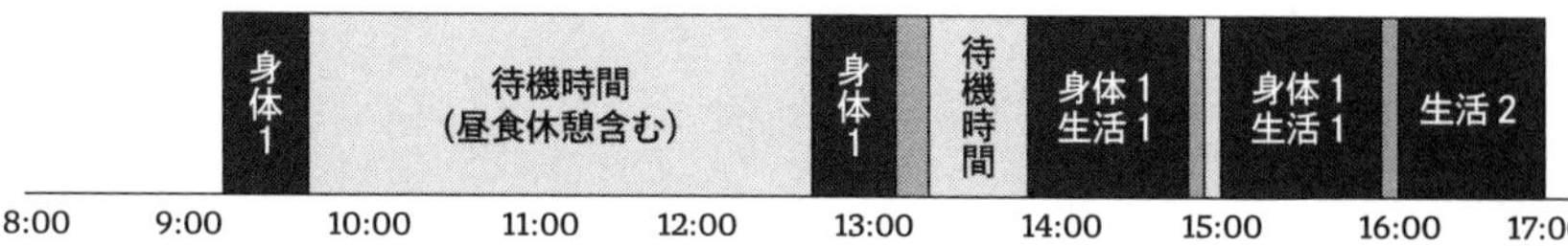

日付	サービス名称	就労時間	内訳	賃金（円）	合計（円）
2022/7/7	身体1	09:15-09:45	0:30	800	5,682
	身体1	12:45-13:15	0:30	800	
	移動時間	13:15-13:31	0:16	278	
	身1生1	14:00-15:00	1:00	1,350	
	移動時間	15:00-15:04	0:04	70	
	身1生1	15:10-16:10	1:00	1,350	
	移動時間	16:10-16:22	0:12	209	
	生活2	16:20-17:05	0:45	825	

図表5　Aさんの訪問介護サービス内容（2018-2022年8月の支給、7月実働分）

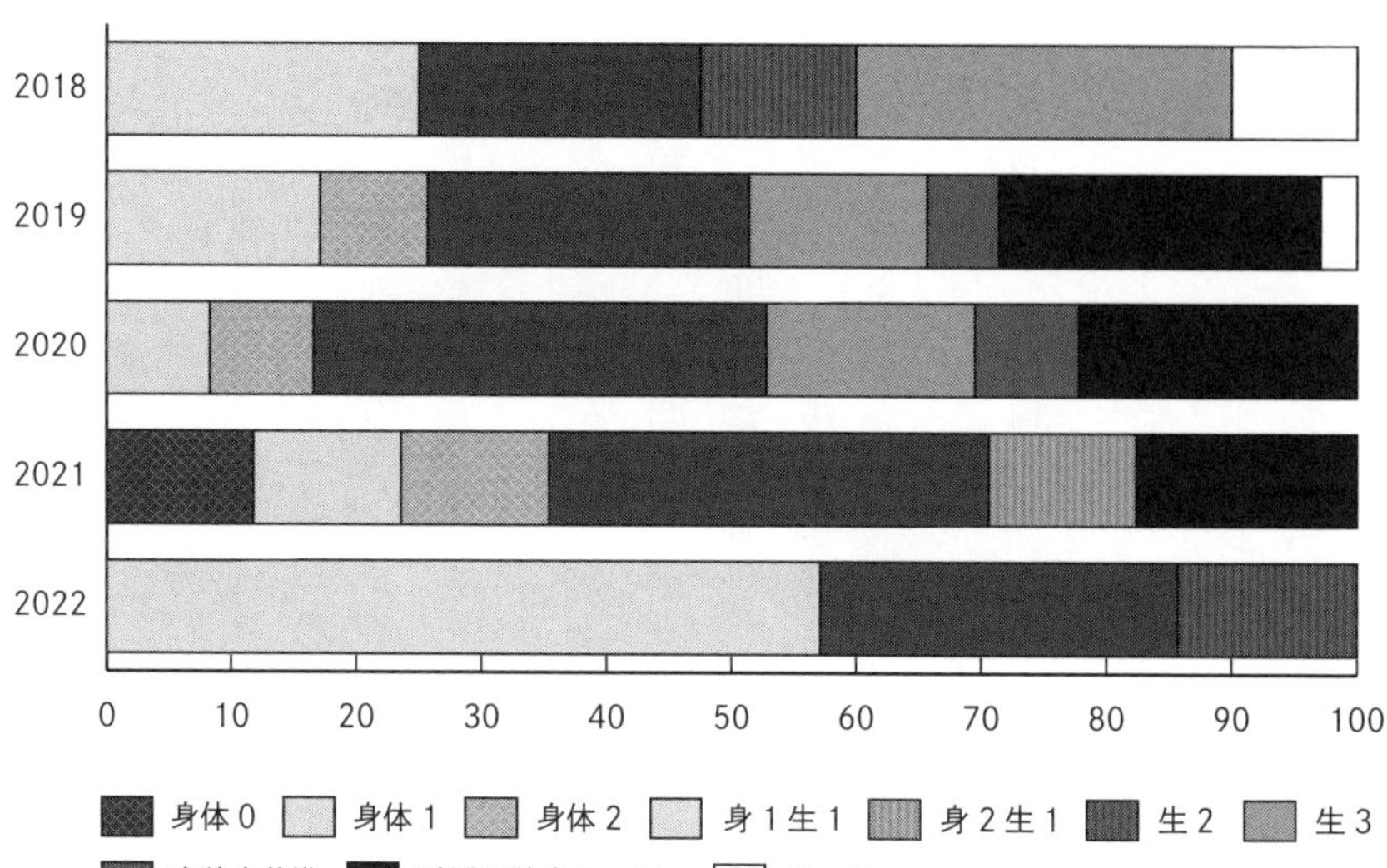

注）市独自基準とは、訪問型独自サービスのように国から市町村に移管されたサービスを指す。

に、ゴム手袋、不織布マスク、アルコール消毒液が約六割の事業所で不足していることが明らかになった。（「令和二年度介護労働実態調査（特別調査）」介護労働安定センター）

以上から指摘できることとして、介護報酬体系の枠内でのサービス切り下げならびにコロナ禍でのさらなる収益悪化が続くと、事業者は収益を上げるために、保険外のサービスをあてこめるような裕福な利用者を引き受ける。その結果、制度内のサービスしか受けない利用者は契約を断られる場合が出てくる。その結果、利用者の「選別」が進み、介護サービスの受給者間格差が生じる。また、保険外の多い利用者を抱える事業者とそうではない事業者の間にも格差が生じる。

また、この傾向を受けて訪問介護職も保険外のサービスを提供する機会が増えるが、中には何日もの泊まり込みを行う例もある。二〇一五年には、二四時間拘束で午前五時前に起床し、二時間おきのオムツ替えや家事を一週間続けていた当時六八歳の介護福祉士の女性が急死した。しかし、介護事業所の指示は受けていたものの利用者個人との契約であったことから、労働基準法の「家事使用人の除外規定」により労働基準監督署が過労死を否定した。地方裁判所で争われたが、待機時間を含めて一日一九時間の業務をしていたと認定されたにもかかわらず、過労死は認められなかった（二〇二二年一〇月七日付東京新聞）。このような、制度のはざまで働く介護職は今後も増え続けることが予想される。その結果、見えにくくなる過重労働への対策が急務である。

3. 訪問介護職の需給状況と確保策

（1）需給状況と確保策

すでに見た通り、訪問介護職の有効求人倍率は約一五倍と深刻な状況にあり、介護サービスへの人員の不足感を訪問介護事業者に尋ねたところ、「大いに不足」「不足」「やや不足」の合計が八二・七パーセントに達していた。その理由については、「採用が困難である」が八九・〇パーセント（全体：八六・六パーセント）であった。採用が困難である原因として「他業種に比べて、労働条件等がよくない」が五五・〇パーセント（五三・七パーセント）と最も高かった。

同調査は訪問介護職に職務上の不満を尋ねており、「人手が足りない」が五一・五パーセント（五二・〇パーセント）、「仕事内容のわりに賃金が低い」が三〇・三（三八・六パーセント）、「身体的不安が大きい」が二八・八パーセント（三〇・六パーセント）であった（令和二年度「介護労働実態調査」介護労働安定センター）。事業者と訪問介護職の双方にとって人員不足ならびにその背景要因である労働条件の低さが影を落としていることが見て取れる。

介護職を確保するためには、①採用数の増加、②潜在介護職（資格保有者であるが、就業していない）の再就業支援、③現在就業している介護職の離職防止という三つの方策を充実させることが課題となる。

まず、①採用数の増加　について見ると、養成施設数・定員数ともに減少するとともに、入学者の三〇パーセント以上が外国人留学生であることがわかる（**図表6**）。

図表7は介護職の在留資格ごとの人数である。**図表6**の外国人留学生に加え、四つの在留資格で外国人の受け入れを行っている。在留年限の更新不可など定住を許容しない制度等の問題を残したまま、在留資格の増加が進んでいることが見て取れる。ちなみに、訪問介護事業者の五・三パーセントが外国籍労働者を受け入れている（「令和二年度介護労働実態調査（特別調査）」介護労働安定センター）。しかしながら、現在は外国人介護人材には訪問介護サービスが解禁されておらず、現在厚生労働省で検討が開始されている。

次に②潜在介護職の再就業支援　に関連して、例えば、介護福祉士の資格はあるが介護の仕事に従事していない潜在介護福祉士は約二五パーセントと、四人に一人が介護の仕事をしていない（令和二年度介護福祉士就労状況

図表6

	2006	2017	2018	2019	2020	2021
養成施設数（課程）	405	396	386	375	347	327
入学定員数（人）	26,855	15,891	15,506	14,387	13,659	13,040
入学者数（人）	19,280	7,258	6,856	6,982	7,048	7,183
うち新卒者	—	5,360	4,847	4,180	3,941	4,288
うち離職者訓練受け入れ	—	1,307	867	765	712	706
うち外国人留学生（カッコ内は国数）	—	591（16）	1,142（20）	2,037（26）	2,395（20）	2,189（28）
定員充足率（％）	71.8	46	44	49	52	55

出所：介護福祉士養成施設の入学定員充足度状況等に関する調査（日本介護福祉士養成協会）

図表7

在留資格	内容	制度開始年	在留年限	在留者数
特定活動	EPA（2国間経済連携協定）により介護福祉士候補者を受け入れ	2008	4年（介護福祉士資格を取れば、在留資格「介護」に移行できる）	3,213（2023.6）（ベトナム、インドネシア、フィリピン）
在留資格「技能実習」	学んだ技術を自国に持ち帰り広めることを目的	2017	最大5年（更新不可）	15,011（2022.6）
在留資格「介護」	日本の介護資格を持ち、日本で介護職として働く	2017	最大5年（更新可）	6,284（2022.12）
特定技能	技術と日本語試験への合格者	2018	最大5年（更新不可）	50,900（予定）→19,516（2023.3）

出所：厚生労働省「外国人介護人材の業務の在り方に関する検討会」第1回（R5.7.24）資料2をもとに筆者作成。

調査（公財社会福祉振興・試験センター））。

最後に③離職防止　に関連して、全産業と比較した介護職の離職率（二〇二二年）は一四・九パーセントであり、全産業と同じであった（令和二年度介護労働実態調査（介護労働安定センター）、雇用動向調査（厚生労働省））。内訳は、施設の介護職が一四・七パーセントと減少傾向にある一方、訪問介護職は一五・六パーセントと高かった。同調査によれば有期雇用の訪問介護職の時給は一二八七円と介護保険の指定サービス事業に従事する職種の平均時給（一一四二円）よりも高いが、すでに見たように待機時間は含まれていない。税込み月収は一三万八七八三円である。

また、医療、介護の労働組合組織率は六・九パーセント（平成二六年度労働組合基礎調査）と全体の一七・五パーセントより一〇ポイント以上低くなっており、組織化が困難な状況が伺える。

以上から、訪問介護職の不足問題は一般労働者はもちろん介護労働者の中でも際立ち、それに対して①採用数の増加、②潜在介護職の再就職、③離職防止の方策が考えられるが、現在のところ人員不足状況に歯止めがかかったとはいいがたい。人手不足は介護職、利用者双方に多大な影響があるため、早急に対応する必要がある。

（2）処遇改善に向けて

低賃金を改善する政策として、一つにはキャリアアップが考えられる。資格を作って専門性を高め、職員の質・サービスの質を高めるとともに、賃金を高くしようとする方策である。例えば内閣府はキャリアパス制度「介護プロフェッショナル制度」の導入を提唱している。

しかしながら、大きな問題は、そもそも資格と賃金との連動ができていない点である。例えば、月給制の訪問介護職の所定内賃金（超過勤務手当等所定外賃金を含めない賃金）の平均を保有資格別に比較した場合、初任者研修修了者二一万三四三六円、実務者研修修了者二一万八七〇二円と、介護福祉士取得者二三万三三七四円にほとんど相違はない（令和二年度「介護労働実態調査」介護労働安全センター）。また、資格取得者への手当額も非常に少ない。Aさんの介護福祉士の資格手当は月二〇〇〇円である。

こうした状況を踏まえ、介護職の処遇改善を行うことを目的とした国の交付金・補助金や加算措置が行われている。加算とは、介護の公定価格である介護報酬の中で、ある条件を満たすことにより追加的な収入が得られる仕組みである。

二〇〇九年に介護職員処遇改善交付金が創設されて以降、処遇改善の流れが進み、二〇一二年改定では介護職員処遇改善加算が初めて設置された。これは、介護サービスで働く介護職員のためのキャリアアップの仕組みを作ったり、職場環境の改善を行った事業所に対して、介護職員の賃金の改善のための原資を支給する。二〇一五年改定、二〇一七年臨時改定では加算が拡充され、合計四万八〇〇〇円（実績）の賃金アップにつながった。ただし介護職個人ではなく事業所に支給されるため、差配は事業所による。

二〇一九年には「介護職員特定処遇改善加算」が設置された。二〇一九年一〇月の消費税率引き上げに伴う増収分を財源として、従前の介護職員処遇改善加算を取得している介護サービス事業所・施設において、主に勤続一〇年以上の介護福祉士の処遇改善を行うための原資を提供する。月額一万八〇〇〇円（実績）の賃金改善、勤続一〇年以上の介護福祉士では月額二万一〇〇〇円（実績）の改善につながった（「介護人材の処遇改善等」厚生労働省老健局 ※実績は「介護従事者処遇状況等調査」厚生労働省）。

しかしながら、以上はあくまでも加算を算定した施設の実績であり、対象施設が異なるため一概に比較はできないものの、二〇一三年の加算創設直後から現在までの訪問介護職の月給の推移をみると月額約二万円の増加であった（「介護労働実態調査」介護労働安定センター）。また、これらの処遇改善策はいずれも基本給に組み込まれるわけではなく、あくまでも一過性の手当である。例えばAさんの場合も処遇改善手当として月二〇〇〇円が支給されるのみである。抜本的な基本給の引上げ、ベースアップが望まれる。

解決策の一環として、二〇二二年一〇月からは「ベースアップ等支援加算」が創設された。すでに処遇改善加算を取得しており、賃金改善の見込額が、ベースアップ等加算の見込額を上回る等の基準を満たす事業所が算定可能である。ただしこれは介護報酬の点数引き上げを伴う、つまり利用者に負担を求める措置である。

結論

本稿の主題は、介護保険制度の中に、「エッセンシャルワーク」の視点からは程遠い訪問介護職の低賃金や低い評価の仕組みが内在しており、現在制度の改変やコロナ禍によりその傾向がさらに悪化していることを明らかにした上で、働きがいのある労働条件の整備に向けた提案をすることであった。

訪問介護は主婦の仕事の延長と捉えられ、専門性や関係性の側面を低く評価されたままスタートした。その上、サービス提供時間の細分化等の制度改変が待機時間・移動時間の増加をもたらし、さらなる賃金減につながっていることが明らかにされた。超高齢社会を反映し、サービス需要が増加の一途をたどっているにもかかわらず、また、二〇〇九年以降の処遇改善策の続けざまの創設を経てもなお、訪問介護職は増加どころか減少傾向にあり、現場の人手不足は深刻である。

まずはさらなる処遇改善策として、最低賃金を、最低生計費（二二三万）をまかなうことができる一五〇〇円に引き上げる、が指摘できる。また、職種別最低賃金として、介護職に特化した最低賃金を設定することも考えられる。例えばドイツでは介護職に対し、約二四〇〇円の最低賃金が設定されている（第Ⅲ部第3章参照）。ちなみに、この間最低賃金は上がり続けているが、Aさんの賃金には変更がない。

より抜本的な改革として、訪問介護職の細切れのサービス提供を見直し最低一時間とする、難しい場合は、移動や待機時間等の拘束時間に見合った最低収入を補償する、等が考えられる。もちろん原資は国の予算である。

さらに、エッセンシャルワーカーの視点を組み込むことの重要性を提起したい。コロナ禍で社会生活を送る上で不可欠な存在であるエッセンシャルワーカーの重要性が浮き彫りになった。エッセンシャルワーカーとはKey Workerなどとも呼ばれ、例えば韓国の「必須労働者保護法」の定義によると、「必須労働者とは災難発生時にも国民の生命及び身体の保護又は社会機能維持に必要な業務に従事する者」を指す。同法は、先行した城東区の条例（二〇二〇・九）により①マスク・消毒剤等の優先支給、②ワクチンの優先接種、③広報キャンペーンの法制化が行われたことを受けて、二〇二一年四月に制定された。災害時限定という法の限界はあるが、感染・労災からの保護、雇用中断への対応、処遇改善の制度的基盤が制定された。また、必須労働者保護法とは別に、介護労働者への一時金支給も行われた（金（二〇二二））。

最後にAさんの訪問介護へのやりがいを引用しよう。

「「危険」「汚い」「きつい」「暗い」「臭い」の5Kと言われることもある介護の仕事ですが、私はもっと早くこの仕事を知っていればよかったと思います。これまで工場や経理など様々な仕事をしてきましたが、人間として生まれ、そして死んでいくまでの期間をみる高齢者介護にはやりがいがあります。

特に訪問介護は個人宅にいきます。お金があるから幸せではない、貧乏だから不幸せというのではない、周りとの人間関係がどれほど築かれているのかが幸せだと実感します。今の八〇歳九〇歳代は戦前戦中世代であり、防空壕に入らなかったから生き延びることができた（著者注：防空壕が被弾した）、のような昔話を聞くことができます。それは訪問介護でなければできないことです。人の生き方が凝縮されているのです。

辞めたい気持ちもあるのに続けているのは、老後のことはもちろんありますが、やりがいがあるからです。もっと早くこの仕事をしていれば良かったです。介護の学びは日常生活から人の人生、精神、制度を含みます。義務教育にしてほしいくらいです。これをみんなが学べばみんながもっと優しくなれると思います。」

訪問介護職は、介護職の中で介護支援専門員の次にやりがいを感じて働いている人が多い（令和二年度「介護労働実態調査」介護労働安定センター）。やりがいを持って働く人々が人手不足や労働環境の低さによって心身に影響が出たり、職場を去らなければならない状況に一刻も早く対応することが、よりよい介護サービスの提供に繋がる。誰もが受ける介護サービスを、なくてはならない「エッセンシャルワーク」として捉えた政策の構築が急がれる。

【注】

（1）介護福祉士の受験資格は三年の経験＋実務者研修、もしくは介護系大学・短大卒業である。

（2）要支援一、二の場合は地域包括支援センターで対応する。

第3章　ドイツのケア職（看護師・介護士）

ヴォルフガング・シュレーダー
ザーラ・インキネン
田中　洋子〔監訳〕

1．日本と共通する介護職不足

ドイツは日本同様、世界でも最も急速に高齢化が進んでいる国の一つである。連邦統計局によると、六〇歳以上のドイツ人は二〇二〇年の二四〇〇万人から二〇三〇年までに三〇〇〇万人に増え、八〇歳以上も同期間に五四〇万人から一〇〇〇万人以上へ倍増すると予測されている。二〇五〇年のドイツでは高齢者が子供や若者のおよそ二倍となる。

こうした高齢化による人口動態の変化により、ドイツでも介護が大きな社会的課題となっている。多くの人は高齢になっても健康で活動的だが、年をとるにつれ、専門的なケアやサポートを必要とする慢性疾患や障がいを発症する可能性が高くなる。二〇二〇年末時点でドイツには、高齢者を中心に四六〇万人の介護を必要とする人がいる。今後、高齢者人口が増えるとともにその数の増加も見込まれる。それに応じて介護サービス・施設の需要も増える。介護は今日のドイツで急成長中の経済分野となっているのである。

ここで最大の課題となっているのが、日本と同様に、高齢者の世話をする資格をもったスタッフを十分に確保できるのか、という問題である。現在高齢者介護で約六三万人が働くが、長期的には不十分である。この業界では何年も、専門労働力の人手不足が問題とされてきた。二〇二一年には全国で年間一・七万人以上足りないとされた。今後は状況が加速し、二〇三五年までにさらに専門介護士が一五万人、補助介護士をいれて三〇～五〇万人が必要だと予測されている。しかし、介護分野では資格をとる勉強を途中で辞めてしまう人や、働きはじめても離職する人が多い。移民の介護スタッフも導入されつつあるが、必要な労働力を賄うのに十分ではない。ドイツでは「介護緊急事態」というべき状況になっており、解決は簡単ではない。

この章では、日本と共通点も多いドイツの介護職をめぐって、この緊急の課題にドイツがいかに取り組んでいるかを紹介する。はじめにドイツの介護制度の仕組みを簡単に概観した後、歴史的に女性による「愛の労働」と位置づけられてきた看護や介護が、いかに専門職となっていったかをみる。現在の雇用・労働条件を確認した上で、介護士や看護師の価値をより高め、魅力的な仕事にするために政府や関連団体がどういう対応をしてきたかについて、「介護士最低賃金」の設定と引上げ、「ケア職」としての看護師・介護士教育の新たな統合、労働条件の労使規制とその限界についてみていく。

2. ドイツの介護制度の仕組み

はじめにドイツの介護制度の仕組みを簡単にみておこう。

福祉国家の国際比較研究の中で、ドイツの福祉政策は保守的だと言われている。その基本原則の一つは家族による福祉であり、個人や家族で対処できなくなった時に国が介入するというものである。この伝統により、高齢者の世話は長い間、個人的な家族内の問題と見なされてきた。家族が面倒を見られない場合、ドイツでは慈善団

図1　ドイツにおける介護保険の収入と給付支出（単位　10億ユーロ）
2005～2020年（民間介護保険を除く）

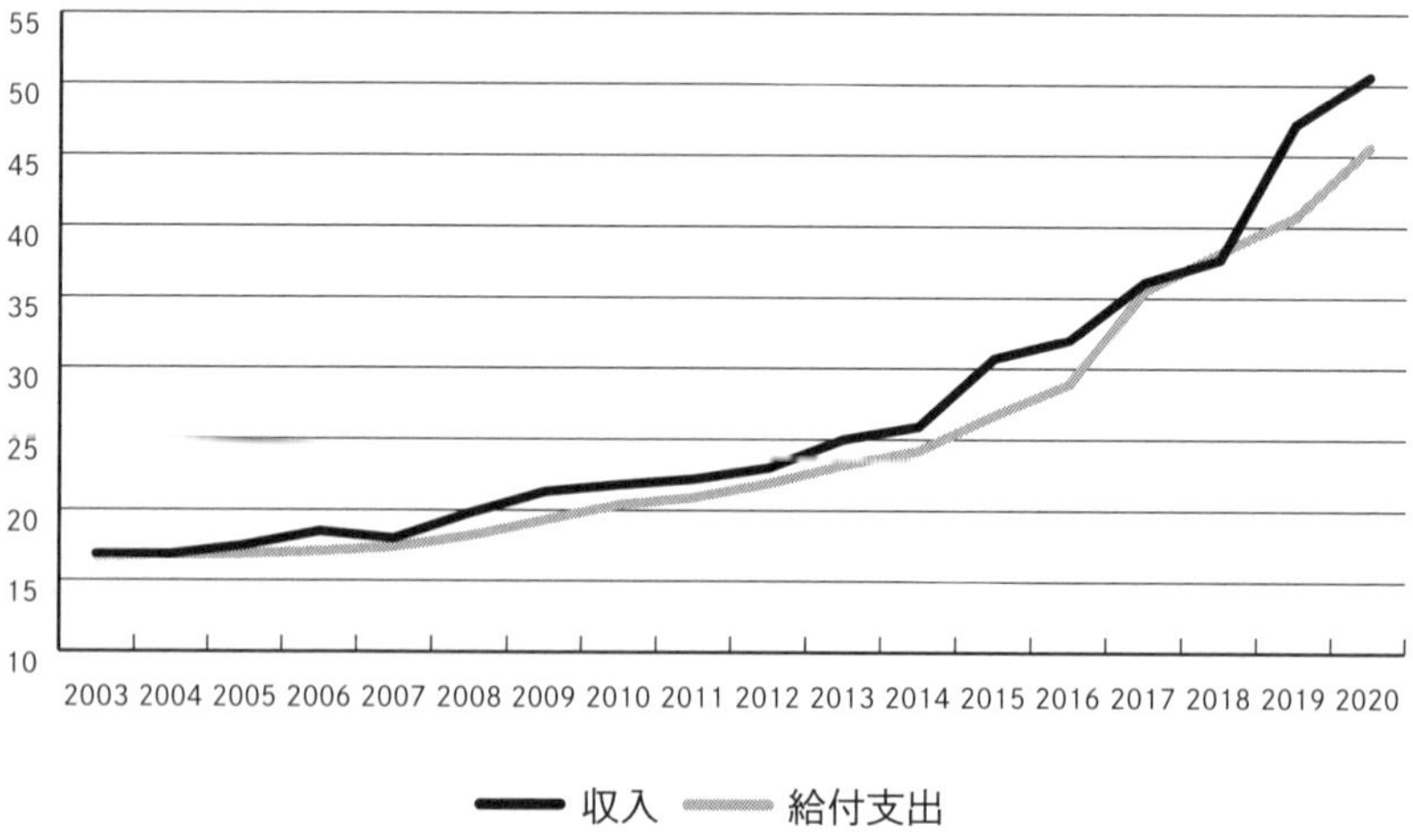

体やキリスト教会がその責任を負った。国の機能は歴史的に貧困救済の提供に限定されてきた。

しかし戦後になって状況が変わった。平均寿命が伸び、家族の構造が徐々に変化し、従来の家族内の介護では対応しきれなくなった。同時に介護費用が増加し、地方自治体が負担する社会扶助のコストも増加した。一九七〇年代に「介護の危機」が叫ばれるようになり、介護制度の根本的な改革を求める声が大きくなったが、その実現にはさらに二〇年かかった。

ようやく一九九五年に施行されたのが介護保険法である。これが今日のドイツの介護制度の基礎となっている。この導入により、介護が必要になるリスクに対し、保険を通じて保障できるようになった。保険給付により介護を必要とする人の経済的負担を軽減し、同時に資金移動を通じて介護分野に参入する民間企業を奨励した。

日本でもこれにならって二〇〇〇年に介護保険が導入されたが、ドイツの介護保険は日本と異なる点がある。日本では六五歳以上が保険の対象となるが、ドイツでは年齢に関係なく、長期の介護を必要とするすべての人（子ども～高齢者、障がい者）が対象である。これらの

表1　ドイツの要介護度と介護形態による給付の上限

要介護度	自立度	家族介護	訪問介護	施設介護	
		介護手当	介護給付	デイケア	施設介護
要介護1 (12,5-27点)	大きな不自由はない	0	0	0	125 (17,500円)
要介護2 (27-47,5点)	大きな不自由がある	316 (44,240円)	689 (96,460円)	689 (96,460円)	770 (107,800円)
要介護3 (47,5-70点)	重い障がい	545 (76,300円)	1,298 (181,720円)	1,298 (181,720円)	1,262 (176,680円)
要介護4 (70-90点)	非常に重い障がい	728 (101,920円)	1,612 (225,680円)	1,612 (225,680円)	1,775 (248,500円)
要介護5 (90点-)	非常に重い障がいで特別な介護が必要	901 (126,140円)	1,995 (279,300円)	1,995 (279,300円)	2,005 (280,700円)

注：数字は最大月額（単位：ユーロ．1ユーロ＝約140円（2023年1月））

人々が可能な限り自立的に生活できるよう支援することが制度の目的となっている。

介護保険の担い手は介護基金であり、給付の支払いと提供される介護の質の管理に責任を負う。介護基金は健康保険基金の中に組み込まれ、法定健康保険の加入者は自動的に介護保険に加入する。二〇二一年に七三五〇万人が介護保険に加入している。民間の健康保険の加入者は民間介護保険に加入できる。

介護保険の給付は、被保険者の被課税所得に課される保険料によりカバーされる。保険料率は経営者と従業員が労使同率で分担する。保険料は一九九五年に所得の一パーセントだったが、二〇二二年からは三・〇五パーセント（子どものいない人は三・四パーセント）である。介護保険の導入以降、給付支出額は増加したが、保険料率の上昇で収入も増えた（**図1**）。

介護保険は部分補償制度として設計されている。つまり、一定の上限額（**表1**）まではすべて保険でまかなわれ、自己負担は存在しない。その上限額を越えると、その部分は要介護者が支払うことになる。これは収入と支出の管理のために政治的に導入された。施設介護の場

施設介護				
サービス付住宅	住宅・介護共同体	介護施設・ホスピス	短期介護施設	認知症用施設
引越時に介護が不要な高齢者、車椅子生活者向け住宅．長期介護サービス提供が可能	介護施設と別の選択肢として、高齢者が自ら集まって一緒に住み、介護士が回る．運営も自分たちで行う	介護の必要度が高くて在宅介護が難しい人に対し、24時間の医療・介護サービス・宿泊・食事を提供．	病院退院後に在宅介護の準備ができるまで、または介護をする家族が病気・休暇中に一時的に使える	認知症の住民が外出しないよう保護され、多くの介護士が配置された施設．裁判所の承認が必要．
地域により異なるが、月650ユーロ程度．順番待ちになるので、早めに申し込む必要	地域により異なるが、月2200ユーロ程度．要介護度があがると介護保険が部分負担．	地域により異なるが2200ユーロ程度介護保険で部分負担．順番待ちになるので早めに申し込む必要	地域により異なるが、1日70ユーロ程度．介護保険で部分負担．休暇シーズンは早めの予約必要	介護保険が部分負担．長期間の順番待ちとなる．
（介護が必要になった時には住民が個人で介護士を調整）	（住民が自分たちで共同体のルールをきめて運営）	①8時間（＋延長2時間まで）の3交替制で、早番または遅番で勤務（夜勤は夜勤専従者のみ行う）、または②昼勤または夜勤（1日10時間勤務＋2時間休憩）で7日間働き、7日間休む（7/7モデル）		

合、介護費用は保険でカバーされるが、宿泊・食事代については施設居住者が自分で支払う必要がある（二〇二一年全国平均で月額二〇一五ユーロ）。要介護者や家族が自己負担分を支払えない時は、一定の条件のもとで社会福祉事務所がその費用を支払う仕組みとなっている。

介護保険給付を受けるためには、まず、介護基金に要介護認定申請書を提出する。医療サービスや専門家により、要介護度の等級と介護サービスの範囲が決定される。介護が必要な人とは「身体的・認知的・精神的な不自由さ、健康に関する負担や必要性に自力で対処できない人」（社会法典XI－1、14条）とされる。要介護度は、動く力、会話力、セルフケアなど六つの評価領域のポイントの加重合計から決められる。二〇一七年以降五つの要介護度があり、これに応じて給付が定められている（**表1**）。

ドイツの介護保険には三つの形態があり、相互に組み合わせが可能である（**表2**）。

第一に、家族による在宅介護、第二に、一・

表2　ドイツの介護形態別の介護内容・サービス費用・介護職の働き方

介護分類	在宅介護	訪問介護		施設介護
	日常支援～介護	日常支援	訪問介護	デイ・ケア
介護内容	在宅で家族・友人・近所の人などが介護する．訪問介護やデイ・ケアと組み合わせられる．	日常の家事、病院・美容院・役所への付添。特に一人住まいの人	在宅で基本的な身体介護、治療介護（薬、包帯交換）を受ける．	日中にグループで食事・介護を提供．昼食を囲み、趣味で集まる
サービス費用	介護保険から現金給付（介護手当）（自由に使用可）	地域により異なるが、1時間8～15ユーロ	介護士に一時間25ユーロ＋交通費（移動時間も労働時間に入る）．治療介護は健康保険、身体介護は介護保険が部分負担	参加するプログラムによる．
介護職の働き方		契約で柔軟に決められる．週1時間から泊まり込み介護まで可能（年4～6週間の有給休暇）	早番、中番、遅番のいずれかで8時間働く	月曜から金曜まで、8時～17時勤務

五万カ所ある訪問介護サービス、第三に、一・五万カ所ある施設介護（デイサービスを含む）である。

ドイツでは日本と異なり、在宅介護に対してお金が支払われる。家で家族、また友人や近所の人が介護をしている場合、介護手当が現金で支給される仕組みになっている。

連邦統計局によると、介護を必要とする人々の半数、五一パーセントの二二〇万人は、自宅で家族によって介護されている。これに対して、毎月現金で介護手当が支給される。毎月三一六～九〇一ユーロ（日本円で約四・四万～一二・六万円、一ユーロ＝一四〇円）が支払われる。これは完全に自由に使え、ペットの世話にも家族の休暇旅行にも使用できる。在宅介護と同時に、九八万人が訪問介護士による介護（現物給付）を受けている。デイ・ケアを含めて八二万人が施設で介護サービスを受けている。

訪問介護、施設介護の種類は日本とほぼ同じであるが、ドイツには、高齢者が自ら集まって一緒に住み、介護士にきてもらう「住宅・介護共同体」や、介護をする家族が病気中・休暇中などに一時的に使える「短期介護施設」もある（**表2**）。

介護基金が介護の必要性を認めると、被保険者はサービス提供者を選ぶ。ドイツには民間企業、非営利公益団体、宗教団体、公的機関など多くのサービス提供者が存在する。介護保険以来介護の市場化が大きく進み、民間企業の参入が急増した。特に訪問介護サービスでこれが進み、二〇一九年にはこの分野の六七パーセントが民間企業である。対照的に施設介護の五三パーセントは、非営利公益団体や教会関係組織（労働者福祉協会、ディアコニー、カリタスなど）によって運営されている。公的機関によるサービス提供は大きく縮小し、二〇二〇年に地方自治体が運営する介護サービス・介護施設はわずか三パーセントとなった。

ドイツの介護保険は一〇〇パーセント保険料で運営されている。日本では半分が国・地方自治体などの税金でまかなわれているのと異なる。介護保険によって何百万人もの人々が介護を受けやすくなったが、今後も進む人口の高齢化に伴い、介護保険の支出も増え続けることが予想される。そこで二〇二一年に連邦政府は介護に関わる政策文書を発表し、税金による連邦補助金の増額を提案した。これがドイツの介護制度改革の新たな出発点となるのか、今後もみていく必要がある。

3.「愛の奉仕」から「専門職」へ——看護・介護職の歴史的変化

現在、高齢者の専門的な介護の多くは有給の仕事として行われている。しかしいつもそうだったわけではない。長い間、病人や老人の世話は女性の仕事と考えられ、働く条件は問われなかった。看護や介護は歴史的に慈善事業として発展した。このことは、歴史的経路依存により今日もこの分野の労働条件や賃金に影響を与えている。現在のケア分野の構造的特徴を理解するために、まずこの仕事が形成された歴史からみてみよう。

「愛の奉仕」としての看護・介護

ドイツでは工業化以来、長い間「正規雇用」が中心の働き方となってきた。これは「明確に規制された労働時間、十分な社会的保障、労働者とその家族全員がよい暮らしをするのに十分な収入のあるフルタイムの仕事」を指す。男性中心の工業労働者はそうした権利を労働組合の影響のもとで自ら主張した。

これに対して看護・介護の仕事は、女性の家事、家族の世話の延長上のものとして、この規範から早い段階で逸脱した。看護・介護の専門職としての仕事は、キリスト教の修道会やその姉妹団体にルーツをもつ。それは一九世紀半ばまでに、「隣人への奉仕」というキリスト教活動として確立した。病人や老人の世話をすることは、有給の仕事としてではなく、無給の「愛の奉仕」として理解された。金をもらうという「品位を傷つける」行いはするべきではないとされた。

その結果、看護や介護の仕事は、労働法が及ぶ働き方として組織されることはなかった。むしろ、そこでは「マザーハウス」と呼ばれるような、女性指導者のもとでの階層的なサービス共同体がつくられた。そこで看護や介護をする「シスター（姉妹）」たちは、ほとんど給与を得ることがなく、個人的な自由が強く制限された形でサービスを提供した。

国の救貧院や診療所での仕事は、長い間下層階級のための汚れ仕事であったが、二〇世紀にはいると、看護・介護は中流階級の女性の仕事分野へと発展しはじめた。ただし、看護・介護職に女性が特に適しているということは、訓練というより、母性、感性、自己犠牲能力などの「生物学的」特徴によって正当化された。

こうした看護・介護の仕事は、ブルジョワ資本主義における男女間の分業とも対応していた。そこでは男性だけに家族を養う責任があり、女性の役割は家族内での従属的な再生産のための仕事に限定されていた。家族のケアは、家族を経済的に養うことに貢献しなかったため、この仕事は労働としての性格を失い、夫と子どものための「愛の活動」となった。こうした背景から、修道院などでの宗教的ケアと、ブルジョワ家族の中でのケアは自然に延長線上に置かれた。

キリスト教団体の活動のおかげで、「人々に仕えるシスター」というイメージは二〇世紀に入ってからも長く支配的であった。一九五〇年代に入る頃からようやく、実際の看護・介護が理想とは異なり、「大変な重労働と搾取的な労働条件」であると特徴づけられ、真剣に議論されるようになる。専門職の需要が高まるにつれ、多くの若い女性が、修道院と同様の条件で働くことを拒否しはじめ、これは「シスター共同体」の衰退を早めた。

看護・介護の専門職化

代わりに大きく進んだのが看護・介護の専門職化である。一九六〇年代における交代制勤務の導入や一九七〇年代の協約による週四〇時間制の導入などの改革を通じて、ケアの仕事はますます「普通の女性の職業」へと変貌していった。同時に、高齢者介護は独立した領域として看護から分離をしはじめた。

一九六五年には、高齢者介護を行う介護士が、看護師から正式に分離された。一九六九年には高齢者介護士になるための訓練・資格についての初めての国家規定が施行された。新たに高齢者介護専門学校が各州で設立されはじめた。

二〇〇三年には連邦レベルで高齢者介護士法ができた。これは、高齢者介護に関する三年間の専門教科学習と実習訓練による専門介護士資格の取得を規定した。一年程度の学習で資格の取れる補助介護士の教育については各州に任された。

とはいえ、看護・介護職の歴史は現在の構造にも影響を与えている。高齢者介護は依然として女性中心の職業である。ストレスの多い労働条件、比較的低い賃金、高い資格のない補助職の割合の高さを特徴としている。これは、伝統的な「女性の仕事」に対する一般的な社会的評価の低さだけからでは説明できない。介護をめぐる構造的特徴は、歴史的に形作られてきた看護・介護職で働く人自身の動機やメンタリティからも影響を受けている。

そのため、労働条件の改善やより高い賃金の要求は、しばしばこの職業とは無縁のものと思われている。看護・介護職の中には、患者の幸福のためには自分の利益を犠牲にしてもいい、と思っている人が多い。ストライキなどの集団的行動を、患者を見捨てるものとして拒絶することも含まれる。こうした背景のため、看護・介護職には、労働条件の改善を求める労働組合や職場利益代表の強力なロビー活動がなく、今日でも自分たちの働く条件に関する関心が「弱い」状態にある。

4. ケア職の雇用・労働条件

では次に、こうした歴史をへた現在のケア職の雇用構造と働き方の条件をみていこう。

どういう人がケア職（看護・介護）で働いているか

看護師・介護士の人数は大きく増え続けている。連邦雇用庁によると二〇二〇年には約六三万人が働いており、七年間で二九パーセント増加した。ただし増加の多くは、補助職や無資格スタッフで、ドイツではケア職の二人に一人が補助職となっている。看護師・介護士という専門職は同時期に一割増にとどまった。また五五歳以上のスタッフが二〇一三年以降七二パーセント増加し、五人に一人を占めている。

外国籍の看護師・介護士が働く割合も二〇一三年の七パーセントから、二〇二〇年の一五パーセントに増加した。個人の家庭でインフォーマルに、時に違法な形で雇用される介護スタッフを考慮すると、この割合はもっと高くなる可能性がある。ドイツには推定で三〇万人の「住み込み」介護スタッフがおり、その大多数は移民出身だと言われている。多くは東ヨーロッパ、特にポーランドから来ている。ほかにトルコ、イタリア、フィリピン出身者もいる。移民の介護職のほとんどは補助介護士として働いている。二〇一九年には補助介護士の一八パーセントが外国出身者となり、専門看護師・介護士では七パーセントにとどまった。

男性のケア職も年々増加しているが、依然として女性が支配的である。二〇二〇年には全ケア職の八三パーセントが女性だった。こうしたジェンダーバイアスは、補助職に女性が多い一方、管理職では男性が多いという事実によってさらに悪化している。女性比率の高さはパートタイムの割合とも比例している。二〇二〇年のパートタイム率は五五パーセントで、全産業平均の二九パーセントを大きく上回っている。パートタイムはとりわけ補助介護士の間で七〇パーセントまで広がっている。

看護師・介護士の勤務時間

ドイツの法定労働時間は一日八時間、週四八時間である。看護師・介護士においてもこの法律が遵守される。一日の最長労働時間は一〇時間と定められており、一〇時間働いた時は六カ月平均で一日八時間労働になるよう、その後の勤務時間が短く調整される。また看護・介護職では仕事と次の仕事の間を一〇時間空けなければならないインターバル規制が存在する。これより間隔が短くなった場合は、一カ月以内にその分の勤務時間を短縮して相殺しなければならない。

病院や介護施設では、伝統的に三交替制が行われている。早番、遅番、夜勤の三つである。勤務時間の例をあげれば、早番は朝六時から午後二時半まで、遅番は午後一時半から夜二二時までである。病棟・施設で働く看護師や介護士は、基本的に早番と遅番とを交代で勤務する。仕事の初めか終わりに一〜二時間長く働いて忙しい時間に人手を確保し、その分あとで時間を短くして相殺する延長勤務も利用される。夜勤は夜九時半から朝六時一五分までだが、基本的に夜勤だけを希望する夜勤専従者が行っている。

二〇一四年以降、パイロット・プロジェクトとして「7／7モデル」という働き方が導入された。これは、一

表3　看護師・介護士の仕事とストレス

	仕事であせったり時間に追われることがしばしばある	重いものを持ち上げるなど身体的にしばしば負担がかかる	仕事量をこなすためにしばしば質を犠牲にしなければならない
介護職	69%	78%	42%
看護職	80%	71%	49%
全産業平均	55%	30%	22%

出典: DGB-Index Gute Arbeit (2018)

日を日勤と夜勤に分けた二交代制である（**表2**）。朝七時から夜七時まで、または夜七時から翌朝七時まで（いずれも一〇時間勤務＋二時間休憩）の勤務を七日間行った後、七日間休む、という働き方である。一〇時間勤務を七日行うと週七〇時間になるため、所定労働時間が週三五時間だと二週間分にあたる。そのため、七日働いたら七日休むことで、通常のフルタイムとなる働き方である。伝統的な三交代制が主流であるが、7／7モデルも増えつつある。

訪問介護の場合は、早番・昼番・遅番のいずれかで勤務する。訪問介護では日本とは異なり、訪問中の移動時間も、介護時間と同様の金額が支払われる。

看護師・介護士の仕事ストレス

看護師・介護士は仕事の大変さでよく知られている。ドイツ労働組合総同盟（DGB）の「いい仕事指標」（二〇一八年）によると、看護師・介護士では労働条件や日常業務の心理的、身体的なストレスの大きさに不満をもっている人の割合が平均よりも高い（**表3**）。仕事で時間に追われることがある、重いものを持ち上げるなどからだに身体に負担がかかる、仕事量をこなすためにケアの質を犠牲にしなければならないことがある、とする人の割合が全産業平均に比べて大きい。

その反対に、自分の仕事の意義、専門的なトレーニングの機会が十分あることに関しては、看護師・介護士は全産業平均よりもずっと大きな満足感を表明している（DGB 2018）。

多忙な毎日の看護・介護の仕事は、しばしば働く人の健康状態に影響を及ぼす。

図2　ケア職（看護師・介護士）の資格別平均月間収入の推移　2007-2021年

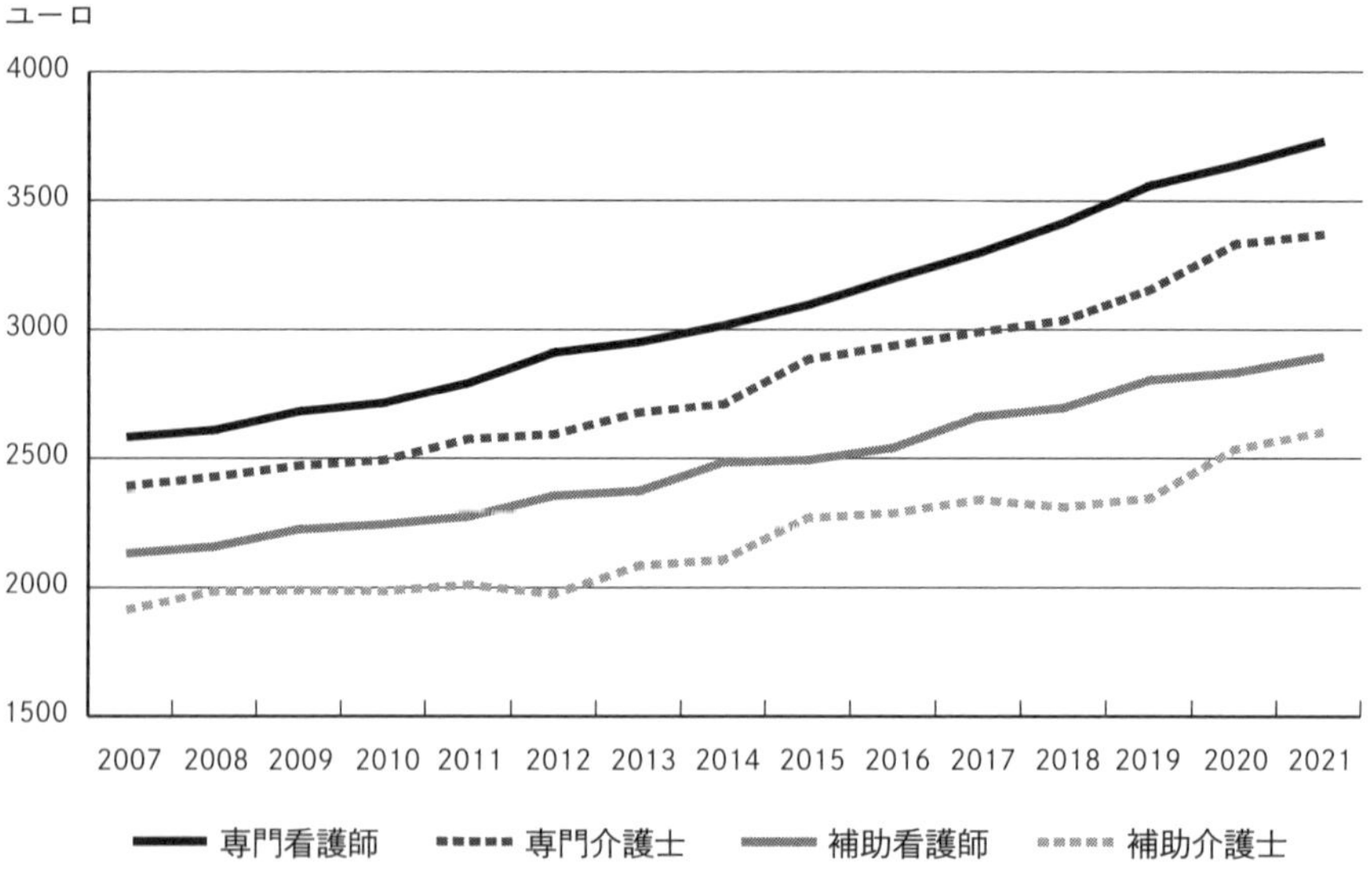

精神的ストレスは疲労感、うつ病や不安障害などの心身症につながることが指摘されている。能力・容量の限界に達した時には事故やケガが起きる。結果として、看護師・介護士は全産業平均よりも多く、年二四・八日欠勤しており、最大二四パーセントが最初の五年間で仕事を辞めている。

パートタイム割合が高いのも、ストレスの多い労働環境への対応である。仕事をフルタイムで行うのはストレスや負担が大きすぎると考えている人々がいるからである（ただし、ドイツではパートで働いても、給与は時間比例で計算され、処遇は変わらない（監訳者注））。

看護師・介護士の給与水準

ケア職の給与水準は長い間低水準にとどまり、特に介護職で低かった。給与の水準は働く人の幸せにとって特に重要である。看護師・介護士の八九パーセントは給与の改善について行動を起こすべきだと考えており、特に介護士では最大の不満は低賃金にあった。

これに応えるように、もともとドイツ平均よりずっと低い水準だったケア職の給与は、統計のある二〇〇七年から上がり続けている（図2）。二〇一〇年代も上昇傾向が続き、二〇二一年には、フルタイムの専門看護師・専門介護士の平均月収は三一七六ユーロ（約四四・五万円）となり、ついにドイツ全体の専門職の平均月収を上回るまでに至った。教育期間の短い補助看護師、補助介護士の月収も同様に上昇した。この一五年間で、すべてのケア職の給与は一・四倍になった。

ただし問題は残っている。介護士の給与は看護師に追いついていない。専門介護士の給与は大きくあがったが、専門看護師よりも低い。補助介護士の給与も大きく改善されたが、補助看護師に追いついていない。職種によっては給与の東西格差も存在している。

とはいえ、ドイツの看護師・介護士の給与水準が、この一五年で大きく改善されてきたことは間違いない。この給与上昇はいかにして実現されてきたのか。次にそれをみてみよう。

5. 高齢者介護への政府の対応

高齢化の進行とともに高齢者介護の充実はますます社会の大きな課題になり、ケア職は増加を続けているものの、将来より多くの看護師・介護士が必要となることは明らかである。そのためにドイツ政府は、こうしたケア職の労働条件をいかに引き上げ、看護師・介護士を人々にとってより魅力的な仕事にするか、という課題に取り組んできた。特に、最も低賃金だった高齢者介護士を念頭に、最低賃金・労働条件の積極的な引上げを押し進めている。

（1）介護最低賃金の導入と大きな引上げ

第一に、介護最低賃金が導入された。

表4　介護最低賃金の東西別引上げ
2010～2021年（単位：€）

	西地域	東地域
2010	8.5	7.5
2012	8.8	7.8
2013	9.0	8.0
2015	9.4	8.7
2016	9.8	9.0
2017	10.2	9.5
2018	10.6	10.1
2019	11.1	10.6
2020	11.4	10.9
2020.7	11.6	11.2
上昇率％	36.5	49.3

（2010年以外1月1日水準）
Mindestlohnregelungen in der Pflegebrancheにもとづいて作成
https://www.lohn-info.de/mindestlohn_pflegedienste.html

二〇一〇年、介護分野の最低労働条件を交渉するための介護委員会が組織された。ここには民間企業経営者と労働者代表、教会団体の経営者と労働者代表が集まった。この委員会は、介護にたずさわる労働者の最低賃金の額と休日に関する勧告を出し、法律（労働者送出法）の規定に準拠して、すべての介護労働者にこの勧告を適用できると宣言した。

最初の介護委員会は二〇一〇年に、七・五ユーロ（東地域）と八・五ユーロ（西地域）の最低賃金を勧告した。当時ドイツには一般的な最低賃金制度が存在しておらず、これは介護業界だけに適用される最低賃金となった。その後も毎年、介護最低賃金の引上げが続いた（**表4**）。二〇二一年には東で一一・二ユーロ（約一五七〇円）、西で一一・六ユーロ（約一六二〇円）となっている。二〇一〇年から一一年で西地域で三六・五パーセント、東地域で四九・三パーセントの引上げとなっている。東を優先した引上げによって東西格差も縮小した。

二〇一八年には介護最低賃金の大改革がはじまった。この年に政府は、これまで以上に「介護職の労働条件を迅速、かつ大胆に改善する」ことを政策目標に据えた。そして介護に関する関係団体を糾合し、「介護のための協調行動」と呼ばれるイニシアチブを開始した。州、地方自治体、労働組合、連邦雇用庁、介護分野の諸団体とともに、介護職の労働条件を引き上げるための作業部会がつくられた。

この活動の中では、「給与水準の引上げは、介護職が魅力的な職業になることに大きく影響する」という認識に全員が合意した。そして介護職の最低賃金の引上げと東西格差の調整を勧告するとともに、将来的には介護資

表5　高齢者介護士の資格別最低賃金の引上げ（2021年7月～2022年9月）

	資格なし		補助介護士		専門介護士
	西	東	西	東	東・西
2021/7/1	11.80 €	11.50 €	12.50 €	12.20 €	15.00 €
2021/9/1	12.00 €		12.50 €		15.00 €
2022/4/1	12.55 €		13.20 €		15.40 €
2022/9/1	13.70 €		14.60 €		17.10 €
(円換算時給)	1918円		2044円		2394円

格に対応した段階的最低賃金を設定することを推奨した。政府はその後、協調行動の中での合意を着実に実施していった。

二〇一九年には介護賃金改善法が制定された。これにより介護委員会は恒久的な仕組みとなった。また第四次介護労働条件令により、介護士の資格別最低賃金が導入された。二〇二一年九月には介護最低賃金の全国統一化が行われ、ついに東西地域格差は解消された。これは二〇二二年四月・九月にさらに引き上げられた（**表5**）。

二〇二二年一〇月時点で、介護士全体の最低賃金は、法定最低賃金の時給一二ユーロ（約一六八〇円）を大きく上回っている。無資格の介護士でも時給一三・七ユーロ（一九一八円）、一年の教育・研修を終えた補助介護士で一四・六ユーロ（約二〇四四円）、三年間の教育・研修を終えた専門介護士になると、一七・一ユーロ（約二三九四円）となった。政府の連立協定によると、介護士の給与を看護師の給与に合わせるため、二〇二五年までにさらなる給与の引き上げが計画されている。

さらに最低年間二〇日（四週間）の法定休暇についても、高齢者介護士については二〇二二年に七日プラス、二〇二三年以降は九日プラスされ、年間二九日（約六週間）の有給休暇がとれることとなった。

（2）看護・介護の「総合ケア職」への統合

協調行動のもう一つの焦点は教育である。これを象徴するのが二〇二〇年に施行された介護職業法である。これは看護教育と介護教育を統合するための法律である。

協調行動の中の教育をめぐる作業部会では、若い人たちを看護・介護職に引きつけるために、看護・介護分野を統合した最新で最高品質の教育・訓練を行うことの重要性を指摘した。また補助看護師・補助介護士が資格を向上させて専門職になれるように、訓練資金を確保して継続教育の機会を拡大することを提言した。これにもとづいて介護教育の改革が決定された。

介護職業法においては、高齢者介護、病人看護、病児看護、という三つの分野が、一つの「総合ケア職」として統一された。そのための教育システムがつくられ、看護教育・介護教育が統合された「総合ケア教育」という科目が新につくられた。

二〇二〇年に開始された総合ケア職教育は三年間の課程として設計されている。最初の二年間は全員が同じ教育を受け、ジェネラリストとしての基礎を学ぶ。三年目には、高齢者介護、病人看護、病児看護から専門分野を選択できる。課程は専門学校での理論的な学習と、病院・介護施設での実習の二つから構成される。これをへて最終試験である国家試験に合格すると、「総合ケア職」という新しい国家資格を取得することができる。高齢者介護・病児看護に重点をおいてきた実習生は、「高齢者介護士」「病児看護師」の資格も同時に取得できる。

さらに大学生向けには、「総合ケア学」という新しい学位も導入された。より専門的な科学的研究、管理方法に関する研究を行う教育課程がつくられた。大学での理論の講義と病棟・施設での研修をへて最終試験を受け、学士論文を提出すると、大学生は「専門看護師」・「専門介護士」の国家資格および学士号を同時に取得できる。

こうした政策は、看護師・介護士の需要が年々増す中で、若い生徒・学生をいかにケアの仕事に引きつけるかを目指して行われている。ケアにたずさわる魅力や専門性を高めることで、長期的にケアの質を高めることを目指している。

改革は現在進行中であり、この影響の長期的結論を出すことはできない。総合ケア職の専門教育を受ける生徒の数はこの二年で増えている。ここには、補助看護師・介護士で国からの訓練資金の援助を得て、一段上の専門資格を求める人、他の仕事からこの分野に移って新たに資格を得ようとする人が含まれる。他方で、大学の「総合ケア学」の方は、教員不足、研修の予算不足もあり、今のところ期待された成果はでていない。

労働協約と教会の抵抗

ドイツでは歴史的に、労働条件の最低基準は、国が定める最低賃金ではなく、その業界・地域の労使団体が結ぶ労働協約によって決められてきた。ところが、看護・介護の分野では団体交渉の自主性が弱く、専門家集団や利益代表者の組織も小さい。そのため最低労働条件を業界内で自主的に決められないという状況があった。これを打開するためいくつかの試みが進行中である。

一つの試みとして、ドイツ政府は医療分野の専門団体としての介護会議所の設置を検討してきた。政府の想定では、介護会議所は公法上の法人として国の規制業務を担い、専門職集団として自己管理を行い、規制や継続教育基準を策定し、政治団体や立法に専門職集団として関わりつつ、介護の質を確保することが見込まれてきた。しかし、強制加入による官僚主義やコストの増大が指摘され、今日まで一部の州を除き、ほとんど実現されていない。

もう一つは、ドイツの伝統に沿った労働協約の拡大を、看護・介護分野でも実現しようとする動きである。二〇一七～二〇二一年のメルケル政権の連立協定では、最低賃金規定に加えて、介護分野における団体交渉の拡大を求めており、協調行動の最終報告書でも団体交渉の自主性の強化が提言された。それを受けて、二〇一九年の介護賃金改善法では、労働者送出法の改正を通じて部門別の労働協約の実施・延長を簡単にした。これにより政府は、労働協約を看護・介護分野全体に法的に拡大する可能性を作り出した。

ところが、実際にはこれが非常に困難であることが判明した。これは教会の拒否権によるものだった。

二〇二一年のサービス産業労働組合と介護雇用主協会の間で結ばれた労働協約はこのことを示している。この労働協約は当初、看護・介護分野全体に拡大される予定となっていた。しかし、この計画は、カトリック系のドイツ最大のキリスト教組織であるカリタスの抵抗によって失敗に終わった。他のほとんどの教会系福祉団体とともに、カリタスは労働協約の介護分野全体への適用を拒否したのである。これにより、看護・介護職分野においては、労使協約による規制の拡大適用は困難になった。

介護賃金改善法がその効果を発揮できないことが明らかになった後、連邦政府は二〇二一年六月に健康管理拡大法を新たに成立させた。これは、看護・介護部門において団体交渉が進まない状態を改善することを目指している。それにより看護・介護職に協約レベルの給与水準を支払わない介護施設は二〇二二年九月から免許を失うこととなった。この法律は団体交渉の自主性を侵害したとして訴えられており、今後連邦憲法裁判所により違憲として覆される可能性も残っている。

このように、国が労使団体による労働協約を促進して適用範囲を拡大できるかどうかは、歴史的に人々のケアを担ってきた教会の姿勢にかかっている。

6．結論

深刻化する人手不足を背景に、ドイツの看護・介護をめぐる変革の動きは加速している。

保守的伝統をもつドイツでは、歴史的にケアの責任が家族、特に女性や、キリスト教慈善団体にまかされてきた。その中で徐々に専門職としての看護師、そして介護士が生まれた。一九九五年の介護保険の導入以降は、民間企業による介護サービスを含めたサービス型福祉国家への移行がはじまった。とはいえ、現在もケア職の中心は女性であり、労働条件の改善に関わる発言や利益代表性が弱いという特徴が残っている。他方で、キリスト教団体をはじめとする使用者側は、労働条件の自主的規制の試みに抵抗してきた。

しかし、進行中の「介護緊急事態」を背景に、この仕組みは限界を迎えつつある。現在、看護師・介護士というケアの専門職は大きく再編成されつつある。介護の枠組み条件の形成において、政府は介護最低賃金の促進など、より積極的な役割を果たし、この分野における団体交渉の自主性の弱さを補っている。労働者側も使用者側も、既存の制度と新しい制度創設の間で揺れ動きながら、看護・介護というケア専門職をより魅力あるものにする必要性、そのための給与アップや教育制度づくりについて協力してきた。

こうした新しい変革が、今後進んでいく高齢化社会のために、より高品質で持続可能なケアを保障する、緊急で大きな変化を引き起こしていると断言するのはまだ早い。とはいえ、高齢者介護を含む社会全体のケア・システムを、長期的により強固なものにするための最初の段階的改革はすでに開始された。これは看護師・介護士不足を長期的に解消していくだろう。評価の確定にはまだ長い道のりが必要だが、少なくともその第一歩はすでに踏み出されている。

［注］

監訳者がドイツ語の論文の翻訳と編集を行い、日本との比較を加えた。

第Ⅳ部

運送、建設工事、アニメーション制作のリアル

仕事を請け負う個人事業主の条件悪化

第1章　トラックドライバー

首藤　若菜

はじめに

私たちは、日々、コンビニで飲み物やおにぎりを、スーパーで野菜や総菜を買う。ネット通販で本を、ネットスーパーで日用品を購入する。

こうした生活を支えているのが、物流である。飲料や野菜は、生産された場所からコンビニやスーパーに運ばれてこなければならない。ネットで注文した商品は、梱包され、自宅まで届けられなければならないためだ。商品の運搬、梱包、保管、荷役（荷積み・荷卸、仕分け）などの機能をあわせて物流と呼ぶ。

日本国内では、年間約四七億トンの貨物が輸送されている。トンベースで計算した場合、そのおよそ九割がトラックによって運ばれている。つまり、私たちは、トラック輸送のうえに生活を成り立たせているが、それを意識することは少ない。スーパーで野菜を手に取り、生産者の顔写真をみて、産地に思いを馳せることはあっても、運んできたドライバーの姿を思い浮かべることはほぼない。ゆえに、物流は、経済活動の黒子と称されてきた。

ここ数年、トラックドライバーの人手不足により物流の停滞が社会問題となっている。物流が止まれば、経済活動が停止し、社会が混乱するためだ。現実に物流が滞った事例を、簡単に紹介してみよう。

二〇一八年五月、ブラジルでトラック運転手と業界団体が、燃料価格の高騰に抗議して、全国規模のストライキを起こした。ストが始まると数日で、大手自動車メーカーが、部品不足により、操業停止に追い込まれた。空港に燃料が届かず、飛行機が欠航した。スーパーに食料品が届かず、棚から商品が消えた。農家は、出荷できなかった生鮮食料品を廃棄せざるをえなくなった。とくに酪農製品メーカーは、壊滅的な被害を受けた。街中のガソリンスタンドは、燃料が底をつき閉店し、公共交通機関や清掃車は、運行本数を大幅に減少させた。学校が休校となり、企業も休業した。ストから五日目、サンパウロ市に非常事態宣言が出された。このストライキは、物流が社会インフラである事実を世界に知らしめた。

トラック輸送は、トラックドライバーによって担われている。しかし、日本ではドライバーのなり手が減り、高齢化が進行している。現在、ドライバーの平均年齢は大型四九・九歳、中小型四七・四歳であり、全労働者の四三・四歳よりも高い（厚生労働省『賃金構造基本統計調査』二〇二一年）。一九八〇年代までは、トラックドライバーの平均年齢は全労働者平均よりも低く、相対的に若年層が多かった。それが二〇〇〇年前後に逆転し、その後年齢差が開いていった。

人手不足の度合いは、有効求人倍率によって示される。二〇二二年一〇月現在、自動車運転職業の有効求人倍率は二・四六だった。つまり、二・四六社の企業が一人のドライバーを奪い合っている構図にある。ちなみに、同年月の全職業の有効求人倍率は一・二三だった。

物流が社会インフラであるならば、物流を止めるわけにはいかない。人手不足を解決しようと、技術革新に注目が集まっている。例えば、ＡＩによる自動運転やドローンによる配送だ。実際に、高速道路における自動運転車両の隊列走行の実証実験は実施済みであり、離島へのドローン配送も進む。

だが、宅配便だけをみても、年間の取り扱い個数は四八億個を超える（二〇二〇年数値、国土交通省発表）。人手を介さない宅配を実現するには、住宅密集地である東京の空に、いったい何万個のドローンが飛び交うのだろうか。それは、いつの話だろうか。

「物流危機」は、現下の課題である。物流を止めないために、なぜ人手不足が起きたのか、その背景にある問題の解決が求められる。

1．なぜ人手不足になったのか

（1）規制緩和

トラック業界で人手不足が起きた要因を考えるには、一九九〇年まで遡る必要がある。この業界の事業者数は、一九九〇年を境に急増した（図1）。そのきっかけは、同年に施行された二つの法律にあった。「貨物自動車運送事業法」と「貨物運送取扱事業法」だ。あわせて「物流二法」と呼ばれる。

この施行により、参入規制と運賃規制が緩和された。事業参入が、免許制から許可制に変わり、車両台数や車庫などの一定の条件を満たせば、営業が許可されることになった。運賃・料金は、認可制から事前届出制に変更された。さらに二〇〇三年に、一層の規制緩和が進んだ。運賃は、事前届出制から事後届出制に変わり、運賃の設定や変更はより容易になった。

当時は、規制を緩和しても、さほど大きな変化は生じないとの予測が広がっていた。この頃はバブル経済の絶頂期であり、今日同様に人手不足が深刻だった。運送会社は、人手確保が難しく、採算は必ずしも良くなかっ

図1　トラック運送事業者数の推移

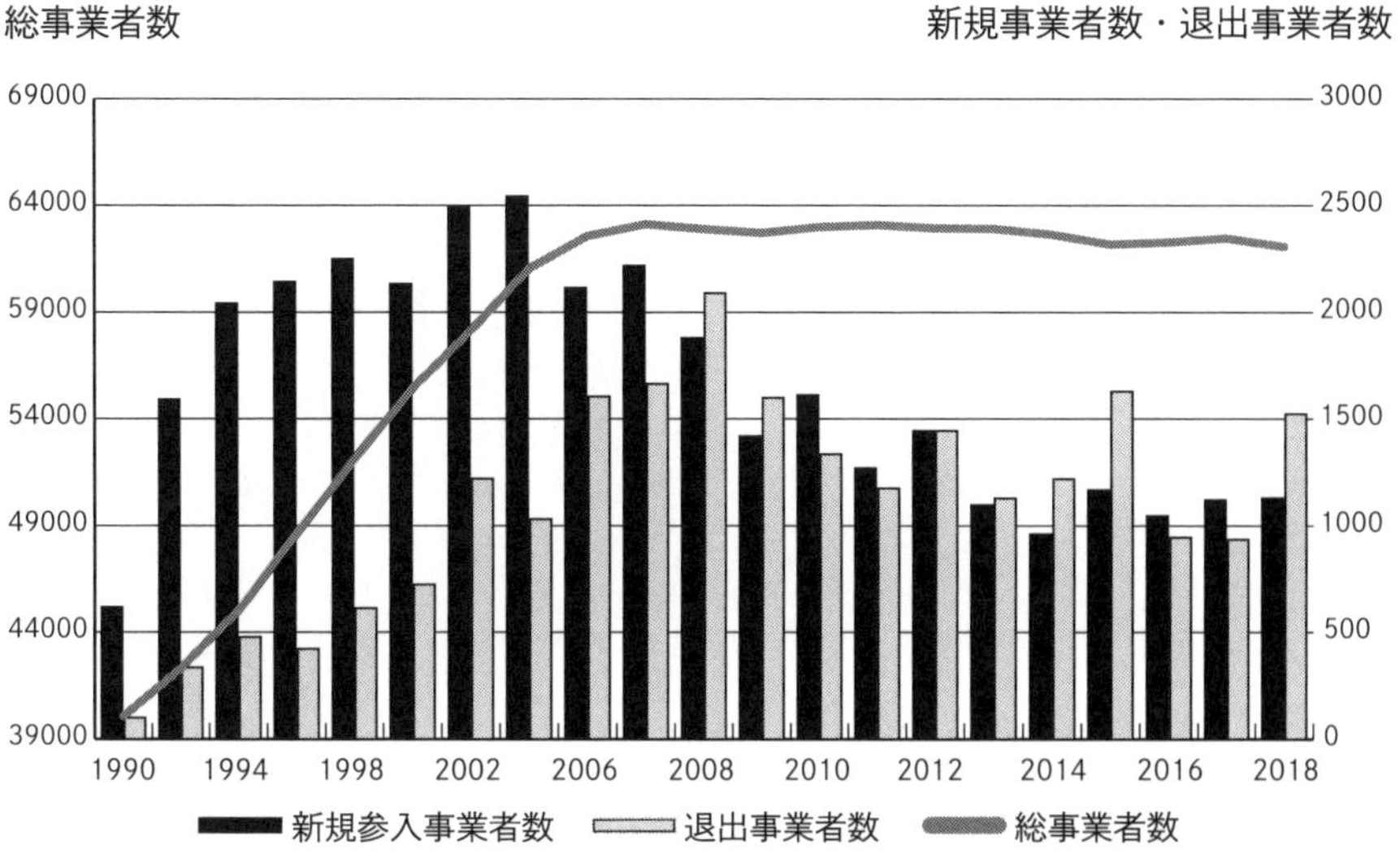

出所：全日本トラック協会「日本のトラック輸送産業　現状と課題2021」。

た。ゆえに、たとえ参入規制が緩和されても、新規事業者はさほど増えないとみられていた。むしろ競争が起きて、淘汰が進み、事業者数は減少するとの意見もあった。

また、それまでに存在していた免許制という需給調整機能も、実質的にどこまで機能していたのかが、疑問視されていた。運賃は、「公示運賃」が設定されていたが、それを割り引いた「実勢運賃」が、実際の市場には出回っていたためだ。つまり、規制は形骸化していると考えられていた。行政も「新規参入が急増し、運賃ダンピングが起こると心配する人もいるが、今でも競争は激しく、さらにきびしくなるとは思えない」と述べ、規制緩和後も現行の実勢運賃に落ち着くだけだとの見解を示していた。要するに、物流二法の施行は、トラック業界の実状に法制度を合わせるに過ぎず、事業への影響は小さいとみられていた。

（2）事業者数が一・五倍に

しかし、現実はそうではなかった。

まず、事業者数が大幅に増加した。一九九一年以降、それ以前の三〜四倍の事業者が、毎年、市場に参入してくるようになった。二〇一〇年頃からは、退出事業者数も急速に増えていったが、トラック運送事業者数は、一九九〇年に四万七二社だったのが、二〇〇七年には六万三一二二社まで増えた（**図表1**）。その後は、ほぼ横ばいで推移している。つまり、事業者数は、物流二法後の約一五年間で一・五倍に増加し、その水準のまま現在に至る。

（3）過当競争と運賃低下

加えて、物流二法が施行された数年後に、バブルが崩壊した。貨物量は、景気が良ければ増加し、悪ければ減少する。バブル崩壊による不景気と、人口減少による市場縮小の影響を受けて、国内の貨物輸送量は、一九九一年をピークにその後上下しつつも逓減傾向を示すようになる。

国内貨物の輸送トン数をみると、一九九〇年と比べて二〇〇七年は約八割、二〇一五年は約七割にまで落ち込んだ（国土交通省『自動車輸送統計年報』）。すなわち、もはや市場は拡大しなくなったにもかかわらず、事業者数が急増した。その結果、トラック業界は、一気に供給過多の状態へと陥った。

こうした状況が、運賃の低下をもたらすことは、もはや必然である。荷物が減っていくのに対し、運び手が急増すれば、荷物の奪い合いが起こるためだ。より安い運賃で荷物を運ぼうとする運送会社が増え、運賃が下がっていった。輸送量（トンキロ）当たり売上高は、一九九〇年に八一円だったが、バブル崩壊からしばらく経つと下降し始め、二〇一〇年には五九円まで下がった（**図2**）。ただその後は、人手不足を受けて価格上昇傾向がみられる。

国土交通省は、二〇〇三年に物流二法後の検証を行った。それによると、規制緩和により運賃・料金の水準が「相当程度低下した」と回答する事業者は三四・二パーセント、「やや低下した」は三一・七パーセントと、「低

図2　輸送量（トンキロ）当たり売上高の推移

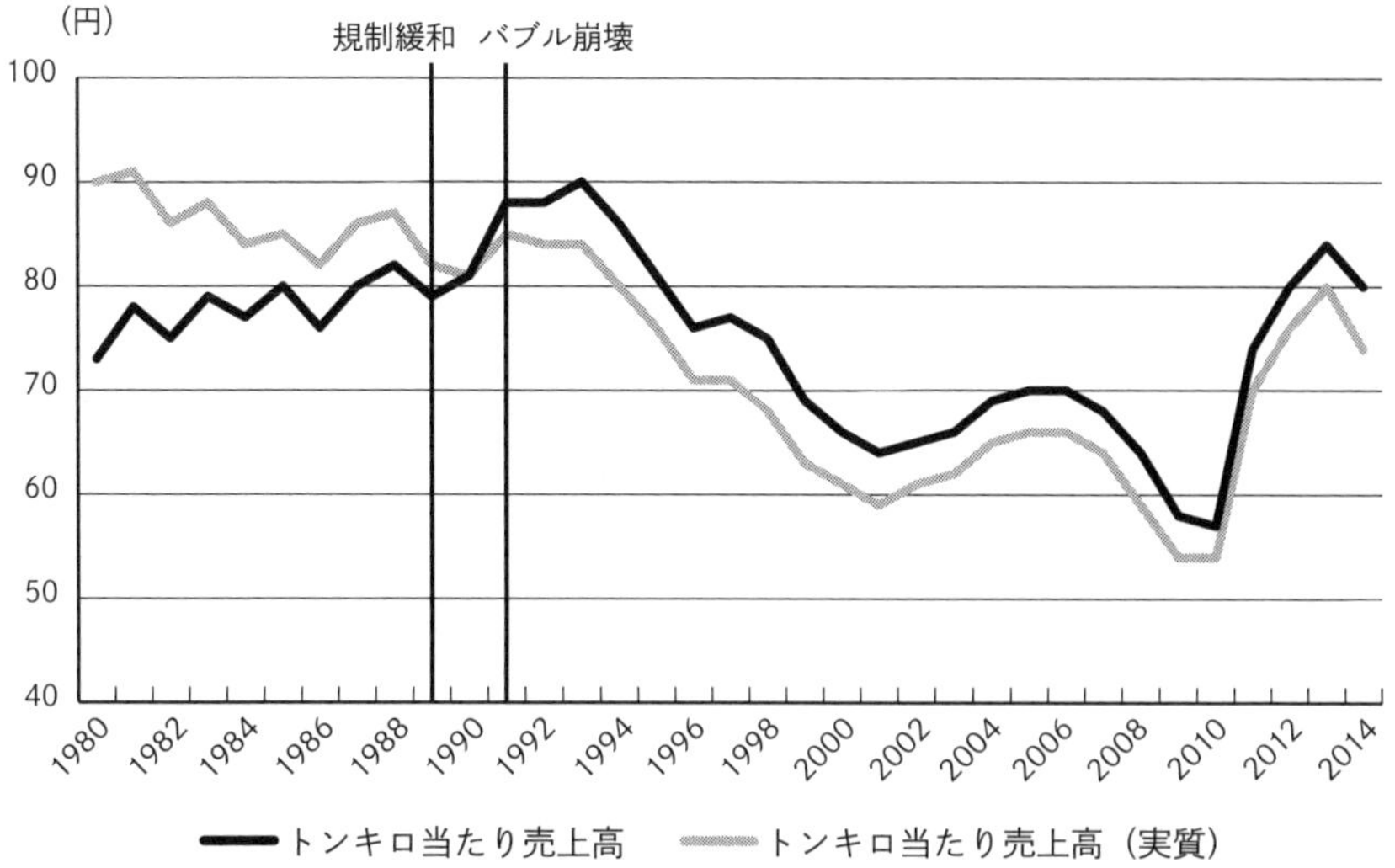

注：トンキロ当たり売上高（実質）は各年の消費者物価指数（1990年＝100）を加味した額。
出所：国土交通省「運賃・料金に関する問題の構造について」トラック運送業の適正運賃・料金検討委員会第2回資料。

下した」と回答する事業者が全体の六割を超えた（国土交通省『貨物自動車運送のあり方――いわゆる物流二法施行後の事業のあり方の検証』二〇〇三年）。規制緩和時点（一九九〇年）と同調査時点（二〇〇三年）では平均物価水準がほぼ同じであることから、バブル崩壊後の景気低迷が運賃低下をもたらしたというよりは、「規制緩和による競争促進効果が運賃低下という形で表れた」と同報告書では結論づけている。

ただし、規制緩和に起因して、運賃が実質的にどれほど下がったのかについては、燃料価格の変動や消費増税の影響、車両価格の上昇、環境規制の強化などを踏まえたより正確な測定が必要となる。本稿では、これ以上その点に立ち入らない。

規制緩和により、公示運賃という制度的な下支えがなくなり、運賃は市場で決定されるようになった。新規参入の増加に伴う供給過剰ともいえる市場状況のなかで、荷主の価格決定権が著しく強化された。国土交通省と全日本トラック協会の調べによると、今日、この業界の運賃の決定方法は、「荷主企業が提示した運賃をベースに協議して決めている」(五四・四パーセント)ケースが半分を超えている。「営業所(自社)が提示した運賃タリフをベースに協議して決めている」(二七・一パーセント)ケースは、三分の一にも届かない。(国土交通省・全日本トラック協会『トラック輸送の実態に関する調査 調査報告書』二〇一一年)。つまり、荷主による「言い値」が運賃を左右する状況にある。

しかも、バブル崩壊以降、荷主は以前にも増して物流コストの削減を強く求めるようになった。先の調査によれば、「運送原価を無視した仕事の受注がある」と回答する事業者が5割弱に上る。これらの事業者は、「取引先との関係維持を図るためにやむを得ないから」(七八・八パーセント、複数回答)、「一部の運行が赤字でも、全体として黒字になればいいから」(四四・九パーセント、同)といった理由から、そうした仕事も引き受けた。過当競争の中で燃料代、高速代、人件費といった原価が保障されないほどの低運賃の輸送さえ引き受ける事業者が生まれ、低価格に向かう競争が進んでいった。

(4) 何層にもわたる下請け構造

ところで、規制緩和後の事業者数は一・五倍に増えたが、同じ期間にドライバー数は八二万三六九二人(一九九〇年)から、八八万二二五八人(二〇〇七年)と一・〇七倍にしか増加していない(国土交通省『陸運統計要覧』)。つまり、ドライバー数は、事業者数ほどには拡大しなかった。それは、事業者数が増えていったこの期間、運送会社が零細化していったことを意味する。このことが、運送事業者の交渉力を弱める方向に働いた。

規制緩和後、一般トラック運送会社のうち、保有する車両が一〇両以下である小規模事業者の比率が増えた。同比率は、一九九〇年は四二・八パーセントだったが、二〇〇五年に五三・一パーセント、二〇一〇年には五六・四パーセントとなった。そして二〇二〇年現在も、五四・六パーセントとあまり変わらない。従業員規模別の事業所割合をみると、今日、従業数が五〇人以下の事業者が九割にのぼり、なかでも従業員一〇人以下の小規模事業所が四九・〇パーセントを占める（国土交通省『数字で見る自動車』）。

こうした零細性が強い産業特性は、多層的な下請け構造を生み出してきた。国土交通省の調査によれば、運送事業者が「実運送の売上高が一番高い輸送品目」について、「主な運送委託者」が「真荷主」であると回答した割合は五三・〇パーセントにとどまる（国土交通省・全日本トラック協会『トラック運送業における運賃・料金に関する調査結果』）。つまり、半数近くの運送事業者は、自社の売上高が最も高い品目でさえ、直接荷主から委託を受けた仕事ではなく、他の運送事業者や物流企業から委託されている。

そもそも運送業は、貨物量の波動が大きいことを理由に、古くから「下請け」や「傭車」が存在してきた。季節、月、週、日毎に荷物量が異なるなかで、すべての荷物を漏れずに輸送するには、下請けへの委託をバッファーとして組み込み、柔軟性を担保せざるをえないと考えられてきた。単なる下請けにとどまらず、孫請け、曾孫請けといった多層的な取引関係が作られ、長い年月のなかで定着し、固定化した。

運送事業者は、必ずしも全国に輸送ルートを持っているわけではない。そのため自社が営業所を持っていない地域の輸送にも下請け業者を活用してきた。

こうした下請け取引が、中小零細企業の事業を安定させてきた側面もある。小規模な企業は、営業担当者を独自に雇用することが難しく、新規受注の開拓は容易でない。市場が縮小していくなかで、小規模事業所が営業力のある元請け企業から委託される運送業務に徹することで、経営の安定性を確保してきたといえる。

また近年では、物流業務はより高度化している。企業が物流部門を丸ごと外注するケースも目立つ。大手物流会社が、在庫管理から保管、情報システムの構築などをセットで請け負うなか、実運送業務を小規模な企業に委託する流れもある。物流業界では、大手運送会社が新サービスを考案し、より付加価値の高い業務に特化する一方で、中小の運送会社が実運送の業務を請け負うといった機能的な分業体制も築かれてきた。

(5) 実勢運賃の下落と杜撰な労務管理

しかし、こうした下請け構造は、労働現場に様々な歪みをもたらしてきた。

まず、実勢運賃を引き下げる方向に向かわせた。荷主から仕事を請け負った元請け業者は、その運送を下請け業者に依頼する際、たいていマージンを差し引いた運賃で発注する。一次下請けから二次下請け、二次下請けから三次下請けと多段階に取り引きされればされるほど、抜き取られる手数料が増えていく。最終的に実運送を担う業者が受け取る運賃は、大きく下落してしまう。

国土交通省の調査によれば、下請けで運送する事業者の五割強が、「元請けトラック事業者が仲介手数料を取りすぎている」と回答している。四割強は、「荷主等から不利益を被る恐れがあり、運賃・料金の引き上げ交渉ができない」と述べる(国土交通省『トラック運送業における下請等中小企業の取り引き条件の改善に関する調査』二〇一六年)。

また、下請け業者に附帯作業費(荷物の積み卸しなど、運搬以外の作業)を支払っていない事業者が六割、高速道路料金を支払っていない事業者が四割存在する。支払っていない理由は、「元請より収受していないから」との答えが六割を占める。元請けと荷主との取引関係において、これらの料金支払いについて十分な交渉が行なわれず、不当に低い運賃や、高速料金の未払いの形で業務が引き受けられ、そこから手数料を取り、そのまま下請けに発注している様子がうかがわれる。

実運送を請け負う下請け業者は、荷主と運賃交渉をしたくても、そもそも荷主とは取引関係になく、交渉のルートさえ持っていない。元請け企業に対して、高速料金や附帯業務費について交渉することは容易でない。実際に元請け業者の二割が、それらの料金について「下請けから交渉されていない」と回答している。下請け業者が、こうしたコストを運賃の範囲でやりくりするために、設備投資を抑制し、人件費を削減して対応していることを同調査は明らかにしている。

このような多層下請け構造は、運賃だけでなく業務内容や業務指示においても問題を引き起こしがちである。荷主と実運送を担うドライバーとの間に、複数の企業が介在すれば、受注業務の内容は曖昧になりやすい。例えば、荷物を運ぶドライバーが、発着の現場で、附帯業務をどこまで担うのかという点において、ドライバーと荷主との間で認識の齟齬が生まれやすくなる。現実に、検品や商品の仕分けなどの附帯業務を頼まれたのに、料金が支払われなかったり、高速道路利用を前提とした時間指定がされているのに、高速道路料金の支払いがなかったりしている。

2．低い賃金、長い労働時間

（1）低い賃金

こうした商取引の結果、トラックドライバーの労働条件が低下していった。

まず、規制緩和により引き下げられた運賃に対応するために、大多数のトラック事業者は、自社の利益を削り、従業員の給与を削減した。トラックドライバーの賃金が比較的高かった一九九二年の水準を一とすると、賃金比は一九九〇年代後半から下降し始め、二〇〇〇年に〇・九四となり、リーマンショック後の二〇〇九年には〇・八一にまで下がった。同じ時期に男性の平均年収も緩やかに下降し、高卒男性のそれも二〇〇〇年代に下落した。だが、トラックドライバーの年収は、それらを上回る下落幅をみせた（**図3**）。近年は、人手不足を受けて上昇しているが、男性平均が一九九二年水準に戻ったのに対して、ドライバーの戻りは鈍い。

今日、トラックドライバーの年収水準は、男性労働者の平均と比べて、大型貨物のドライバーで八五・〇パー

図3　属性別年収水準の推移・男性のみ（1992＝1）

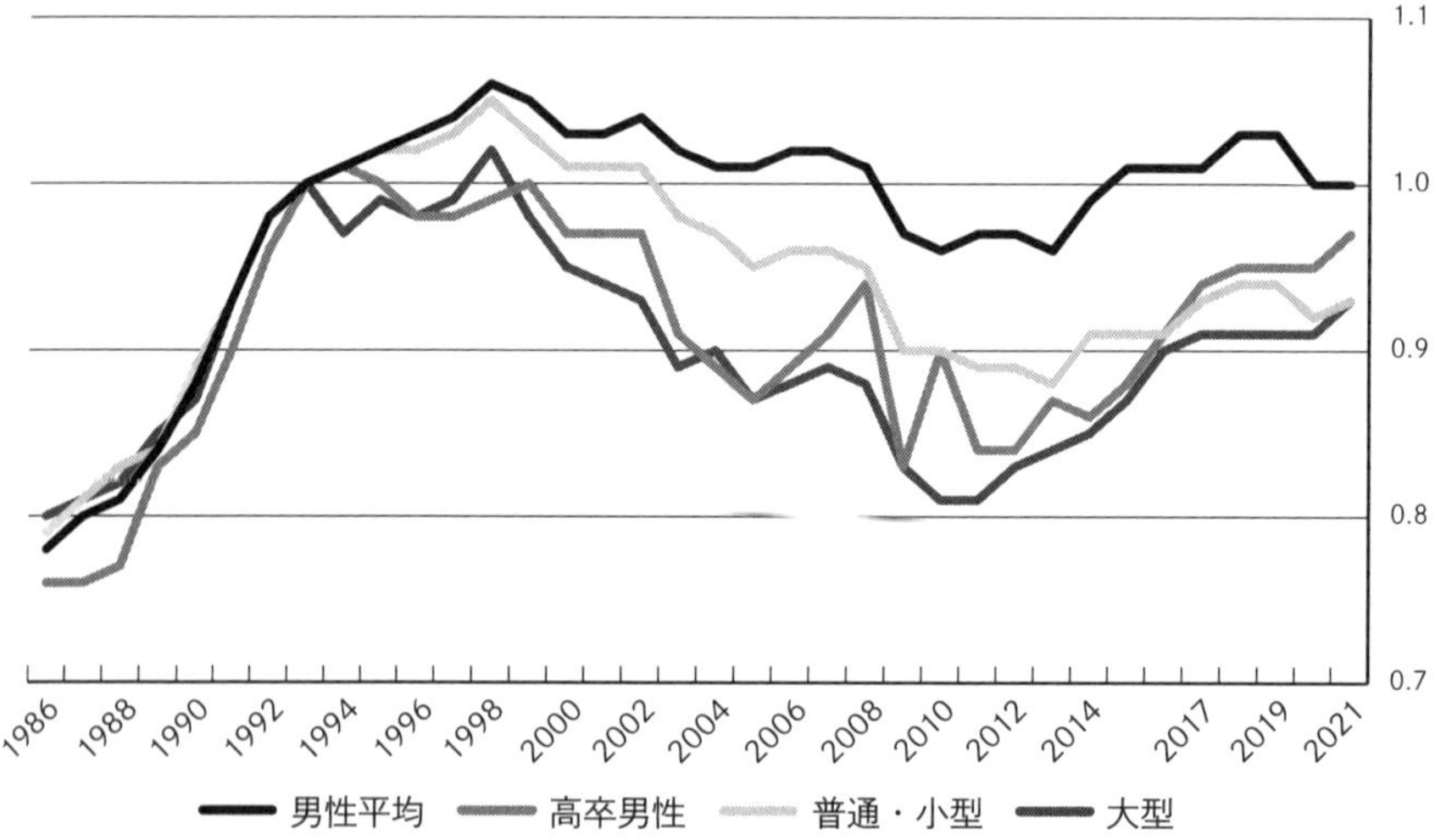

出所：厚生労働省『賃金センサス』各年版。
注：年収は、「決まって支給する現金給与額」×12＋「年間賞与その他特別給与額」で求めた。「大型」は、「営業用大型貨物自動車運転者」を、「普通・小型」は「営業用普通・小型貨物自動車運転者」を指す。ただし、後者は、2020年以降「営業用貨物自動車運転者（大型車を除く）」となった。

セント、普通・小型貨物のドライバーで七九・四パーセントである。すでに見た通り、この水準は近年上昇した結果を踏まえたものであるが、それでも男性平均と比べ、およそ二割収入が低い状態である。

また、残業代等が含まれる「決まって支給する現金給与額」では、平均賃金に近づくものの、残業代を含まない「所定内給与」だと格差が広がる（**表1**）。つまり、トラックドライバーは、残業を重ね、長時間労働をこなすことで、より平均に近い収入を獲得していることを物語っている。

ドライバーの賃金は、水準を下げてきただけではなく、内容も変化させてきた。そもそもトラックドライバーの賃金は、毎月変動する給与（＝変動給）の比率が高く、固定給の比率が低いことを特徴とする。業界団体および労働組合の調査によれば、給与の五〜六割を変動給が占める。

変動給の中身は、荷物を運ぶ量や走行距離、受け取る運賃額などによって決まってくる歩合と、残業時間に対して支給される時間外手当が主であ

表1　トラックドライバーの賃金額と格差（格差は男性労働者の平均＝100に対する数値）

	所定内給与額		きまって支給する現金給与額		年間収入	
	金額	格差	金額	格差	金額	格差
営業用大型貨物自動車運転者	28万2600円	83.8	35万4700円	96.6	464万2400円	85.0
営業用貨物自動車運転者（大型車を除く）	26万3900円	78.3	32万2600円	87.1	433万7400円	79.4
男性労働者の平均	33万7200円	100	37万0500円	100	546万4200円	100
高卒男性労働者の平均	29万5100円	87.5	33万2300円	89.8	478万7400円	87.6

出所：厚生労働省『賃金センサス』2021年。

る。概ね歩合部分が六割、時間外手当部分が三割の比率で、変動給は構成される。

しかし、かつてのトラックドライバーの賃金は、今ほどに変動給の比率は高くなかった。業界団体の賃金調査によれば、一九八〇年代までは、給与全体の約六割を固定給が占めていた（全日本トラック協会『トラック運送事業の賃金実態』各年版）。それが徐々に、とくに二〇〇〇年代以降、変動給比率を高めていった。そして変動給のなかでも、時間外手当の割合は、過去三〇年間大きく変わっておらず、歩合部分が増えてきた。

歩合給比率の上昇は、労働者に長時間労働へのインセンティブを高める。より高い収入を得ようとより多くの荷物を運ぼうとする行動が、長時間労働や過積載（規定の積載重量を超えて貨物を積んで走行する違法行為）につながりやすい。

また、こうした賃金体系は、毎月の収入が売上額、仕事量の変動、労働時間に規定されるため、安定しにくく、将来の所得の見通しが持ちにくい。つまり、単に賃金水準が低いだけでなく、こうした不安定性が、この職種への参入を躊躇させ、人手不足や定着率の低さをもたらしてきた可能性も指摘できる。

さらに、規制緩和後に低下した運賃に帳尻を合わせるためには、賃金の引き下げや賃金体系の変更だけでは十分でなかった。経営環境が逼迫した事業者のなかには、社会保険料を滞納したり、社会保険制度から脱退したりした者が増加していった。国土交通省の発表によれば、規制緩和後に巡回指導をした営業所のなかで、「社会保険等の未加入者がいる」割合は、二〇〇〇年代半ばに向けて増加した。ピーク時には、社会保険未加入が約二七パーセント、労働保険未加入が約一三パーセントに達した。

(2) 長い労働時間

かつてトラック業界は、「きついが稼げる」と言われてきた。年収が低下し「稼げなく」なったにもかかわらず、「きつさ」は変わらなかった。

厚生労働省の『過労死等防止対策白書』によれば、業種別の「脳・心臓疾患の労災請求件数」および「同認定件数」は、運輸業・郵便業が他の業種を大きく引き離して最も多い。日本全体で、脳・心臓疾患を患い、労災認定される件数は、年間約二〇〇件に上るが、そのうちおよそ三分の一が輸送・機械運転従事者である。月末一週間の就業時間が週六〇時間以上の雇用者の割合も、運輸・郵便業で突出して高い。

近年は、「働き方改革」の推進と、コロナによる不景気により、社会全体として労働時間が短縮する傾向にある。トラック業界でも、労働時間は減少しつつある。しかし、全産業平均と比較すると、大型トラックドライバーの年間労働時間は四三二時間長い（**図4**）。四三二時間とは、月に換算すればおよそ三六時間、週およそ八〜九時間にあたる。すなわち、ドライバーは一週間あたり約一日長く働いており、一般の労働者が週休二日であれば、トラックドライバーは週休一日に等しいと言える。

長時間労働の背景には、運賃低下により高速代金の捻出が難しくなり、一般道を走らざるをえないことが、一因である。長距離輸送では高速道路の利用が求められるが、今日では全線で高速を利用することは当たり前でない。一般道の走行は、長い時間がかかることだけでなく、休憩が取りづらく、疲労度が高まりやすく、交通事故

図4　トラックドライバーの年間総労働時間

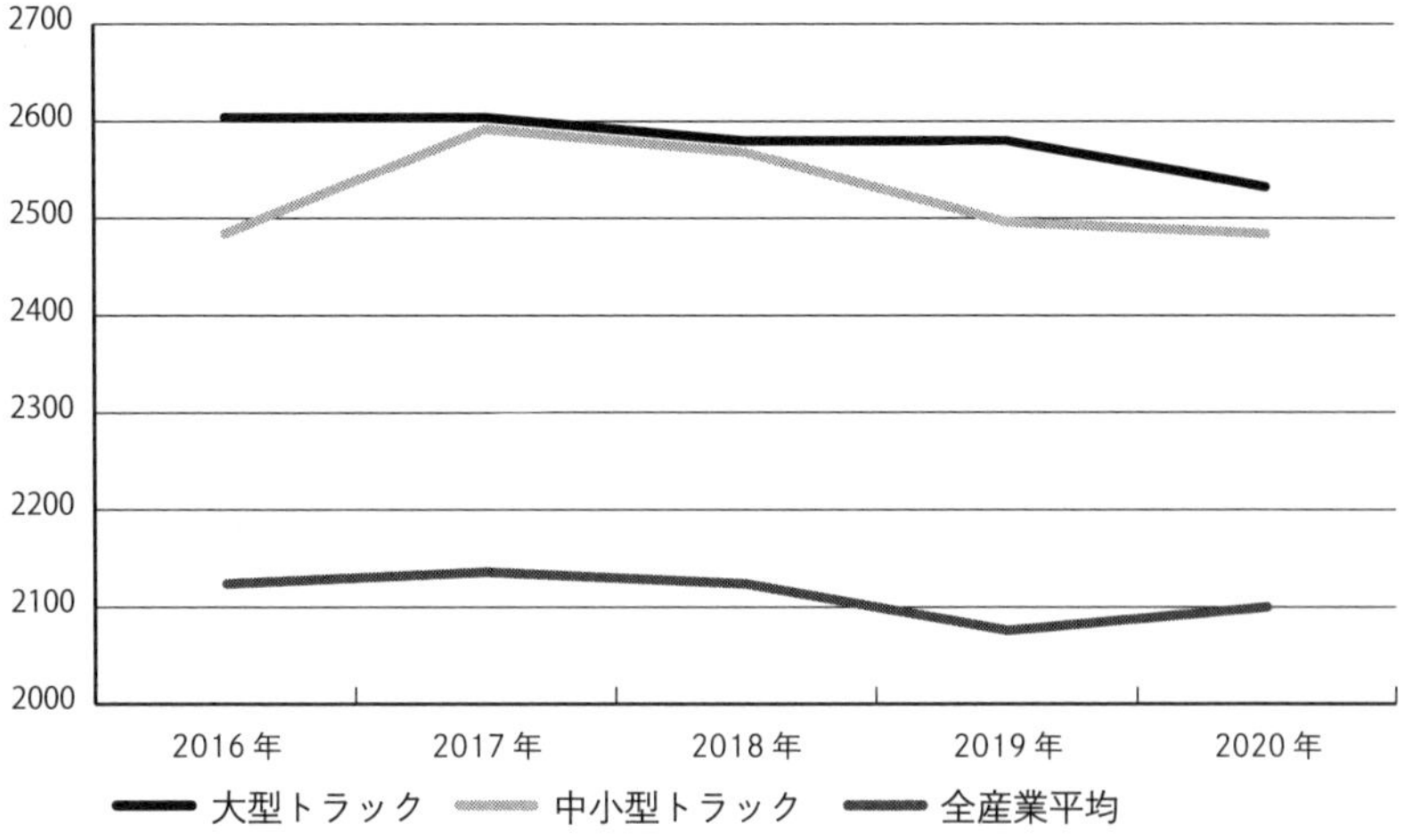

出所：総務省「労働力調査」。

を引き起こしやすくなる。

加えて、輸送以外の部分にも要因がある。商品輸送には、必ずその前後に、荷積みや荷下ろしなどの附帯業務が必要となる。この業界では、誰がその業務を担うのかが曖昧なまま、実質的にドライバーがそれを引き受けざるをえない商慣行が作られてきた。

荷積み荷下ろしのなかでも、とくに負荷が高く、長い時間を要するのが、手積みである。人の手で、商品が入っている段ボールを一つずつ荷台に乗せていく（もしくは下ろしていく）作業だ。現代ではパレット（運搬する荷物を載せ、固定する台）を用いれば、フォークリフトにより一気に荷積み荷下ろしができる。しかし、パレットの回収が難しいことやパレット分だけ積み込める容量が減ってしまうことなどを理由に、パレットの利用は進まず、ドライバーに手積みを強いる荷主は少なくない。

さらに「荷待ち」も長時間労働を引き起こしている。トラックを予定時刻に到着させても、積み込む荷物が揃っていないことなどを理由に、待たされることが少なくない。数時間にわたる荷待ちが求められることもある。こうした荷積みや荷下ろし、荷待ちなどに適正な料金が支払われれば、問題ない。しかし、曖昧な契約のもと、ドライバーが無償でそれを引き受ける慣行が残っている。

このような商慣行により、統計データに基づけば、運輸業界で働くドライバーたちは、日本のいかなる産業いかなる職業よりも、ひときわ長く働き、働き過ぎにより最も多くの人命が奪われている。労働時間がおよそ二割長く、賃金がおよそ二割低い労働環境ゆえに、なり手が減り、「物流危機」が叫ばれる事態となった。

3．人手不足の解決に向けた動き

（1）運賃の値上げと賃金の上昇

国土交通省は、こうした労働環境を改善するために二〇一三年から本格的に取り組み始めた。労働実態を調査し、長時間労働を抑制するためのロードマップを作成し、「取引環境・労働改善協議会」を全国に設置した。様々な取り組みが行われてきたが、本稿ではその特徴を二点に絞って紹介する。

第一には、運賃の「適正」化である。国土交通省は、二〇一六年に「トラック輸送業の適正運賃・料金検討会」を組織し、翌年には標準約款の改正を行い、附帯業務の料金を運賃と別立てで収受することを促した。すなわち、この業界の労働環境を改善するためには、運賃を引き上げていかなければならないと考えた。むろん、運賃を業界あげて引き上げていけば、独占禁止法に抵触する。そのため、あくまでも運賃の「適正」化を求めることになった。

業界団体は、運送会社が適正な運賃を確保するために、原価計算に基づく運賃交渉を呼びかけてきた。つまり、燃料費・車両の修繕費・税金・保険料・ドライバーの人件費などを計算したうえで、運賃を交渉するよう働きかけていた。
しかし、原価計算に基づいて価格を交渉し決定することは、本来、当たり前のことである。この業界ではその当たり前のことがなされていなかった。その理由は、価格交渉力が圧倒的に荷主に偏っていたためである。結果的に、この業界では、原価を積み上げて運賃を計算するのではなく、逆に決定された運賃から原価が計算されてきた。

一九九〇年代、運賃が低下していき、それと反比例するかのように燃料価格が上昇していった。そのなかで個々の事業者は、どうやって原価割れを起こさずに、事業を継続できるかを必死で考えた。原価のなかでも、固定費とされる燃料費や道路使用料などは、せいぜい高速道路を利用せずに一般道を走るぐらいしか手の打ちようがなく、大きく引き下げられない。そこで柔軟に取り扱われたのが、人件費だった。しかも平均的な貨物運送の経費において、人件費は約四割を占め、最大の構成比率である。賃金の低下は、原価の引き下げに大きく貢献した。そして単に賃金を引き下げるだけでは対応しきれない部分、例えば支払われない附帯業務などは、ドライバーが無償で担うことで補った。その結果、ドライバーの賃金は下がり、労働時間は長く、業務は過重になった。

今後、原価計算に基づき「適正」な運賃が実現するならば、それは荷主によって提示された運賃がドライバーの賃金を規定してきた従来の流れから、ドライバーの賃金を含めた原価が運賃に反映される流れに転換させることを意味する。

そうであるならば、次に検討されるべきは、「適正」な賃金とは何かという点になる。原価のなかでも、企業外的要素である燃料費や道路通行代金等は固定的であるのに対し、企業内的要素である賃金は調整可能で、弾力的に取り扱われやすいためだ。

まず「適正」な運賃額を示すことができないように、「適正」な賃金額を示せるわけではない。しかし賃金には、とりあえず、一つの明確な基準がある。それは最低賃金制度である。毎年、都道府県ごとに時間あたりの最低賃金額が定められており、それを下回る賃金は無効とされる。つまりドライバーに最低賃金を支払うことができない運賃が「適正」でないことは確かだ。

ただし、最低賃金額の基準となる「時間あたり賃金」は、適正な労働時間管理のうえに成り立つ。要するに、時間あたり賃金とは、賃金総額を総労働時間で割ったものであるため、総労働時間を適正に管理していなければ、最低賃金が遵守されているのかどうかは、はっきりしない。仮に労働時間が、実労働時間よりも短くカウントされていれば、時間あたりの賃金額は高くあらわれる。ゆえに、適正な賃金の確保には、適正な労働時間管理が必須である。

そのうえで、最低賃金さえ遵守すれば、「適正」な賃金が担保されたと言えるのかということが、次の問いになる。そもそもトラックドライバーの仕事に就くには、大型免許や中型免許の取得が必要であり、その取得には三〇〜四〇万円ほどの費用がかかる。労働者自らがその代金を負担し、免許を取得するのであれば、労働者はそこで投資した分を賃金によって回収しようとする。そうなると、無資格で就ける一般的な職よりも賃金を高くしなければ、労働力は確保しにくい。

実は、最低賃金制度には二つの種類がある。一つは、前述の都道府県ごとの最低賃金制度であるが、もう一つは、各地域で産業ごとに定める特定最低賃金制度である。後者では特定の産業を対象に、最低賃金を上回る水準を設定することができる。今、トラック運送業の特定最賃を定めているのは、高知県のみである。これを全国に広げていくことが求められている。

ここで重要なことは、事業者が他社と共同して一斉に運賃を引き上げることは、独占禁止法に違反するためできないが、最低賃金を見直すことで一斉に賃金を引き上げることはできるという点だ。つまり、運賃はカルテルを結べないが、賃金は合法的にカルテルが機能しうる。運賃の「適正」化を実現するために、そして事業の公正な競争を確保するためにも、この仕組みを利用することが有効なように思える。つまり、人手不足を解消するためにも、そして運賃を引き上げていくためにも、業界全体で賃金を上昇させ、それを通じて運賃の値上げを求めていくことである。

（2）荷主を巻き込む

第二の特徴は、労働環境の改善に顧客を巻き込むことである。従来、労働施策は、政労使で協議するものだった。しかし、近年のトラック業界をめぐる動きは、行政、企業と業界団体、労働組合だけでなく、荷主も参加している。例えば取引環境・労働時間改善協議会のメンバーには、政労使に加えて荷主が名を連ねる。他にも、二〇一九年三月、国土交通省は経済産業省・農林水産省とともに「ホワイト物流」推進運動を立ち上げ、一般企業に連携を呼びかけている。物流を伴わない事業はごく少ない。そのため国土交通省は、多くの企業に物流に関わる商慣行や業務プロセスの見直しを求め、それに賛同した企業名をＨＰで発表している。

従来、労働問題とは、企業と従業員との間に発生することだと考えられてきた。確かにドライバーの低賃金や長時間労働といった問題は、第一義的には雇用主である運送会社に責任がある。使用者が労働者の業務内容を細やかに把握し、厳格に労務管理していくことが求められている。

だが、今日の労働実態を改善させるには、そうした労務管理の強化だけでは間に合わない。トラック業界では、荷主の理解や協力なくして、ドライバーの労働環境を変えられないと判断した。

もちろん荷主には、他社で雇用されるドライバーの長時間労働やサービス残業に、法的な責任はない。何時間待機させても、運賃に含まれない附帯業務を依頼しても、それを引き受け、働かせた責任は、あくまでもその使用者にある。だが荷主の行動と、ドライバーの労働は、無関係ではない。延々と待機を依頼すれば、ドライバーの労働時間は長くなる。買い叩いた運賃で荷物を運ばせれば、ドライバーは休憩が取れなくなる。取引先に「経営努力」を強い、その下で行なわれる緩い労務管理に目を逸らし続ければ、いずれ担い手はいなくなる。

これまで荷主が、自身の行為がもたらした結果を問われることはなかった。近年行われている話し合いもまた、むろん荷主の責を追及する場ではない。しかし少なくとも、自身の行為が、いかなる労働実態を引き起こしているのかを気づかせ、考えさせるきっかけにはなっている。自分の職場の外に広がっている労働にも関心を抱くことが、この業界の商慣行を変えることにつながると期待されている。

おわりに

市場で決定された価格によって変動する賃金、顧客のニーズに合わせた労働時間などは、決してトラック業界だけの話ではない。この業界の労働のあり方は、実は私たちの職場にも広く共通している。私たちの社会には、顧客や取引先の都合に合わせて、自らの仕事内容や労働時間を柔軟に調整し、その期待に応えようと融通を効かせながら働いている労働者が数多く存在する。

今日、多くの労働者が、市場で決定された仕事量やサービス価格、納期に、自分たちの労働のあり方をあわせている。私たちの社会では、仕事が終わらなければ残業することは当たり前だと考えられている。納期に間に合わせるために、もしくは顧客の要望に応じるために、「サービス残業」さえ厭わない労働者が少なくない。顧客から急な要請があれば、休日出勤や深夜労働にも従事する。そうした労働が、必ずしもワーク・ルールに則っていなくても、そしてそれが商品価格に反映されず無償で提供されていても、多くの労働者は、結局のところ、それを甘受している。顧客や消費者のニーズにいかに応えるのかという点ばかりに重きが置かれ、そうしたサービスや商品を生み出す労働者が本来持っているはずの権利は、なおざりにされてきた。

トラック業界で進む昨今の変化は、ワーク・ルールを起点にして、事業や市場のあり方を見直そうとするものである。これは、労働者の側から企業や市場に働きかける試みである。この動きは、トラック業界のみならず、私たちの労働のあり方にも示唆を与える。

追記

「働き方改革」の一環で労働基準法が改正され、時間外労働の上限規制が二〇一九年に導入された。トラックドライバーにも、一般則より五年遅れて、かつより緩い基準ではあるものの年間九六〇時間という上限規制が二〇二四年から適用されることになった。

だが、ドライバーの労働時間が短縮することで、物流が停滞する懸念が社会に広がった。日本の物流が、ドライバーの長時間労働にいかに依存してきたのかを示唆する事象だ。

政府は、二〇二三年六月に「物流革新に向けた政策パッケージ」を提示し、物流企業のみならず荷主企業にも、荷待ち時間や荷役時間の削減など物流負荷軽減に取り組むように呼びかけた。さらに、それらの施策を法制化し、義務化する方針を示した。物流を取り巻く環境は、今、少しずつ変わろうとしている。

第2章　建設業従事者

柴田　徹平

1．エッセンシャルワーカーとしての建設業従事者

グレタ・トゥーンベリさんは二〇一九年に、国連気候行動サミットで「結果とともに生きなければいけない若い世代はあなたたちを許さない」と述べ、温暖化によって発生する自然災害などの社会問題に警鐘を鳴らした。災害大国の日本も他人事ではない。二〇一〇年代だけでも一一の大規模災害が発生し、被害総額は二五兆円に上る。その中には東日本大震災（二〇一一年）や東日本台風（二〇一九年）など甚大な被害をもたらしたものも含まれる。ところで災害発生時に、医療従事者や自衛隊と同じくらい重要な役割を果たしたのが、建設業従事者である。

例えば、東日本大震災の被災地である大船渡市では、被災後に津波による大量の瓦礫が散乱しており、物資の運搬や救助活動に支障をきたす状況だったので、早急な撤去が求められた。被災した翌日の朝には、自衛隊が到着予定となっていたことから、大船渡市の要請を受けて、市内建設業者が瓦礫処理に当たったのである（SAIGAI

JURNAL「瓦礫撤去に奮闘した建設業者」、二〇一九年二月五日付)。建設業者が瓦礫を除去し現地までのルートを確保しなければ、多くの命が失われていた。加えて、東日本大震災によって発生した瓦礫の推定量は被災三県合計で二〇〇〇万トンを超えており、これは日本の半年分のゴミの総量もしくは東京ドーム五〇杯分に相当する量である。震災復興は、建設業従事者らによる膨大な瓦礫の撤去なしには実現しえなかった。また建設業は人間生活に欠かせない衣食住の「住」も担っている。このように建設業従事者は、私たちの生活に不可欠な(=エッセンシャルな)ワーカーといえる。

しかし、建設業従事者は一九九〇年代後半以降、急激に減少している。総務省『労働力調査』によると、建設業就業者数は一九九七年の六八五万人から二〇二一年の四八二万人へと四半世紀で二〇〇万人も減少している。その背景には若者の入職者の減少がある。五五歳以上の建設業従事者の割合は、二〇〇〇年の二五パーセントから二〇二〇年の三六パーセントへと増加する一方で、一五歳から三四歳の建設業従事者の割合は、二〇〇〇年の三〇パーセントから二〇二〇年の一九パーセントへと大幅に減少しており、建設業は若者から選ばれない産業になっている。今後も就業者の減少が続けば、日本は、家を建てたり修復したりすることもできない国になる可能性がある。本章では、建設業従事者が減少した背景を、建設業におけるフリーランスである一人親方を通して明らかにしていく。

2. 建設業におけるフリーランスとは

近年、日本政府の副業や雇われない働き方の推進によって注目されるようになった働き方がフリーランスである。フリーランスとは、経営者と雇用契約を結ばないで、個人で仕事を請けて生計を立てる者を指す。身近なところではユーチューバー、IT技術者、保険外交員、自動車運転手などがあるが、就業者数が最も多いのが建設業従事者である。柴田（二〇一五）によれば、二〇一〇年時点でフリーランスの四九パーセントが建設業従事者である。個人で仕事を請ける職業には、弁護士や医師など高い報酬額が期待できる職業もあるが、殆どの場合は、高い技術力を持つなどのライバルが真似できない武器を持っていない限り、報酬額は労働者よりも低い。例えば、労働政策研究・研修機構（二〇一九）『「独立自営業者」の就業実態』によると、年収二〇〇万円未満の専業フリーランスは四九パーセントに上る。

建設業におけるフリーランスはかつて、高い技術力を持ち、報酬額を自分たちで決められる立場にあった。彼らは、親方の下で経験を積み、やがて独立し自分で仕事を取るようになる。一人で仕事を取るので、業界では〝一人親方〟と呼ばれてきた。しかし、技術革新や産業構造の変化によって、報酬額を自分で決めることが困難になり、柴田（二〇一五）によると、一人親方の貧困率は二〇〇九年には四割強に上るなど、低所得化が進んできた。

一人親方が低所得化する歴史的過程は、建設業の労働条件が悪化していく過程でもある。次節でみるように、建設業を若者が選ばなくなった理由の一つは、労働条件の低さである。したがって、一人親方の低所得化の背景を明らかにすれば、建設業従事者が減少した理由もみえてくる。

3. 建設業が選ばれなくなった理由

厚生労働省が二〇一二年に発表した『雇用管理現状把握実態調査』によると、建設業を離職した若者が仕事を辞めた理由の上位は、「雇用が不安定」、「遠方の作業が多い」、「休みがとりづらい」、「労働に対して賃金が低い」で雇用・労働条件が離職理由に挙げられており、これら上位の離職理由で離職理由の四割強を占めている。

実際のところ、建設業の労働条件の水準は低いのだろうか。厚生労働省『賃金構造基本統計調査』によると、二〇二二年の年収（男）は、製造業が五五三万円、建設業が五六二万円となっており、実は、建設業の方が九万円ほど高い。二〇〇二年時点では、製造業が五六四万円、建設業が五〇〇万円と建設業が六四万円低かったので、その時期と比べて建設業の給与が上昇していることが見て取れる。この格差縮小は、後述するように労働組合が長年要求してきたことを国や業界が取り組んだ結果といえる。労働時間や就業日数はどうか。厚生労働省の『毎月勤労統計調査』によると、二〇二二年の年間労働時間は、建設業が一九六二時間、調査産業計（全産業）が一六三三時間で出勤日数は、建設業が二四〇日、調査産業計（全産業）が二一一日であり、建設業は全産業と比較して、労働時間で三二九時間、出勤日数で約一か月分も長い。以上のことから建設業の労働条件は、賃金が上昇してきているが、労働時間と就業日数が長いので、時給でみれば低い水準といえる。

4. 不安定就業の一人親方の特徴

加藤佑治（一九九一）『現代日本における不安定就業労働者』は、①賃金や所得がきわめて低いこと、②長時間労働や高い労働密度、③就業が不規則・不安定であること、④劣悪な社会保障水準、⑤労働組合に組織されていないこと、などの特徴をもつ就業状態を不安定就業と定義している。かみ砕いて言えば、不安定就業者とは、貧困状態または貧困に陥るリスクの高い就業者を指し、その具体的定義が上記の五つである。この定義に基づき、私が『建設業一人親方と不安定就業』（東信堂、二〇一七年刊）で一人親方の不安定就業割合を推計したところ、二〇〇〇年代を通じて、一人親方の四割近くが不安定就業の状態であった。一人親方の低所得問題は、上述したような一人親方の不安定就業化が進む中で、起きている。そこで以下では不安定就業の一人親方の特徴を述べた上で、不安定就業の状態におかれざるを得ない要因としての不安定就業労働市場について考察する。

不安定就業の第一の特徴であるきわめて低い所得は、労働組合の弱体化と重層下請化によってもたらされている。つまり建設業では、木下（一九九二）によれば、一九七〇年代以前は、労働組合が力をもっており報酬の価格交渉力を有していた。それ故に、一人親方も労働組合による報酬額の最低基準規制がある中で、報酬を交渉することができた。しかし、一九七〇年以降は、大企業による市場支配力が強まり、労働組合の規制力が弱体化した。その結果、報酬額の最低基準規制が機能しなくなり、一人親方の価格交渉力も奪われた。加えて後述するように重層下請化も低所得化を進めたのである。

また一人親方の低所得の背景には、経費負担の問題もある。労働者であれば、仕事を遂行する上で必要となる経費は会社が負担するが、一人親方やフリーランスの場合は、契約内容にもよるが多くの場合、自己負担となる。ここでいう経費とは業種によっても異なるが、交通費、物品費、道具代など多岐にわたる。また連合総合生活開発研究所（二〇一七）によると、経費（備品含む）負担をしているフリーランスの割合は、六一パーセントにも上る。金額でみると、建設政策研究所（二〇二二）によれば、一人親方の一か月の経費負担額は、三万六五三三円になるという。

このような所得の低さは、開業医、弁護士、会計士といった士業などのように報酬の交渉力を持つ事ができれば回避できるが、交渉力の弱い一人親方は、収入を増やすには長時間就業するほかない。このようにして就業時間を自由に決められるはずの一人親方は、生活費を稼ぐために長時間就業をせざるを得なくなるのである。不安定就業の第二の特徴である長時間労働や高い労働密度はこうした生活不安からもたらされている。つまり前掲の柴田（二〇一七）によれば、一人親方の長時間就業は、次の仕事が貰えなくなるかもしれないという不安から短い納期の工事であっても請けざるを得ないことによりもたらされていることが明らかにされている。

次に不安定就業の第三の特徴である就業の不規則・不安定さについて述べていく。柴田（二〇一七）によると、二〇一四年時点で、一人親方のうち一か月の就業日数が二〇日以下の割合は三割弱に上り、三人に一人が平日日数分の仕事を確保できていない。これは一人親方がプロジェクトごとに仕事を請け、数時間で終わる仕事もあれば、数か月かかる仕事もあるためである。加えて、同じく柴田によれば、仕事がない期間が数日から数か月に上る一人親方もいる。非正規雇用も有期雇用など就業の不安定性はあるが、数日単位の契約は殆どないだろう。それ故に、一人親方などのフリーランスの就業の不規則・不安定性は、非正規雇用以上といえる。さらに労働者であれば、失業時は失業給付などの生活保障があるが、フリーランスは適用対象外なので、仕事がない時期の生活保障は自助努力となる。柴田（二〇一七）によると、一人親方の仕事がない時期の生活原資は、貯金取り崩し、配偶者の就労、借金などで対応していることが明らかにされており、生活基盤の脆弱性が見て取れる。

最後に、不安定就業の第四の特徴である劣悪な社会保障水準について述べていく。劣悪な社会保障水準は、一人親方に限らず、フリーランス全体に言えることでもある。上述したように雇用保険は適用対象外であり、公的医療保険および年金も一人親方やフリーランスは、事業主負担のない国民健康保険および国民年金への加入となるので、事業主負担のある公的保険に加入できる労働者と比較しても保険料負担が高額になる可能性がある。このようにフリーランスの社会保障は、適用対象外や保険料負担が高いなど労働者と比べて劣悪である。こうしたフリーランサーの社会保障問題は国際的にも対策が迫られており、欧州連合では、二〇一九年に「労働者と自営業者の社会保障アクセス勧告」が成立し、加盟国に対して、全ての労働者と自営業者に適切な社会保障を確保するように求めている。なお第五の特徴については紙幅の都合上、割愛する。

以上が不安定就業の特徴である。ところで一人親方の四割近くが不安定就業であると述べたが、残りの六割の一人親方も不安定就業になるリスクを抱えている。なぜなら、ある年に十分な収入と仕事量が得られたとしても、最低賃金のように報酬の下限規制がなく、報酬の交渉力も弱い一人親方は、翌年も十分な収入と仕事量を確保できるとは限らない。翌年に生活保護基準を下回る収入しか得られない可能性もある。また収入が減少すれば、単価の安い仕事でも引き受けて数をこなすこと（＝長時間就業）で収入確保せざるを得ない。このように現在の一人親方は、不安定就業の特徴を有している。

5. 不安定就業労働市場と一人親方

一人親方は不安定就業から抜け出すことはできないのだろうか。この問いの答えを考える際に重要になってくるのが、不安定就業労働市場の存在である。一人親方は不安定就業労働市場に属していると同時に、安定雇用の労働市場である大企業正規労働者の労働市場に参入することが構造的にできないので、不安定就業から抜け出すことが困難になっている。

図1は、建設労働市場の階層構造を示したものである。建設労働市場の階層構造は、大企業、中小企業、小企業、一人親方からなっており、このうち小企業と一人親方が不安定就業労働市場に該当する。一人親方が大企業正規労働者の労働市場に参入できない理由は、松田（一九九二）が指摘するように、大企業とそれ以外の企業との間で労働市場が分断されているからである。つまり、大企業は新卒一括採用で採用した新入社員を終身雇用、年功賃金などを特徴とする日本的雇用慣行の下で育成するので、大企業の労働者は安定した雇用と高賃金が保障されるが、下請企業の労働者は下請企業の内部（小企業⇔中小企業）で転職することはできるが、大企業に転職することはできないので、安定雇用と高賃金が保障されているわけではない。

下請企業の労働者が安定した雇用と高賃金を享受できない理由は、二つある。第一の理由は、一九七六年の「建設労働者の雇用の改善等に関する法律」が制定されて以降、大企業正規労働者は、工事を受注し工事の進捗管理を行い、屋外労働などの技能労働は下請企業が使っている労働者や一人親方が担うという分業構造が確立されたからである。建設政策研究所（二〇〇八）によると、大企業は、優越的な立場を利用し、下請企業に短い工期の強要や単価の引き下げを求めるだけでなく、雨天によって工事ができない場合も工期を延長してこなかった。その結果、下請企業の労働者や一人親方は雨天で工事ができなかった分を長時間就業して対応しなければな

図1　建設労働市場の階層構造

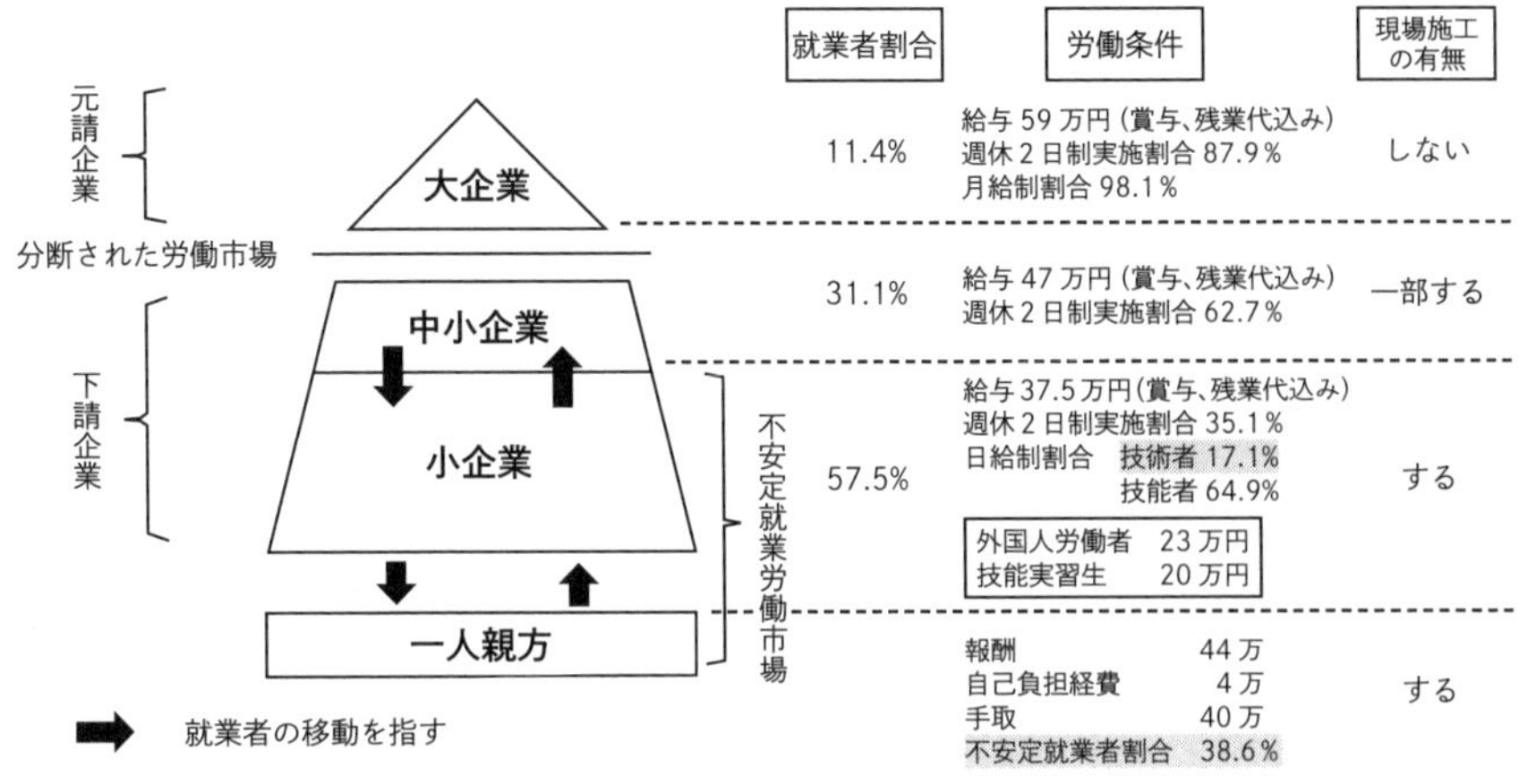

出所：著者作成。
注）総務省・経済産業省『平成28年経済センサス―活動調査』、厚生労働省『令和三年就労条件総合調査』、『令和三年賃金構造基本統計調査』、国土交通省『週休２日の確保に向けたアンケートの実施結果平成二八年実施調査』、建設政策研究所『2021年首都圏４組合賃金実態調査分析報告書』より筆者作成。

らない。また単価が引き下げられれば、収入を確保するために受ける仕事の量を増やし、長時間就業になる。

加えて、下請企業に支払われる工事金額は、その工事に対して必要とされる作業員の人数×時間×一日当たりの労務単価で算出されるので、雨天で施工できなければ、その日の労働者や一人親方に支払う報酬の原資がない。こうした状況に対応するために下請企業では、日給制を採用している。**図1**からもわかるように、小企業の技能労働者（建設現場で施工をする人）の六割強は日給制である。日給制は働いた日数に一日当たりの賃金を乗じた金額が月の収入になる給与体系なので、雨天などで仕事がない日は報酬を支払わなくてもよい。日給制は小企業労働者の収入を不安定にする。また一人親方も同様の構造で施工した分だけ報酬が支払われるので、就業が不規則・不安定となる。一方で大企業正規労働者は、工事を受注し、工事が期日までに終わるように進捗管理をするのが仕事なので、雨天で仕事ができないということは必ずしもない。そして大企業正規労働者の月給制割合は一〇〇パーセントに近く、収入が安定しているのである。

二つ目の理由が重層下請制だがこれは次節で述べる。このような労働市場構造の下で、小企業の給与が大企業の六割強に過ぎず、週休二日制の実施割合も小企業の方が低いなど大企業正規労働者の労働市場と不安定就業労働市場の間で労働条件格差が生じている。

以上みてきたように、不安定就業労働市場の存在は、一人親方を不安定就業の状態から抜け出すことを困難にしているのである。したがって、この労働市場の変革なしには、一人親方の不安定就業を克服することも建設業における労働条件の真の改善も進まないのである。

6. 産業構造の変容と大企業支配の確立

なぜ一人親方は不安定就業の状態になったのだろうか。その歴史的な変容過程を産業構造の変容と大企業支配の確立という点から詳らかにしていく。先に結論を要約的に述べると、不安定就業になった理由は、大企業が建設労働市場に参入してきたことで、労働組合が自分たちで報酬の相場を決めることができなくなり、大企業が報酬相場を決めるようになる中で、重層下請制という産業構造が形成されたことで、報酬の低下および中間搾取による報酬低下が起きたからである。その結果、一人親方が不安定就業の状態になるだけでなく、建設業の労働条件も低い水準にとどまるようになった。そして労働条件の低さは、入職者の減少をもたらし、深刻な人材不足が起きて、国や業界が対策を進めてきた。なお変容過程は五つの時期に分かれる。

(1) 労働組合が報酬額を決定していた時代(一九六〇年代まで)

戦後から一九五〇年代の建設業の就労は、現代の常識とは全く異なるものであった。戦後の建設業界で常識的に語られてきた実態は、月給制の労働者が殆どおらず、書面で雇用契約を結ぶことも殆どなかった。労働者の中心は、親方や棟梁（＝自営業者）の指揮命令下で就業する日払いの労働者であった。日払いの労働者が経験を積み、親方や棟梁から独立して、自分で仕事を取るようになると、彼らは〝一人親方〟と呼ばれた。またこの時期の建設業には殆ど大企業は存在していなかった。この時代の報酬額は、職人の棟梁や親方たちが集まって話し合って決めた金額を報酬額の最低基準としてそれを下回らないように、報酬が決まっていた。そしてその方法を労働組合も踏襲し、一九六〇年代までは、労働組合が報酬額に影響力を有していた。

（2）大企業の市場進出と労働組合の規制力の弱体化（一九六〇年代〜一九七〇年代）

一九六〇年代には、大和ハウス工業や積水ハウスなどの大企業が誕生し、財力を背景に、宣伝力と技術革新による住宅の低価格化を進め、市場のシェアを拡大していった。こうした中で、労働組合による報酬の相場形成力は大企業に奪われていくようになる。この時期には二つの大きな変化が起きた。柴田（二〇一七）によると、一つ目の変化は大企業の市場シェアが拡大する中で、自分で仕事を取れなくなった一人親方が増加し、仕事確保のために大企業の下請として働くようになったことである。その結果、下請の一人親方の報酬は、大企業によって決められるようになった。二つ目の変化は、一九六〇年代の日本では国民皆保険制度が掲げられ、社会保険料が相次いで引上げられた。こうした中で、コスト削減のため、労働者の外注化（＝一人親方化）が進められた。この一人親方化は、仕事の内容は変わらず、契約形態だけが雇用から請負に切り替わるという偽装請負の実態であった。言い方を変えると、一人親方の仕事内容は労働者とほぼ同様になったのである。この傾向は、技術革新が進み職人の熟練技術が不要になるにつれて、ますます強まった。そして一人親方は、建設現場では労働者と見分けがつかない存在へと変容したのである。

以上のように、第二期の段階で、大企業が報酬額を決める下請の一人親方、実態が労働者で交渉力も持たない一人親方、大企業と競争しながら自分で仕事を取る従来の一人親方などの多様な一人親方が見られるようになった。そして木下（一九九一）の指摘するように一九七〇年代になると、労働組合の相場形成力は非常に弱くなり、一人親方は一部を除いて報酬の交渉力を殆ど持たない存在へと変容しつつあった。また自分で仕事を取る一人親方も大企業と競争して仕事を取らなければならなかったので、報酬も低下していた可能性がある。

（3）下請の重層化が進んだ時期（一九七〇年代～一九九〇年代）

一九七〇年代の日本経済は停滞期に突入した。こうした中で、多くの大企業（＝元請企業）は、労働者の管理を強め、自分たちが使っている下請企業への単価引き下げや短い工期を強いるようになった。その過程で、一九七六年には、「建設労働者の雇用の改善等に関する法律」が制定された。この法律によって、元請企業の役割は、工事の受注と施工管理（＝施工管理とは工事が期日までに終了するように管理すること）のみとなり、技能労働者を雇用しなくてもよいこととなった。その結果、技能労働者は下請企業に雇用されるようになった。しかし、元請企業から単価引き下げや短い工期の強要を迫られる中で、労働者を雇用し続けることは、下請企業には大きな負担であった。それ故に、下請企業は、さらに自分より下位の下請企業に再下請するようになった。このようにして下請の重層化が進んだ。そして建設政策研究所（二〇〇八）によれば、一人親方は下請の最末端で請負として使われていたのである。

元請企業が技能労働者を雇用しなくてよい仕組みは、例えば、トヨタが自社の車の部品生産から組立までの全てを下請企業に作らせているようなものである。因みに韓国では一件三〇億ウォン（約三億円）未満の工事では、元請企業も受注額の三割以上を自社社員で現場施工しなければならないので、元請企業は労働者を雇用することで発生するコストを一部負担しているので、その分、下請企業の負担が軽減されている。またイギリス、フランスにも重層下請構造は存在するが、労働協約を労働組合と経営者団体が結ぶことで、下請企業に雇用される

図2　重層下請構造の下の一人親方の事例

【ケース7：電気工事士Gさんの事例】

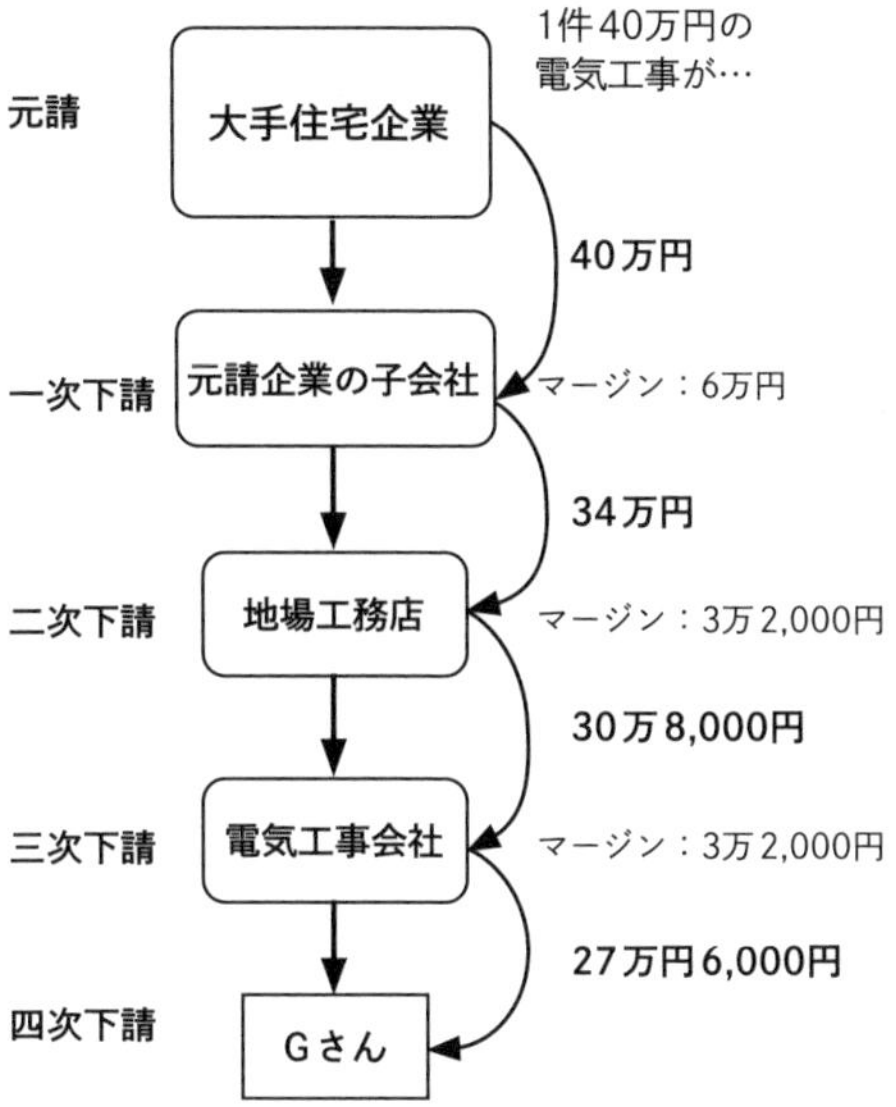

1）1件40万円をGさんが一次下請けとして受けていた場合は…

・年間で工事　14件
・年間経費　40万円
・年間労務外注費　86万円
・年間社会保険料　42万円
なので
(算出式)
40万×14件=560万円
560万－40万－86万－42万=392万円
月当たり賃金　32万7,000円（392万/12）

2）マージンを除いた27万6,000円で計算すると…

(算出式)
27万6,000円×14件=386万4,000円
386.4万－40万－86万－42万=218万4,000円
月当たり賃金　18万2,000円（218.4万／12）

3）月当たりのマージンは…

32万7,000円－18万2,000円=**14万5,000円となる。**

出所：柴田徹平（2017）「建設業一人親方と不安定就業」145頁、図5-10を引用。

労働者の賃金が労働協約で決められた賃金を下回らないようになっているので、日本のような低所得化は防がれている。また労働協約があるという点ではドイツも同様である。現代では、ナイキやアップルなど自ら製造しないで外注化するグローバル企業の成長が著しいが、この最先端の経営戦略は建設業でも行われているのである。

ここで重層下請制について簡単に説明しておく。**図2**は、柴田（二〇一七）より引用した重層下請下の一人親方の事例である。重層下請制とは端的に言えば、上位の下請業者がマージンを取っていくもので、**図2**にあるように一件に四〇万円の工事を元請企業が受けても四次下請の一人親方が受け取る金額は、二七万六千円であり、一二万四千円が上位の下請業者にマージンとして抜かれることになる。重層下請制は、建設労働者、一人親方の低所得化を進める強力なエンジンとなったことは言うまでもなく、重層下請制が改善され

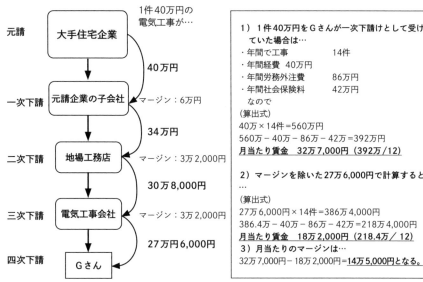

ない限り、不安定就業労働市場の労働条件の低さも解決されないのである。

なお重層下請制による労働条件の悪化とそれによる人材不足という弊害は、建設大企業でも共有されており、建設業の元請大企業などが加盟する日本建設業連合会が二〇一四年に出した『建設技能労働者の人材確保・育成に関する提言』では、二〇一八年までに会員企業が原則二次下請以内までとするように提言され、大手建設企業の鹿島建設は二〇二一年に二〇二三年度までに下請を原則二次までとする方針を打ち出すなど重層下請構造の是正が進められている。

（4）公共事業の減少と労働条件の悪化（一九九〇年代）

バブル経済とその崩壊を経て、一九九〇年代後半には、重層下請制に変化が起きることになる。この時期は、バブル崩壊後の不況期に日本が突入する中で、日本政府の緊縮財政政策の下、公共事業が減らされたことと民間企業の設備投資が減ったことにより、建設投資額が減少した。こうした中で、工事価格の低下が進み、経済力のない中小企業が淘汰され、大手企業による市場の寡占化が進んだ。これは産業の大企業支配をより強めるように作用した。さらに元請企業と下請企業の関係にも変化がみられるようになる。つまり、これまでの元請企業は、下請企業を系列化して系列の下請企業に工事を優先発注していたが、この時期には、より低い価格で仕事を請ける下請企業に工事を出すという市場原理的関係へと変化したのである。

ところで元請企業が下請企業を系列化した理由は技能労働者を雇用していない元請企業が迅速に必要な労働力を確保することと不況期の緩衝材（優先発注する代わりに低価格で仕事を請けるよう要請する等）とするためであり、極めて経済合理的理由からであった。しかし、この時期の不況はそれすら許さないほどのものであり、また大企業による市場支配の強化もこの変化を行いやすくしたのである。この重層下請制における元請企業と下請企業の関係の変化は、当然ながら、中小企業の収益性低下や倒産をもたらし、労働者や一人親方の賃金や報酬も減少していくことになる。例を挙げると、技能労働者の一日当たりの賃金は、全国建設労働組合総連合東京都連合会「二〇〇九年賃金調査報告書」によると、一九九二年の一万九〇五七円から二〇〇二年の一万六三四五円と一割強も減少し、同様に一人親方も二万四七三一円から一万八五五六円へと二五パーセントも減少しているのである。

（5）労働者が辞めていく産業へ（二〇〇〇年代）

重層下請制の産業構造と大企業支配体制の強化によって、労働条件の低下が進んだことは、建設業を失業者、出稼ぎ労働者、転職者を吸収する産業から彼らが辞めていく産業へと転換させた。つまり、戦後の建設業は、高度経済成長から平成初期に至るまで、地方の出稼労働者や失業者の受け皿の役割を果たしていたが、総務省『就業構造基本調査』によれば、一九九七年から二〇〇二年の間に就業先を変えた建設就業者は一〇四万六〇〇〇人に上り、そのうち建設業以外に移動したのは六〇万九〇〇〇人で、二〇〇〇年代初頭の建設業は、労働者が辞めていく産業へと変容したのである。

以上のような経過を経て、人材不足の深刻化と一人親方の不安定就業化が進んできたのである。

7．建設業政策の転換と課題

このようにしてもたらされた深刻な人材不足に国および業界が危機感を持ち、対策を進めるようになったのが、二〇一〇年代である。

国の建設業政策は多岐にわたるので、詳細に検討することが難しいので、特徴的な点を中心に見ていく。国の政策で大きな転換点になったのは、二〇一七年に国土交通省に設置された諮問会議である建設業政策会議によって出された『建設政策二〇一七＋一〇』（以下『二〇一七＋一〇』と表記）である。それ以前の国の建設産業政策は、過剰供給構造、つまり企業が多すぎるので、過当競争が生じて、一企業当たりの利益率が低下し、その結果、労働者の賃金も低く抑えられていることが問題視された。この段階の政策では、元請企業は、下請企業の労働者や一人親方に適正な賃金が行き渡るよう下請企業を指導・監督する立場に位置付けられたが、元請企業の指導・監督は法的強制力があるものではないので、労働条件の改善は十分に進まなかった。これに対して『二〇一七＋一〇』は、労働条件の改善を下請企業任せではなく、元請企業、専門工事業者（＝下請企業）、労働者、行政の四者が協力して取り組んでいかなければならない課題として位置付けたのである。

すでに述べたように、『二〇一七＋一〇』以前に、経営者団体による重層下請構造の是正が提言されるなど、変化の兆しはあったが、国の政策においても元請企業が労働条件改善の主体として明確に位置付けられたのである。こうした流れの中で、日本建設業連合会の二〇一四年の先の提言では、四〇歳代の平均目標年収を六〇〇万円と提言している。経営者団体が労働者の賃金アップの目標を掲げるというのは極めてまれなことであり、人材不足がそれほどに深刻な状況にあることが見て取れる。日本の建設労働組合は、労働者の賃金引き上げを一貫して主張してきたし、重層下請構造の是正も主張してきた。こうした政策の重要性がようやく国や業界に理解されるようになったといえる。

また国の政策においても公共工事の積算に用いられる労務単価である公共工事設計労務単価の引き上げを通じて、労働者の賃金引き上げを進めている。二〇一二年に日額一万三〇七二円（全職種平均）だった設計労務単価は、二〇二一年には二万四〇九円まで上昇している。また公契約条例による労働者や一人親方の賃金・報酬の最低基準を作る政策も進んでいる。「公契約」とは、国や地方自治体の事業（工事、サービス、物品調達等）を民間企業等に発注・委託する際に結ぶ契約を指し、具体的には施設の建設工事、公共施設管理・運営、清掃、保育園、病院医療事務、学校給食などがある。公契約に関する条例の中に、公契約現場で働く労働者や一人親方の報酬の最低基準を定めることで、公共工事における低賃金・低報酬を防ぐことができる。条例制定自治体は、二〇二二年八月時点で、全国七七自治体であるが、その中で賃金や報酬の最低基準を明記している自治体は二七に上る。こうした条例による一人親方の報酬の下限規制も少しずつ広がりを見せている。

しかし、3節で述べたように労働条件は他産業よりも低い水準にとどまっており、今後も労働条件の改善を進めていく必要がある。

上記以外の制度の変化としては「公共工事の品質確保の促進に関する法律」の改正などが挙げられる。改正の目的は、現在及び将来にわたる建設工事の適正な施工及び品質の確保と、その担い手の確保である。例えば、同法の改正では、適正な利潤が確保される予定価格の設定や適切な工期の設定、施工条件の変化等に応じた適切な設計変更など、発注者の責務が新たに設けられている。これは公共工事部門における採算割工事（＝赤字工事）の減少と公正取引の実施によって、労働条件の改善を目指す政策といえる。

ここまで最近の政策動向を考察してきたが、建設業の労働条件改善の政策は道半ばであり、重層下請構造の是正や大企業正規労働者と不安定就業労働市場の労働条件格差の縮小などを進めることによって、労働条件の改善を進めていくことが求められている。

8. 一人親方の保護政策の現状と課題

一人親方問題を考える際に、不安定就業と並び、大きな問題になっているのが偽装請負問題である。偽装請負問題とは、企業が、実態が労働者の就労者に対して、請負契約を結ばせることで、雇用した場合に発生するコスト（例えば、雨天で仕事がない日の報酬支払や経費および社会保険料の負担など）を回避している問題を指し、違法行為である。柴田（二〇二一）によると、偽装請負の一人親方は三九パーセントおり、これは実数で二一万人に上る。このような脱法的な労務管理が野放しにされると、労働法から守られない働き方の拡大を招くので、対策が求められている。こうした対策の動きは、諸外国でも進んでおり、二〇〇六年には、ＩＬＯが雇用関係勧告（第一九八号）を出し、各国がフリーランスの法的保護を進めることを求めている。こうした中で、欧州諸国を中心に、フリーランスの法的保護が進められるようになり、イギリス、フランス、ドイツではフリーランスに、最低賃金や年次有給休暇などの一部労働法が適用されている。またアメリカでは、実態が労働者なのに請負として契約している状況を誤分類（本来は雇用に分類されるという意味で）として雇用への転換が進められている。一方で、日本では、フリーランスへの労働法適用は、建設や芸能関係など一部の職種で労災保険への加入が認められているが、それも労働者のように事業主が全額負担するのではなく、フリーランスが自分で保険料を支払う状況である。また公契約条例を除いて、フリーランスの報酬の下限規制は行われていない。近年では、日本政府が二〇二一年三月に「フリーランス・ガイドライン」を出したが、フリーランスに一部労働法を適用していくなどの動きはみられない。今後も一人親方などフリーランスの法的保護を進めていく事が求められている。

ただし、一人親方への労働法適用には課題もある。第一に、最低賃金が適用されたとしても最低賃金の金額が低いので、低所得対策にならない。例えば、最低賃金が最も高い東京（一〇七二円）では、フルタイムで働いても一七万一五二〇円にしかならない。またここから税・社会保険料を差し引けば手取りはさらに低い金額である。従って最低賃金の引き上げなしには低所得対策としては不十分といえる。第二の課題は、5節で述べたように、一人親方が労働者として扱われた場合に、彼・彼女たちが、雇用されるのは小企業である。収入が不安定で低い水準の小企業に雇用されたとしても一人親方が不安定就業から脱却できるとは限らない。こうした点からも大企業正規労働者の労働市場と不安定就業労働市場の労働条件格差の是正が必要である。

おわりに

本章では一人親方の不安定就業化の背景を戦後日本経済における建設業の構造変容のダイナミズムの中で明らかにしてきた。そして一人親方の不安定就業問題とその背景にある不安定就業労働市場および重層下請構造の問題を明らかにしてきた。本章の考察を踏まえるならば、一人親方の不安定就業問題は、重層下請構造の是正、不安定就業労働市場の労働条件格差の是正、一人親方の労働者保護を三位一体で進めていく事が重要と言える。重層下請構造の是正は、業界による是正をさらに進めていくことに加えて、イギリス、フランスおよびドイツのように労働協約を結ぶことで、報酬の最低基準規制を進めていくことが必要である。また公共工事については公契約条例も有効である。こうした報酬の最低基準規制に加えて、元請企業による下請企業への低い単価や短い工期の強要が起きないように公正な取引関係を築いていくことで、不安定就業労働市場の労働条件格差の是正を進めていく必要がある。

一人親方の不安定就業問題は、こうした政策を進めながら、一人親方の労働者保護政策を進めていくことで解決していくことが求められる。冒頭でも述べたように日本の建設業従事者の不足は深刻な社会問題である。そうなってしまった理由は、政府が市場原理に委ねた政策を進めてきたからである。建設業において適切な規制を行うことは、一人親方の不安定就業問題の解決だけでなく、私たちの生活に欠かせない建設業従事者の確保を進めていくことにもつながるのである。

第3章　アニメーター

松永伸太朗
永田　大輔

1．フリーランス労働が続く歴史的条件

二〇一〇年前後から日本のアニメーション制作に従事する人びと（とりわけアニメーター）の働き方に注目が集まるようになってきた。我々が視聴するアニメもこうした人びとの労働により制作されたものであり、その労働によって我々の文化的な楽しみが支えられている。そのため、制作者の労働問題は文化的な消費の基盤を揺るがすことにも繋がる。

働き方という観点では、アニメ産業は日本の伝統的な産業に比して例外的な歴史を持ってきた産業である。アニメーターの多くは以前から企業に雇われないフリーランスとして働いており、その働き方は労働政策や労働市場の変化からは比較的自律的な位置を保ってきた。世間の知名度に比して労働者としての人口が少なく、労働政策における議論で取り上げられることは長らくなかったためである。

しかし、そうした特徴こそがアニメーターを本書で取り扱う価値に繋がる。アニメーターの労働問題は産業内

在的な変化によって存在し、生じたものであると考えられるからだ。本書の中でも、産業ごとの論理の違いによって同じ規制緩和でも問題のされ方や経験のされ方が異なることが明らかにされてきた。長い間フリーランス中心の独自の労働市場を形成してきた産業であるからこそ、その産業の歴史・論理を追うことはフリーランス労働の問題を考えるうえで重要な試金石となると考えられる。

フリーランス労働は発注者から仕事を請け負うことによって成り立ち、受注が途切れて仕事がなくなるリスクに常に晒される。そのようななかで仕事を継続的に得ることがキャリアを築くうえでの重要な関心事となる。産業として存続が可能になり、熟練した労働者が供給され続けることを可能にするにはそのキャリア展望を可能にする仕組みが必要になる。本章ではアニメーターの仕事の継続を支える仕組みがどのように変化しているかを論じたい。

2. 日本におけるアニメ産業の歴史と構造

(1) アニメーターの労働条件と産業構造

アニメーターの労働条件やそれに影響を与える産業構造から見てみよう。労働条件については、日本アニメーター・演出協会が二〇〇九年・二〇一五年・二〇一九年の三度にわたって労働実態調査の結果を公表している。まず、「アニメーション制作者労働実態調査二〇一九」によれば、回答した三八二名のアニメーターのうち「フリーランス」が五〇・五パーセント、「自営業」が一九・一パーセントと、企業に雇用されない働き方が七割程度を占めている。企業に雇用される働き方である正社員は一四・七パーセント、契約社員は六・〇パーセントであり、雇われない働き方の方が主流を占めていることがわかる。

表1　アニメーターの労働時間・休日・平均収入

	n	1日平均作業時間（時間）	1ヶ月平均休日（日）	平均年間収入（万円）
監督	19	10.4	3.2	648.6
演出	41	10.3	4.5	380.3
絵コンテ	12	10	5	372.3
総作画監督	14	11.4	3.6	563.8
作画監督	55	10.8	4.4	393.3
原画	129	10.3	4.2	281.7
レイアウト	13	11.5	3.4	234.1
第二原画	20	10.4	4.5	112.7
動画	56	11.3	5.1	111.3

出所：日本アニメーター演出協会（2015）「アニメーション制作者労働実態報告書2015」。

のである。**表1**はアニメーターの労働時間・休日・年間収入の平均を示したもので ある。平均作業時間は一〇～一一時間程度、平均の休日は月四～五日程度である。平均年収については工程によって異なっている。**表1**では職種ごとに平均年収は異なっているが、アニメーター達自身にとって職種の違いは必ずしも地位の向上とは理解されていない。これは、アニメーターという職業では工程間の上下関係が明確ではなく、工程ごとに職種を移動することもありより水平的な関係に基づいていることを意味している。これは、仕事を継続的に得るにあたって同業者からの評価を受け続けることが重要であることも意味している。

一般的に文化や芸術が関わる産業においては一部の成功者が莫大な収入を得てそれ以外のものはわずかな収入しか得られないという、「ウィナーテイクスオール（勝者独占）」のモデルが成り立つが、アニメ産業は必ずしもこうしたモデルが成り立たない産業である。**表1**では、たしかに若手が多い原画・動画工程の平均年収は低水準ではあるが、作画部門のトップである作画監督の平均年収は三九三万円、作品を統括する監督でも六四八・六万円に留まっている。

アニメーターが得る報酬は、請け負う職種ごとに単位が定められて支払われることが多い。**表2**は「アニメーター労働白書二〇〇九」におけるテレビシリーズ作品の単価とその単位を示したものである。調

表2　テレビシリーズ作品の単価（ただし監督・演出・絵コンテは回答者一名のみ）

	単位	平均値（円）	最大値（円）	最小値（円）
監督	月	450000	450000	450000
演出	月	300000	300000	300000
絵コンテ	月	300000	300000	300000
キャラクターデザイン	月	307143	420000	30000
総作画監督	月	314000	500000	150000
作画監督	月	315294	500000	160000
原画	カット	3966	2000	1500
レイアウト	カット	2174	4000	1500
第二原画	カット	1720	2500	1000
動画	枚	201	400	19

出所：日本アニメーター・演出協会（2009）「アニメーター労働白書2009」より筆者作成。

査から時期が経過しているため、単価の金額等については現在変動があると考えられるが、仕事を請け負う単位には大きな変化はないと思われる。

アニメーターが結ぶ契約として重要なのが「拘束契約」である。原画や第二原画を担うアニメーターはカット単価で報酬を得ることが多いが、発注元企業が特定の高い能力を持つアニメーターに対して自社作品のみへの従事を要望することがある。このとき結ばれるのが「拘束契約」で、別作品への従事を制限する代わりに比較的高水準の固定給が支払われる。この契約は、アニメーターが安定した収入を得るにあたって重要な役割を果たしている。とくに若手のキャリアという観点では重要であり、拘束契約を得られることは自らが評価されていることを示し、その後のキャリアアップに繋がる機会を与えられることでもある。このようにアニメ産業は工程分業のもとで作品制作が行われつつ、フリーランスにその労働力を依存している。次項ではそうした産業構造がどのように作られたのかを先行研究を中心に整理する。

（2）受注産業としてのアニメ産業と内製化

木村智哉による『東映動画史論：経営と創造の底流』（日本評論社、二〇二〇年）は、現在でも業界最大手である東映動画（現：東映アニメーション）の歴史的変容に関する議論を行っている。そのなかで一九六〇年代におけるテレビアニメ制作への参入について述べられている。東映動画は映画製作やCMアニメの制作を継続しつつ、テレビアニメにも参入した。しかしその増産のための労働力を確保する必要があった。東映動画はテレビアニメ制作に従事する社員に月例給与の四〇～六〇パーセントにおよぶ割増賃金を支払うことで対処し、制作費が高騰した。一九六五年五月に、テレビアニメ『狼少年ケン』の新作放映が同年八月をもって終了することが告知されたが、この番組終了は、スポンサーが宣伝費を削減し、製作費の支出が困難になったことが原因とされた。製作費のコスト高によって、受注の継続が難しくなったのである。

このようにアニメ産業は受注産業としての性質が強く、いつ製作を止められるかがわからないという性質がある。東映動画は受注を安定的に継続するために賃金の支払いやスタッフ編成の柔軟化に取り組むことになる。上記の割増賃金は廃止され、選ばれた優れた技能者に給与を上乗せする「褒賞制度」を再導入した。さらに、映画製作に関して正社員を中心に制作を行い、テレビアニメを中心にフリーランサーで賄うことを試みる。このようにして、スポンサー動向に左右されるテレビアニメ制作において、固定給の社員よりも作業量に基づき報酬を支払う契約者を用いる方が適切だという判断がなされた。受注の不安定性は雇用の不安定性によって賄うこととしたのである。

さらに、次第に東映動画は一九六〇年代に生産工程の外部化も推進していく。テレビアニメとしての受注本数が安定しないため、親会社とその関連会社であるテレビ局の需要に合わせて作品を供給する必要があった。ある作品では、社内制作回では原画が六～七人記載されているのに対して、外注制作回では二人程度が常態となっていた。木村はこうした差が「内製と外注のコストの差」(木村二〇二〇:一二一)として現れたことを指摘している。

雇用の不安定化は一九七〇年代初頭から映画事業でも生じた。東映は映画製作においても次第に子ども向けを中心にしていくことになる。東映動画は「東映まんがまつり」という児童向けの興行を行っていたが、児童向けゆえ入場料などが低額になり、安定的な収益を得られないという問題があった。こうしたなかさらに東映本社から発注される劇場作品の受注額も削減されることになる。さらに減産に危機感を示した労働組合が目減りした受注額でも劇場作品を受注するよう求めてきた。こうした動向には「東映動画が築き上げてきた体制の毀損なしには対応不可能だった」(木村 二〇二〇:一八一)ため、結果として希望退職者を募る必要があった。劇場版アニメでも市場のニーズを元にその労働の編成を大きく変えざるを得なくなったのである。

半澤誠司は『コンテンツ産業とイノベーション:テレビ・アニメ・ゲーム産業の集積』(勁草書房、二〇一六年)において都内の制作会社へのヒアリングから、二〇〇〇年代にアニメ産業に重要な変化が生じたことを議論している。それは、「アニメバブル」と呼ばれる制作本数の急激な増加であり、制作体制の拡充が追いつかないという事態を招いた。このアニメバブルは、深夜アニメのビデオパッケージの販売が好調だったことにより生じたものである。国内のアニメ産業はこれにより十分な訓練を受けていない若手アニメーターを原画として起用せざるを得なくなり、人材育成が困難になった。このバブルは二〇〇六年にピークを迎え、二〇〇八年から減産体制に入り、仕事の確保に苦労するアニメーターも増加したという。

アニメバブルの収束はアニメ制作会社にも大きな影響を及ぼしたことを半澤は指摘している。受注の減少により制作会社は収益を確保することが難しくなるが、この影響は工程特化型制作会社と呼ばれる、特定の工程のみを受注する企業において大きかった。これはテレビシリーズが開始された一九六三年以降に、テレビ局からの受注が安定せず、制作会社が恒常的な労働力を内部で抱えることを避け、労働者側も独立した方が報酬が高くなることが期待されたために増加した制作会社の形態である。工程特化型制作会社は収益を確保するために他の工程の受注にも手を伸ばし、複数の工程を一括受注できるグロス請け制作会社に転換していったことを半澤は指摘している。これは、制作会社が工程ごとに分業するのではなく、比較的少数の企業が一括で制作を受注して作品を内製することを意味する。このようにアニメーション産業は外注から内製化への過渡期にあり、それが進展するにつれて労働問題や技術への抵抗も解消していくと指摘している。だが、こうしたアニメバブルとはどのようなものであり、どのようなことが問題にされたのだろうか。次項ではそのことを論じる。しかし、アニメーターの働き方を見る限り、依然として雇用を前提とした働き方が主流化しているとはいえない部分も多くみられる。それは多くの企業で作品制作の収益が雇用を前提にするには安定した確保がなされていないためである。

（3）アニメ制作の推移からみる産業構造

図1は増田弘道『デジタルが変えるアニメビジネス』（二〇一六年、NTT出版）と『アニメ産業論：定義と歴史2021』（二〇二一年）をもとに、アニメ放映分数の推移を新作作品・継続作品を区別する形で着目しつつまとめたものである。二〇〇六年をピークとする起伏があるものの、全体的な傾向としては放映分数が増加していることが見てとれるだろう。一方で、二〇〇七年にピークを迎えた制作分数が二〇一〇年にかけて大きく減少し、さらにそこから増加するなど、年単位で見たときの制作分数にはぶれがある。このことは制作会社が必要とするアニメーターの数がその都度大きく変わりうることを意味している。

まず分数増加の原因として一九九〇年代中盤からは深夜アニメが放映されるようになり、徐々に深夜アニメが占める放映分数が増加し、二〇一五年からは全日帯に占める割合を超えたことが増田により報告されている。一九八〇年代からはアニメ作品がビデオパッケージとして販売されるようになるが、これについても二〇〇〇年代にかけて売上が伸びており、二〇〇〇年代以降も一定水準で売り上げが維持されている。

深夜アニメとして放映されたり、ビデオパッケージとして販売されたりする作品は、一つ一つの作品の放映期間（時間）が短い傾向がある。最初からビデオ作品として販売される作品だけではなく、深夜アニメも映像作品としてはビデオ作品として販売されるが、一般にビデオパッケージは巻数を経るごとに売上が減る傾向にあり、商業上一つの作品の長さを短くすることが合理的になる。全体の放映分数が増加することによってアニメ制作者

図1　アニメ制作分数（継続・新作）

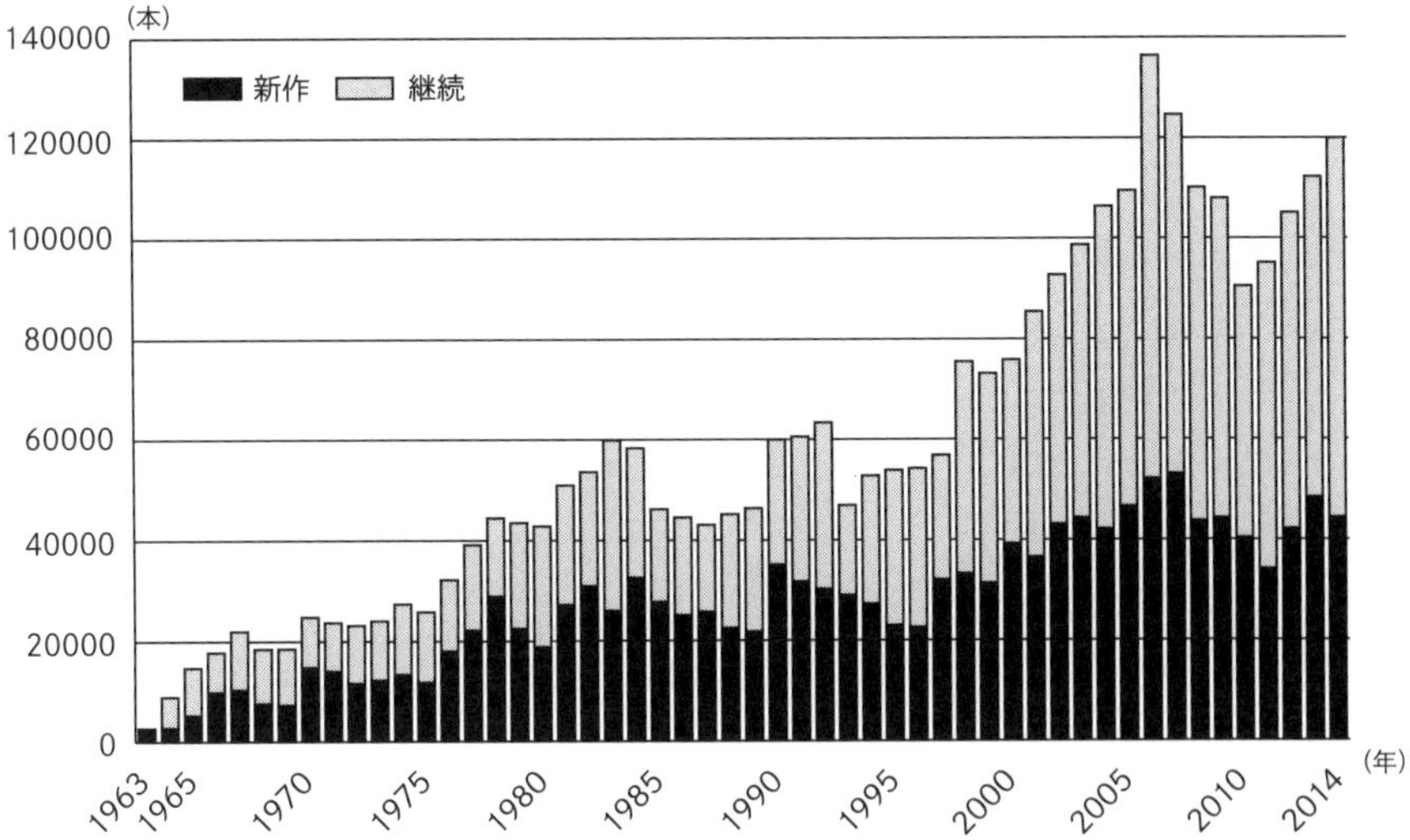

への労働力需要は高まる一方で、これらの変化によって制作会社と制作者の契約は短期的になる。これはアニメ産業の次のようなビジネスモデルの変化とも関わりがある。

（4）アニメ産業におけるビジネスモデル

制作会社は、下記で論じるようなスポンサーや製作委員会等から制作費を受け取り作品制作を行う。アニメーターが得る報酬もこの制作費を原資としている。この制作費のあり方を規定しているビジネスモデルや産業構造について、雑誌資料をもとに検討する。

当初、アニメ制作会社は、発注元であるテレビ局等から製作費を受け取り、作品を制作する方式を採用していた。この方式がもたらす労働問題はすでに一九九〇年代初頭には指摘されていた。当時の雑誌記事である「テレビアニメーションの隆盛と貧困」（『創』一九九二年三月号）においては、制作会社の収益構造とその苦境が以下のように説明されている。

アニメ番組に対してスポンサーが支払うＣＭ料がテレビ局に入ると、それを製作費として代理店に預ける。そして代理店が元請けに、元請けが下請けにと製作費が流れていく過程で、何度もマージンがカットされる。であるから下請けに仕事を発注する元請け会社にとっても、そんなに製作費が充実しているわけではない。いやむしろ製作費だけを考えれば赤字状態であるという（七四〜七五頁）

アニメ制作会社が下請構造のなかに置かれることによる製作費の問題に加えて、下請制作会社が作品についての版権を持てないことも問題とされていた。版権を持つ原作者・出版社・スポンサー・代理店・元請制作会社はキャラクターの商品化などに伴って収益を得られるが、下請会社はそうした収益が得られない。このような構造のもとで中堅のアニメーターでも生計が十分に維持できず、業界として新しい人材の確保に懸念があることが業界関係者によって語られていた。

制作資金を調達するための方法としては「製作委員会」という方式が後に用いられるようになる。アニメビジネスに関わる企業が共同で出資を行い、そこでの出資比率に応じてキャラクター商品等についての収益が得られるという仕組みである。制作会社は、製作委員会に加わることによって、版権を用いた商品への収益を得ることができるようになる。

『日経キャラクターズ』二〇〇三年一〇月号「どうなっているのか製作委員会の仕組み」では、**図2**のような製作委員会方式の説明とともに、制作会社の経営者の反応も紹介されていた。大手制作会社の一つであるジェーシースタッフ取締役社長の阿部倫久は、制作会社が製作委員会に参加することによって、発注する側の企業が何を考えているのかがわかり、かつ参加企業に意向を伝えられることなどへの期待を述べていた（八七頁）。

さらに同記事では、さまざまな資金調達の方式が考案されていることが注目されていた。その一つが、みずほ銀行による「著作権担保融資」がある。制作会社が発表した旧作の著作権を担保にして資金の融資を得られるというものである。

図2　製作委員会方式の構造

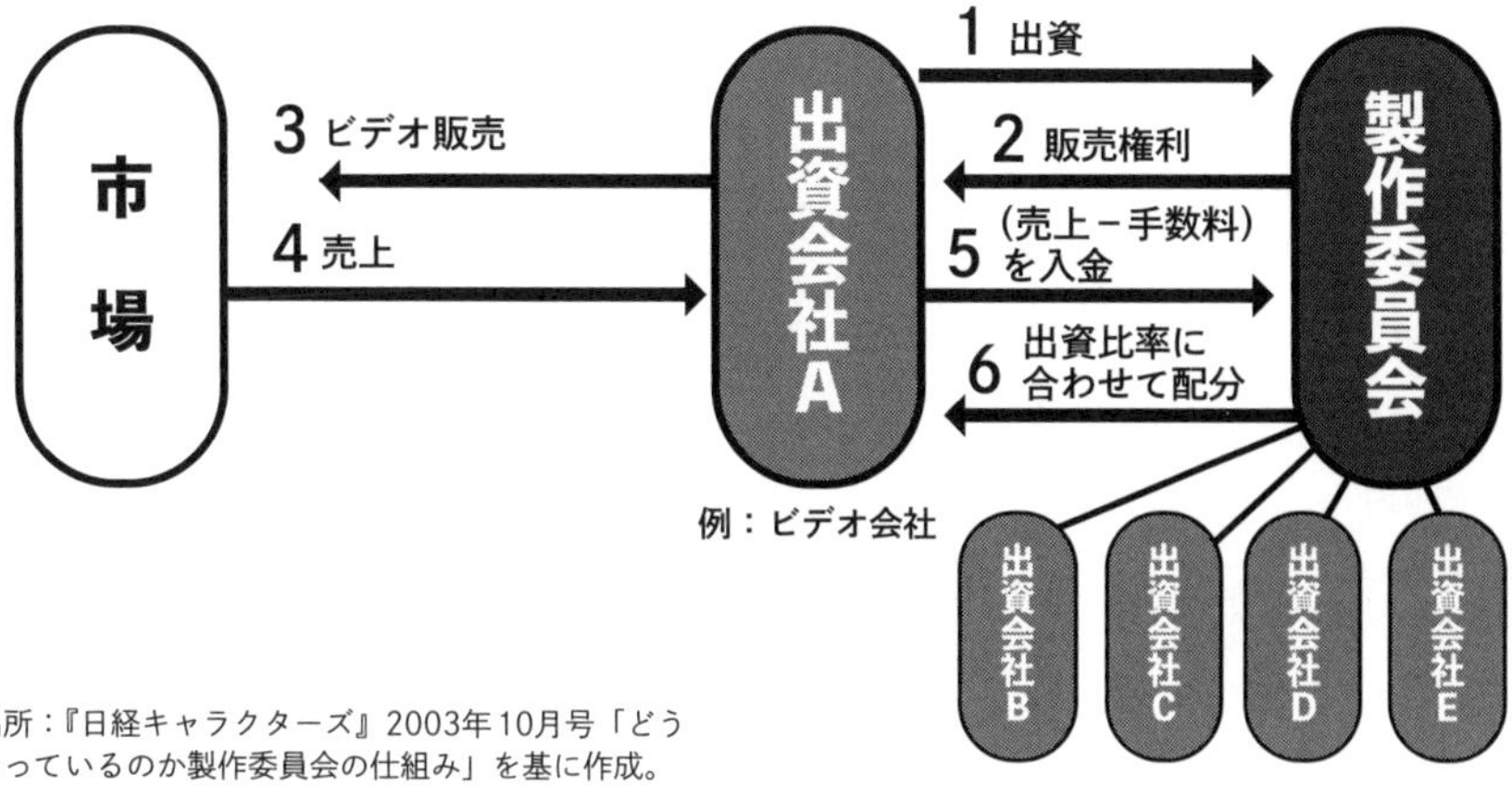

出所：『日経キャラクターズ』2003年10月号「どうなっているのか製作委員会の仕組み」を基に作成。

一方で、新しい資金調達の方式によってリスクがなくなったわけではなかった。阿部は、制作会社自体は版権ビジネスを展開するわけではないので、制作会社が出資する場合には作品の当たり外れに賭けることになると述べる。著作権担保融資については、過去作を担保にして資金を得るという方式であることから、制作会社として一定以上のペースで作品を制作し続け、収益を上げ続けなければならないプレッシャーも強く抱えることになるといえるだろう。

さらに、製作委員会方式によって、当初の問題による下請構造が解消されたわけではないことにも注意が必要である。NHKの「クローズアップ現代」では、二〇一七年六月七日に「二兆円→アニメ産業　加速する〝ブラック労働〟」という特集が放映され、製作委員会と下請企業において下請構造があることの問題が指摘されていた。これについては、制作会社や業界団体からの反論を掲載した記事（ねとらぼ「諸悪の根源は製作委員会」ってホント？：アニメ制作における委員会の役割を制作会社と日本動画協会に聞いた）もあるが、そのなかでも製作委員会に入れない下請企業があること自体は事実であるとされている。このように製作委員会方式が抱える問題も指摘されるなかで、近年はNetflixなどのインターネット配信事業を行う企業が出資することで労働問題の解消を期待する議論がある。『ＣＹＺＯ』二〇二一年三月号「『鬼滅』ブームの裏に二〇社配信あり」では、Netflix社がオリジナル作品を発注する際に提示する製作費が一般的なアニメの何倍もの予算であることが取り上げられている。一方で、同記事ではオリジナル作品でもNetflix社一社が出資するとは限らず、製作委員会が組織される場合もあることが言及されている。配信事業の台頭によって、製作委員会方式自体が置き換わるかは、自明とはいえない。

したがって、アニメーターの労働条件を規定する産業構造として、受注産業であり恒常的な人員を抱えづらいという条件に加えて、制作会社の資金調達が短期的であるという問題と、下請構造の問題が確認できる。しかし、アニメーターの労働問題を議論するうえで産業構造に起因する収入の問題を指摘するだけでは十分ではない。なぜなら、労働条件の低さを指摘するだけでは、なぜ長期にわたって産業を支える人材が定着してきたのかが明らかではないからである。以下では、実際にアニメ産業はアニメーターの定着を支えるための仕組みを内包してきたが、その仕組みの揺らぎが下請構造とは別のアニメーター間の相互評価の弱まりを要因としていることを論じる。

3．アニメーターにおけるコミュニティと能力評価

（1）インフォーマルなコミュニティに基づく能力評価

アニメーターがきびしい条件の中でも定着してきた要因として、仲間内でスキル・能力を評価する仕組みがあったことがあげられる。アニメーターの仕事のネットワークの形成とスキル形成の機会はどのように関連してきたのだろうか。以下の三二年目のベテランアニメーターＵ（男性）の語りでは、Ｕの同世代においては同業者

間の評価が仕事を獲得するうえで機能していたことが述べられている。

U：同僚とかはさっき言った、エフェクト仲間って五人くらいいて、常にお互いの仕事を見て、お互いを評価してる仲間がいるんですよ。お互いが、えっとたとえば仕事がなければ、じゃあ俺の仕事やろうよとか、（中略）五人くらいがずっと、一五年二〇年くらいつながっていて。たとえば絵が、手抜いちゃったりすると、ここ手抜いたじゃんって電話かかってきたりとか。飲み会月一回くらい飲んでるんですけど、飲み会の度に絵柄がこう変わったよねとか、最近ちょっと元気ないけどどうしたのとか、お互い励ます仲間が、ある意味職人、ギルドみたいなのがあるので。

Uは「エフェクト仲間」という同じ種類の作画を中心に担当しているアニメーター同士で、「常にお互いの仕事を見て、お互いを評価して」おり、互いに仕事がない状態にあるときには、今でも仕事を斡旋し合っているという。このような関係で「一五年二〇年くらいつながって」おり、低い質の仕事をしたときには「ここ手抜いたじゃんって電話がかかってきたり」というように、相互評価のネットワークが常に働いてきたことを述べる。

こうしたネットワークは仕事に限らないインフォーマルな場を通して維持されている。Uはこの場を「職人、ギルドみたい」と表現している。

こうしたインフォーマルなコミュニティに基づく相互評価は、互いのスキルについて確認し合う場になっており、アニメーターが産業に定着することを志向し続ける点で重要である。それでは若手にとっても、こうした場は維持されているのだろうか。

（2）産業への定着志向と若手の評価への不安

アニメーターには出来高制で働くフリーランサーが多く、個々人の報酬額は間接的に技術水準を表すものになる。さらに、不安定受注に陥りがちであるため、アニメーターとしての仕事で生活を成立させることができること自体が、職業者として一人前となったことを示すものになる。五年目のアニメーターB（女性）は、アニメーターとしての一つの達成を、具体的な収入水準を示しながら語っている。

B：みんな、アニメを描いて暮らしていくっていうことが、自分が一番望んでいることなんで、別に豪華な暮らしは望んでないわけです。月一五万円あれば普通に暮らしていけるわけですから、第一、それだけもらえればいいんですよね。

アニメーター独特の職業達成の存在のもとに、若手のアニメーターたちにとってのインフォーマルなコミュニティの重要性は理解される必要がある。出来高制のもとで「月一五万円」得るためには、安定した仕事の受注が必要である。だが、以下の六年目の男性アニメーターGによる語りでは、職業生活に定着し続けるのに必要なアニメーターへの評価が必ずしも適切になされていないと若手が感じていることが示されている。

G：めっちゃ頑張っている人がもうからないというのが、一番夢がないなと思うんですよね。こんなにすごく重たいことをやっているのに、単価が自分たちとそんなに変わんないよみたいな。

ここでは、仕事にかかる労力と評価が直接結びつかないことへの不満が述べられている。さらにこの不満は、

G本人についての不満ではなく、労力をかけた者が評価されないことへの不満である。ここで、評価は個人の努力によっては得られがたいものとして経験されている。同一工程の単価は一律で設定されていることが多いため、個々の作画における難度の高低は報酬に反映されにくい。そのため、アニメーターの報酬体系は、個々人の能力評価に関連していないと感じられている。

Uが語っていたような相互評価があれば、個々の能力評価が可能になり、即座に報酬には反映されなくても、若手アニメーターも将来への展望を持つことが可能なはずである。だが、実際には若手アニメーターはキャリア不安を抱えている。以下の語りは、入職して四カ月の新人アニメーターP（男性）によるものである。Pはアニメーターの労働条件が低賃金であることにより「技術がつくまで生き残れない」と危惧を述べ、苦境を乗り越えるための道筋について以下のように語っている。

P：実力と信頼を得たうえで、一件拾って、そうだねって拾ってくれる人に出会うっていうのが多分……。今の段階では、仕事をくれるだけで、ありがたやっていう状況って、ちょっと先のこと考えることどうなのかなと。まず、自分の商品価値を高めないとっていうので、動画マンとして鍛えたうえで原画マンになって、原画マンでそれなりに描けるようになってとかっていうのって、結局、全部が成功すれば、全部うまくいくはずなんですけど、そうそうとんとん拍子にいくのかなっていうのは思いますし。

Pは「実力と信頼」を得たうえで、それを認めてくれる人に出会うことが重要だと述べる。つまり、現状を改善するには実力が認められる必要性が議論されている。そのうえで、「今の段階では、仕事をくれるだけで、ありがたやっていう状況」だとし、現時点では仕事を得られるかどうか自体に不安があることが語られる。自分の価値を高めることによる成功という期待があるが、「そうそうとんとん拍子にいく」かどうか不安だとも述べている。

このように若手アニメーターはアニメ産業への定着の見通しを得ることに困難を覚えている。定着には継続的な仕事の獲得とそれを支える自らへの安定した評価が必要であり、その欠如に対して不安を感じている。

相互評価が機能するためには以下の二つが必要となる。第一に、ベテランのUが、評価しているアニメーターを「五人」と数えているように、評価されるべき個々人が特定され、それぞれ具体的な仕事の内実がわかることである。第二に、飲み会という場に象徴されるように、アニメーター同士がコミュニケーションをとる機会が保障されていることである。これらにより、個々のアニメーターが仕事上発揮している職業能力の向上や低下を互いに絶えず評価することができ、相互のスキル形成の機会になる。このようにして、相互評価は仕事を得るだけでなく技能の形成に結びつき制作者の定着に寄与しうる。しかし、こうした相互評価の基盤は現在揺らぎつつある。

4. 不透明化する能力評価とその条件

（1）作画部門内の分業と責任の曖昧化

アニメ産業に起こった具体的な変化に第一原画（レイアウト）・第二原画の分業、放映本数の増加がある。第一原画と第二原画の分業とは、もともと一連の工程であったレイアウトから清書（これが分業後の第二原画にあたる）が、別々の工程として分割されたことを意味している。つまり、場面を構想してラフな絵を描く仕事と、その構想に基づいて明瞭な線で絵を描く仕事が分割されたのである。この変化が生じた転換点は必ずしも明確ではないが、次に述べる放映本数の増加が関わっているように思われる。放映本数の増加は、深夜アニメの放送を一つの要因として生じた現象であり、ビデオパッケージによる収益を継続的に得るために、作品を絶えず更新していく必要性が強まったことを背景としている。

こうした構造的変化は、ベテランよりも若手に大きな影響を及ぼすと考えられるが、その変化の内実について多くの他工程の仕事を俯瞰できる上流工程に長年身を置く三四年目の女性アニメーターTに、本節では主に着目する。Tは入職四～五年目には人気作品の作画監督となり、それ以降も作画監督やキャラクターデザインとしてアニメ制作に関わってきた。

本項では作画部門内で本来同一工程だった第一原画と第二原画が分業されたことに焦点を当てる。Tは自身の世代と上下の世代の差異について筆者が尋ねた際、「若い人達が」「できないって言っちゃう」と述べた。これは単に若手を責める語りに見えるが、実際には別様の意図が存在した。

T：これは若い人たちばかりじゃないですけど、今、あのー、二原。

――：二原ありますね。

T：簡単に若い人たちも、一原と二原じゃ当然だと思ってるので、平気で、一原まで、あとはよろしくみたいな平気に言っちゃう。それが、よくないことだと。最後まで責任取ろうよ、持とうよっていうのが、気になることですかね。若いっていうよりかは、それが普通になっちゃってる。それがどうなんだろうって。

Tは自らの世代からの変化として第二原画を挙げる。第二原画は若手が仕事を放り出すことの原因として挙げられており、かつTがキャリアを通して経験してきた変化の一つとして提示されている。原画工程が二つの工程に分化してきているのは、T自身にとっては問題含みな変化として経験されてきたが、若手にとっては「当然」のものとされていると語る。

本来一つの工程である原画工程は、その境界は厳密には分けられないため、レイアウトとして不十分な質の作画であっても、第二原画に回すことが可能になってしまう場合がある。Tが問題化しているのは責任を曖昧化することを可能にしている分業の方法なのである。

第一原画と第二原画という二つの職務の境界が曖昧なことによりその業務評価が難しくなる。名目上は前者が後者よりも上流工程だが、これらの境界が曖昧であることは前者が後者よりも優れているという判断を難しくさせる。さらに職務が曖昧であることで一枚一枚の作画の難しさが安定しないことを意味する。それでも出来高制は維持されるのでスキル評価は困難になる。

このように部門内の分業は責任の曖昧化を招き、それが相互評価を困難にさせているのである。

(2) 放映期間の短期化とコミュニケーション機会の減少

第一原画と第二原画の分離が行われたことに加えて、アニメーションの短期化が、労働現場に大きな変化をもたらした一九九〇年代の深夜アニメ放映開始を背景としたテレビアニメ作品の一作品あたりの放映期間の短期化に着目する。

Tは若手時代(一九八〇年代後半)に関わった、後のキャリアアップに繋がった作品について語り、当時同じ作品に携わっていたアニメーターと未だに仲が良いと述べた。そうした関係が続く理由を、自分もコミュニケーションが必ずしも得意ではなかったが、当時は放映期間が三~四年ほどあり、共に過ごす期間が長かったためだと説明した。上記でも述べたが、一九九〇年代の深夜アニメの展開はビデオパッケージの販売を継続的に行うビジネスモデルと連動しており、そのためには作品の更新が重要であるため、一作品あたりの放映期間は短期化することになる。筆者(松永)はこのことを踏まえて近年は一作品の放映期間が短いために若手が「周りと仲良くなれない」という悩みをしばしば語ることを述べると、Tは以下のように語った。

T：それは言えますねーだからほんとに一クール終わったすぐに移動みたいな感じになっちゃうので、それ考えちゃうとそうかもしれませんね。

これにはアニメーターの契約形態が関わっている。作品ごとに制作に召集されることが主流であるアニメーターは、その作品が終われば別の現場に移動しなければならず、コミュニケーション機会が減少する。そのためにUが述べたようなアニメーター同士の繋がりが形成されにくい。

Tは続けて、アニメーターには昔から「お話するのが苦手な方」がいるが、長く共にいることで解消されていたと示唆する。そして、筆者が若手がベテランに対して話しかけにくいと語る事例を紹介すると、作画という業務の都合上、業務時間中は他者との会話が難しいことを述べる。

――：けっこうなんか、（若手が）一日中人としゃべらないで終わっちゃうみたいな。

T：ああ。あのー仕事しに来るわけですから（笑）

――：そうですね。

T：しゃべってたら仕事になりませんからねーだんだんスケジュールも押してきちゃって、しゃべってる暇がないみたいなねーありますからねー。

業務時間中にコミュニケーションを取れないならば、アニメーター同士のコミュニケーションは業務時間の合間や業務外のインフォーマルな時間の中でなされるしかない。しかしスケジュールの圧迫により、インフォーマルな時間も確保できなくなっている。

さらにTは、アニメーターの出勤時間が人によって異なり、夕方以降に仕事を開始する者も多いということに言及しつつ、以下のように述べた。

T：そうなるとやっぱりねーなかなか。昔はよく、先輩と一緒に、お酒のみにいったりとか、ご飯食べたりとか。今はあんまり聞かないですからねー先輩との、コミュニケーションする場が、なくなったのかもしれない。

アニメーターの労働時間帯を経年的に調査したデータはないが、フリーランサーが多いため、出勤時間が人によって異なるスタジオが多いことは明らかである。夕方以降に動き出すアニメーターが多いと、「先輩と一緒に、お酒のみにいったりとか、ご飯食べたりとか」というインフォーマルなコミュニケーションが機能しにくくなる。前節のUの語りに見られたようなコミュニケーションの場がなくなったのである。

このようにコミュニケーション機会が減少すると、そもそもアニメーター同士が知り合いになる機会も少なくなり、相互評価が機能しにくくなる。加えて、放映期間の短期化はアニメーターの契約期間の短期化に直結するため、アニメーターは仕事が途切れるのを避けるために掛け持ちをするようになる。

T：細かい仕事が多いです。さっきも言ったように一クール二クールの作品じゃないですか。そうなると、ほんとにそれを三カ月、半年で終わらせないといけない。終わる前から次の仕事の準備が入ってきてオーバーラップするので、となると、大変になってくるんじゃないかな。

掛け持ちが必要になると同時に、放映期間が短くなるとアニメーターが様々な現場を転々とすることになる。この移行期間には「オーバーラップ」があり多忙になる。大まかな制作フローは似ていても、現場によって細かな仕事上の進め方の差異が存在するため、若手アニメーターはその都度変化に対応しなければならない。Tの若手時代のように何年も同じ現場で仕事ができれば慣れていくことができるのだが、それが現状では難しくなっている。こうして制作現場全体の多忙化により、世代問わずアニメーターが個々にバラバラな時間で働きコミュニケーション機会をもたないことで、若手アニメーターにとってはネットワークの価値を知る機会それ自体が得られにくくなっているのである。

ここからわかるのは、実力主義による相互評価はインフォーマルなコミュニケーションによって支えられてきたが、放映期間の短期化によりコミュニケーション機会が減少して相互評価の基盤が揺らいでしまったことである。掛け持ちが主流になり目の前の現場に適応することで精一杯になってしまうこともこれに拍車をかける。

若手アニメーターが自分達の仕事が適切に評価されないかもしれないと述べるのは、こうした構造のもとに置かれているからである。アニメーターの相互評価はネットワークを通してなされていたが、第一原画・第二原画の分業と放映期間の短期化というアニメ産業の構造的変化によって、そのネットワークを支えるインフォーマルなコミュニティ自体が失われつつある。こういったコミュニティが維持されていれば、若手アニメーターが拘束契約を得たり、より上位の工程の仕事を行うチャンスが生じる。反対に、評価が不透明化していくと、若手の「評価されていない」という感覚が構造的に生み出されることに繋がる。これにより、若手はアニメ産業への定着の志向を維持することが難しくなり、結果としてキャリア不安を抱くことになるのである。

5. コミュニティを維持する重要性

アニメーターの労働市場はフリーランスを中心に構成されてきた。その背景には、アニメ産業が受注産業であり、そもそも恒常的に人員を抱えにくい特徴を持ち、市場ニーズに依拠した労働編成を整備することが求められたことがある。さらに、アニメ制作会社は下請構造のなかに置かれており、収益が安定せずアニメーターの労働条件に影響を及ぼしていると考えられることも指摘した。下請構造を内製化によって解決させるような議論も存在するが、こうした議論はアニメーターがフリーランスとして培ってきた労働者の文化を無視して考えることはできないだろう。

そうした文化の一つとして、アニメーターは同業者ネットワークに基づく評価に基づいて、互いに仕事を回し合う関係を築き、産業への定着志向を維持することを可能にしていた。このような評価は、アニメーターがインフォーマルなコミュニティを形成することによって可能になっていた。

本章では、しばしば指摘される低報酬などの問題だけでなく、アニメーターが定着を志向することを支えるコミュニティの弱まりが生じていることとの問題を指摘した。これは一九九〇年代半ばからの深夜アニメの放映にあたってビデオパッケージを継続的に販売するために放映作品数が増加し、その増産に対応するために工程間の分業が変化することや、放映作品の更新頻度を高めるために放映期間が短期化することによって生じていた。このなかで若手アニメーターは自らの評価を得る機会が乏しくなり、キャリア不安を抱くことになるのである。

本章で明らかにされたのは、産業や企業の内的な論理を通じて形成されてきたフリーランサーを支えるコミュニティや、その揺らぎについてである。その要因にはビデオパッケージによる収益の安定化を制作会社等が志向したことがあるが、これは商業的なリスクの軽減を意図した行動としても捉えられる。アニメ産業のように、中小・零細企業で構成される産業においては、このような産業や企業の詳細を捉えることが重要となることを示唆している。こうした分析からアニメ産業における労働問題の改善に向けて示唆されるのは、アニメーターが形成してきたコミュニティを維持していくことの重要性である。本章で論じた工程間分業の変化や放映期間の短期化といった動向それ自体を巻き戻すことは難しい一方で、アニメーター同士のネットワークを支える機能を持つ労働者の役割を捉えていくことが重要である。多くのアニメ制作会社では制作進行と呼ばれる職種の労働者が働いており、この制作進行は作品制作のスケジュール管理を担う職種であるが、その業務のなかでフリーランスのアニメーターとも関係性を築き、しばしばネットワークのハブになるべき存在である。このような制作進行がネットワークの形成に対してどのような役割を果たしているのかが、今後調査によって明らかにされるべき論点となる。

追記：本章の内容は永田大輔・松永伸太朗『産業変動の労働社会学　アニメーターの経験史』（二〇二二年、晃洋書房）第一〇章を基に新たな資料を加えて大幅に加筆修正したものである。

第V部

働き方はなぜ悪化したのか

そのメカニズムと改革の展望

はじめに

ここまで、私たちの生活を支える多くの不可欠な現場で、長年にわたって働き方の悪化が進んできたことを見た。日常的に見知っている仕事であっても、私たちの目に見えないところで、働く条件が悪い方向に大きく変わってきた現場が多いことには驚かされる。社会の土台を現場で支えるエッセンシャルワーカーの多くは、この三〇年の間により多くの苦労を伴う状態へと追い込まれてきたのである。

社会に不可欠な仕事を担う人々の処遇は、なぜこのように悪化してきたのか。それは、産業・業種の違いを越えて、日本に一つの大きなマイナス方向の社会変化が起こったためだと考えられる。その変化とは、現場の担い手を安く都合よく働かせる新しい仕組みの広がりである。それを是とする価値観の普及・拡大のもと、日本社会は、現場で働く人々を軽視し、負担をしわ寄せする新しい働き方を作り出し、日常構造化した。

この新しい構造は、一九九〇年代以降の平成の長期不況と自由化政策のもとで生まれた。それは、それ以前に形成された日本的雇用制度を内外両面で変える二つの動きとして進行した。一つは、その内側において、正規・非正規という二元的雇用制度を新たに拡大したこと、もう一つは、その外側において、委託・下請構造の市場化という新しい企業間関係を広げたことである。

この転換が起こる以前の日本は、「昭和」時代の発展を享受していた。戦後高度成長期以降一九九〇年まで、つまり昭和三〇年代から昭和六〇年代まで、日本経済はオイルショックも乗り越えて底堅く成長し、日本製品は世界中に輸出されて国際的に賞賛され、ジャパン・アズ・ナンバーワンと高い評価を得た。それを支えたのが、日本が独自に発展させた日本的雇用システムであり、これがほとんど一元的に日本の雇用労働をカバーしていた。そこで雇われた男性正社員は安定した雇用と右肩上がりの給与のもとで、持ち家取得をはじめ家族全員の生活を支えた。

この時期はまた自営業や地元商店街の繁栄の時代でもあった。日本は経済的成長と社会的平等性を両立できる国として、世界銀行をはじめ世界から高く評価された。この歴史的事実は現在に至るまで、「昭和」を経験した多くの日本人に「成功体験」として残っている。

ところが、バブル経済の崩壊以降、日本的雇用を確立していた企業は、不況下の競争に生き残るために、自らが依って立ってきた土台の形を変える選択をした。それまで長期に人を育てることを信条としてきた日本企業の多くは、中高年のリストラ、新卒の採用停止へと追い込まれ、コスト削減・人件費抑制によって生き残りをはかる方針に転じていった。日本政府もまた、英米発の新自由主義が世界的に力を増す中、市場の自由に任せて規制を緩和・撤廃する方向へと大きく政策の舵を切った。それこそがグローバル化時代に日本経済の競争力を強化する最適な方法だと信じられた。

しかしそれは結果として、労働力をできるだけ安く都合よく使うという新しい働き方の仕組みをつくりだした。企業内では正規を減らしてどんどん安い非正規を増やし、外側では委託・下請関係に低価格競争を持ち込んで安い仕事を増やした。この新たな方向は、小泉改革をはじめとする政府方針とそれを支持する世論によって支えられ、新しい時代の価値観として日本社会に広く普及していった。

三〇年後の今からみると、こうした政府・企業の政策は、現場で働く多くの人々に、それまでより余裕のない働き方、見通しのたちづらい生活不安をもたらしてきたことがわかる。それは先進国の中で唯一、三〇年間も賃金上昇がない、個人消費が停滞し続けるという、例外的な「安い」社会を生み出した。また、これらの政策は、日本の競争力ももたらさなかった。日本経済は一九九〇年代以降じりじりと世界的位置を後退させ続け、「昭和」時代の国際的存在感を失っていった。

つまり一九九〇年代以降の平成日本が進めた自由化、それを通じたコスト削減・人件費削減政策は、働く人々を疲弊させ、社会のゆとりを奪い、日本経済の基礎力を削いだという意味で歴史的な失敗であった。

私たちはこの三〇年間の誤りを総括し、どこに問題があったのかを反省した上で、次の時代を創る新しい方針を考えていかなければならない。

そのために第Ⅴ部では、ここまでの議論を振り返り、この過程はいかなる要因、いかなる論理のもとでもたらされ、どのように問題が現れたのかを総括的に考察する。この分析を通じて、状況を今後改善していくために、具体的に何をどのようにすればいいのかを考えていく。

はじめに、第一の問題として、日本的雇用の内側で進んだ正規・非正規二元化について、特にこれが早期から進んだ小売業・飲食業について総括する（第Ⅰ部第1・3章）。二元化の歴史的発生から主流化までの過程を考察した上で、この構造をどうしたら再び一元化できるかについて、同じ店舗を異なった労働編成で運営しているドイツの小売業・飲食業（第Ⅰ部第2・4章）と日本の小売企業の最近の動きから展望する。

次に、第二の問題として、公的サービスにおける二〇〇〇年代以降の正規・非正規二元化と専門職の冷遇の拡大をとりあげる。保育・相談支援・ごみ収集・教育・訪問介護・看護という、私たちの生活に欠くことのできない公共的エッセンシャルワーカーの働く条件が、いかなる背景・要因のもとで悪化してきたか、それぞれの条件を考察し（第Ⅱ部第1～4章、第Ⅲ部第1・2章）、ドイツのケア職（看護・介護）（第Ⅲ部第3章）を含めてその改善策を考える。

最後に、第三の問題として、日本的雇用や公的サービスの外側で進んだ委託・下請構造の自由化・市場化がもたらした問題を論じる。運送業のトラックドライバー、建築業での一人親方、アニメーターにおいて働き方が悪化した原因とメカニズムを考察した上で、すでに日本国内でさまざまな形で始まっている改革の動きをとりあげながら今後の展望を考えていく。

〈田中洋子〉

第1章　「女・子ども」を安く働かせる時代を終わらせる

田中　洋子

1. パート・アルバイトの低処遇正当化の初期条件　一九六〇～一九九〇年

そもそもどうして、日本では働く人の四割近くが低い処遇条件が続く非正規雇用なのか。はじめにこのことをはっきりさせるため、パート・アルバイトが生まれた歴史的背景と、そこで低処遇が合理化された論理を再度確認しておこう。

そもそもパート・アルバイトは一九六〇～一九八〇年代に、日本的雇用の補助的存在として生まれ、広がった。一九六〇～七〇年代の高度成長期の製造業で使われはじめ、一九七〇～八〇年代に小売業や飲食業にも普及したパート・アルバイトは、はじめから低い時給だった。それが当時問題視されなかったのは、それがあくまでも補助的存在だったからである。

ここでの補助的には二つの意味がある。一つは家計補助である。

この時代は日本的雇用の全盛期で、夫・父親による家族の生活保障が最も安定的に機能していた。それを前提に、妻や子どもがパート・アルバイトで家計補助・こづかい稼ぎで働いた。夫・父親によって生活が保障されている家族だったがゆえに、その低賃金は社会的に正当化された。

もう一つの意味は仕事補助である。

パート・アルバイトは単純な定型労働を行い、男性正社員中心の仕事を、周辺で補助する存在とされた。本工との処遇格差が問題視された臨時工とは異なり、主婦パートや学生アルバイトは正社員の仕事とは全く異なる単純定型作業を行うからこそ、低い時給で当然だと考えられた。

結果として、主婦パートや学生アルバイトは単純作業を補助的にやって家計補助・こづかいが得られる、企業は人を安く業務の繁閑に合わせて都合よく雇える、というウィン-ウィン関係の文脈が成立し、低賃金・低処遇は社会的に容認された。

小売業のパートは、禿あや美（『雇用形態間格差の制度分析』二〇二二年）によると、当初は店長が個人的に頼んだ店の手伝いで、金銭を扱うレジは正社員に任されていた。しかし一九八〇年代に入ると、女性正社員によるレジ作業や、男性正社員の発注作業をパートに任せても、十分遂行できることが認識されるようになり、企業は人件費の安いパートの職務範囲をチーフ・リーダーや管理業務にも拡大させて活用する戦略をとるようになった。

飲食業でも第3章でみたように、一九七〇〜八〇年代の外食チェーン店の拡大のもと、マニュアル化、機械化、作業の単純化・分業化が進み、主婦パートや学生アルバイトが増えはじめた。その後長期化した不況下では、生き残りのために安いアルバイトに恒常的に使うことで人件費を下げるという新しい経営戦略が導入され、飲食業もアルバイト依存度を上げていった。

一九八四（昭和五九）年の日本では非正規割合は一五パーセントだったが（労働力調査）、これに対し一九八七年の卸売・小売・飲食業のパート・アルバイト比率は三〇パーセントで、当時から高かった（就業構造基本調査）。一九七〇年代にパート率一〜二割だったスーパーでも、一九八〇年代には四〜五割まで増えた。この意味で、小売業と飲食業は一九九〇年以前に、パート・アルバイトの量的基幹化と質的基幹化の双方を主導し、主婦や学生を安く使う先鞭をつけたのである。

とはいえ、パート・アルバイト割合は最も多いスーパーでもまだ五割であり、現場の中心はなお正社員であった。この状況が大きく変化するのが、一九九〇年代のバブル崩壊以降である。

2. 非正規拡大の三つの要因　一九九〇～二〇二〇年

一九九〇年に八八一万人だった非正規雇用は、三〇年後の二〇二〇年に、二一六二万人に増えた。三〇年間で二・五倍になったのである。

働く人の中で非正規が占める割合も二〇パーセントから三八パーセントにまで上昇した（労働力調査）。働く人は、正規と非正規に大きく二分されてしまった。

スーパーではパートが増加し続けた。二〇〇〇年代に、スーパーの平均パート比率は六五パーセント、店舗レベルでは八割以上となり、二〇二一年にはスーパー平均で八〇パーセント、店舗レベルではそれを越えた。外食チェーンでも、3章で見たファミリーレストランでは、正社員は店長一人で、あとは主婦パート一五人、学生アルバイト七～八人で非正規割合九六パーセント、コーヒーチェーンでは正社員の店長・副店長に学生アルバイト八人、主婦パート五人で非正規割合八七パーセントという状況である。

時給は九〇〇円前後で、その時の地域の最低賃金水準であり、フルタイムで働いたとしても年収二〇〇万円いくかいかないかで経済的自立は難しい。四年間働いてベテラン、マネジャーになっても、四年後の最低賃金と大差ない時給で働く。

つまり、スーパーや外食チェーンは三〇年の間に、半分が非正規、という状態から、ほぼ全員が非正規、という非正規中心職場へと大きな変貌を遂げたのである。スーパー、飲食店で日々の売場・店舗・接客という現場を担うエッセンシャルワーカーは、ほとんどみんな非正規になってしまった。そして彼らが、店舗経営の責任を、最低賃金で担うようになった。

一体なぜ、このような変化が起きてしまったのだろうか。

ここにはその背景として、政府・企業・働く側の三者の負のマッチングがあったと考えられる。

(1) 法制度による自由化・規制撤廃

第一に、政府が従来の経済政策を変更して自由化を推進したことである。

それを象徴するのが、自営業・商店街を保護するために一九七三年に制定された大規模小売店舗法（大店法）の二〇〇〇年の廃止であった。これは政府（当時の通産省）が長く維持してきた自営・中小企業の保護政策を、市場競争の自由化を通じた大企業の競争力促進方針へと転換したことを意味している。

大規模店に対する保護規制が撤廃されて出店が自由化された結果、大型資本との競争に破れた個人自営店は大きく減少し、女性中心の家族従業員も激減した。代わりに増えたのが、寡占化を強める大型店・大手スーパーや外食チェーンでの雇用、特にパート・アルバイトである。これはその後の商店街のシャッター街化にもつながっていく。

この法律によって営業時間規制が撤廃されたことにより、営業時間・営業日数は延長された。1章で見たように、一九九〇年以前のスーパーでは朝一〇時から夕方七時までの九時間営業が普通だった。しかし二〇一〇年代までに、閉店時間は午後一〇時以降、営業時間は一二時間以上、さらに二四時間営業の店が増えた。土日祝日はもちろん、年末年始も営業する年中無休店が増え、それが新しい日常の風景となっていった。

一九九四年に国は「心の豊かさ」を目指す労働基準法改正により、法定労働時間を週四〇時間に短縮した。しかし、実際には労使の三六協定により労働時間は実質無制限に延長可能だったため、法律上の建前と現場との乖離はかえって拡大した。法定労働時間はあってなきような存在となった。

そうした状況のもと、二〇〇八年のワタミ過労自殺事件から二〇一五年の電通過労自殺事件に至る時期は、「死ぬまで働け」という言葉が社会的に容認される「ブラック企業」全盛期となった。自由化の名のもと、なんの規制も歯止めもないまま、心身の限界を越えるほどの長時間労働が横行した結果、多くの人々がさまざまな心身の被害を被った。

その中で、営業時間の延長と長時間労働との間には相乗作用が生じた。すなわち、「夜遅くまで働く人がいるから店を営業する」、「店が営業しているから夜遅くまで働く」、という日本人の過労スパイラルがはじまったのである。営業時間の延長と機を合わせて、一九九七年には女性の時間外・休日労働・深夜業に対する保護規制も撤廃され、女性も夜遅くまで働くようになった。子どもを預かる保育園の開所時間も、長時間労働に合わせてどの先進国よりも長くなった。日本人の睡眠時間は国際的に突出して短くなっていった。

こうした一九九〇年代から二〇〇〇年代にかけての政府の一連の自由化・規制撤廃政策は、パート、アルバイトをはじめとする非正規雇用と長労働時間の拡大を促す法的な環境を整備していった。

(2) 企業の「新時代」の経営戦略

こうした政府による環境整備の間に、企業は不況を乗り切るために、より安く都合よく使える労働を増やす経営戦略を進めた。

バブル崩壊後に多くの企業は、日本的雇用の核心であった雇用保障や右肩上がりの給与を抑え、中高年のリストラ・解雇、新規採用の長期抑制・停止、賃下げ、ボーナスカット・停止を含む人件費削減を行った。現場で長期に人を育てるはずの日本企業は、人を育てる時間も資金も精神的余裕も失い、少ない人数で無理にでも仕事をまわす所が増えた。リストラ・人員削減をすればするほど株価が上がるという当時の資本市場の状況がこれを後押しした。

しかし不況が長期化する中、当初は緊急避難的に行われたこの方法を日本企業はずっと継続することになる。人件費削減による競争生き残り戦略は次の二つの形で現れた。

一つは、正社員の長労働時間化、過重労働化である。人数が減らされた職場で、社員が長時間働いて目の前の仕事を乗り切る方法がとられたため、余裕のなさによる心身のストレスの中で、うつ病をはじめとする精神疾患やハラスメントが日常化していった。もう一つは、低い時給でいつでも切れる非正規雇用の拡大である。人件費の低いパート・アルバイトを増やしてその職務範囲を拡大させるという路線が戦略的に強化された。この方針が日本的雇用の内部を、過負荷の正規と低処遇の非正規へと二元化していく。

よく知られる一九九五年の日経連の報告書『新時代の「日本的経営」』は、まさに今日までの変化を導く指針となった。

そこでは三タイプの雇用を組み合わせた雇用ポートフォリオが示された。日本的雇用を代表する「長期蓄積能力活用型」は、無期雇用、月給制で昇給制度があり、社会保険と生涯の福利が保障されるが、これは管理職・総合職・基幹職といった中核正社員にしぼられる。専門性を発揮する「高度専門能力活用型」は、有期雇用で昇給のない業績給とされ、福利の対象外とされた。最も普通の一般職は「雇用柔軟型」とされ、有期雇用で時給払い、昇給や社会保険もなく、福利も対象外とされた。

つまり、管理職になると考えられた正社員を除き、現場で不可欠な仕事を日々行っている多くの日本人は、昇給のない時給で働く有期雇用に変えていこうという計画である。専門的知識や資格を身につけた人材も、管理職にならないため非正規とする方針である。

その後の日本での低処遇非正規雇用の増大をみると、この方針はまさに「新時代」の日本的経営として、現在までに、かなりの程度まで実現されてきたと言えよう。

ただし、いくら計画や方針があっても、実際に低い時給で働く担い手が確保できなければ、それは実現されない。この担い手の確保は、日本的雇用が自身の内部で雇用や給与の安定性を崩すことで実現されることになった。

(3) 追い詰められた供給側との負のマッチング

学生アルバイトがどういう動機・背景で働いたかは、この変化を物語っている。

「学生生活調査」によると、一九六〇年代以降、遊ぶための小遣い稼ぎで働く学生アルバイトが拡大し続けた。バブル期の一九八八年にはその割合は五〇パーセントを越え、一九九二年にピークの五二パーセントに達する。しかしバブル崩壊後にこの割合は低下をはじめ、二〇一〇年には三三パーセントまで落ち込んだ。「家庭からの給付のみで就学可能」とする学生も一九九八年以降低下し、二〇〇二年以降は半数以下となった。

「家庭からの給付が全くない」、「アルバイトをしないと就学継続が困難」である学生の割合は、一九六八年から一九九二年まで一〇パーセント前後だった。しかしその後増加を続け、二〇〇四年には二〇パーセント台に達し、現在まで横ばいを続けている。つまり就学のため、生活のために働かざるを得ない学生が増えたのである。

このことは、家族全員の生活を保障するはずだった正社員の父親の雇用・給与の不安定化を表している。リストラ、賃下げやボーナス・昇給の減額・停止などにより、それらを当てこんだ住宅ローンや教育費が払えなくなり、守られていたはずの妻や子どもが働かざるを得ない状況が増えたのである。

二〇〇八年のリーマン・ショックはさらに学生のアルバイトを変えた。それまで年間一五〇万円前後だった家庭からの仕送り額の平均は、二〇〇九年以降一二〇万円前後へと減少した。それに伴って授業期間・休暇中を問わず常にアルバイトで働く学生が急増した。それ以前のアルバイトは、学校の長期休暇中に時々行うものが多く、授業期間中もアルバイトをしている学生は四割程度だった。しかし二〇〇八年にこの割合は七割を越え、その後は授業期間中も常にアルバイトで働く学生がほとんどになっている。

奨学金制度の有利子化もここに拍車をかけた。一九九八年の法改正を通じて給付型の奨学金は姿を消した。日本学生支援機構による有利子貸与奨学金の利用が拡大したが、これは卒業後に大きな借金となって返済が重くのしかかることが知られるにつれ、奨学金受給者は減少した。このこともアルバイトの拡大に拍車をかけた。学生の経済的状況は、企業からも政府からも追い込まれていったと言える。

家庭内の経済的状況の悪化は、生活のために子どもをアルバイトへ、主婦をパートへと送り出した。安い労働力を求める需要側の企業の新しい雇用戦略と、そのもとで生活保障の弱化に直面した主婦・若者による労働供給が負のマッチングをとげたことは、政府の規制撤廃政策のもとで、非正規労働の拡大とその定着・構造化というマイナスのスパイラルに帰結したのである。

3. 正規・非正規二元化で拡大した矛盾

しかし、この非正規の拡大は大きな自己矛盾をはらんでいた。というのも、一九九〇~二〇二〇年における非正規は、一九六〇~一九九〇年の非正規と歴史的な前提条件が変わっており、当初あった低処遇を正当化する論理がもはや通用しなくなってきているからである。

(1)「家計補助だから低処遇」vs 自活型非正規の増加

非正規の低処遇を合理化した第一の論理は、「家計補助だから低処遇」であった。

パートやアルバイトの低処遇は、その歴史的生成時において、日本的雇用で働く男性正社員による家族の生活保障を前提としていたからこそ、「女・子ども」が行う家計補助や小遣い稼ぎは低い時給でも問題ないとされた。

ところが、一九九〇年代のバブル崩壊後にこの論理は崩れた。男性正社員の生活保障力の低下と、生活のために働く主婦パート・若者アルバイトの増加に加え、リストラ・失業や病気などによる男性正社員自身の非正規化、バブル崩壊後に新卒で正社員採用されず、世代の半数近くが否が応にも非正規にならざるをえない男女の「氷河期世代」が長期化した。

その結果、パート全体の中で「主に自分の収入で暮らしている」人は、二〇一六年に三〇パーセント、二〇二一年には三七パーセントと増えている。パートの四割近くが、家計補助ではなく、自分や家族の生計をたてるために働いているのである。

逆に、夫の扶養のもとで家計補助として働く主婦パートは、税金・社会保険の控除を受けるために就業調整を行うが、この割合は二二パーセントにとどまっている（令和三年パートタイム・有期雇用労働者総合実態調査）。夫の扶養のもとで補助的に働く主婦パートは、すでにパートの中の少数派になっているのである。この意味で、扶養の枠内に就業時間を抑える制度は歴史的な意義を失いつつある。

男女別にみると男性のパートは八割がパート収入で生計をたてている。女性のパートでも二三パーセント、四人に一人はパート収入で自活しており、扶養範囲内のパートを上回る。2章でみたファミリーレストランでも、ランチ時間を中心に子育て中の主婦パートが夫の扶養範囲内で働く一方、自分が働かないと家族の老後の生活ができなくなるとフルタイムで週六日働く主婦パートもいた。パート・アルバイトの中には、ブラック企業で心身を病んで正社員を続けられなくなったり、氷河期中で正規になりそこねた男女、ダブルワークで働くシングルマザーや年金が少なくて生活が苦しい高齢者などさまざまなタイプの人々がいる。二〇二二年の労働力調査によると、パートの四分の一は世帯主か単身世帯であった。

つまり、パートはもはや夫に養われる主婦の家計補助を前提条件とした雇用形態であるとは言えなくなっている。このことは、男性正社員の生活保障に守られているから低時給でいいという、低処遇正当化の前提条件が、すでに現実と合わなくなってきていることを示している。「家計補助だから低処遇」という低賃金合理化の論理はその根拠を年々弱めており、制度としての正当性を失ってきているのである。

にもかかわらずパート・アルバイトの低処遇は今も継続し、人々の中でも当然だ、仕方ない、と思われている。矛盾が拡大しているにもかかわらず、昔の常識が更新されずに維持され続けていることは、多くの現場の担い手に長年にわたる経済的苦労と心労を強い、何かのきっかけで貧困状態に陥るようなぎりぎりの生活状況をもたらしているのである。

(2)「単純作業だから非正規」vs 実務責任と低賃金の乖離

非正規の低処遇を合理化した第二の論理は、「単純作業だから低処遇」というものだった。

仕事の内容が単純な定型作業で、男性正社員が行う中核的仕事の周辺的補助仕事だから、安い時給で当然とされた。しかし、この論理もパート・アルバイトの職務範囲の拡大と量的・質的基幹化によって根本的に崩れている。

スーパーの場合、パートは商品の荷だしや発注作業などを通じて商品知識と実務を習得し、その後リーダーパートや部門管理マネジャー、店長として利益管理、顧客管理、部下の指導などの管理・判断業務も担当するようになった。正社員は現場に短期間しかいないため実務を熟知しているとはいいがたく、正社員の実務能力不足を補うためにもパートの職務範囲の拡大が図られた。にもかかわらず、パートはあいかわらず安い時給で働く有期雇用で、正社員との処遇格差は大きく、格差の合理性には繰り返し疑問が呈されることになった。

2章でみたコーヒーチェーンの学生アルバイトの場合でも、大学三年生でマネジャーになると、店舗運営にかかわる全般的な管理・判断業務を大きな責任をもって行うのが当たり前になった。店の開け閉めや現金管理、原料・商品の適正量の発注、商品の期限・廃棄管理、前年比・前週比での売上・利益目標にフォーカスした店内のプロモーション、シフト管理やスタッフのスキルアップの配慮など、店舗全体の指揮管理の成否が日々問われる。とても単純・定型仕事とは言い難い内容と責任の重さである。それでも時給はほぼ最低賃金レベルである。

このようにパート・アルバイトが現場を担う基幹的・中核的存在として、店舗経営責任を担えば担うほど、正社員との処遇格差の合理的な説明がつかなくなってきた。そこでスーパーでは、パートを売場パート・管理パートと二~三段階の等級に分けたり、1章のA社のように等級制度を正社員とパートで共通にして、仕事内容が共通なら等級も同じにする動きがみられた。

ところが、驚くべきことに、仕事内容と等級が同一になってもなお、正社員とパートに適用される賃金水準・処遇制度はなお別体系にとどまった。同一の等級制度にした意味はどにあったのか。パートは等級と関係なく、あいかわらず有期契約で社会保険にフルカバーされず、最低賃金に近い、生活するには低すぎる賃金で働き続けている。

このように、「単純作業だから低処遇」という非正規の低処遇合理化のもう一つの論理も現実から乖離したものになったのである。

(3)「残業・転勤しないなら非正規」という新しい正当化論理の登場

非正規の低賃金を正当化する根拠がこれほど崩れてきているにもかかわらず、この状態がいまだに続いているのはなぜなのか? その背景には、もう一つの新しい正当化論理の登場がある。それは、「人材活用」の二元化という新しいコンセプトの広がりである。

「人材活用」の二元化とは、「残業・転勤するものだけが正社員」、「残業・転勤できないものは非正規」、という論理を指す。

非正規と正社員の処遇格差を生計面や仕事面で合理的に説明しづらくなる中、この第三の論理が新たに登場したことにより、企業は非正規を堂々と安く使い続けられた。それは、正社員を残業・転勤という時間的・空間的な無限定性を受け入れる中核部分に限定することで、それ以外の広い実務領域をすべて低処遇の働き手に任せるという日経連の「新時代」の経営戦略を支えるものともなった。

スーパーの状況を禿前掲書から見てみよう。

そもそも一九九〇年代までのスーパーでは、正社員は普通に同じ地域・同じ店舗で働き続けることができた。むしろ企業は正社員が同じ地域・店舗で勤務することを促した。地域の事情に精通した従業員を育て、仕入れ権や販売政策決定権を地域事業本部に与えて地域主義を促進し、地方の社員定着を求めて、希望する正社員にはずっと同じ地域・店舗で働いてもらった。両親の扶養や子どもの進学、介護問題など家庭生活を重視したい正社員も多く、両者のニーズがマッチした。転勤したい人はそのコースを選ぶことができ、途中で見直しもできた。

一九九〇年代には正社員は転勤の必要がないスーパーが主流だった。ジャスコ（現イオン）、イトーヨーカドー、ダイエー（現イオン）、西友（現ウォルマート・楽天）、長崎屋（現ドン・キホーテ）、ニチイ（現イオン）などである。

ところがその後この状況は変わる。ダイエーでは女性の九割が転勤なく働く正社員だったが、二〇〇〇年代に入って、勤務地を限定する社員は全員、有期契約で時給・日給労働者にならなければいけなくなった。この制度改革により、引越を伴う転勤ができるもののみが定年までの無期雇用となり、転勤に応じられない場合は非正規とされた。つまり、正規と非正規を分ける基準に、転居転勤を受け入れるかどうかが加わったのである。

なぜ転居転勤が正規・非正規の線引きの条件となったのか。その理由を禿は二つあげる。一つは、小売企業が一九九〇年代に男女雇用機会均等法（一九八六年制定）の施行に伴うコース別管理を導入した際、総合職に転居転勤要件をプラスする形で新しい雇用管理区分を作ったためである。男女均等化を阻むかのように、総合職のハードルは高く引き上げられた。これにより総合職の女性割合は低くなり、離職率も上がった。

もう一つは、一九九三年制定、二〇〇七年改正のパート労働法が、残業や転勤の有無による処遇格差を法的に正当化したことにある。

この法律では、正社員とパートの異なる取り扱いを禁止した一方で、仕事の内容と責任、人材活用の仕組み、契約期間が異なる場合の処遇格差は問題ないとした。特に「人材活用の仕組み」の違いとして、「転勤の有無」、「将来にわたって転勤をする見込みがあるかどうか」、「全国転勤かエリア限定転勤か」が考慮されることになった。二〇〇〇年のパートタイム労働に係る雇用管理研究会報告書でも、「正社員と比較して、残業、休日出勤、配置転換、転勤がない又は少ないといった事情」により格差をもうけられることが明確に認められた。

ここにおいて、転勤と残業・休日出勤という、空間的・時間的に無限定に働くことを受け入れるかどうかが、正規・非正規の処遇格差の新たな正当化の根拠となったのである。

男女雇用機会均等法の実施に際して、コース別雇用管理に新たに転勤条件を組み込んだ企業内制度と、それに寄り添ったパート労働法の制定・改正により、正社員の過酷な働き方と非正規の低処遇という不幸な二元構造は法的根拠をもって促進されていったのである。

転勤と長時間残業が正社員の前提とされたことは、特に女性のキャリア形成と経済的地位の向上にとって決定的なマイナスの影響を及ぼした。これは正社員として長く勤め続けるハードルを異常に高くし、特に育児中の女性に大きな無理をもたらした。やむなく離職に追い込まれる女性は後を絶たない。自分や家族のためにはじめから非正規を希望する女性も増える。結果、日本では女性管理職も大きく限定され、一度非正規になるとずっと低処遇のままで収入も低く停滞し、それが世界的に異常に低い女性の地位をもたらしている。

転勤と長時間残業が前提とされた正社員は、2章でみた飲食店店長のように、一～二年で店を移動しながら、シフトの前後に長時間残業し、店長は四〇代までしか続けられないと言われるほど過酷な働き方をして周囲から同情されている。限界的な働き方の末に店長を辞めると、時給九〇〇円のパートに戻って働く以外の道がない。正規でも非正規でも幸せになれない。これが処遇二元化の現実である。

4. どうしたらいいのか――二元化した雇用を一つにまとめる

では、こうした状況をどうしたらいいのだろうか。日本が一九九〇年代以降につくりだしてしまった正規・非正規の二元化構造を変えることはできないのだろうか。

もちろんできるはずである。そもそもこれは一九九〇〜二〇〇〇年代に政府や企業の政策と方針によって、新しくつくりだされたものであった。だとすれば、これから新しい政策と方針によって新たに別な仕組みをつくりだしていけばよいのである。

では具体的にどのような政策や方針、新しい仕組みを考えていけばいいのか。本書はそれを考えるために、日本と同じスーパーや飲食店がドイツではどのように運営されているのかを見てきた。というのも、ドイツでは、日本の二元化した雇用構造とは根本的に異なる、働きやすい仕組みで人々が働いていて、それでも組織の運営に何も問題がないからである。これはドイツだけに限った働き方でもなく、ＥＵなど多くの先進国でごく常識的な日常構造となっている。むしろ日本の正規・非正規二元化の方が例外的なのである。

ではその日本と異なる日常構造とはどういうものなのか。何がその重要な本質なのか。ドイツの店舗・企業で適用されている三つの原理を第Ⅰ部２・４章からあらためて確認してみよう。

（１）ドイツの店舗運営が日本とちがうところ

働く時間の自由

第一の原理は、働く時間の長さによって給与・処遇を変えないことである。そのため、正規・非正規の区別がない。働く時間の長さにかかわらず、基本的に全員が無期雇用の正社員である。その上で働く時間の長さを各自が自分の都合に合わせて自由に選べる。

働く時間が週二〇時間でも三〇時間でも、処遇に区別や差別がない。給与表は全体で一つである。給与や賞与・手当は、自分の働く時間の割合で比例計算される。四〇時間中三〇時間働けば、給与は七五パーセント掛けになるというごくシンプルな仕組みである。ミニジョブと呼ばれる短いアルバイトを除いて社会保険のカバーも同様であり、有給休暇の日数や有休手当・企業内福利の適用も等しい。

またドイツでは、法定労働時間の週四八時間が本当に守られる。その範囲内であれば、人は好きな時間を選んで働くことができるのである。

働く場所の自由

第二の原理は、働く場所によって給与・処遇を変えないことである。

ドイツでは一部の管理職を除き、全員が原則、勤務地限定で勤務することが前提となっている。日本のように勤務地を限定すると「限定正社員」として給与が引き下げられるというようなことは、ドイツでは許されない。

日本の大企業でよくみられる数年おきの異動や転居を伴う転勤は、ドイツでは限定された管理職だけが対象者となっている。転勤を認めることは本人の同意の上契約書で定められ、その負担の代償として、特別報酬や高級社用車などが与えられる。また、自分や家族の事情で転勤を希望しなくなった時は転勤を延期することもできる。自分が希望しないのに会社が転居転勤を命じることは、違法行為である。

地元にとどまりたい人はずっと地元で働き、いろいろな所を飛び回りたい人は飛び回る。それを途中で変えることもできる。つまり、人はいたい所にいれるのである。

仕事によって決まる給与

第三の原理は、仕事によって給与水準が決まることである。

その仕事にはどんな知識や経験、能力が求められているか、そのレベルに対応する形で給与等級が決まっている。その仕事の要求に応えられる人を採用する。そのため、短い時間しか働かないパートであってもフルタイムでも、同じ仕事をする人は同じ等級、同じ給与水準になる。これがジョブ型である。

仕事による給与をどのように決めるのか。一つのやり方は、4章のマクドナルドでみた、地域別の産業別協約による。地域の産業別経営者団体と労働組合が結んだ協約で給与表を決めている。もう一つのやり方は、2章の大手スーパーでみた、企業内協定による。これは会社と従業員代表委員会によってつくられる給与表で、日本の企業内労使協定と似ている。

外食チェーンの場合、マクドナルド、バーガーキング、ケンタッキー・フライドチキン、スターバックス・コーヒー、ピザハットなどのグローバル・チェーンが結成する経営者団体は、飲食業で働く人を組織する食品・飲食業労働組合との間で協約を結び、これがその地域のその業界の最低給与水準となる。

そこでは未経験者が行う簡単な仕事のグループ1からはじまり、働いて一～二年で一般スタッフのグループ2に移行、その後企業内訓練をへてトレーナーになるとグループ3に入り、そこで経験を積むと時間帯のマネジャーとしてグループ4に昇給する。一年以上マネジャーで働くと、職業教育の研修をはさんでグループ5以上へと上がっていく。これは日本の外食チェーンのキャリアと実質的にほぼ重なり合う内容である。こうした等級にもとづく一元的給与表を日本の外食産業でつくったとしても、大きな齟齬が生じることはないだろう。

大手スーパーの場合は、企業内のすべての仕事を対象とした一つの給与表を定めている。未経験者でもできる仕事からはじまり、経験を積んで仕事の幅を広げ、知識や経験を積んでベテランになったのちに職場リーダーへと昇進する、日本とも共通するＯＪＴである。

昇給する方法は三つある。まず、同じ仕事をしている時には経験年数による定期昇給が三〜四年目まで続く。次は、仕事内容が上位の仕事に異動することで昇給する。ここで仕事の知識・経験を積んで仕事の幅・範囲を広げると、リーダーになってさらに昇給する。そして、継続教育（最近の日本でいうリスキリング）によるスキルアップがある。従業員は自分が希望すると働きながら週一〜二回専門学校に通学して勉強できる。仕事の経験と学習の修了で新しいスキル資格を取得でき、これにより大きく昇給・昇格することができる。

このようにドイツでは、働く時間の長さや働く場所と関係なく、仕事に対応した給与グループが全従業員向けに決まっており、働く時間が短いとその割合をかけるだけという、シンプルな管理方法となっている。外食チェーンでもスーパーでも、仕事内容やＯＪＴのやり方、昇進の道筋は日本にとっても目新しいものではなく、日独で大きな違いがないため、こうした給与表を働いている人全員に適用することができたら、日本でも二元化した雇用を一つにまとめることができる。

給与について最後に一つだけ足しておくべきなのは、ドイツではこの一〇年間に大きな賃上げとそれを上回る最低賃金の引上げが行われた点である。ドイツでは飲食業労働組合の運動により、低かった賃金水準が大幅に引き上げられ、そこに政府による最低賃金の引上げ政策が加わった結果、二〇二二年一〇月からすべての産業で働く人の最低賃金は一二ユーロ、日本円で時給一七四〇円（一ユーロ＝一四五円換算）まで上昇している。

日本でも最低賃金は近年政策的に引き上げられてきている。しかしそれでも二〇二一年に全国加重平均九三〇円、二〇二二年に九六一円、二〇二三年にようやく一〇〇二円で、物価上昇分を含めた非正規の処遇改善には全く不十分である。賃上げを求める労働組合のストライキが日本で大きく展開していない現状をみると、今後さらに思い切った最低賃金引上げが求められるだろう。

（2）変わろうとする日本

こうしたドイツでの店舗運営の方法について、日本で導入するのは無理だと考える人もいるかもしれない。しかし実際には、日本国内でもすでに同様の方法が導入され、長く運用されている企業もある。

それが行われているのは、スウェーデン発の世界最大の家具量販店であるイケア（ＩＫＥＡ）である。イケアは二〇一四年に、それまで六カ月の有期雇用だったパート制度を廃止した。パート全員が無期雇用の正社員となった。そして、フルタイムで働くか、週三〇時間前後、週二〇時間前後で働くか、働く時間を自分の希望・都合で選んで、短時間正社員となることができるようにした。

二〇一七年の正社員比率は九九パーセントである。そのうち短時間正社員が六六パーセントを占める。正社員でない残りの一パーセントは六五歳の定年後に一年間の有期雇用で働く人である。短時間正社員とフルタイムの間の異動も希望によって可能である。

つまり、有期雇用のパートを廃止して、無期の短時間正社員とし、働く時間を希望で選ぶという、ドイツと全く同じ仕組みにしても、店舗運営にも企業業績にも特に支障は生じていないということである。

イケアではまた、パートは時給制でフルタイム正社員と給与体系を別にするという、日本の小売業の典型的な仕組みを長く運用してきた。しかしこれも二〇一四年に制度改革を行い、パートとフルタイムの給与体系を一本化した。これにより、働く時間の長さには関係なく、仕事・職務に対応して賃金等級レベルが決まり、賃金等級レベルごとに給与幅が決まり、時間割合によって支払われる仕組みとなった。同じ仕事であれば労働時間の長さとは関係なく、すべての従業員が同じ賃金レベルになる。

同一労働同一賃金制度は世界中のイケアで、ドイツ同様にグローバル・スタンダードとして適用されているが、これが日本国内の店舗でも、特に問題なく適用されたわけである。そしてそれはすでに一〇年間の日常となっている。このことは、企業が変える意志さえもてば、仕組みを根本的に変えることができるということを示している。

二〇二三年三月さらに大きな衝撃を与えたのは、日本最大の総合スーパーであるイオンリテールにおけるパート制度変革である。イオンは、パートと正社員の待遇を、基本給はもとより手当や賞与、退職金まで同一条件にする制度を導入するという、歴史的な変革の一歩を踏み出した。

イオンでは、基本給や賞与に加え、従来支給がなかった退職金や子育て支援手当などについても、正社員の支給額の水準を一時間当たりで算出し、働いた時間割合で計算して支給する仕組みとした。働く時間の割合にもとづく時間比例計算方式の採用はドイツと同じ方法である。

法律上の文言で「均等待遇」が言われて久しいものの、実際にパートと正社員の給与を統一して、時間比例で支払いをする制度の導入は、日本の企業では稀である。イオングループとしておよそ四〇万人の非正規を雇用する日本最大の小売業企業が、歴史的な正規・非正規二元化の克服に乗り出す大胆な改革をはじめたことの意味は大きい。

ただし、これにはまだ限界がある。それはこの対象者がパートのリーダーに限定されている点である。月一二〇時間（週三〇時間）以上働き、昇格試験に合格した売場のリーダー・マネジャーなどの責任者だけが対象とされる。売場で中心的な役割を果たすパートを、地域限定正社員と同等にするもので、1章付記にあるとおり、管理的パートの人数がそもそも少数に限定されており、売場実務を担う大方のパートがその対象になっていない。これが今後どのように進んでいくかが注目される。

このように、正規・非正規の二元化雇用を一つにまとめようとする動きはすでに起こっている。今後さらにもう一歩踏み込んで一元化に踏み切る企業が多く出てくれば、この三〇年間につくられてきた正規・非正規の雇用構造は、もっと働きやすい構造へと大きく転換していくことになるだろう。

第2章　公共サービスの専門職を非正規にしない

田中　洋子

1．二〇〇〇年以降の公共サービスで進んだ正規・非正規二元化

ここまで、小売業・飲食業の店舗の担い手の非正規化が一九九〇年代以降大きく進んだことを見た。残念なことにこの流れは、それまで非正規がほとんど存在しなかった分野にも広がることとなった。それが公共・公的サービス分野である。

これが起こったのは二〇〇〇年前後からで、比較的新しい変化である。またそれは非正規化だけでなく民営化や民間委託という新しい流れも伴うものだった。一九九〇年代までの公共サービスは正規の公務員が担う仕事であった。しかし二〇〇〇年代以降、公務員の予算・人員削減の中で多くの現場の担い手が非正規や民営化・民間委託にとって代わられた。これに伴って働く条件は悪化を続けている。

社会を支える不可欠なインフラストラクチャーである保育、教育、看護、介護、相談支援、ごみ収集など多くの公共的サービスを専門的に担う人々が、次々と非正規化・低処遇化してきたことにより、公共サービスに日常

的にお世話になっている私たち自身の生活の足元が、見えないところで根本的に揺るがされるような危うい状況がもたらされている。

どうしてそのような状態に陥ってしまったのか。なぜいつのまに公共サービスを担う人々の働き方は悪化してしまったのか。

ここでは全体的な変化を導いた要因を論じた上で、第Ⅱ部・第Ⅲ部で見た仕事について、状況悪化が進んだ要因とメカニズム、そこに内在する論理を考察した上で、その改革の方法を考えていこう。

行政改革・公務員削減・規制緩和

公共サービスの担い手の働き方が悪化したきっかけは、すべての職種に共通して、二〇〇〇年以降に政府と世論が進めた行政改革・規制改革・公務員削減の動きである。

二〇〇〇年以前の公務員は、その安定的な勤務条件で知られてきた。一生の身分保障、右肩上がりの給与・賞与、民間とは別の社会保険や住宅・福利施設などである。そのため不況下で苦しむ国民の一部やマスコミから、公務員は特権を享受している、税金の無駄遣いだと批判をあびるようになった。

小さい政府・民営化を求める世界的な新自由主義的な政策潮流は、この公務員叩きとも連動しつつ、国内で新しい改革の流れを生み出した。橋本龍太郎首相による行政改革、小泉純一郎首相による聖域なき構造改革としての小泉改革、安倍晋三首相による規制改革・行革推進会議と、二〇〇〇年代は公共予算のカット、公務員の定数削減、公共事業の削減・廃止が大きく進んだ。

特に二〇〇六年の行政改革推進法が果たした役割は大きい。その基本方針では国家・地方公務員の定員削減の数値目標が設定され、その後着実に定数削減・人件費削減が実行されていった。同時に「官から民へ」の動きを進めるため、「住民に対する公共サービスとして行う必要のないもの、その実施を民間が担うことができるものについては、廃止、民営化、民間譲渡、民間委託」する措置も講じられた。

ところが、人員・予算が削減されたにもかかわらず、実際に現場で必要とされた公共サービスの仕事は、増えこそすれ減らなかった。仕事は増えるのに予算も人も減らされる。その中でどうやって多くの仕事をまわしていくのか。こうした無理難題が公共サービスの各所で生じることとなった。

この無理な状況に対する主要な解決方法が、人件費の安い非正規の拡大だった。一九九四年には公務員の正規・非正規比率は九三対七だったが、二〇二〇年には七一対二九まで増えた。公務で働く人の約三割は非正規公務員に変わったのである。

特に非正規への代替が進んだのは、相談支援業務、保育士、介護士、看護師、学童支援員、給食調理士といったケア労働・家事労働に近い専門分野で、多くが女性だった。訪問介護職では八割が非正規だが、ほぼすべて女性である。二〇二〇年四月に開始された新たな非正規公務員制度である会計年度任用職員でも、その九割が女性である。公共部門では、低処遇のまま現場を担う女性に非正規の弊害の多くが集中している。こうした状況が、多くの女性が公務で良い条件で働く先進国と対照的に、日本の女性を世界的に低い地位に追いやる要因の一つとなっている。

(1) 相談支援員――専門職のベテランの非正規化

公共サービスの担い手の非正規化の急増がよく表れているのが自治体窓口の相談支援員である（第Ⅱ部第1章）。二〇〇〇年代以降、ここでは非正規職員化や業務委託先の派遣労働者などの形で非正規化が急速に進み、長い経験や高い専門性をもつ人も非正規になっていった。なぜこんなことが起きたのか、その背景には少なくとも三つの要因がある。

第一の要因は、人件費が減らされる中で仕事が増えたことにある。

二〇〇〇年以降、日本が直面しはじめた社会問題に対応するため、法律は地方自治体に住民への相談支援業務を次々と義務づけた。二〇〇一年DV防止、二〇〇二年ホームレス自立支援、二〇〇四年犯罪被害者支援、二〇〇五年児童虐待防止、二〇〇六年自殺予防対策、二〇〇六年高齢者虐待防止、二〇〇六・二〇一三年障害者虐待防止、二〇一〇年ひきこもり相談、二〇一四年過労死防止、二〇一四年ひとり親支援、二〇一五年子ども・子育て支援、二〇一五・二〇一八年生活困窮者支援、二〇二一年地域共生、二〇二二年女性相談支援。毎年のように、窓口での相談支援の仕事は増えたが、それと同時に正規公務員数・人件費の削減が進行した。

その結果、担い手の非正規化、特に職務限定の専門職の非正規公務員化が進んだ。一〇年以上の業務経験をもつベテランの家庭児童相談員は、一年で雇い止め可能な有期契約の非正規職員となり、これが正規の人数を上回った。厚生労働省が「対人援助を担う専門職」として位置づける婦人相談員も、八割が非常勤職員となり、二〇二二年に女性相談支援員と改称した後も、大半が一年任期の非正規にとどまっている。現場の担い手の個人的頑張りによって相談支援の場は支えられているが、相談を行う専門職が次々と不安定な身分となる現状は社会として深刻な問題である。

第二に、「公権力の行使」以外の仕事が非正規化されたことである。

これは、公務員とは何を行う者なのか、という公務員の定義にかかわる問題である。

例えば生活保護の場合、保護の決定処分は行政法上の公権力の行使にあたるため、正規公務員が行う行政行為とされる。他方、生活保護のための相談支援は、直接公権力の行使にはあたらないため、周辺的な事実行為とされ、正規公務員が行わなくてもいいと新たに解釈された。公務員定数削減の圧力の中で、公務の中心たる行政行為業務の担い手を、中心的に正規公務員として残したのである。相談業務は、立法で住民に必要不可欠な支援だと位置づけられたにもかかわらず、新たな解釈によって重要な公務ではないかのように扱われた。

第三に、人事異動して昇進していくジェネラリスト以外が非正規化されたことである。

これは公務員の人事異動によるジェネラリスト養成という歴史的な人事処遇制度と関係している。

正規公務員には三年前後で異動する人事制度があり、相談支援業務の担当になったとしても三年未満しか仕事を経験できない。幅広い人事ローテーションを通じてジェネラリストとして養成されるのが正規公務員のキャリアパスであり、そこでは一つの分野での長年の経験は蓄積されない。これに対し、異動しないで現場で長い業務経験を蓄積することで多くの知識と高い専門性を得るエキスパート型の専門職は、この一般の昇進キャリアに乗らない。以前はこうした専門職も正規公務員の一つのタイプであったが、徐々に高い専門性をもつ人々は、人事異動を通じて上に上がる正規公務員から別扱いされていき、ついには専門職の非正規公務員という低処遇の身分に押し込まれるようになってしまった。

ここには、頻繁な人事異動を通じてジェネラリストにならなければ正規の公務員にはなれない、という組織内部の人事の論理が存在している。そのため現場で長く一つの専門領域で経験・知識を積むタイプの人は、正規公務員からはずされる。結果として、異動を前提に公権力を行使する、ジェネラリスト型公務員だけが予算削減の中で正規として残り、相談支援を専門職として担う人々はそこから排除され、非正規化したのである。

しかし、法律でその必要性が規定された相談業務は、人の生活・人生や命に直結する重大な使命をもつ仕事であり、専門的な深い知識や長年の経験に裏打ちされるほど、より的確な対応が可能になる。こうした人々を一年の有期契約・安い時給という低処遇で不安定な非正規公務員にとどめることは全く不合理であるだけでなく、そもそもあるべき公共サービスとして相応しいものであるとは言えない。

この状況を改善するためには、当然のことながら、法律で求められている業務を担う人々を正規公務員で雇うことが必要である。そのために必要な予算措置を講じる政治的決定が必要である。この二〇年間続けてきた予算削減・人員削減・規制緩和の政策の方向を逆転させることが求められる。

それと同時に、社会的重要性を増す相談業務を、公権力の行使と並んで、公務員の重要な仕事として行政的・

法制度的に位置づける作業、そして第Ⅱ部第1章で提案されたとおり、異動昇進型の正規公務員以外に専門職型の正規公務員を人事制度に組み込む制度改革が必要となる。人事異動型のジェネラリストだけでなく、現場のベテランの専門職を、非管理職・非ジェネラリスト・非出世型の専門職型正規公務員と位置づける制度をあらためて創設する必要がある。

苦境に陥った時に私たちを支援してくれる専門の相談員が、安定した勤務・給与基盤のもとで、自分の生活への憂いなく働けるようにするため、制度を変革するための世論と政策の形成が重要である。

(2) 保育士――子どもたちを見守る現場の非正規化・低賃金化

専門職の非正規化・低賃金化は保育園にも大きく広がった（第Ⅱ部第2章）。日本の未来の基盤である子どもたちの健やかな成長を見守り促す保育士は、児童福祉法による国家資格として、子どもの養護と教育を一体的に担う専門職である。ところが、この保育士の処遇も二〇〇〇年代に入って悪化し、非正規化や低賃金化が進み続けた。そのためなり手不足が深刻化し、それを埋めるためにさらに非正規や無資格者が増やされるという負のスパイラルが生じている。

どうして保育士にもそんなことが起きてしまったのか。

第一の要因は、国が保育士配置についての規制緩和・撤廃を行い、非正規保育士や無資格保育従事者の導入を積極的に押し進めたことにある。

一九九七年には保育士の定数の規制を緩和して二割までのパートの配置を認め、二〇〇二年には二割という制限も撤廃した。二〇一五～一六年には厚生労働省の省令改正により、保育士資格をもたない無資格者も保育所で勤務できるようになった。二〇二〇年には、各組に必ず一人必要とされていた常勤保育士も、二人のパートに変えてよいとされた。

国は待機児童問題の解決に際して、必要とされる正規の保育士を雇用する政策をとらず、人件費を抑えるために安い非正規保育士（パート・フルタイム）、さらに安い無資格者を増やす政策を進めた。保育サービスの質のためにお金をかけることより、安く人を使う方を優先したのである。

非正規や無資格者に対する規制緩和を次々進めることで、国は自ら設定した国家資格としての保育士の専門性をなしくずしに毀損し、保育の現場に低処遇・低資格の担い手を送り込む条件を整えた。この結果、二〇一五年には非正規保育士の割合は四二パーセントに達した（国勢調査）。

第二の要因は、公立保育園に対する補助金が大幅に削減され、民営化が押し進められたことである。

「官から民へ」という小泉改革のスローガンに添い、国は二〇〇四年の税政改革を通じ、公立保育園運営に対する国庫補助負担金、一六六一億円を廃止した。二〇〇五年新地方行革指針、二〇〇六年行革推進法により地方公務員の定数削減も進めた。公立保育所運営や延長保育のための資金は、保育所予算という枠をはずされ、何にでも使える一般財源化された。そのため地方自治体は財政難のため、公立保育所に予算・人員をまわさず、民営化・民営委託を進めた。

一九九六年に一・四万カ所あった公立保育所は二〇二〇年に半数近くまで激減し、民営保育園は倍増して全体の七二パーセントに達した。二〇一五年の子ども子育て支援制度施行後は、さらに保育園の株式会社化が進んだ。株式会社化した民営保育園では、積極的に人件費削減が目指され、国・自治体による公定人件費比率七割に対し、人件費の割合が三割台以下になる所が半数近くに及んだ。その結果、民間保育園では正規保育士であっても公立より四割近く給与が安くなった。

一九九〇年代までは、公立保育所で正規保育士が働くのが当たり前だったが、この雇用構造は二〇年かけて崩れた。正規保育士の多くは二〇〇〇年代以降、時給一〇〇〇円、年収二〇〇万円程度で正規と同じ仕事をする非正規保育士や無資格保育従事者、公立よりずっと安い給与で働く民間の正規・非正規保育士に大きく置き換えられていったのである。

第三の要因として、二〇〇〇年代の長時間労働化に伴う開所時間の延長に対して、その分の予算・人員が配置されないという無理な条件が現場に押しつけられたことがある。

保育所の開所時間は二〇二〇年に八割以上が一一時間以上となり、子どもの在園時間も、世界的平均の週三〇〜三五時間に対し、日本では週四六・八時間と突出して長い。保育士の労働時間も五〇・四時間と最長である。親が長時間残業するから長く開園する、長く開園しているから長時間残業するという過労スパイラルが、小さな乳幼児・子どもを含めて形成された。

さらに問題だったのは、開所時間の長時間化にもかかわらず、保育士数と運営費が「法定労働時間の週四〇時間」分を基準に決められた点である。週四〇時間分の保育士数・予算では長い開所時間をカバーできないが、予算が足りないので正規保育士をプラスして雇うこともできない。そもそも子どもあたりの保育士数が日本では先進国の中で少ないのに、さらに人が足りなくなり、結局、非正規の増加やベテラン正規保育士の昇給抑制がもたらされた。

以上の三つの要因を通じて、長い開所時間を正規・非正規をまぜたぎりぎりの人員でつなぎ合わせるような勤務体制がつくられたことは、保育の質の保障にとっても大きな問題をもたらした。

保育士の負担が増し、子どもの状況について保育士同士や親との情報共有や引き継ぎに十分な時間をとれなくなり、互いに話し合ったり学び合う時間をしっかりとる余裕がなくなった。こうした状況は時に、現場での相互の信頼感の欠如や連携の不足、現場の閉塞感をもたらした。二〇一五年以来、日本の保育園では死亡事故や虐待などの子どもの重大事故数が毎年最大値を更新している。

こうした働く条件の長期的悪化を背景に、保育士になりたい人は減少し、保育士不足が顕在化している。二〇一三年以降は若い保育士向けに給与改善策がうたれてきたが、本質的な改善にはつながっていない。根本的な状況改善のためには、専門職としての正規保育士が経験と知識を生かし、十分な情報共有のもとで子どもたちを見るという児童福祉法の原則に立ち返ることが必要である。規制をなくして誰でも安く雇えればよいとする規制緩和・予算削減政策がもたらした問題を認識し、その方向を転換させることが求められる。

同時に、パートの非正規保育士については、前章で見たように、全員を正規とした上で、働く時間を調整できる形に変えていくべきであるし、実際の開所時間に合わせた予算・人員措置を行うべきなのは言うまでもない。民営化した保育園での低賃金状況に対しては保育士の業種別最低賃金の導入も考えられる。

保育の担い手の働きやすさは、子どもの日々の幸せや安定、心身の健康や発達、時に生命にもかかわる。日本の将来のために、二〇年かけて作り出された処遇低下のメカニズムを今後反転させていくことが求められている。

（3）教員——働きすぎと非正規が常態化した学校現場

小学校・中学校の教員の場合も、非正規化の進行、正規の働き方の悪化の背景は、保育士と多くの点で共通している。

第一に、政府・文部科学省は、法改正を通じて規制緩和を行い、教員の非正規化を認め、促した。

文部科学省は第七次定数改善計画（二〇〇一～〇五年）で、常勤教員に限られていた少人数授業について非正規教員の配置を可能とし、かつ非常勤講師を教員定員として換算できるように法律を改正した。つまり非正規を常態として組み込めるようにした。

第二に、国は義務教育への国庫負担金を削減し、そのもとで教員配置の裁量を与えられた地方自治体は、人件費抑制のために臨時教員を増やした。

二〇〇四年義務教育国庫負担法の改正により、公立小・中学校の教職員給与の国庫負担率は二分の一から三分の一に削減された。同時に国庫負担金の範囲内で給与額・教職員配置に関する地方の裁量を大幅に拡大した（総額裁量制）結果、地方自治体は人件費を抑えるために定数内の臨時教員を増加させ、学校は非正規依存を高めた。二〇〇五年には臨時教員・非常勤講師の全教員中の割合が一二・八パーセント、二〇一二年には一六・五パーセント、教員の六人に一人が非正規となり、そして文部科学省は二〇一四年に臨時・非常勤教員数の公表をやめた。

第三に、その一方で、正規教員の労働条件が二〇〇〇年代以降悪化した。

歴史的には一九六〇年代の超勤問題を機に、一九七〇年代の法律で教員の給与は引き上げられ、教員は公務員より優遇されていた。ところが二〇〇〇年代に入ってこれが逆転する。二〇〇六年の行革推進法により優遇分が見直され、二〇〇八年から賃下げがはじまった。行政職公務員への時間外手当の支給が六～一〇パーセントなのに対し、教員はいくら働いても時間外手当・休日勤務手当はなく、基本給の四パーセントの定額の教職調整額で支払われるという「定額働かせ放題」状態が続いている。

週六〇時間以上働く過労死レベルの時間外労働を行う教員は、小学校で三三パーセント、中学校で五八パーセントとなり、脳・心臓疾患・精神疾患による公務災害認定も教員で突出して多い。年間五〇〇〇人が精神疾患で休職となる過酷な労働環境が世の中に知られるようになると、教員採用試験の応募者も減り、倍率も二〇〇〇年の一二・五倍から二〇二二年には一・五倍と五分の一に落ち込んだ。

教員の働き方の悪化は教員志望者を減らし、最近では各地でクラス担任や単科の授業担当が決まらない状況も生まれている。二〇二一年には文科省により、「臨時的任用教員等の確保ができず学校へ配置する教師の数に欠員が生じる『教師不足』に関する実態調査」が行われた。正規教員の不足を有期雇用の定数内臨時教員で埋めてきた学校では、その臨時教員の不足により、学級運営そのものが成り立たない状況に追い込まれている。

二〇二三年八月には文部科学省の中央教育審議会（中教審）の特別部会が、「教員を取り巻く環境は国の未来を左右しかねない危機的な状況にある」として、緊急提言をまとめた。登下校や部活動・学校行事への対応などの具体策が示されたが、予算削減による非正規の定数化や正規教員の長時間過重労働化という、ここ二〇年で広がった教員の働き方の悪化の原因にはふれていない。何が多くの先生たちの心身の余裕を奪い、義務教育の現場の疲弊をもたらしたのか、規制と予算という政策の根幹から考え直す必要がある。

とはいえ中教審から、教員を取り巻く環境が「危機的な状況」で、それが「国の未来を左右しかねない」と表明されたことは重要である。義務教育という、日本の未来にとって重要な社会基盤を危機に陥らせないために、社会全体が、より根本的な改革に向かって進んでいくことが求められている。

(4) ごみ収集の場合——現業公務員の仕事が解体されてきた過程

ごみの収集の担い手の処遇もまた、二〇〇〇年以降に急速に悪化した(第Ⅱ部第4章)。その背景もここまで見たことと大きく共通している。

第一に、現業職の正規公務員の四分の三が、国の方針により削減された。

もともとごみの収集は現業職の公務員が行っていた(歴史的慣行である雇上会社による運転を除く)。しかし、二〇〇五年新地方行革指針、二〇〇六年行政改革推進法で、政府は地方公務員の定数削減と民間委託を進めた。退職者がでても補充せず、欠員がでたら派遣労働者や委託業者を収集作業に配置することを二〇年間続けた結果、一九九九年には全国で五万人近かった現業職公務員は二〇二一年には一・三万人へ、七四パーセントも減少し、東京都でも二〇〇〇年に八〇〇〇人以上いた現業職公務員は二〇二二年には三〇〇〇人となった。

第二に、削減された公務員の代わりに、民間委託を通じた派遣労働者・日々雇いの労働者がごみ収集を行うようになった。

ごみの収集作業は、現業職の公務員か、収集作業が委託された民間業者(雇上会社)の社員か、その下請の運搬請負業者の社員か、労働者供給事業の日給制の日々雇用の派遣労働者が行うようになった。つまり、公務員の人数が減らされるにつれて、委託・下請・派遣関係を通じた複層的な労働者によって公務員は次々と代替されていった。

日々雇いの労働者を雇っている事業者は社会保険にわざと加入しないケースも多く、同じ企業に長く働いていても多くの運転手が年金未加入の状態で放置されている状態もある。結果的にごみ収集の担い手は、車を運転してごみを収集するという同じ仕事をしていながら、正規公務員から社会保険未加入の低賃金の日々雇いの労働者までが一緒に働くという、大きな格差・分断を内包した不自然な現場へと変わってしまったのである。

第三に、現業職の正規公務員の給与もまた、総務省の政策で引き下げられた。

二〇〇七年、総務省は「定員管理調査等に係る総務省指摘事項」により、技能労務系の給料を「是正」、つまり引き下げた。東京都から区に清掃事業が移管された時には、全年齢層の給与水準が下げられただけでなく、ベテラン職員は実質的に昇給が停止された。こうして現業職の正規公務員の給与も大きく引き下げられ、結果として二〇〇〇年以降、ごみ収集に従事するすべての担い手の労働条件は低下した。

日々のごみ収集・運搬は日常生活にとって必要不可欠な基盤である。これが滞ると町や生活がどれほど悲惨な状態になるかは、外国におけるごみ収集労働者のストライキを見てもよくわかる。今後の日本では、廃棄物リサイクル・循環型経済への転換、台風・水害などの災害対応など、ごみ収集の重要性は高まることはあっても低くなることはないだろう。人件費の削減だけを考えるのではなく、むしろこれらの人々の能力を高め、きちんとした処遇のもとに、環境課題の最前線の現場の担い手として位置づけなおしていくことが求められよう。

(5) 公共サービスの専門職の全般的処遇悪化という危機

以上、公共サービスの四つの業種における二〇〇〇年代以降の変化をみてきた。

公務員が安定的に担ってきた公共サービスは、この二〇年間で大きく変わった。さまざまな業種に共通する変化の起点は、政府による行政改革・公務員削減政策、そして正規公務員以外に仕事を担わせるための規制緩和だったことが確認できた。

総人件費予算削減・公務員定数削減、行財政改革での地方への予算委譲に伴う人件費の一般財源化が進むとともに、現場での予算不足・人員不足は年々深刻化した。それでも仕事量は増えこそすれ減らず、仕事の遂行のために人件費の安い非正規化、仕事を安く請け負わせる民間委託が進んだのである。

私たちの身近な日常生活における公共サービスの担い手は、自治体の相談窓口でも、保育の場でも、小学校・中学校でも、ごみ収集の場でも、働く条件が二〇年かけて悪くなった。政府は定数削減・人件費削減の数値目標を達成できて喜ばしいかもしれないが、それが現場に何をもたらしたのか、公共サービスを担う人々の状況をどれほど悪くしてきたのか、それが公共サービスの受け手である国民自身にも悪影響としてはねかえりうることを見なければ、本当に喜んでいいのか判断できないはずである。

とはいえ、こうした状況悪化についての認識は日本であまり進んでこなかった。日本は一九九〇年代から始まった特権的な公務員叩きという世論を、二〇二〇年代でもなお基本的に維持しているように見える。二〇〇〇年代から「官製ワーキングプア」という概念にもとづいて調査・研究が積み重ねられてきたが、いまだに公務員の非正規化・委託化の問題は社会に共有された認識とはなっていない。保育園での虐待や教員の過労自殺が起こった時などにはマス・メディアが取り上げるものの、社会としての危機感や変革の必要性はまだ十分に認識されているとは言い難い。

まずはこの公共サービスをめぐる状況悪化の認識と現状に対する危機感を社会で広く共有すること、これが最も必要だと考えられる。正しい政策とされた人件費削減・定数削減政策がどれほど多くの現場に深刻な問題をもたらしてきたか、それに気づくことができれば、人々は自ずから望ましい政策を考え、選択し、現状を変えていくための発信や投票行動をとるようになるだろう。

2. 社会保険サービスの担い手——看護・介護という女性中心のケア職の問題

こうした公共サービス部門と共通する面をもちつつも、社会保険制度の中に包摂されているのが、看護・介護というケア職である。女性が中心のケア職という意味では保育士と共通する面をもつ。その一方、公的サービスでありながらも、看護も介護も多くの民間事業者が主体となってきた点で、公共サービス部門とは状況が異なる。看護・介護職では、公共サービス部門で見られた人員削減政策よりも、社会保険の制度改革による影響が大きい。ただ介護分野においては、社会保険料以外に税金（国・都道府県・市町村）が予算の半分を占め、人口高齢化の進行に伴う介護財政の逼迫問題が存在しているため、公共サービス部門と似た人件費削減政策の問題に直面している。まずこの問題が生じたメカニズムを第Ⅲ部第2章から確認しておこう。

(1) 訪問介護職——サービスの細切れ化と低報酬がもたらす現場の疲弊

二〇〇〇年に創設された介護保険制度の担い手である介護職の処遇条件も、悪化を続けている。その契機となったのは三年ごとに行われる介護報酬の改訂である。高齢化の進展に伴う介護保険財政の圧迫に対応して介護報酬の改訂が重ねられる中、介護サービス時間の短時間化・細切れ化、そして非正規の低報酬の常態化が進行し、これが訪問介護職の仕事をきついものにしてきた。

訪問介護職は、排泄・食事・入浴・服薬介助などの身体介護サービス、掃除・洗濯・調理などの生活援助サービスを行い、介護報酬にもとづき、サービス時間に対応した出来高給を受ける。介護士が受け取るこの出来高給を少しでも削減するため、介護サービスの短時間化・細切れ化が繰り返し規定されてきた。二〇〇六年の改訂では、生活援助サービスの最高単位が「六〇分以上」となり、長く援助を行っても一時間分の定額しか支払われなくなった。二〇一二年の改訂では「所用時間二〇分~六〇分未満」「六〇分以上」が、「二〇分以上四五分未満」「四五分以上」とさらに短くされた。一時間生活援助した時の報酬は二九一〇円から二三五〇円に減った。さらに「身体介護0」という「二〇分未満」のサービスが新たに設置された。その結果、一五分、二〇分ですぐに利用者宅を移動していく仕事が増えた。

限られた時間であわただしく仕事を行うことで、時間ストレスと労働強化が生まれ、介護士と利用者は十分に会話することさえできなくなった。「本当はお話することが大事なのに、対話は労働ではないとされてしまう」という制度設計の結果、出来高給が少し削減できる代わりに、利用者のニーズは十分に満たされず、介護士のストレスと疲労が増える仕組みを、この介護報酬の改訂はつくりだした。

介護士への報酬も低い。そもそも訪問介護職の八割は非正規であり、そのほとんどが女性である。有期雇用の訪問介護職の時給は平均で一二八七円である。サービス時間が短く細切れになって、より多くの利用者宅を訪れることになったが、利用者宅への移動時間に対する金銭的保障は少ない（一分一七円）。利用者の事情でしばらく待機になったり、急にキャンセルされたりして拘束時間が長くなった時にも、約八割の訪問介護士には何の支払いもなされない。そのため実際に支払われる一日の出来高給は低くなりがちで、平均の月収は税込みで一三・八万円、年収は一六六万円程度にすぎない。こうした魅力的とは言い難い労働条件の中で、訪問介護の人手不足は深刻化している。求人倍率は二〇二〇年に約一五倍にあがっているが、介護分野に入りたいという人は二〇一八年以降減り続けている。

これに対して政府は、二〇〇九年介護職員処遇改善交付金、二〇一二年キャリア段位「介護プロフェッショナル制度」導入、二〇一三年介護職員処遇改善加算、二〇一九年介護職員特定処遇改善加算、二〇二二年介護職員処遇改善支援補助金、キャリアアップ制度づくり・手当加算などを通じて、介護職を確保するための政策を進めてきた。

しかしこれらの政策には大きな限界がある。第一に、キャリアアップ制度をつくっても資格と給与を連動させていないという問題である。せっかく資格を上げても給与に直結しないのであれば、制度の意味は大きく減じる。第二に、処遇改善のための手当加算分が事業所に支給される問題である。加算分の差配は事業所に任されるため、介護職本人にどれほど届くかは、事業所のみが知るブラックボックスである。実際には、二〇〇〇円の手当が一度支払われた、という程度の現実では、根本的な処遇改善にほど遠い。第三に、そもそも介護福祉士資格取得者の平均賃金は、全産業平均と比べて月一〇万円も低い。深刻な人手不足状態にもかかわらず、賃金が上がらない不自然な状態にある。

超高齢社会に入り、今後もケアニーズは高まり、その現場の担い手である介護職の重要性は増していく。介護にたずさわる人々の処遇を上げ、多くの介護士に気持ちよく働いてもらうための仕組みづくりは緊急の課題である。人件費削減のためにサービス時間を一〇分単位で細切れにするという制度の改悪が、どれほど介護する側・される側の不満をもたらしているか、現実がもっと知られるべきである。介護の質や働きがいにかかわる重要な点で人件費を削減しようとする制度改革の思考方法は、早急に見直されなければならない。

日本同様に高齢化が進むドイツでは、いかに介護職を魅力あるものにできるか、介護職の給与をいかに引き上げるかが議論の焦点になっている。最近になって専門介護士の最低賃金は時給二四〇〇円に引き上げられた。介護職の給与の思い切った改善は日本でも正面から議論されるべきだろう。そのことは、私たち自身がいつか介護職のお世話になる時、そこでの会話から生きる力をもらう可能性を高めてくれるはずだ。

(2) 看護師の場合——独身女性中心の過酷な現場は変われるか

看護師も介護士同様、社会保険制度にもとづく医療施設で働いている。看護師は女性が中心のケアの専門職という点で、介護士や保育士と共通している。また、教員同様に古い歴史をもつ資格職・専門職でもある。教員や保育士・保健士・助産師と同じように、看護師でも近年非正規が増え、二〇二〇年には二割に達した（令和二年衛生行政報告例（就業医療関係者）の概況）。その過酷な働き方が深刻な看護師不足を引き起こしている点も共通している。

看護師の働き方の最大の問題は、夜勤・残業を含めた長時間勤務の負担の大きさにある。

二〇世紀初頭に資格職となって以来、看護婦は若い未婚女性の仕事とされ、奉仕の精神から長時間勤務を当然のように行ってきた。戦後に看護婦不足が顕在化するたび、一九六五年人事院の二・八判定や一九九二年看護婦人材確保促進法、二〇〇六年の夜勤月七二時間ルールの制定などさまざまな改善の動きがあった。それでもなお現在まで、病棟看護師の長時間勤務・夜勤体制に大きな変化はない。前残業などの無給残業が慣習的に存在する病院も多く、夜勤の多くは二交替制勤務で、平均の拘束労働時間は一六・二時間ときわめて長くなっている。

その結果、看護師の心身にも仕事にも大きな負荷がかかっている。仕事の時間が長すぎて疲れが回復できず、自分の時間ももてない。万年人手不足のため、やることが多くて仕事が忙しすぎ、新しい技術を勉強したり、患者さんとしっかりかかわる時間も余裕もない。それでも月二〇万円程度の給与で、残業代や昇給も限定されて割に合わない。そう感じる若い看護師が少なくない。

しかしそうした状況は、働く仕組みを変えることで、持続可能な働き方に変わりうる。子どもがいても無理なく勤め続けられるということを第Ⅲ部第1章のX病院の例は示した。

その具体的方法は、時短勤務の導入と夜勤の調整である。すなわち、育児休業取得後、子どもが小学校就学前または小学三年生まで、始業・終業時に二時間まで短縮し、夜勤は行うが調整可能という部分休業制度、または、夜勤がなく一日四〜六時間だけ働くという短時間勤務制度の利用である。いずれも勤務時間の所定労働時間中の割合を掛けて給与が計算されるという、ドイツと同じ方法をとっている。賞与は部分休業の勤勉手当では満額、短時間勤務制度で八割が支給される。

　多くの母親看護師は朝九時から夕方四時まで働き、保育園に送ってから午後五時前後にお迎えにいくまで、通常どおり病棟やＩＣＵに勤務する。病院内に病児保育制度ができてからは子どもの病気時も一緒に出勤・帰宅できる。これによって、二〇〇九年には「ぱんぱん」だと言われていた状況は、二〇二二年に「勤務時間で特に不満な点はない」と語られるまでに変わった。

　こうした働き方の改善の背景には、急性期患者入院比率の高い七対一看護によって診療報酬が増え、予算と人員に余裕ができたことがある。つまり予算・人員に少しでもゆとりが生まれれば、一人一人にとって働きやすい時間が調整でき、働き方がつらくて辞めることなく勤めつづけられるということである。今後、子どもが小学生になると時短勤務できなくなる「小学校の壁」をはずし、時短勤務と夜勤の調整をより広い対象者により柔軟に拡大していけば、日本でも、看護師が心身にも家族にも大きな負担のない形で働き続けられる、そうした可能性がここには示されている。

　私たちは誰しも、いつ看護を受ける立場になるかわからない。夜勤・連勤・人手不足で疲れ切った限界状態ではなく、心身の余裕をもってしっかりと自分に向き合ってくれる看護師さんの有り難さを守るためにも、医療現場の働き方はさらに大きく改革されなければならない。

(3) ドイツのケア職（看護＋介護）——魅力ある仕事にするための努力

　日本同様人口高齢化が進み、同じように看護・介護人材の不足に直面しているドイツでは、同じ問題に対処するための考え方や対処方法が日本と大きく違っている。

　人件費の削減を目指して現場が過酷化した日本に対し、ドイツでは「いかに看護職・介護職を魅力あるものにしていけるか」を目指して次々と政策がうたれているからである。

第一のポイントは、介護最低賃金の設定とその大幅な引上げである。

二〇一〇年の時点での介護職の賃金は西ドイツ地域で八・五ユーロ（九四〇円）、東ドイツ地域で七・五ユーロ（八三〇円）（二〇一〇年一ユーロ＝一一〇円）という低水準だった。しかしこれは年々引き上げられ、二〇二二年には全国統一で一七・一ユーロとなった。介護職の賃金は一二年の間に、二倍以上に大きく引き上げられたのである。日本円でみれば、介護専門職で時給二四〇〇円、介護補助職で二〇四〇円、無資格介護従事者でも一九二〇円の最低賃金が設定された（二〇二二年一ユーロ＝一四〇円）。今後は看護・介護格差を減らすことが政策の焦点になっている。

第二のポイントは労働時間の短さである。ドイツでは週四八時間、一日最大一〇時間（八時間を過ぎた分は別途休む）という法定労働時間が看護師・介護士にも当然ながら適用され、勤務と勤務の間のインターバル（間隔）も一〇時間以上あける必要がある。そのため、日本のように夜勤日に一六～一八時間勤務することは違法である。

病棟勤務の働き方は三交代制で、多くの人は早番・遅番のみ（夜勤は専従者）となっている。この数年ではじまった新しい「7／7モデル」では、二交代制で、一二時間勤務（二時間休憩で一〇時間労働）を七日継続（一〇時間×七日＝七〇時間勤務）した後、七日連続で休む（七〇時間＝週三五時間×二週間となるため）という働き方である。一週間働いたら、次の一週間はまるまる休む。こうした働き方でも、看護師の人数をそろえることで病棟はきちんと機能する。

ドイツでも看護・介護の仕事は女性割合が八三パーセントと高く、パート割合も五五パーセントとかなり高い。しかしすでに見たように、ドイツのパートは無期雇用の時短正社員であり、働いた労働時間の割合で計算された給与になる以外の処遇は等しい。育児が条件ではないので、どんな状況のどんな人でも時短勤務に変更でき、自分のタイミングでフルタイムにも復帰できる。

第三のポイントは看護・介護の専門教育の「総合ケア職」への統合である。

二〇二〇年施行のケア職業法は、看護教育と介護教育の統合を進めた。これは、若い人々を看護・介護職に引きつけるための教育課程の再編成である。最初の二年間は全員が同じ一般基礎科目を学び、三年目に高齢者介護、病人看護、病児看護から一つ専門分野を選択する。学校での理論的な学習と、病院か介護施設での実習を組み合わせ、最終試験に合格すると「総合ケア職」という国家資格が取得できる。

このようにドイツでは、高齢社会に直面する中、いかに看護師・介護士の働く条件を引上げ、働きやすい仕組みをつくり、教育を充実させるか、に資源と努力を集中している。人件費削減とは逆に、働く人、学ぶ人にいかにしっかりお金をかけ、ケアの担い手を確保するかに政策の重点が置かれている。

日本においても、安定した十分な処遇のもとで、自分の力をしっかり仕事に発揮できるような働きやすさを実現することが、看護・介護の担い手を増やし、私たちが健康で自立的な生活を送るための不可欠な社会基盤を整えることにつながるだろう。

第3章　市場強者による現場へのしわよせを止める

田中　洋子

1．委託・下請の現場で働く条件が悪化したメカニズム

本書が最後にとりあげたのは、これまで見てきた正規・非正規二元化と同時並行して進んだ、企業の外側で起きたもう一つの変化である。それは、委託・請負・アウトソーシングの市場化を通じて多くの現場にもたらされた仕事条件の長期的悪化である。

これは、一九九〇年代以降に市場の自由化が促される中、それぞれの業界独自の多層的・重層的なピラミッド構造において、階層の上部に位置する発注者・元請・資金提供者等の少数の大企業が市場での支配力を通じてより大きな優越的立場を獲得し、それを利用することで、階層の一番下で実際の現場の最前線を担う中小企業・個人事業主・フリーランスの働く条件が引き下げられてきた状態を指している。

すでに高度成長期から一九九〇年に至るまでに、日本的雇用の外部には系列と呼ばれるような企業間関係が形成されていた。業種ごとの差異はあれ、そこでは大企業を頂点とする下請けのピラミッド構造が形成され、大企

業と中小企業での利益や労働条件の格差も大きかった。この問題は当時から二重構造論として議論されており、日本経済の構造的問題として認識されていた。

とはいえ、一九九〇年までの委託・下請・請負関係の場合、発注元や元請である大企業や国・自治体などは、下請企業を系列化し、一定程度発注を安定的に行う、つまり仕事をまわすことで現場に長期的な安定性を保障していた。その代わりに、発注量の急増や変更に対して、つきあいの長い下請企業に無理を言って応えてもらうなど、発注元と下請の間には、頼り頼られる相互関係も存在していた。しかしこの構造は、一九九〇年代以降、より安い価格を求めて長年つきあってきた系列企業を切る、もっと低い価格で仕事を請け負う新規企業にその場その場で切り換える、という新たな市場関係へと変化していく。

政府が一九九〇年代以降、新自由主義政策にもとづく規制緩和に向かって方向転換を進める中で、発注者や元請など委託元の大企業・組織は、市場での強い立場を利用して、価格・単価をより安く、時には委託側の言い値・指し値で設定するようになる。業界内ピラミッドの上部組織による市場での価格決定力・支配力は大きく強められ、自らの市場リスクを軽減・回避できるようにするため、そのリスクを委託先・下請・アウトソーシング先に丸投げして現場に負わせる仕組みを形成した。

その結果、元請や第一次下請などは仕事を割り振ることで大きな中間マージンを手に入れる。しかし孫請・ひ孫請、その下の個人事業主など、実際にその仕事の現場を担う人々は、ぎりぎりまで仕事を買いたたかれ、場合によっては原価割れの、安い単価・歩合・賃金で働かざるを得なくなり、仕事上のリスクもすべて自分が背負わなくてはならなくなった。それでも仕事を請ける側は、何か言うと次の仕事をもらえなくなってしまうかもしれない、という立場の弱さから、やむを得ずそれを了承した。こうして仕事の低単価・低賃金・低条件へ向かう流れが加速していった。

この三〇年間、規制・歯止めのない自由化を通じて新たに拡大した市場支配力の格差は、一方では発注・委託元組織が巨額の利益を内部にためこみ、他方では現場で働く人がぎりぎりの生活に苦しむという、日本経済の新しい構造を形成したのである。

どうしてこのような状況が起きてしまったのか。それをもたらした要因、変化が生まれた歴史的メカニズムを、各章の業種を振り返りつつ再度確認してみよう。

(1) トラックドライバー——規制緩和による過当競争が招いた安値の運賃

トラックドライバーは、国内貨物輸送の九割を担い、年間四八億個運ばれる宅配便をはじめ、私たちの生活を支える不可欠なエッセンシャルワーカーである（第Ⅳ部第1章）。

一九九〇年までのトラック業界は、「きついが稼げる」業種であった。若年層が多く働き、映画『トラック野郎』シリーズのようなイキのいい男の仕事と考えられていた。ところが、その状況は、一九九〇年の物流二法（貨物自動車運送事業法・貨物運送取扱事業法）と二〇〇三年の規制緩和によって、「きついだけで稼げない」仕事へと大きく変化する。

規制緩和を規定した法律が、現場で働くドライバーの働く条件を悪化させたメカニズムの連鎖は、以下のように説明できる。

まず法律は参入規制を緩和したため、運送事業者は中小零細事業者を中心に一五年で一・五倍に増えた。運賃規制が緩和されたため、「公示運賃」制度が撤廃されて自由化が進んだが、一方で不況により貨物輸送量は減ったため、供給過剰の中で荷主の価格決定権が強くなり、過当競争の中で運賃低下が進んだ。国土交通省の調査によれば、物流コスト削減を強く求める荷主は、「運送原価を無視」した「言い値」で運賃を決め、運送側も「取引先との関係維持を図るためやむを得ない」と仕事を請けた。

半数近い運送業者が、荷主からの直接委託ではなく、下請・孫請けなど多層階層の下請であったことも、無理な低価格受注を促した。請け負った企業の半数以上は「元請が仲介手数料をとりすぎている」と感じ、多層的取引関係の中で十分な料金交渉もできない中、原価割れした不当に低い運賃でも受注せざるをえなくなった。歴史的な下請構造の中に、規制緩和を通じて低価格競争に買いたたきが埋め込まれたことで、市場交渉力の不均等が拡大したのである。

この状況下で仕事を請けた事業者は、人件費の削減、歩合給の拡大、一部は社会保険費節約のための制度脱退を行い、働く人々の条件は低下した。請負の条件も悪化した。高速道路利用を前提とした時間指定がされているのに、高速道路料金が支払われない、検品や商品仕分けなどの附帯業務を頼まれているのに、それに対する支払いがなされないといった状況が恒常化した。その結果、一般道の利用、仕分けや作業の待ち時間などで長時間業務が助長された。年収水準も一九九〇年代後半からの一〇年間で二割下がった。固定給が減って歩合給が増やされたため、収入確保のために、休憩を削って長時間残業や過積載を日常的に行うようになった。これは結果として、ドライバーの健康状態の悪化や交通事故の確率を上昇させた。

つまり、一九九〇年から二〇〇〇年代に政府が運送業で行った規制緩和政策は、市場の過当競争化を招き、それによってピラミッド上部の荷主・元請の立場の優位性を極端に強めた。彼ら市場強者は、運送原価を無視するような低価格仕事の請負競争を下請に強いることを通じて、ものを実際に運ぶ現場の人々を過酷な働き方へと追い込んでいったのである。

その結果、運送業では次代を担う若年層がこの業界に入らなくなった。大型トラックドライバーの平均年齢は五〇歳で、有効求人倍率は二・四六とドライバーの奪い合い状態になっている。その一方、過重労働を強いられ、過労状態で車の運転を誤って交通事故で死亡したとして、トラック運転手の遺族が勤務先の運送会社に損害賠償請求を起こしている。長時間の過重業務についてはＮＨＫが「トラック運転手密着ルポ。過酷、すぎる……」（二〇二二年一一月）を放映するなど、トラック業界の構造的問題はもはや隠しようのないほど表面化してきた。

トラックドライバーの働き方の悪化はすでに限界点を超えており、二〇二四年の労働時間上限規制の実施（二〇二四年問題）を前に、改革の必要性は切迫している。

（2）建設業のフリーランス

建設業では、経営者と雇用契約を結ばず、個人で仕事を請けて生計を立てるフリーランスが多い。日本のフリーランスの人数全体の約半数が建設業で働いている（第Ⅳ部第2章）。大工、左官、鳶、型枠工、鉄筋工、土木工、塗装工、内装工、配管工、電気工、解体工、造園工、重機運転士などさまざまな職種を含む建設業では、しかし、運送業と同様に働く条件が悪化してきた。フリーランス・雇われない働き方は近年政府によって推奨されているが、実際には専業フリーランスの約半数は年収二〇〇万円未満であり、建設業のフリーランスである一人親方でも低所得化、貧困化が進んでいる。

こうした状況の悪化はどのように起こったのか。少なくとも歴史的に二つの段階、すなわち重層的な請負構造の形成、次にそこに持ち込まれた市場化・低価格競争化が確認できる。

一九七〇年頃までは大工・左官など職人の棟梁・親方が報酬額を集まって決めていた。それを踏襲した労働組合は報酬最低基準を職人の報酬として定めた。しかし、その頃ハウスメーカーが登場したことで、親方らは仕事確保のためその下請として働くようになり、その報酬額は大企業によって決められるようになる。

特に一九七六年の法律（建設労働者の雇用の改善等に関する法律）は、元請企業が現場で働く技能労働者を雇用しなくてよいという丸投げ方式を定めた。その結果、現場での建設作業を担う労働者は下請、孫請へとピラミッド階層構造の下位に組み込まれ、一人親方はその最末端として使われるようになる。元請、次の上位下請業者、その次の業者が次々と中間マージンをとっていくため、現場にくる時には報酬の多くがすでに中抜きされているような構造が形成され、定着した。

こうした重層的中抜き下請構造の中に、一九九〇年代後半以降市場競争が持ち込まれた。バブル崩壊後の財政緊縮、特に小泉改革による公共事業・公共投資の大幅削減が持った経済的意味は大きかった。日本各地の土木建設業は、民間の設備投資減少ともあいまって、倒産・自殺を含む苦境に追い込まれた。その中で新たに導入されたのが市場化・自由化である。それまで、下請企業に割当や輪番などを通じて発注を一定程度保障してきた元請や国・自治体は、より低い価格で仕事を請ける所に請け負わせるようになった。

低価格請負競争が起こった結果、中小企業は倒産や収益悪化を経験し、そこで働く労働者の給与もぎりぎりまで削られた。一人親方の収入も一九九二年からの一〇年で二五パーセントも減少している。それでも、次の仕事がもらえなくなるかもしれないから、と低い単価・短い納期の工事を請けざるをえない。交通費・物品費・道具代などは自己負担で、生活費を稼ぐためには長時間働かなければならなくなり、仕事がない時期は、貯金の取り崩し、妻に働いてもらう、最終的には借金という対応が迫られる生活となった。

つまり建設業では、日本的雇用下で形成されたある種の安定的な下請構造の中に、一九九〇年代後半以降の自由化、公共事業削減と民間需要減少を通じて、より低い価格、よりきびしい条件でも仕事を請けざるをえない低価格へ向かう競争が持ちこまれ、それが新たに定着・構造化したことで働き手の条件を悪化させたと見ることができる。

このために、建設業には若い人たちが入らなくなっている。一九九〇年代半ばに七〇〇万人いた就業者が二〇二一年の四八〇万人に減少する中、三四歳以下が占める割合は二〇〇〇年の三割から二〇二〇年には一九パーセントにまで減少した。若者は条件の悪い産業を選ばなくなり、担い手は高齢化している。このままこれを放置した場合、日本ではいずれ家をつくったりなおしてくれる人材がいなくなってしまう。

今後、働く条件・環境を大きく改善することができたなら、闇バイトなどよりもいい収入や将来のキャリアを求めて、多くの若者がこの業界の新たな担い手になり、その活躍で人々からの感謝を受けることができるようになるだろう。

（3）アニメーター

アニメーターは、日本の文化産業・コンテンツ産業・エンタメ産業の現場の担い手である。

この業界は運送業や建設業と異なり、ヒット作になるかならないかわからないままお金をかけて作品を製作する、という賭け的な特徴を持つ。これは映画・演劇・音楽・ドラマ・テレビなど他の文化・コンテンツ産業とも共通する面をもつ。この場合、製作コストの上昇など何らかの事情でスポンサー・資金提供者がおりると製作が続かなくなるなど、そもそも受注は安定しない。

そのため多くの制作会社は、正社員を恒常的に内部に抱えるリスクを避けてきた。不安定な受注に対応する形で、生産工程の外部化や出来高払いのフリーランスへの切り換えを一九六〇～七〇年代から進めた。受注の不安定性を、外部の労働力の融通性を緩衝材とすることで補償する仕組みにより、収益を確保する産業となっている。

同時に、運送業や建設業とも似て、アニメ業界でも一九九〇年までに制作現場が多層的請負構造の一番下に組み込まれた。スポンサーが支払うCM料がテレビ局にはいると、それは製作費として代理店に預けられ、代理店から元請へ、元請から下請へ、そのたびに中間マージンが抜かれた後、ようやく制作会社に製作費がおりてくる構造が形成された。そのため制作会社自身、収益確保が容易ではなく、アニメーターに支払う単価も抑えざるをえない。

キャラクター商品による収益が、制作会社には入ってこないという構造もこれを助長した。グッズの売上収益は、原作者・スポンサー・代理店・元請にのみもたらされる。原作者を除くと、業界ピラミッド構造の最上部には大きな利益がもたらされる一方、実際に画を描いている中小・零細企業やフリーランスには何も来ないことがわかる。製作委員会方式がはじまってからは制作会社の参加も見られたが、そこに入れない下請企業も少なくない。

運送業・建設業同様、下請中抜き構造の形成を第一段階とすると、次の段階は一九九〇年代半ばの深夜アニメの開始からはじまった。これを契機にアニメーションの制作件数は急増し、同時に放映期間の短期化、短クール化がもたらされた。

これは当たり外れがわからない商業的リスクを、安い深夜放送枠を使って軽減し、またビデオパッケージを短期間で売り上げて収益を確定したい、という出資側のリスク軽減の一つの方法であったと考えられる。その結果、一九九〇年以前は放映期間が三〜四年など年単位だった番組が、その後半年、さらに三カ月単位の放映に変わっていった。

ところが、このことはアニメーターの働き方とキャリア展望に大きなマイナスの影響を及ぼした。そもそもアニメーターがきびしい条件の中でも仕事に定着してきたのは、仲間内でお互いの仕事をみてスキル・能力を評価しあい、時に仕事の斡旋もするような同業者仲間の仕組みがあったからだった。これは何年も一緒の製作現場で仕事を共にし、一緒に食べたり飲んだりしてつくられたインフォーマル・コミュニティにもとづくものであった。

しかし製作期間が短くなると、アニメーターは短期の契約でさまざまな現場を転々と移動せざるをえなくなった。クールの移行期間には複数の仕事場を掛け持ちするなど、目の前の現場に適応することで精一杯になり、結果としてコミュニケーション機会が減少し、相互理解・相互評価の基盤が揺らいでいったのである。

それに加え、製作本数増加を受けて作画を効率化するための分業が進んだ。これまで一人が描いていた原画が、第一原画（レイアウト）と第二原画（清書）に分業化される変化が進んだ。これにより、誰が描いた画なのかという責任が曖昧化し、アニメーターの相互評価をより困難にする要因の一つとなった。

こうした同業者ネットワークの弱化、作画の分業化の中、若手アニメーターは自らの実力への安定した評価や、それにもとづくキャリア展望、継続的な仕事の獲得の展望を見通しづらくなっていった。そのことが若手アニメーターのアニメ産業への定着志向の維持を以前よりも難しくさせている。

こうしてアニメーション業界においても、重層的中抜き下請構造の上に、一九九〇年代後半以降、出資者がリスクを軽減するため、短クールの深夜アニメの大量製作という新しい方法が導入された。このことは結果としてアニメーターを短期で職場移動させることになり、そのために長年形成されてきた同業者間の相互評価のネットワークを弱め、アニメーターのキャリア展望や産業への定着を揺るがしている。次世代のアニメーターがこれからも無事に続いていくのか、アニメ産業の持続可能性が問われる状況になっている。

(4) 問われる産業としての持続可能性

このように産業・業種で変化の要因や過程は異なるが、大きく三つの共通点がみられる。

第一に、いずれの産業でも高度成長期から一九九〇年までに、大企業のもとに多層の委託・下請構造が形成され、元請や上位下請が中間マージンを得る中抜き構造が前提されていた。そのため、ものを運ぶ、家をつくる、ものを描くという最もエッセンシャルな現場には、その担い手が中小・零細企業でも個人事業主・フリーランスでも、そもそもお金がそれほどまわってこない構造になっていた。

第二に、一九九〇年代の政府の市場の自由化への政策転換を契機として、この既存構造の中でピラミッド上層企業がその強い市場支配力を通じて優越的な立場を強めた。一九九〇年までは一種の発注保障を通じた安定装置という意味も有した下請構造の代わりに、運送業や建設業ではたとえ原価割れのひどい条件であっても受注せざるをえないという過酷な低価格受注競争がはじまった。こうした買いたたきや下請いじめの結果、働く現場には、働き方の不安定化、低収入化、収入を少しでも増やすための長時間労働化、無理な過重業務という限界的な状態がもたらされている。アニメーション産業では、出資側の出資リスク軽減・利益の早期確定のために製作期間の短期化・本数の増加が起こり、アニメーターが長く基盤としていた仲間評価や仕事斡旋、キャリア展望のための同業者のネットワークが揺らぐ事態が現れている。

いずれも、市場において強いポジションをもつ市場強者としての大企業・組織に大きな利益がいく一方で、現場で働く人々が安く、都合よく働かされ、長期的に追いつめられきた状況が存在している。

第三に、三つの産業に共通して、こうした仕事条件の悪化が産業・業種そのものの持続可能性の危機を招いている点である。働く条件が悪すぎて、もう若い人たちが入ってこない、入ってきてもすぐにやめてしまう運送業や建設業、若い世代がそこで将来の展望を見いだしづらくなっているアニメ業界など、産業・業界として今後も持続していけるか疑問視されるという、深刻な状況が起きている。

ものを運ぶ人が足りない物流危機は、私たちの日常にすでに影響を及ぼしつつある。もしも今後もこの状況を放置すれば、次世代の担い手の確保が危うくなり、産業自体が近々成り立たなくなっていく可能性がある。日本で、誰がものを運び、家を建て、新しい作品を見せてくれるのか。エッセンシャルワーカーの冷遇を続けてきたことで、日本はこうした産業の持続可能性が問われる状態に入りつつある。そしてそれは、こうした産業が支える私たちの生活基盤そのものを失うことを意味しているのである。

2. この状況をどのように変えたらいいのか——進む改革の動き

であるとすれば、私たちはどうすればいいのか。何をどのように変えたらよいのだろうか。

メディアではあまり扱われないが、実はこの答えはすでにさまざまな現場で出され、実践されつつある。三〇年に及ぶ構造的な状況悪化が現場を担う人々の働く条件を低下させてきたことに対する改革の動きは、すでに国内で動き出している。これはこの三〇年間に進んだマイナス方向を押し戻し、ついにプラスへと逆転させる大きな可能性をもっている。

その最も大きな動きは本書で見たとおり、国、業界団体、大企業によるものである。問題の構図をつくりだしてきた本人が、自分たちのやり方の問題性と限界を認識し、その上で自ら企業間取引関係の改革に踏み出そうとしつつある。それに加え、個人事業主・フリーランスとして働く人々も自らの声をあげはじめている。つまり、ピラミッドの最上層からも、現場の担い手からも改革の運動が起きている。これらの新しい動きは二〇一五年前後からはじまり、二〇二〇年代に入って加速している。

本章の最後に、もう一つの働き方改革ともいうべきこの新しい動きについて、第Ⅳ部で取り上げた業種をはじめ、委託仕事にたずさわる他の業種や個人事業主・フリーランスを含めて展望してみよう。

(1) 運送業——国土交通省・全日本トラック協会が求める適正運賃

運送業においては、隠しようのないほど表面化しているトラック業界の構造的問題に気づいて初めに取り組みをはじめたのは国土交通省である。

二〇一一年に国土交通省は全日本トラック協会と「トラック輸送の実態に関する調査」を行い、二〇一三年からは労働実態の調査（「トラック運送業における下請等中小企業の取引条件の改善に関する調査」二〇一六）も行った。調査結果を受けて国交省は、二〇一六年に「取引環境・労働時間改善協議会」を全国に設置し、「トラック輸送業の適正運賃・料金検討会」を組織した。二〇一七年には標準約款の改正を行うことで、運賃の引上げと労働環境の改善をはかろうとした。

業界団体は、運送会社が適正な運賃を確保できるよう、燃料費・車両修繕費・税金・保険料・ドライバーの人件費など、「原価にもとづいた運賃」を交渉するように呼びかけた。これまでは市場の力関係の中で、荷主の言い値で決められた低い運賃に合わせて、現場の人件費も削られてきた。この方向を逆転し、燃料費などの原価や人件費をまかなえるような運賃を実現できるようにする、という、真逆の、真っ当な主張が行われるようになった。高知県ではトラック運送業の特定最低賃金も定められた。

取引環境・労働時間改善協議会に、発注主・顧客である荷主が参加したことの意味は非常に大きい。行政、企業・業界団体、労働組合と並んで荷主が参加したことにより、荷主は、自分の行動が現場で実際に働く人にどれだけ悲惨な状況をもたらしているのか、自社の果たすべき社会的責任を考えざるを得なくなった。二〇一九年には、国土交通省・経済産業省・農林水産省が「ホワイト物流」推進運動を立ち上げ、多くの企業に物流にかかわる商慣行や業務プロセスの見直しを求めるようになった。

こうした運動がどこまで効果をあげ、この三〇年間の商慣行、委託・下請構造の市場化の流れを変え、実際に現場でものを運ぶドライバーの働く条件を大きく改善することができるのか。二〇二四年の後を見据えた改革の行方が今後も注目される。

(2) 建設業――国土交通省・日本建設業連合会が提案する中抜き規制と年収向上

建設業でも同様の動きがはじまっている。重層的下請構造のもとでの仕事条件の悪化、それによる若手を中心とした人材不足問題について、二〇一四年になると、建設業企業自身がその深刻さを正面から受け止めるようになった。

元請大企業などが加盟する日本建設業連合会は二〇一四年、「建設技能労働者の人材確保・育成に関する提言」を発表した。そこでは会員企業が仕事の請負を「原則二次下請以内まで」とすることが提言された。これまで重層的下請構造を形成し、利用してきた当事者が自ら、自分たちが利用してきた構造の最も根本的な問題点の一つ、多層下請による中抜きの弊害を認めたと言える。

またここではさらに、四〇歳代の平均目標年収を六〇〇万円と提言した。経営者団体が労働者の年収アップの目標を掲げることは極めてまれなことである。それほど人材不足は深刻であり、業界団体が危機意識をもっていることがわかる。

大手建設企業の鹿島建設は、二〇二三年までに下請を原則二次までとする方針をうちだすなど、個別企業レベルでも、これまでの多層下請による中抜き構造が改革されようとしている。

二〇一七年には国土交通省の諮問会議である建設業政策会議によって「建設政策2017＋10」が出された。ここでは労働条件の改善を、下請企業の課題として丸投げするのではなく、元請、下請の専門工事業者、労働者、行政の四社が協力して取り組んでいかなければならない課題として位置づけた。運輸業において荷主が入ったことと同様、建設業においては元請が労働条件改善の主体として国によって位置づけられたことの意味は大きい。

二〇一八年の中間とりまとめ案（国交省、中央建設業審議会・社会資本整備審議会）では、長時間労働を是正するため、受発注者双方による適正な工期設定や、公共発注者による施工時期の平準化、技能・経験にふさわしい処遇（給与）の実現と社会保険加入を進める政策を通じて処遇改善が進められることになった。

建設労働組合は以前から、労働者の賃金引上げを一貫して主張し、下請構造の是正も長年主張してきたが、こうした政策の重要性がここにきて、ようやく国や業界団体に理解されるようになったと言える。

国も、公共工事の積算に用いられる公共工事設計労務単価を引き上げ、労働者の賃金引上げをはかろうとしている。二〇一九年に施行された「公共工事の品質確保の促進に関する法律」の改正では、発注者の責務として、「適正な利潤が確保される適正な額の請負代金の設定」や、「休日・準備期間・天候を考慮した適切な工期の設定」、「施行条件の変化等に応じた適切な設計変更」などが新たに設けられた。これにより、公共工事にたずさわる建設業における仕事・労働条件の改善が目指されている。公契約条例により労働者・一人親方の賃金・報酬の最低基準を定める政策も進行中である。二〇二二年に二七自治体が公契約条例でこの基準を明記しており、今後これが広がっていくことも期待される。

動き出しているこれらの改革が、今後どこまで有効に進められていくか、どこまで従来の建設業の仕組みを変え、若い人が働きたくなる産業に変わっていくかが注目される。

(3) ソフトウェア産業――公正取引委員会による「下流しわ寄せ」批判

運送業・建設業においては、国土交通省が積極的な改革のイニシアティブをとってきた。同じ動きは近年、公正取引委員会によっても積極的に進められるようになっている。本書では取り上げなかったが、IT・ソフトウェア産業での多重下請構造に対して、公正取引委員会はきびしい批判を行い、その抜本的な改革を促している。

公正取引委員会（以下公取委）が動き出したのは二〇二二年である。公取委は多重下請構造とそこで行われている下請けに対する買いたたきを問題視した。「昨今のDX化の流れを支えるソフトウェア業においては、多重下請構造型のサプライチェーンの中で、下請法上の買いたたき、仕様変更への無償対応要求といった違反行為の存在が懸念される」としたのである。その上で、ソフトウェア産業二万一〇〇〇社を対象としたアンケート調査、関係事業者・団体に対する聞き取り調査など、下請取引に関する実態調査を実施した（「ソフトウェア業の下請取引等に関する実態調査報告書」令和四年六月二九日）。

調査の結果明らかになったのは、「下流しわ寄せ」問題である。それは、下請代金について、エンドユーザーや上流の発注者から、買いたたき、減額、支払遅延といった違反行為が行われている問題である。また、取引の中で不当な給付内容の変更ややり直しが強いられる問題でもあるとされた。それは多重下請構造型のサプライチェーン上を連鎖していると指摘された。

また、多くの事業者が不必要な「中抜き」事業者の存在を感じていることも明らかになった。公取委は「このような『中抜き』事業者の存在は、いたずらに多重下請構造の多層化を進め、情報伝達の混乱を引き起こしやすくするなど、独占禁止法・下請法違反行為を誘引・助長するおそれがある」とした。

そこで公取委は、まずエンドユーザー・元請・下請間の契約内容の明確化を図るべきだとした。さらに、「中抜き」事業者の存在を含む複雑な取引関係を背景とした下請法違反行為や、独占禁止法上の優越的地位の濫用として問題となるケースが多数存在する可能性があるとし、サプライチェーンのスリム化に向けて取り組みを進めていくとした。重要なことに、公取委はこれらの取り組みを「多重下請構造にある他の業界においても進めていくことが望ましい」としている。

このように、公正取引委員会の二〇二二年報告書は、本書で扱った物流・建設・アニメ業界以外にも、ソフトウェア業界をはじめとする多くの業界で、多重下請構造が存在していること、その中で「優越的地位を濫用」してきた企業がこれまで多く存在していたことを明確に認めた。そして、「中抜き」事業者の存在が「いたずらに多重下請構造の多層化を進め」、そのために下請の地位に置かれる中小企業やそこで働く人に「不当なしわ寄せ」が行われてきたことをはっきりと認めた。

今後公取委は、この「優越的地位」を「濫用」する事業体に対して、「優越Gメン」による立入調査を強化していくという。物流業界向けに実施されるようになった業種別講習を、他の業種にも広げて普及啓発活動を進め、「下請代金にまつわる下流しわ寄せ型の問題」を解決していくという、明瞭な方針を打ち出した。

これは、トラックドライバーや建設の一人親方の章で見てきた、「下流しわ寄せ」問題に対し、いよいよ国が本格的に動きだしたことを意味していると考えられよう。この動きが今後強化されれば、従来のように、重層的な業界ピラミッドの中で丸投げ・中抜きする大企業だけがもうかり、実際に現場で仕事をするエッセンシャルワーカーにはお金がまわってこない、という構造を変革していくことになるだろう。

それは日本経済が歴史的に形成してきた、大企業と中小企業の二重構造が内包する格差構造にも楔を打ち込むことになる。そのことは、現場で身体を動かして働く人が、今よりもしっかりと厚く報われる社会になる可能性を高めていくにちがいない。

(4) アニメーター——経産省のガイドラインと現場からの改革

経済産業省のガイドラインにおける元請の責任

アニメーターにおいても同様の動きが経済産業省・中小企業庁によって進んでいる。

はじめてアニメーション業界に対するガイドラインが策定されたのは二〇一三年だった。二〇一五年には経済産業省による調査(平成二七年度コンテンツ産業強化対策支援事業・アニメ下請ガイドラインフォローアップ等調査事業)が行われた。ここで、アニメーション制作業界の抱える主な課題は、取引環境の向上、人材育成、スケジュール管理の改善の三点にまとめられ、「業界を挙げての課題解決に向けた取り組みが行われるべき」とされた。

二〇一九年の改訂ガイドライン(経済産業省「アニメーション制作業界における下請適正取引等の推進のためのガイドライン」令和元年)では、「アニメーション産業の取引」を、「多くの企業・個人アニメーターの関与が必要となる多層構造」だと位置づけた上で次のように問題を指摘した。

「昨今、我が国アニメーション作品は、『日本ブランド』として内外から高い評価を受けており、下請企業等の担う業務は、そのアニメーション作品の品質の維持・向上に直結している。しかし、アニメーション制作の現場をみると、人材不足や制作本数の増加等によってスケジュールが逼迫し、作品の成功による利益が現場に反映されにくい構造となっている」

その背景として、製作委員会と元請の契約や発注単価・納期条件の決定の遅れ、それによる全体スケジュールの逼迫が後工程に長時間作業や制作費の圧迫をもたらしていることをあげ、元請会社にこれらの調整の責務があるとした。また優越的地位にある事業者が取引相手に不利益を与える「優越的地位の濫用」行為については、公取委によって排除措置・課徴金納付命令が出される場合があるともされた。

成果物による利益についても経産省は「業界の人材不足が問題となる中、持続可能な業界の発展のためにも作品の売上に応じて一定の利益を下請事業者に還元」することを薦め、「下請事業者との間で良好な関係を築くことができれば、親事業者の中長期的な利益にも資する」としている。ただ人材育成については、「人材の確保・育成は個社やアニメーター個人の努力に委ねられているのが現状である」とした上で「各自の工夫が望まれる」とするにとどまった。

現場の個人事業主の声と改革

こうした経産省・中小企業庁の動きがある一方で、アニメーターをはじめとする文化・コンテンツ産業の個人事業主・フリーランスが、自ら声をあげて現場を変えようとする動きも進んでいる。

これは財務省が二〇二三年秋に導入予定のインボイス制度への反対という形であらわれた。インボイス制度とは、売上高一〇〇〇万円以下の小規模事業者、個人事業主・フリーランスに新たに消費税課税事業者となることを求める制度であり、下請け構造の下流の裾野を低収入ながら支えるフリーランスなどのエッセンシャルワーカーに、新たな課税と煩雑な事務手続きを課すものである。そのため文化産業で働く人の仕事・生活条件がこれ以上下がると廃業が増え、文化産業、ひいては日本の文化が衰退してしまうという危機感を多くの人々が共有した。

二〇二二年秋には日本アニメーター・演出協会、声優団体「ＶＯＩＣＴＩＯＮ」、日本漫画家協会、日本出版者協議会、日本ＳＦ作家連盟、映画演劇労連、日本俳優連合などが反対声明を発表した。一一月一六日の声優・アニメ・演劇・漫画四団体の合同記者会見では、アニメーターの半数以上、特に二〇代では八割以上が、年収三〇〇万円未満であること、そのため四人に一人が制度導入により廃業の危機に直面している、という実態調査結果が報告された。西位輝実氏（「呪術廻戦」総作画監督アニメーター）は、「インボイス制度はそんな若い世代からまだ取ろうというのか。アニメの世界に飛び込むためのハードルを上げないでほしいし、若い子のモチベーションを税金で剥ぎ取るのもやめてほしい」と訴えた。

同日のインボイス問題検討・超党派議員連盟の設立総会では、財務省と国税庁に対し、声優の甲斐田裕子氏が、「成長産業だと期待されるクールジャパンを支える業界の裾野をインボイス制度はごっそり削ってしまう。裾野が削れれば、山は低くなり、海外に負け、日本の文化の未来は断ち切られてしまう。作品の低下はじわじわやってくる。一度失われた文化は戻らない」と訴え、「国にとって大事なものは、税収ではなく、この国に生きる一人一人であり、その人々が生み出す文化や付加価値」だとして、個人事業主・フリーランスへの新たな課税に反対した（※本書執筆時点では制度の帰趨は明らかではない）。

こうした状況の中で、一つ一つの現場では地道な働き方の改革が進んでいる。アニメーション業界の中の自己改革について、西位氏は先の会見で次のように述べている。

「業界の構造に問題があるというのは、もちろん何十年も前から言われてきた。アニメ業界は、若手も個人事業主で少ない収入から始まり、技術の向上とともにギャラが上がっていくという芸事の世界。でも実は今まさに、働き方改革を含めてアニメ業界全体で解決に向けて動き出しているところで、特にここ二年くらいで、新人の扱いはかなり変わった。それは求人情報を見ると一目瞭然で、例えば社員として採用しようという動きや、制作会社の下で育成塾が立ち上げられたりするなど、改善の流れが加速している」

このようにアニメーション業界では、従来の業界構造の問題が認識されたうえで、アニメーターを支えるための現場からの改革が進みつつある。

映像業界においても、例えば、女性が育児のために辞める現状に違和感をもった斎藤工氏が、映画の撮影現場にスタッフ・共演者のための託児所を導入した取り組みがある。また、ドラマ・映画の撮影が何時間遅れても「スケジュールはあってなきようなもの」という長時間労働の現状に対し、小栗旬氏が撮影スケジュールを予定終了時間で切り上げる提案を行ったり、組合設立の模索を続けている。Netflix等配信企業によるパワハラ・セクハラ防止のリスペクト・トレーニングを取り入れる日本の現場も増えるなど、斎藤工氏が語ったように「社会全体が今アップデートの時期を迎えていて、特に映像業界は待ったなしのタイミングがきている」のである

日本の文化産業の新しい発展のために、それぞれの現場からはじまっている改革は、他の動きともあいまって日本の社会全体としてのアップデートをも促していくことになるだろう。

結語

成功モデルの逆転

世界銀行の報告書『東アジアの奇跡』（一九九三年）は、一九九〇年までの日本の社会経済を高く評価した。競争力のある製造業輸出と持続的な成長の中で、所得格差を縮小して貧困を減らし、教育や人材育成に投資をして成果を出している国とした上で、東アジア諸国に大きな影響を与えた成功モデルである、と論じた。

ではその後の三〇年で何が起こっただろうか。正規・非正規の所得格差が拡大し、非正規が働く人の約四割まで増える中、賃金水準や個人消費は先進国の中で例外的に長期的な低迷を続け、貧困世帯が年々増加した。人件費削減が続く中で職場は人を育てる余裕も能力も失い、サービス残業・長時間労働が日常化し、「過労死」や「ひきこもり」が国際語になった。

なんという逆転であろうか。日本が一九九〇～二〇〇〇年代に進めた政策の転換が、いかに間違ったものであったか、それが日本の社会と経済を損ない、働く人々の生活や仕事を苦しめるものとなったか、あらためて認識される必要がある。

特に、社会に不可欠な仕事を現場で担うエッセンシャルワーカーは、その多くが非正規となり、不安定で昇給のほとんどない低い時給の低処遇に置かれ続けた。業種によっては、現場の仕事と責任をほぼ非正規が担っているにもかかわらず、また、高度な知識・経験をもつ専門職だったとしても、である。そしてその多くが女性であった。

一方で、正規には転勤や長時間残業を伴う過重労働が当然のように求められるようになり、それについていけない、いきたくない人は非正規化した。組織の内部では、過負荷の正規と低処遇の非正規の二分化が進み、気の重い選択が迫られた。組織の外部に委託され、下請にだされた仕事は、重層的な下請制度の中で低価格競争を強いられ、現場を担うエッセンシャルワーカーの働く条件は悪化を続けた。それでも次の仕事をもらうために、原価割れした発注者の言い値や無理な条件でも仕事を受けざるをえない状況が日常化した。

日本人は多かれ少なかれ、この三〇年間でこうした理不尽さに苦しめられてきたと言えよう。

現場で働く人にお金をまわさない仕組みの普及

しかし、この理不尽さは、何か自然にでてきたものではなく、政策的につくりあげられたものである。

なぜエッセンシャルワーカーの働く条件が悪化したのか、序章で言えば、どうして労働が他者の助けとなる仕事ほど報酬が少なくなる「倒錯」が起こったのか、その答えを一言で言うなら、自由化と不況の中で、現場で働く人にできる限りお金をまわさない仕組みが意識的につくられたため、と言っていいだろう。その仕組みこそ、本書で見た正規・非正規の二元化と委託・下請関係の市場化である。その拡大と普及の中で、現場に支払う金を減らすことが日常化していった。

それは、従来の日本的雇用の仕組みを、不況下でのリストラ・新卒採用停止・昇給抑制によって崩すところからはじまった。人件費削減による競争力向上、小さな政府のための定員削減を目指して、企業も政府も日本的雇用の範囲を出世型ジェネラリストに限定し、それ以外の仕事の担い手を安い非正規に変えることを「新時代」の方針としていった。

非正規は質量ともに拡大して経営責任の一端や専門職を担うようになったが、正社員の夫・父の家計保障を前提として設定されたパート・アルバイトの低賃金水準はそのまま利用された。自分の収入で生計をたてるパートが四割、生活のために働くアルバイトが三分の二に拡大して低賃金正当化の論理が崩れている現在でも、「女・子ども」を安く使う仕組みは積極的に活用されている。これにより女性や若者の経済的地位は不当に低く押しとどめられている。

特に、異動転勤と長時間残業を前提条件とした出世型ジェネラリストだけを正規と認めた法解釈は大きな禍根を残した。男女雇用機会均等法に対して企業が導入したコース別管理の総合職の条件に準拠したこの法解釈は、女性の長期勤続・昇進を妨害して女性活躍を阻み、転勤せずに同じ現場で経験を積む多くの専門職を非正規として冷遇する根拠となった。

一方日本的雇用の外側では、現場の仕事を請け負う小企業や個人事業主・フリーランスに金がまわってこなくなった。発注者・元請を頂点とする重層的な下請構造、中間マージンをとる中抜きの構造化を前提に、規制緩和・市場化政策によって過当競争・低価格競争が持ち込まれた。それ以前にあった系列などの受注安定化メカニズムは、市場の自由を妨害する悪しき旧弊として排され、仕事はより低価格・悪条件になった。

資金力（売上・予算）・権力（序列上位）・知力（ブレーン）を備えて強い発言力を持つ大組織は、自由化の趨勢と優越的立場を利用し、自分の利益はしっかり内部に確保しつつも現場にはお金をまわさない、公取委の言う「下請いじめ」、「買いたたき」、「下流へのしわ寄せ」を行った。これにより、現場の小企業・個人事業主・フリーランスは、無理して頑張って長時間働いても、なお収入が少ない状況に追い込まれた。

頭でっかちで手足をやせ細らせた社会

一九九〇年までの日本は、日本的雇用による生活保障が雇用労働をほぼカバーし、現場で働く労働者も社員や現業公務員として正規の一員だった。頭脳労働と肉体労働の間に給与差はあっても、処遇はほぼ平等で、男性正社員は家族の生活を支えることができた。中小企業や自営業者、日雇労働者でさえ、系列や受注調整、商店街や保護政策、公共工事・公共事業など、さまざまな社会的安定装置によって守られる面があった。

ところがこれらの安定化メカニズムは、一九九〇年代から二〇〇〇年代にかけて、自由競争を阻害する悪しき規制・旧弊、税金の無駄遣いとして廃止されていった。男性正社員が享受してきた生活保障機能も徐々に弱化し、氷河期世代以降多くの若い男女が非正規化し、小企業や自営業は大型資本との競合や過当競争・安値競争で追いつめられ、日雇労働者はホームレスになった。現場で働く人を安く使う一方で、管理・頭脳部分を担う正社員だけが守られる。まるで頭でっかちで手足がやせ細ったようなアンバランスな社会が形成されたと言える。

こうした政府・企業の方針が、なんの歯止めも抵抗もないまま拡大し、現場の働き方が三〇年にわたって悪化を続けたことは、低賃金社会、格差・貧困問題、女性の地位の低迷はもちろん、生活のきびしさ、展望が見えない閉塞感や不安感、働きづらさや生きづらさを社会全体に蔓延させた。

その一方で、人を安く都合よく使うのに慣れた企業・組織は、その方法に安住したために自己改革の契機を失っている。安く使える人を利用してとりあえず数字を出すという安易な手法に頼った企業・組織は、近年の環境の急激な変化に対応する革新・改革の必要性に真剣に向き合う機会を失い、結果として日本経済の競争力も損なわれた。一九九〇年から今日まで、日本経済がどれだけ多くの世界的指標を下げてきたかは、この三〇年間に日本がとった選択が経営政策的にも、経済政策的にも間違っていたことを示している。日本にすっかり定着してしまったこの仕組みと考え方は、早急に更新される必要がある。

日本はもう改革に動いている

しかし現在、こうした状況を大きく変革しなければならない段階に入っていることに、多くの人が気づいている。二〇一〇年代半ば以降二〇二〇年代に入ってから、明らかにさまざまな所で改革の動きが起こりつつある。

政府も根本的な改革の必要性に気がついている。二〇一五年前後から進んだ働き方改革では、日本で歴史上初めて最長労働時間の規制を、過労死ラインではあるが、規定した。非正規の労働条件の差別解消、同一労働同一賃金原則も、実現してはいないものの、定められた。政府による賃上げ要請や最低賃金の引き上げ政策も、なお不十分であるが、行われてきた。特に多層下請構造における「下請いじめ」問題については、公正取引委員会を筆頭に経産省や国交省が、これまでにないような速さと規模で改革に向けて動きつつある。二〇二三年八月には国交省が建設業に対して標準的賃金水準を示し、企業が低賃金しか払わない場合には行政指導を行うとした。市場強者の横暴を摘発する「優越Gメン」がどこまで機能するかも注目される。

働いている人も気がついている。ブラック企業、ブラック業界、パワハラ・セクハラが社会的に問題だという認識はこの一〇年余りで急速に一般化してきた。日本では他の先進国でよく行われる賃上げ・処遇改善のためのストライキやデモはここ数十年見られず、それを行う主体としての労働組合も一部のユニオンを除いてほぼ存在しない。しかし人々は代わりに、ブラック企業や業界、職種にはそもそも応募しない、入らない、すぐ辞めるという退出戦略をずっと実行している。その結果、働く条件が悪いと言われた業界・職種ではどんどん若い担い手がいなくなり、高齢化が進んで産業・業種そのものの持続性が年々危機の度を深めている。

企業や業界団体も改革の必要に気がつきつつある。ただでさえ少子高齢化によって日本の労働力人口の減少が続く中、働く条件の悪い所には人がもはや集まらず、特にコロナ後に深刻な人手不足に見舞われている産業・業種が増えている。この三〇年間続けてきた安い労働、安い仕事をただ求める方法は限界を迎えつつある。イケアやイオンのように、パートの働き方をフルタイムと同じにしようとする努力が大規模に進んでいる一方、運送業や建設業などのように業界団体や元請大企業が率先して多層請負構造を改革し、年収を改善する動きも進んでいる。一つ一つの現場で改革に尽力する企業や個人事業主も次々に現れている。

これらの動きはまだごく一部のもので、人の働き方が全体として変わるにはまだ時間がかかるかもしれない。しかし、企業や業界が持続可能な形で発展していきたいと願うのであれば、今後大きな自己変革が求められるのは必至である。

支え合うバランス

一九九〇年代に普及した出世型ジェネラリストの「頭脳」だけを正社員として優遇し、現場を支える実働部隊の「手足」を非正規・下請として冷遇するというこの三〇年間の方針を、政府も企業も今後、根本的に見直さざるをえなくなるだろう。社会も経済も、計画や管理する人だけでは、実際の現場は何も動かないからである。頭と手足がよいバランスをとり、互いに支えあって動くからこそ、社会も経済もその力を十分に発揮することができる。エッセンシャルワーカーを厚遇することの意義を、政府や企業はもっと認識する必要がある。

今後AIの活用とともにこうしたブレーン部分もソフトの中に吸い込まれていく可能性が大きい。その時に今の方針のままでは、もっと多くの日本人が低処遇の非正規になってしまいかねない。むしろそういう時代の中でこそ、現場で対面で働く人々の重要性はますます高まっていく。エッセンシャルワーカーの処遇を根本的に改善し、ドイツのように働く時間の長さや勤務場所に関係なく、みなが仕事に即した同じ給与条件で、自立的に働けるような新しい制度づくりに、日本も本気で取り組んでいかなくてはならない。

本書の冒頭で見た通り、現場で働き続ける人々がいるからこそ、私たちの日常生活が維持されているということの大切さ、ありがたさを私たちは感じる必要がある。私たちを支える人々の仕事・生活条件を悪化させ、不安定化することは、結局私たち自身の生活や社会の未来を損なうことにつながる。日々、他者の日常の助けとなり、人々に便益や安心をもたらす、社会に欠くことのできない現場の仕事の担い手は、生活の安定の上で、仕事のキャリアや人生の展望をきちんと築けるような形で、しっかりと報われなければならない。そのために社会を変えていく一歩を、私たち自身も踏み出す時である。

〈田中洋子〉

あとがき

本書は二〇二〇年、新型コロナの感染拡大のもとでズーム研究会としてはじまった共同研究の成果である。コロナ下で注目されたエッセンシャルワーカーの働き方について、多くの人に読んでもらえるような一般書の出版を目指したこの研究は、コロナ下らしく、一度も対面で会わないまま出版にいたる、オンライン型共同研究となった。

もともとこの研究は、日本・ドイツ・韓国の女性の非正規労働の国際比較をテーマとした、山口大学（現・関西学院大学）の横田伸子さんを研究代表者とする科学研究費補助金の採択からスタートした（科学研究費基盤研究（A）（海外学術調査）二〇一四〜一六年「ジェンダーの視点から見た日本・韓国・ドイツの非正規労働の比較調査研究」）。英語での学術専門書の出版を目標としたこの共同研究では、研究の焦点を小売と介護にしぼり、小売業の労働組合、スーパーマーケット、働く従業員へのインタビュー、また介護サービス組織、介護施設、介護士への聞き取りを各国で行った。さらにこれらの研究成果を社会政策学会、アメリカ労働雇用関係学会など国内外の学会・研究会で発表し、二〇一六年春にはベルリン・フンボルト大学国際労働史研究所で多くのドイツ人研究者を交えて二日間の総括的ワークショップを行った。

しかしその後、行き違いにより研究代表者の横田さんが共同研究から降りられ、応募していた続きの科研費も不採択になった。英語書籍の話もなくなり、三年間の調査研究は宙に浮いてしまった。

ちょうどその頃ドイツ・アメリカにいた私は三山雅子さんと一緒に新しい科研費に挑戦することにした。

二〇一五～一六年にフェローとしてベルリン・フンボルト大学国際労働史研究所に滞在していた時は、日独のパート研究を進めつつ、研究所の監事で女性清掃労働者研究の専門家でもあるゲッティンゲン大学社会学研究所所長のニコル・マイヤー＝アフジャ氏とつながった。二〇一七～一八年にアメリカのハーバード・イェンチン研究所に移った時は、ライシャワー日本研究所所長アンドルー・ゴードン氏をメンターに、MIT（マサチューセッツ工科大学）の「未来の労働Work of the Future」研究プロジェクト――小売、病院、トラックドライバー、建設業など働き方の業種別調査が進行中だった――とつながった。これらの研究ネットワークを発展させることを期待して、科研費の基盤研究や国際共同研究加速基金に応募した。

しかし、見事に連続して不採択という結果となり、働き方の構造変化を現場調査から解明する国際共同研究の可能性はついえた。筑波大学の研究基盤支援プログラムで二〇一九年三月にドイツ人研究者を招聘して行った「国際シンポジウム：正規・非正規の構造転換と雇用の未来～日本とドイツの比較から考える」が最後の活動となった。

こうした経緯をへて二〇二〇年初め、三山さんと私は、科研費の申請はもうあきらめるが、オンラインで研究会を行って日本語の本を出版する、それも学術書ではなく、より多くの人向けの一般書にすることを新たに確認した。またこれまでの調査を生かすために、日本を中心にしつつもドイツとの比較も入れることにした。

ここから既存のメンバーに加えて新たなメンバーに入ってもらった。数カ月おきのズーム研究会で数人ずつ報告したが、どれも興味深いものばかりで、知らない扉を開いたかのような多くの発見があった。議論も伯仲し、時間を延長しても話し足りない状況だった。こうした熱量の一端は本書にも反映されているのではないかと思う。

この共同研究は執筆者以外の多くの方々にもお世話になった。朴昌明氏（駿河台大学）、山田和代氏（滋賀大学）、落合絵美氏（岐阜大学）、田中光氏（中央大学）、範丹氏（西南財経大学）、ハルトムート・ザイフェルト氏（経済社会研究所）、ウタ・マイヤー゠グレーヴェ氏（ギーセン大学）、ユルゲン・コッカ氏（ベルリン・フンボルト大学）、ニコル・マイヤー゠アフジャ氏（ゲッティンゲン大学）、アンドルー・ゴードン氏（ハーバード大学）、サンフォード・ジャコビー氏（UCLA）からはさまざまなご支援をいただいた。筑波大学国際総合学類田中ゼミ卒業生の佐藤萌さん、袴田恵未さん、中村茜さんにもご協力いただいた。出版を引き受けていただいた旬報社では、熊谷満さんに大変お世話になった。記して感謝したい。

そして、調査を快く受入れてインタビューに応じていただき、時に資料も提供いただいたさまざまな組織や個人のみなさんのご協力に心から感謝する。論文を執筆する時に誰かの顔を思い浮かべることは普通ないが、本書の執筆にあたっては、一行書くたびに、話を聞いた人の顔や表情、聞いた言葉が頭の中に浮かんできて、その人に背中を押されるようにして文章を書くという経験をした。一人一人のお名前をあげきれないほど多くのみなさんからお話を聞けたことが本書の基礎となっている。

今後も引き続き現場の声を聞いていきたいと考えている。以下のアンケートにご協力いただけたら幸いである。エッセンシャルワーカー研究ネットワークのウェブサイト（https://www.essentialworkerjp.com/）を通じて、今後とも情報共有・交流を進めていきたい。

[働き方アンケート　https://forms.gle/xZ1ZbC49LRMEYybQ7]

本書に書かれているのは、日本で働く一人一人の話である。多くの人は表立って抗議したりせず、それぞれの大変さを抱えながら、強きを助け、弱きをくじくこの社会の仕組みに耐え、なんとかうまく、できれば楽しく、やっていこうと日々頑張っている。どうしてこうなっているのかわからないが、こうなっている以上どうしようもない、と半ばあきらめている。この状況をどう変えたらいいかもよくわからないし、たとえわかった所で変えようがない、変わらないと思っている。でも本当は心の中で、もっといい、働きやすい社会に変わらないかなと願っている。

その一方で、日本のさまざまな場所で社会経済をアップデートしようとする動きが進んでいる。自分たちはどういう働き方を望むのか。みんなにとって、業界や仕事にとって、どういう職場が、どういう働く条件が望ましいのか。それを実現するためには今の状況の何をどう変えたらいいのか。そうした真っ当な問題意識のもとで、一つ一つの現場を変革し、新しい仕組みをつくりだしつつある人が増えている。

より多くの人がこうした一歩踏み出すためのきっかけに本書がなれたら幸いである。

田中洋子

参考文献・資料

第Ⅰ部

第１章

木下武男（二〇二一）『労働組合とは何か』岩波新書
公務非正規女性ネットワーク https://nrwwu.com/
「第一特集 非正規差別と働く女性たち」（二〇二一）『POSSE』vol.47　堀之内出版
「第一特集 労働運動は『ジョブ型』とどう向き合うべきか？」（二〇二二）『POSSE』vol.51　堀之内出版
野口悠紀雄（二〇二二）『円安が日本を滅ぼす』中央公論社
働く女性の全国センター http://wwt.acw2.org/
濱口桂一郎（二〇二一）『ジョブ型雇用社会とは何か』岩波新書
非正規春闘実行委員会「非正規春闘二〇二三」https://hiseiki-syunto.jimdofree.com/
リチャード・ボールドウィン（二〇一八）『世界経済大いなる収縮ＩＴがもたらす新次元のグローバリゼーション』日本経済新聞社

第２章

新雅史（二〇一二）『商店街はなぜ滅びるのか 社会・政治・経済史から探る再生の道』光文社
岩佐卓也（二〇一八）「ドイツの使用者団体と労働協約システム 小売業部門を対象に」『大原社会問題研究所雑誌』七一五号
田中洋子（二〇二二）「ドイツにおける小売業経営の歴史的展開 一八七〇～二〇二〇年の長期的趨勢から」経営史学会第五八回大会報告
Ver.di 2012, *Branchenreport.* Die Situation von *weiblichen Beschäftigten im* Handel, Berlin
Ders 2018, *Einzelhandel in Deutschland*,Berlin

Bormann, Sarah/Guido Siegel, Konzentrationsprozess im Einzelhandel, *Wirtschaftswoche* 16.3.2016;

第3章

岩田弘三（二〇二一）『アルバイトの誕生—学生と労働の社会史』平凡社新書
大内裕和・今野春貴（二〇一七）『ブラックバイト（増補版）体育会系経済が日本を滅ぼす』堀之内出版
今野晴貴（二〇一六）『ブラックバイト—学生が危ない』岩波新書
鈴木亮（二〇一四）『仕事の99％はアルバイトに任せよう！』クロスメディア
鈴木亮（二〇一八）『アルバイトだけでもまわるチームをつくろう』クロスメディア
田中洋子（二〇一五）「日本的雇用関係と『ブラック企業』」（若者「使い捨て」企業問題にどう取り組むか—社会的ネットワークの可能性）『社会政策』六巻三号
中原淳・パーソルグループ（二〇一六）『アルバイト・パート採用・育成入門「人手不足」を解消し、最高の職場をつくる』ダイヤモンド社
鷲尾龍一（二〇二二）『外食を救うのは誰か』日経ＢＰ

第4章

Arbeitgeber & Vielfalt, https://www.mcdonalds.com/de/de-de/unsere-verantwortung/arbeitgeber-vielfalt.html
Ausbildung im Restaurant, https://ausbildung.mcdonalds.de/category/ausbildung-restaurant
Dein duales Studium im Restaurant, https://ausbildung.mcdonalds.de/category/duales-studium-restaurant
Der Bundesverband der Systemgastronomie e.V.（BdS）, Auftrag des BdS, Charta der Systemgastronomie,https://www.bundesverband-systemgastronomie.de/de/Auftrag_des_BdS.html
Entgelt- und Manteltarifvertrag für die Systemgastronomie, Gültig seit dem 1. Januar 2020, https://www.bundesverband-systemgastronomie.de/de/tarifvertraege.html
Restaurant-Mitarbeiter:in, Schichtführer:in, https://karriere.mcdonalds.de/jobangebote
Tarifrunde Systemgastronomie:Berlin, https://www.ngg.net/presse/pressemitteilungen

第Ⅱ部

第１章

遠藤久夫／西村幸満監修（二〇一八）『地域で担う生活支援 自治体の役割と連携』東京大学出版会
戒能民江・堀千鶴子（二〇二〇）『婦人保護事業から女性支援法へ』信山社新書
上林陽治（二〇一二）『非正規公務員』日本評論社
同　（二〇一五）『非正規公務員の現在 深化する格差』日本評論社
同　（二〇二一）『非正規公務員のリアル－欺瞞の会計年度任用職員制度』日本評論社
同　（二〇二一）「会計年度任用白書」『自治総研』五一四号
菊池馨実（二〇二三）『相談支援の法的構造「地域共生社会」構想の理論分析』信山社
竹信三恵子他（二〇二〇）『官製ワーキングプアの女性たち』岩波ブックレット
濱口桂一郎（二〇二一）『ジョブ型雇用社会とは何か 正社員体制の矛盾と転機』岩波新書
畑本裕介（二〇二一）『新版社会福祉行政 福祉事務所論から新たな行政機構論へ』法律文化社

第２章

猪熊弘子（二〇一一）『死を招いた保育　ルポルタージュ上尾保育所事件の真相』ひとなる書房
小尾晴美（二〇一四）「保育労働の変質が保育にもたらすもの 正規・非正規職員の職務内容分析から」『現代と保育』八九、二一－三七頁、ひとなる書房
小尾晴美（二〇一六）「変質する保育士の職場集団と改善への課題」『労働の科学』七一（一〇）
厚生労働省（二〇一八）「保育所保育指針解説」
小林美希（二〇一八）「職業としての保育園（下）株式会社立保育園」『世界』三月号、№九〇五
全国保育連絡会保育研究所（二〇一三）『保育白書二〇一三年版』ひとなる書房
竹沢純子（二〇一八）「新制度施行後の就学前教育・保育支出―二〇一五年度ベースの試算と国際比較―」『社会保障研究』Vol. 3 No. 2、二〇六－二二〇頁

筒井孝子・大夛賀政昭・東野定律・山縣文治（二〇一二）「児童自立支援施設におけるケア提供の実態と課題 タイムスタディデータによる小舎夫婦制・交代制の比較」『社会福祉学』第五三巻第一号、二九 - 四〇頁
松本伊智朗・湯澤直美編（二〇一九）『シリーズ子どもの貧困第1巻—生まれ、育つ基盤 子どもの貧困と家族・社会』明石書店
OECD（2012）'Starting Strong Ⅲ A QUALITY TOOLBOX FOR EARLY CHILDHOOD EDUCATION AND CARE'
「ＯＥＣＤ国際幼児教育・保育従事者調査２０１８ 2巻結果のポイント」
https://www.nier.go.jp/youji_kyouiku_kenkyu_center/pdf/oecd2018_points-02.pdf

第3章

上林陽治（二〇一三）『非正規公務員という問題』岩波ブックレット
同 （二〇二一）「法の狭間と非正規教員の働き方」『季刊教育法』二一五号
佐久間亜紀（二〇二二）「非正規雇用教員が増えた理由とその影響」『季刊教育法』二一五号
佐久間亜紀・島﨑 直人（二〇二一）「公立小中学校における教職員未配置の実態とその要因に関する実証的研究」『教育学研究』八八（四）
高橋哲（二〇一九）「教職員の『多忙化』をめぐる法的問題」『法学セミナー』七七三号
早津裕貴（二〇一九）「公立学校教員の労働時間規制に関する検討」『季刊労働法』二六六号
山﨑洋介他編（二〇二三）『教員不足クライシス 非正規教員のリアルからせまる教育の危機』旬報社

第4章

藤井誠一郎（二〇一八）『ごみ収集という仕事 清掃車に乗って考えた地方自治』コモンズ
藤井誠一郎（二〇二一）『ごみ収集とまちづくり 清掃の現場から考える地方自治』朝日新聞出版社

第Ⅲ部

第1章

亀山美知子（一九八三－八五）『近代日本看護史Ⅰ－Ⅳ』ドメス出版
田中洋子、ウタ・マイヤー－グレーヴェ（二〇一〇）『X大学附属病院におけるワーク・ライフ・バランス調査』（未公刊）
日本看護歴史学会編（二〇一四）『日本の看護のあゆみ 歴史をつくるあなたへ』日本看護協会出版会
日本看護協会（二〇〇八）「時間外労働、夜勤・交代制勤務等緊急実態調査」
日本看護協会編（二〇一〇）『看護白書 ―変えよう！ 看護職の労働条件・労働環境―ワーク・ライフ・バランス推進ナビ』日本看護協会出版会
日本看護協会（二〇二〇）「病院看護実態調査（二〇一九年）」日本看護協会調査研究報告 No. 95
袴田恵未（二〇二一）「日本の看護師における過重労働のメカニズム研究」（未公刊）
山下麻衣（二〇一七）『看護婦の歴史―寄り添う専門職の誕生』吉川弘文館

第2章

金美珍（二〇二二）「エッセンシャルワーカーをめぐる韓国の取り組み―『必須業務の指定及び従事者の保護・支援に関する法律』の制定過程を中心に」『生活経済政策』三〇三号
笹谷春美（二〇〇〇）「『伝統的女性職』の新編成 ホームヘルプ労働の専門性」木本喜美子・深澤和子編『現代日本の女性労働とジェンダー』ミネルヴァ書房
森川美絵（二〇一五）『介護はいかにして『労働』となったのか 制度としての承認の評価のメカニズム―』ミネルヴァ書房
山根純佳（二〇一四）「介護保険下におけるホームヘルプ労働の変化「業務化」する個別ケアの現場」『日本労働社会学会年報』第二五号
山下順子（二〇一一）「介護サービス・労働市場の再編とＮＰＯ」仁平典宏・山下順子編『労働再審⑤ ケア・協働・アンペイドワーク』大月書店

第3章

Bundesagentur für Arbeit, Arbeitsmarkt nach Berufen (KldB 2010).

Bischoff-Wanner,Claudia 2014: Pflege im historischen Vergleich. In: Schaeffer, Doris/Wingenfeld, Klaus (Hg.): Handbuch Pflegewissenschaft. Weinheim, Basel: Beltz Juventa.

Breinbauer, Mareike 2020: Arbeitsbedingungen und Arbeitsbelastungen in der Pflege,Wiesbaden: Springer.

Die Bundesregierung 2019: Konzertierte Aktion Pflege, Berlin:Bundesministerium für Gesundheit.

DGB-Index Gute Arbeit (2018): Arbeitsbedingungen in der Alten- und Krankenpflege.

Nowak, Iris 2011: Prekäre Arbeitsverhältnisse in Gesundheitseinrichtungen am Beispiel stationärer Altenpflege, Leipzig.

Schroeder, Wolfgang 2018: Interessenvertretung in der Altenpflege. Wiesbaden: Springer

Seibert, Holger/Wiethölter, Doris 2021: Beschäftigte in den Pflegeberufen in Deutschland. In: Bettig, Uwe/Frommelt, Mona/Maucher, Helene/Schmidt, Roland/Thiele, Günter (Hg.): Anwerbung internationaler Fachkräfte in der Pflege, Heidelberg: Medhochzwei.

Sozialdemokratische Partei Deutschlands/Bündnis 90/Die Grünen/Freie Demokratische Partei (2021): Mehr Fortschritt wagen. Bündnis für Freiheit, Gerechtigkeit und Nachhaltigkeit. Koalitionsvertrag zwischen SPD, Bündnis 90/Die Grünen und FDP.

Statistisches Bundesamt 2020: Pflegestatistik 2019.

第Ⅳ部

第1章

齊藤実（二〇二〇）「物流危機の発生と物流商慣行の変容」『経済貿易研究』四六号、一–一九頁

首藤若菜（二〇一八）『物流危機は終わらない　暮らしを支える労働のゆくえ』岩波新書

矢野裕児（二〇二一）「道路貨物運送業における労働力不足の推移」『流通経済大学流通情報学部紀要』二六巻二号、二四五–二五八頁

第2章

木下武男（一九九一）「協定賃金運動の歴史と今後の方向」東京土建一般労働組合編『建設労働のひろば』六二巻二号、四-一二頁
建設政策研究所（二〇〇八）『建設産業の重層下請構造に関する調査・研究報告書』
建設政策研究所（二〇二二）『二〇二一年首都圏四組合賃金実態調査分析報告書』
柴田徹平（二〇一五）「東京都内建設産業における生活保護基準以下賃金の一人親方の量的把握」社会政策学会編『社会政策』六巻三号、一三四-一四五頁
柴田徹平（二〇二一）「建設業一人親方の『労働問題』の特殊性と偽装請負」労働開発研究会編『季刊労働法』二七二号、二-一四頁
松田光一（一九九二）「第二部　建設業の重層的労働市場と賃金」木村保茂・松田光一編『建設業の労働と労働市場』
連合総合生活開発研究所（二〇一七）『働き方の多様化と法的保護のあり方　個人請負就業者とクラウドワーカーの就業実態から』

第3章

木村智哉（二〇二〇）『東映動画史論：経営と創造の底流』日本評論社
半澤誠司（二〇一六）『コンテンツ産業とイノベーション：テレビ・アニメ・ゲーム産業の集積』勁草書房
永田大輔・松永伸太朗（二〇二二）『産業変動の労働社会学：アニメーターの経験史』晃洋書房

著者（執筆順）　編者＝＊

田中洋子（たなか・ようこ）＊
筑波大学人文社会系教授。東京大学大学院経済学研究科修了。博士（経済学）。東京大学経済学部助手、筑波大学社会科学系専任講師、准教授を経て 2008 年より現職。ベルリン・フンボルト大学国際労働史研究所フェロー（2015-16 年）、ハーバード・イェンチン研究所招聘研究員（2017-2018 年）。専門はドイツ社会経済史、日独労働・社会政策。主な著書は『ドイツ企業社会の形成と変容―クルップ社における労働・生活・統治』（ミネルヴァ書房　社会政策学会奨励賞、冲永賞受賞）、「ドイツにおける企業内教育と『職』の形成」『大原社会問題研究所雑誌』、'Tumbling Down the Standard Life Course: The Ice Age Generation of the Turn of the Twentieth Century and the Origins of Polarisation in Japan', Josef Ehmer & Carola Lenz (eds.), *Life Course, Work, and Labour in Global History*, De Gruyter.
担当：序章、第Ⅰ部第２章・第３章・第４章、第Ⅲ部第１章（共著）・第３章（日本語訳・監修）、第Ⅴ部はじめに、第１章・第２章・第３章、結語、あとがき

三山雅子（みつやま・まさこ）
同志社大学社会学部教授。北海道大学大学院教育学研究科博士後期課程単位取得退学。日本労働研究機構研究員、同志社大学文学部専任講師等を経て、2016 年より現職。専門は非正規労働問題。著書に「働き方改革とジェンダー・日本的雇用システム～カイゼン・原価低減モデルの失速～」日本フェミニスト経済学会『経済社会とジェンダー』第３巻など。
担当：第Ⅰ部第１章

上林陽治（かんばやし・ようじ）
立教大学コミュニティ福祉学部特任教授。國學院大學経済学研究科博士課程前期修了。（公財）地方自治総合研究所研究員などを経て、2022 年４月より現職。専門は労働社会学、公共政策学。著書に『非正規公務員のリアル』、編著に『格差に挑む自治体労働政策』（いずれも日本評論社）。
担当：第Ⅱ部第１章・第３章

小尾晴美（おび・はるみ）
中央大学経済学部助教。中央大学大学院博士後期課程修了（経済学）。主要業績：「フォーマルなケア供給体制の変化とケア労働への影響―保育士の非正規雇用化に揺れる公立保育所の職場集団」『大原社会問題研究所雑誌』No.695・696、2016 年、「保育所における保育労働者の職務内容と知識・技能習得過程」垣内国光編『日本の保育労働者―せめぎあう処遇改善と専門性』（ひとなる書房）など。
担当：第Ⅱ部第２章・第４章

袴田恵未（はかまだ・えみ）
筑波大学社会・国際学群国際総合学類卒業。株式会社インテック勤務。
担当：第Ⅲ部第１章（共著）

小谷　幸（こたに・さち）
日本大学生産工学部教養・基礎科学系教授。早稲田大学大学院人間科学研究科博士課程修了。博士（人間科学）。公益社団法人日本看護協会政策企画部、日本大学生産工学部教養・基礎科学系助教、准教授を経て2022年より現職。専門は労働社会学。主な業績に『個人加盟ユニオンの社会学』（御茶の水書房）、「労働組合とコミュニティ組織のコアリション（連携組織）による社会的公正の追求：サンフランシスコ湾岸地域における最低賃金引き上げ過程に着目して」『日本労働社会学会年報』第31号など。
担当：第Ⅲ部第2章

Wolfgang Schroeder（ヴォルフガング・シュレーダー）
カッセル大学教授。2016年よりベルリン社会科学センター・フェロー。2022年より労働の構造転換問題に関する連邦政府の諮問委員会「労働世界審議会」メンバー。主な著作として『高齢者介護における利益代表制度―国家中心か自己組織か』（VS-Verlag. Wiesbaden）。
担当：第Ⅲ部第3章（共著）

Saara Inkinen（ザーラ・インキネン）
カッセル大学研究員、ベルリン社会研究センター研究員。比較レジーム研究、政治制度、労働条件研究。主な論文にヴォルフガング・シュレーダー、ルーカス・キーペ、ザーラ・インキネン「自己組織化交渉の限界。協約自治を通じて魅力的な介護職は実現できるか？」（WSI-Mitteilungen 75 (5)。
担当：第Ⅲ部第3章（共著）

首藤若菜（しゅとう・わかな）
立教大学経済学部教授。日本女子大学大学院人間生活学研究科博士課程単位取得退学、博士（学術）。山形大学人文学部助教授、日本女子大学家政学部准教授などを経て、2018年より現職。専門は労使関係論、女性労働論。著書に『雇用か賃金か　日本の選択』（筑摩選書）、『グローバル化のなかの労使関係：自動車産業の国際再編への戦略』（ミネルヴァ書房）など。
担当：第Ⅳ部第1章

柴田徹平（しばた・てっぺい）
岩手県立大学社会福祉学部専任講師。中央大学大学院博士後期課程修了（経済学）。建設政策研究所研究員などを経て、2017年より現職。専門は労働社会学、労務理論。著書に『建設業一人親方と不安定就業』（東信堂）、「建設業一人親方の「労働問題」の特殊性と偽装請負」『季刊労働法 第272号』（労働開発研究会）など。
担当：第Ⅳ部第2章

松永伸太朗（まつなが・しんたろう）
長野大学企業情報学部准教授。一橋大学大学院社会学研究科博士課程修了。博士（社会学）。労働政策研究・研修機構アシスタントフェロー、長野大学企業情報学部助教などを経て、2021年より現職。専門は労働社会学・ワークプレイス研究。著書に『アニメーターはどう働いているのか：集まって働くフリーランサーたちの労働社会学』（ナカニシヤ出版）など。
担当：第Ⅳ部第３章（共著）

永田大輔（ながた・だいすけ）
明星大学等複数の大学で非常勤講師。専門はメディア論・文化社会学。著書に『アニメの社会学――アニメファンとアニメ制作者たちの文化産業論』（共編著）『消費と労働の文化社会学――やりがい搾取以降の『批判』を考える』（共編著）ともにナカニシヤ出版、『ビデオのメディア論』（青弓社）など。
担当：第Ⅳ部第３章（共著）

エッセンシャルワーカー
——社会に不可欠な仕事なのに、なぜ安く使われるのか

2023年11月10日　初版第1刷発行
2024年 6 月21日　　第4刷発行

編　著　　田中洋子

装　丁　　宮脇宗平
組　版　　キヅキブックス
編集担当　熊谷　満
発行者　　木内洋育
発行所　　株式会社旬報社
〒162-0041
東京都新宿区早稲田鶴巻町544　中川ビル4F
TEL 03-5579-8973　FAX 03-5579-8975
HP http://www.junposha.com/
印刷製本　中央精版印刷株式会社

ISBN978-4-8451-1849-6